山东师范大学人文社会科学学者文库
SHANDONG SHIFAN DAXUE RENWEN SHEHUI KEXUE XUEZHE WENKU

董绍克

著

学术文集

云

斋

*Yunzhai*
*Xueshu*
*Wenji*

人民出版社

# 目　录

# 方　言　卷

# 音 韵 卷

# 词 汇 卷

# 文 字 卷

# 校　勘　卷

# 前　言

　　为促进学校哲学社会科学繁荣发展，提升学校科研创新能力，学校特设立了山东师范大学人文社会科学学者文库（自选集）出版资助项目。

　　在授课之余，我也写了一些文章，但并没有出版集子的打算。现在出版这本文集实在是受了学校鼓励和支持的结果。

　　文集共设五卷，即方言卷、音韵卷、词汇卷、文字卷、校勘卷。方言卷主要对某些方言的儿化现象、声调现象以及方言词汇在构词、用字方面显示的某些特点做了些考察；音韵卷主要对宋元以来某些语音的演变，特别是入声的演变做了些考察，论证了喉塞尾在"承阴""承阳"方面的特殊性质，称之为"入声定律"。文字卷主要对方言字、俗字、方言词汇用字以及《金瓶梅》《聊斋俚曲集》里的俗字问题做了些考察；校勘卷对《金瓶梅》《聊斋俚曲集》在传抄印刷过程出现的错讹衍夺做了些修改。

　　文集中有同一方言献资料多篇文章都拿来使用的现象，看似重复，实有必要。因为每篇文章从立论到论据，再到结论，都是个结构完整、思路连贯的系统工程，虽几试删之，却删去不得，只得一从旧稿。

　　方言、音韵之记音符号的复杂，方言字、俗字之字形结构的特殊，给该文集的印刷和校对造成许多困难。虽经多次校对，其疏漏之处仍在所难免，恳请方家指正。

　　感谢山东师范大学和人民出版社为这本文集给予的支持和帮助。

董绍克

2015 年 4 月 26 日于北京羁馆

# 方　言　卷

# 阳谷方言的儿化

　　阳谷县位于山东西部，语音大致分东西两区，阳谷镇属西区，有新老两派，本文以阳谷镇老派语音为准。阳谷方言有声母二十四个：p pʻ m f t tʻ n l k kʻ x ɣ tɕ tɕʻ ȵ ɕ tʂ tʂʻ ʂ ʐ ts tsʻ s ∅，韵母三十九个：ɿ ʅ i u y a ia ua ɛ iɛ uɛ ie ɤ uɤ yɤ ao iao ou iou ɤi uɤi ãn iãn uãn yãn ɤ̃n ĩn uɤ̃n ỹn ãŋ iãŋ uãŋ ɤŋ iɤŋ ũŋ ỹŋ m̩ l̩。

## 一、儿化的四个类型

　　阳谷方言的儿化有四个类型：（一）"l̩"型儿化，①（二）复辅音型儿化，（三）双音节型儿化，（四）普通型儿化。所谓"l̩"型儿化，就是在原来的韵母（有的则是主要元音）之后加"l̩"，或由"ɿ"变"l̩"。"l̩"型儿化主要包括 ɿ i y 作主要元音的韵母。见表一。

表一　"l̩"型儿化表

| 原韵母 | 儿化韵母 | 例字 | 原韵母 | 儿化韵母 | 例字 |
|---|---|---|---|---|---|
| i | il̩ | 衣儿il̩ 皮儿pʻil̩ 笛儿til̩ 鸡儿tɕil̩ | ỹn | yl̩ | 群儿tɕʻyl̩ |
| ɿ | l̩ | 字儿tsl̩ 刺儿tsʻl̩ 丝儿sl̩ | ɤi② | ɤl̩ | 对儿tɤl̩ 腿儿tʻɤl̩ |
| y | yl̩ | 鱼儿yl̩ 锯儿tɕyl̩ 曲儿tɕʻyl̩ | uɤi | uɤi | 堆儿tsuɤl̩ 穗儿suɤl̩ |
| ĩn | il̩ | 印儿il̩ 劲儿tɕil̩ 琴儿tɕʻil̩ 心儿ɕil̩ | uɤn | uɤl̩ | 村儿tsʻuɤl̩ 墩儿tuɤl̩ |

所谓复辅音型儿化，就是一个韵母在变成儿化韵的同时，在它前面还产生一个 l[③]，这个 l 和与该韵母相拼的声母共同构成该音节的复辅音。复辅音型儿化包括开口呼，合口呼中同 t t' n ts ts' s 六个声母相拼的韵母（属于"ʅ"型儿化的韵母自然除外）。见表二。

表二　复辅音型儿化表

| 原韵母 | 儿化韵母 | 例字 | 原韵母 | 儿化韵母 | 例字 |
|---|---|---|---|---|---|
| a | lar [④] | 捺儿 nlar 咋儿 tslar | ãŋ | lar | 汤儿 t'lar 嗓儿 slar |
| ε | lεr | 带儿 tlεr 菜儿 ts'lεr | u | lur | 兔儿 t'lur 粗儿 ts'lur |
| ao | laor [⑤] | 刀儿 tlaor 遭儿 tslaor | uɤ | luɤr | 朵儿 tluɤr 座儿 tsluɤr |
| ou | lour | 兜儿 tlour 走儿 tslour | uãn | luεr | 团儿 tluεr 钻儿 tsluεr |
| ãn | lεr | 单儿 tlεr 三儿 slεr | ũŋ | luɤr | 洞儿 tluɤr 葱儿 ts'luɤr |

所谓双音节型儿化，就是有 i 介音、y 介音的韵母，在变成儿化韵的同时，还在 i y 之后出现一个辅音 l（其音色与复辅音的 l 相同），这样，i y 就和前边的声母（包括零声母）组成了一个音节，l 就和后边的元音组成了一个音节，因而变成了两个音节。其结构形式是："（辅音）＋元音（介音 i y）＋辅音（l）＋儿化韵（韵腹）"。见表三。

表三　双音节型儿化表

| 原韵母 | 儿化韵母 | 例字 | 原韵母 | 儿化韵母 | 例字 |
|---|---|---|---|---|---|
| ia | ilar | 鸭儿 ilar 价儿 tɕilar 匣儿 ɕilar | iãŋ | ilar | 样儿 ilar 腔儿 tɕ'ilar |
| iε | ilεr | 崖儿 ilεr 街儿 tɕilεr 鞋儿 ɕilεr | iɤŋ | iler | 影儿 iler 瓶儿 p'iler 井儿 tɕiler |
| ie | iler | 叶儿 iler 节儿 tɕiler 碟儿 tiler | yɤ | ylɤr | 药儿 ylɤr 脚儿 tɕylɤr 缺儿 tɕ'ylɤr |
| iao | ilaor | 腰儿 ilaor 标儿 pilaor 巧儿 tɕ'ilaor | yãn | ylεr | 圆儿 ylεr 卷儿 tɕylεr |
| iou | ilour | 油儿 ilour 酒儿 tɕilour 球儿 tɕ'ilour | ỹŋ | ylɤr | 熊儿 ɕylɤr |
| iãn | ilεr | 烟儿 ilεr 鳘儿 pilεr 尖儿 tɕilεr | | | |

所谓普通型儿化，就是和普通话基本相同的儿化。普通型儿化包括开

口呼、合口呼中没有和 t t' n ts ts's 六个声母相拼的全部韵母（属"ʅ"型儿化的自然也应除外）。见表四。

表四　普通型儿化表

| 原韵母 | 儿化韵母 | 例字 | 原韵母 | 儿化韵母 | 例字 |
|---|---|---|---|---|---|
| ʅ | ɣr · ⑥ | 枝ㄦ tʂɣr · 翅ㄦ tʂ'ɣr · | ɣŋ | ər | 缝ㄦ fər 坑ㄦ k'ər |
| a | ar | 把ㄦ par 权ㄦ tʂ'ar | u | ur | 布ㄦ pur 户ㄦ xur |
| ε | εr | 牌ㄦ p'εr 盖ㄦ kεr | ua | uar | 瓜ㄦ kuar 花ㄦ xuar |
| ə | ər | 车ㄦ tʂ'ər 舌ㄦ ʂ ər | uε | uεr | 拐ㄦ kuεr 块ㄦ k'uεr |
| ɣ | ɣr | 鸽ㄦ kɣr 河ㄦ xɣr | uɣ | uɣr | 窝ㄦ uɣr 锅ㄦ kuɣr |
| ɣi | ɣr · | 格ㄦ kɣr · 色ㄦ ʂɣr · | uɣi | uɣr · | 灰ㄦ xuɣr · 锤ㄦ tʂ'uɣr · |
| ao | aor | 包ㄦ paor 招ㄦ tʂaor | uaŋ | uεr | 碗ㄦ uεr 官ㄦ kuεr |
| ou | our | 绸ㄦ tʂ'our 猴ㄦ xour | uɣn | uɣr · | 纹ㄦ uɣr · 准ㄦ tsuɣr · |
| ãn | εr | 班ㄦ pεr 干ㄦ kεr | uãŋ | uar | 网ㄦ uar 筐ㄦ k'uar |
| ɣn | ɣr · | 本ㄦ pɣr · 根ㄦ kɣr · | ũŋ | uɣr | 弓ㄦ kuɣr |
| ãŋ | ar | 梆ㄦ par 缸ㄦ kar | | | |

下面专门谈谈"子"的儿化。"子"的儿化是复辅音型儿化的另一种表现形式，具备另外一些变化特征。

"子"的声母是 ts，它的儿化特点与它在构词中充当的成分有密切联系。当它作为词根时，如"瓜子ㄦ""算盘子ㄦ"（这时它只读儿化，不读轻声），它属于"ʅ"型儿化，其声母不变，直接和 ʅ 结合成复辅音 tsʅ（见表一）；当它作为词缀时（必定读轻声），它就不再属于"ʅ"型儿化，而是变成另外一种情形了。下面我们先看例字：

小椅子ㄦ ɕiao i tl　　　　　小钩子ㄦ ɕiao kou tl

小杌子ㄦ ɕiao u tl　　　　　小尺子ㄦ ɕiao tʂ'ʅ tl

小锅子ㄦ ɕiao tɕy tl　　　　小憨子ㄦ ɕiao xan tl

小夹子ㄦ ɕiao tɕia tl　　　　小裙子ㄦ ɕiao tɕ'ỹn tl

小鳌子ㄦ ɕiao ao tl　　　　　小胖子ㄦ ɕiao p'ãŋ tl

小橛子ㄦ ɕiao tɕyɣ tl　　　　小棚子ㄦ ɕiao p'ɣŋ tl

小折子儿 ɕiao tʂə tl̩　　　　　　　小笼子儿 ɕiao luŋ tl̩

小筛子儿 ɕiao ʂɛ tl̩

从这些例子我们看到，词缀"子"的儿化有如下五个特点：（一）读轻声（这是词缀性质决定的），（二）儿化，（三）他前面的名词前有修饰语"小"，（四）"子"的声母由 ts 变 t，直接和 l̩ 结合成复辅音 tl̩，（五）这种变化不受它前一音节语音形式的影响。（我们几乎把它前面一个音节的语音形式的所有类型都举了出来，但"子"的变化却始终是一致的。）这五个特点中，（四）是（一）（二）（三）产生的结果，（一）（二）（三）是（四）赖以产生的条件。这三个条件缺一不可，如果只读轻声、不儿化（因而也就不加修饰语"小"，因为只有在词缀的"子"儿化时，前边才加"小"），"子"的声母、韵母就不变，如"椅子"i tsɿ，"桌子"tʂuo tsɿ 之类；如果只儿化，不读轻声，这只能是理论上的一种假设，实际上是作为词缀的"子"的性质所不允许的，因而该方言也就无此一读。第五个特点是就另一种关系（亦即"子"儿化后的语音形式与上一字语音形式间的关系）而言的，与（一）（二）（三）（四）的关系不甚密切。

# 二、儿化韵与原韵母的关系

原韵母与儿化韵的对照已详见于以上四表，下面对原韵母变成儿化韵的情形作个大致的归纳。在归纳的各类之中，只举例证，不全列出。

（一）原韵母加 l̩　韵母是 i y 的，后面加 l̩，变成儿化韵，如：皮儿 pʻil̩、鱼儿 yl̩。

（二）原韵母直接卷舌　音节末尾是 a ɛ e ə ɤ o u 的，韵母直接卷舌，变成儿化韵，如：权儿 tʂʻar、牌儿 pʻɛr、叶儿 iler[⑦]、车儿 tʂʻər、包儿 paor、猴儿 xour、鸽儿 kɤr。

（三）原韵母蜕变　在儿化过程中，原韵母 ɿ—ɤr·，ãn —ɛr，uŋ—uɤr·，如：侄儿 tʂɤr、班儿 pɛr、弓儿 kuɤr。

（四）原韵母失落　韵母 ɿ 在儿化时整个失落，由舌尖前音声母直接和 l̩ 结合成没有原因的复辅音音节，如：字儿 tsl̩。

（五）原韵尾失落　儿化时，原韵尾 i n ŋ 全部失落，主要元音卷舌，如：灰儿 xuɣr·、本儿 pɣr·、缸儿 kar（按：ŋ 失落后，连鼻化成分都没留）。

（六）原音节改组　其中又分两类：

1. 韵母隔离　i 介音、y 介音的韵母在儿化过程中，i 介音、y 介音和韵腹之间产生了辅音 l，把韵母隔离成两部分，两部分各自另组成一个音节，前一个音节不儿化，后一个音节儿化，如：匣儿 ɕilar、卷儿 tɕylɛr。

2. 声韵隔离　t tʻ n ts tsʻ s 六个声母和开口呼、合口呼韵母相拼的音节，儿化时，声母和韵母被新产生的一个 l 隔开，不能再行拼合，改由 l 和韵母相拼，如：带儿 tlɛr、座儿 tsluɣr。

**注释：**

① 这只是就其韵尾的特点而起的名字，如果就音节结构形式来看，那它也具备"双音节型儿化"的某些特点。

② ɣi uɣi uɣn 三韵只有在和 t tʻ n ts tsʻ s 六个声母相拼时才属"ḷ"型儿化，据此看来，它似应服从复辅音型儿化的变化，归到这里比较特殊（参看表二）。

③ 这个 l 舌位稍微靠后，而且近似滚音。

④ 儿化后出现的辅音 l 都归在儿化韵母里，下同。

⑤ 由于 l 的影响，a 也变成了卷舌韵母。凡是 l 后面的元音，由于 l 的影响，都变卷舌音，表三亦同。

⑥ "r·"表示舌尖卷得更向后、向上些。

⑦ iler 这一儿化韵又属"原音节改组"的一类。像这种一个儿化韵属于两个类型的，下面不再注出。

原载《中国语文》1985 年第 4 期

# 山东阳谷梁山两县方言的归属

李荣先生《官话方言的分区》一文本刊1985.2—5提出了根据"古入声字的今调类"作官话分区的标准。这理论简明可行。就官话来说，在语感上给人以最明显差别的要算声调的不同。官话区各地古入声字的今调类有明显的差异。据此画分官话方言区，有较大的概括性，而且在语感上也使人容易接受，听起来觉得确实是那么回事，就应该那么画。我原籍是位于中原官话和北方官话交界处的阳谷县，至少我对这两个官话的语感如此。贺巍同志的《河南山东皖北苏北的官话（稿）》一文本刊1985.163—170就根据这个标准画分四省的官话方言区，把山东省的阳谷、梁山两点都划入北方官话区。划分的标准是北方官话古清音入声今归阴平，古次浊入声今读去声，166页说阳谷"古次浊入声今多数读去声，少数读阴平。"文中没有提到梁山。不过在图里梁山和阳谷一样也划进北方官话。

笔者认为，《官话（稿）》根据古次浊入声今调类的情况把阳谷、梁山两处划入北方官话是不符合这两个方言的实际情况的。如《官话方言的分区》所说，北方官话古次浊入声今读去声，中原官话古次浊入声今读阴平，这是北方和中原两个官话区划分的主要标准。阳谷、梁山两处方言古次浊入声多数读阴平，少数读去声。据此阳谷、梁山两处应划入中原官话区，只是它还带有某些北方官话的性质罢了。

下面把阳谷、梁山两地的方言材料作了比较详细的排列，以为证明。笔者原籍阳谷，现虽徙居济南，但乡音无改，并且知道次浊入声的今调类全县没有什么差异，所以阳谷的材料下文只举阳谷镇（今县政府所在地）。笔者对梁山方言的情况不太熟悉，因此全县一共调查了四个点：①梁山县城，②县城以北五十里司里乡，③县城以南二十里拳铺乡，④县城东南四十八里韩垓乡。这四处古次浊入声的今调类基本一致，只有个别字有出入。下文只举梁山县城和司里乡两处的材料。

①"木禄鹿狱录绿莫漠摸岳乐音~搦虐疟钥洛麦脉墨勒肋立笠入纳拉腊蜡聂镊月三个~叶律越曰袜捺辣末抹~桌子沫埒捏蔑孽裂热灭劣悦阅若乐欢~略简~；辱；落力蜜域没"等六十个次浊声母入声字，梁山县城都读阴平，司里乡除了"落力蜜域没"五个字读去声，"辱"字读上声外，其他也都读阴平。

②"沐六陆肉目睦穆牧育褥玉欲浴弱跃幕历沥日默业密物杌月~亮列烈猎"等二十八个次浊声母入声字，梁山县城和司里乡都读去声。

③"翼逆膜愕逸役疫骆"等八个次浊声母入声字，除"骆"字司里乡读阴平外，梁山县城和司里乡都读阳平。

④"掠惹额"三个次浊声母入声字，梁山县城和司里乡都读上声。

聊城市和菏泽市分别属于北方官话和中原官话，两市又分别是阳谷县和梁山县行署所在地，而两县又是邻县，共同处在两市之间。为了把问题说得更明白，就把阳谷次浊入声的今调类列表分别与菏泽、聊城作了比较，见《阳谷、菏泽、聊城古次浊入声字今调类比较表》。

### 阳谷、菏泽、聊城古次浊入声字今调类比较表

| 阳谷 | 阴平 | | 去声 | | 阳平 | | 上声 | | |
|---|---|---|---|---|---|---|---|---|---|
| 菏泽 | 阴平 | | | 去声 | 阳平 | | 上声 | | |
| 聊城 | 阴平 | 去声 | | | | 阳平 | 上声 | | |
| 例字 | 掇摸拉捺勒没抈 | 木禄鹿辱狱录绿岳乐音~虐疟药钥漠莫络洛麦脉力域墨肋立笠入纳腊蜡聂镊叶律月三个~越曰袜辣末抹~桌子沫捏孽裂热劣悦阅 | 睦穆若跃历乐欢~默业密溢物列烈月~亮骆略侵~ | 陆肉目沐欲浴弱幕六牧育褥玉沥日机 | 役疫逸 | 膜翼 | 愕逆 | 额 | 掠惹 |

表里"骆"字阳谷应归入阳平,"略侵~"阳谷应归入上声,今都列在去声一栏;"莫"字菏泽应归入去声,今列在阴平一栏;"掠"字聊城应归入去声,今列在上声一栏。

表内共列常用次浊入声字102个（一字读音不同,意义也不同的,以两字计,如乐音~乐欢~）,经排比发现,归入阴平的,阳谷有59个（约占58%）,菏泽市有76个（约占75%）,聊城市有7个（约占7%）;归入去声的,阳谷有36个,菏泽市有16个,聊城市有90个。从这些数字的比较中可以看到,阳谷（梁山已见上文）应归入中原官话,而不应归入北方官话。

北方方言里有时候古入声今调类的分化与韵母的分化有平行之处。比如德陌麦三韵在阳谷、梁山、菏泽三处今韵母大多数读 [iə] 或 [uəi] 韵,在聊城方言里大多数读 [ai] 或 [uai] 韵。这些方言有些字读 [ɤ] 韵,是近期受普通话影响的读法。这也是阳谷、梁山两处与菏泽接近,应划入中原官话的一个表现。北方官话和中原官话里这三韵今韵母差别的范围没有全面调查,但笔者知道至少聊城地区和菏泽地区的大部分都是这样区分的。以德韵的"北墨得德勒则贼塞刻或黑",陌韵的"百伯追拍白拆择窄格额",麦韵的"麦脉摘责策册革隔"等二十九字为例。阳谷、梁山、菏泽大多数读 [əi] 或 [uəi] 韵,只有阳谷、菏泽"革"字,梁山"则迫格责策册革"等七字读成 [ɤ] 韵。聊城大多数读 [ai] 或 [uai] 韵,少数读 [iə] 韵,只有"格额革"三字读 [ɤ] 韵。

### 附录　发音合作人情况:

梁山县城　胡克勤　女　梁山县城里人,山东师范大学政治系学生。

司里乡　郭　林　女　梁山县司里乡郭楼村人,山东师范大学生物系学生。

拳铺乡　杨春华　女　梁山县拳铺乡杨集村人,山东师范大学外文系学生。

韩垓乡　郝迎伟　男　梁山县韩垓乡商店村人,山东师范大学中文系学生。

菏泽市　李明林　女　菏泽市人,山东师范大学外文系学生。

（以上同志的年龄均未超过25岁。）

聊城市　梁广慧　女　33岁,聊城市人,聊城市统计局工作人员。

原载《方言》1986年第1期

# 山东阳谷方言的变调

本文只讨论山东省阳谷方言两字组的变调。总的看来，阳谷方言"重重型"（即后字不读轻声）的变调不够丰富，只有去声出现变调，其他调类都不出现变调。"重轻型"（即后字读轻声）的变调非常丰富，在轻声前，前字不但都要发生变调，而且每个调类都出现两种不同的读法。

## 一、阳谷方言声韵调

1. 声母二十四个：

p pʻ m f t tʻ n l ts tsʻ s tʂ tʂʻ ʂ ʐ tɕ tɕʻ ɲ ɕ k kʻ x ɣ ∅

2. 韵母三十九个：

ʅ ɭ a ɜ ə r iɛ cɑ ou ã ɛ̃ õ ɑ̃ əŋ m̩ ᴊ̩

i iɑ di ĩ ɡi iɛ cɑi uoi iã ĩ iã iŋ

u uɑ ɜu əu uɜi uã uõ ɜu au uŋ

y yə yã yĩ yŋ

3. 声调四个（轻声除外）：阴平 [˩˧] 13 阳平 [˥˨] 42 上声 [˥] 55 去声 [˨] 312

# 二、变　调

　　阳谷方言两字组的变调有两种类型，一是重重型，一是重轻型。

　　1. 重重型：后字都不变调。前字阴平、阳平、上声也不变调，只有去声变调。去声在阴平、阳平、上声前一律变 [˩] 21 调；去声在去声前一律变 [˩˧] 13 调，跟单字调阴平相同。例如：

阴＋阴　天空 t'iã˧ k'uŋ˧　公司 kuŋ˧tsʅ˧　中央 tʂuŋ˧iã˧　高山 kaɔ˧ ʂã˧

阴＋阳　天堂 t'iã˧ t'ã˩˧　工程 kuŋ˧tʂ'əŋ˩˧　生存 ʂəŋ˧ts'uə˩˧　发财 fa˧ts'ʅ˩˧

阴＋上　生产 ʂəŋ˧tʂ'ã˥˩　浇水 tɕiaɔ˧ fəi˥˩　烧酒 ʂaɔ˧ tɕiou˥˩　真理 tʂə˧ li˥˩

阴＋去　中用 tʂuŋ˧ yŋ˩　天亮 t'iã˧ li˩　织布 tʂʅ˧ pu˩　开饭 k'ɜ˧ fã˩

阳＋阴　留心 liou˩˧ ɕĩ˧　游街 iou˩˧ tɕiɛ˧　蚊香 vən˩˧ ɕiã˧　存折 ts'uə˩˧ tʂə˧

阳＋阳　临时 lĩ˩˧ ʂʅ˩˧　银行 və˩˧ xã˩˧　河南 xɤ˩˧ nã˩˧　神童 və˩˧ t'uŋ˩˧

阳＋上　沿海 iã˩˧ xɛ˥˩　年底 niã˩˧ ti˥˩　急眼 tɕi˩˧ iã˥˩　棉袄 miã˩˧ ɤaɔ˥˩

阳＋去　棉裤 miã˩˧ k'u˩　鱼刺 y˩˧ ts'ʅ˩　留念 liou˩˧ niã˩　和面 xuə˩˧ miã˩

上＋阴　火车 xuə˥˩ tʂ'ɤ˧　起身 tɕ'i˥˩ ʂə˧　国光 kuə˥˩ kuã˧　老张 laɔ˥˩ tʂã˧

上＋阳　眼皮 iã˥˩ p'i˩˧　演员 iã˥˩ yã˩˧　狗熊 kou˥˩ ɕyŋ˩˧　养蚕 iã˥˩ ts'ã˩˧

上＋上　友好 iou˥˩ xaɔ˥˩　理想 li˥˩ ɕiã˥˩　保险 paɔ˥˩ ɕiã˥˩　可体 k'ə˥˩ t'i˥˩ 合身

上＋去　手套 ʂou˥˩ t'aɔ˩　点将 tiã˥˩ tɕiã˩　淌泪 t'ã˥˩ ləi˩　写戏 ɕiɛ˥˩ ɕi˩

去＋阴　气功 tɕ'i˩˩ kuŋ˧　电灯 tiã˩˩ təŋ˧　信心 ɕĩ˩˩ ɕĩ˧　汽车 tɕ'i˩˩ tʂ'ɤ˧

去＋阳　透明 t'ou˩˩ miŋ˩˧　少年 ʂaɔ˩˩ niã˩˧　下棋 ɕia˩˩tɕ'i˩˧　乱弹 luã˩˩t'ã˩˧

去＋上　护短 xu˩˩tuã˥˩　政府 tʂəŋ˩˩ fu˥˩　大米 ta˩˩mi˥˩　信纸 ɕĩ˩˩tʂʅ˥˩

去＋去　过分 kuə˩˩fə˩　报告 paɔ˩˩kaɔ˩　自愿 tsʅ˩˩yã˩　放炮 fã˩˩ p'aɔ˩

　　2. 重轻型：后字读轻声时，前字的每个声调都会出现两种不同读法。两种读法的具体调值随着后一字单字调的不同而各有差异。具体情况是：（1）前字为阴平，后字是阴平、阳平和去声，则前字一部分变 [˩] 21 调，一部分读单字调；后字是上声，则前字全部变 [˨˩] 21 调。（2）前字是阳平，后字是阴平、阳平和上声，则前字一部分变作 [˥˥] 55 调，读如上声，一部分读单字调；后字是去声，则前字全部读如上声。（3）前字为上声，后字是阴平、阳平和去声，则前字一部分变作 [˩˧] 13 调，读如阴平，一部分读单字调；后字如果是上声，则前字一部分读如阴平，一部分变作 [˦˨] 42 调，读如阳平。（4）前字属去声，后字如果是阴平和上声，则前字全部读如阳平；后字如果是阳平和去声，则前字一部分变作 [˨˩] 21 调，一部分读如阳平。例如：

阴＋阴　菊花 tɕy˦˦ xua˩　慌张 xuã˦˦ tʂã˩　热天 zə˦˦ t'iã˩　公家 kuŋ˦˦ tɕia˩

阴＋阳　高梁 kao˦˦ liã˩　折腾 tsə˦˦ t'əŋ˩　支援 tʂʅ˦˦ yã˩　工人 kuŋ˦˦ zə̃˩

阴＋上　风景 fəŋ˦˦ tɕiŋ˩　烧饼 sao˦˦ piŋ˩　车子 tʂʻə˦˦ tsʅ˩　泔水 kã˦˦ fəi˩

阴＋去　窗户 tʂʻuã˦˦ xu˩　冬至 tuŋ˦˦ tʂʅ˩　知道 tʂʅ˦˦ tao˩　婚事 xuə̃˦˦ sʅ˩

阳＋阴　梅花 məi˥˥ xua˩　黄瓜 xuã˥˥ kua˩　良心 liã˥˥ ɕĩ˩　神仙 şə̃˥˥ ɕiã˩

阳＋阳　麻烦 ma˥˥ fã˩　媒人 məi˥˥ zə̃˩　文明 uə̃˥˥ miŋ˩　围裙 uəi˥˥ tɕyə̃˩

阳＋上　云彩 yĩ˥˥ tʂʻə˩　柴火 tʂʻɜ˥˥ xuɜ˩　人品 zə̃˥˥ p'ĩ˩　完整 uã˥˥ tsəŋ˩

阳＋去　门户 mə̃˥˥ xu˩　白菜 pəi˥˥ tʂʻɜ˩　奇怪 tɕʻi˥˥ kuɜ˩　凉快 liã˥˥ k'uɜ˩

上＋阴　小姑 ɕiao˩˧ ku˩　喜欢 ɕi˩˧ xuã˩　讲究 tɕiã˩˧ tɕiou˩　左边 tsuɜ˩˧ piã˩

上＋阳　暖和 nuã˩˧ xuə˩　斗篷 tou˩˧ p'əŋ˩　可怜 k'ə˩˧ liã˩　老年 lao˩˧ ȵiã˩

上＋上　耳朵 ɚ˩˧ tao˩　老鼠 lao˩˧ fu˩　水土 fəi˩˧ t'u˩　小满 ɕiao˩˧ mã˩

上＋去　把式 pa˩˧ şʅ˩　伙计 xuə˩˧ tɕi˩　古怪 ku˩˧ kuɜ˩　买卖 mɜ˩˧ mɜ˩

去＋阴　布衫 pu˦˨ şã˩　意思 i˦˨ sʅ˩　顺当 fə̃˦˨ tã˩　地方 ti˦˨ fã˩

去＋阳　算盘 şuã˦˨ p'ã˩　事情 şʅ˦˨ tɕʻiŋ˩　闹腾 nao˦˨ t'əŋ˩　汗毛 xã˦˨ mao˩

去＋上　豆腐 tou˦˨ fu˩　戒指 tɕiɜ˦˨ tʂʅ˩　棍子 kuə̃˦˨ zʅ˩　翅膀 tʂʻʅ˦˨ pã˩

去＋去　夏至 ɕia˦˨ tʂʅ˩　志气 tʂʅ˦˨ tɕʻi˩　痛快 t'uŋ˦˨ k'uɜ˩　醉汉

tsuəi˨ xã˩

## 阳谷方言重轻型变调表

|  | 阴平 | 阳平 | 上声 | 去声 |
|---|---|---|---|---|
| 阴平 | ꜔꜔˨ ˩ | ꜔꜔˨ ˩ | ꜔꜔˨ ˩ | ꜔꜔˨ ˩ |
|  | ꜔˨ ˩ | ˩ | | ꜔꜔˨ ˩ |
| 阳平 | ꜕꜔˨ ˩ | ꜕꜔˨ ˩ | ꜕꜔˨ ˩ | ꜕꜔˨ ˩ |
|  | ꜕˨ ˩ | ꜕˨ ˩ | ꜕˨ ˩ | |
| 上声 | ꜖꜔˨ ˩ | ꜖꜔˨ ˩ | ꜖꜔˨ ˩ | ꜖꜔˨ ˩ |
|  | ꜒˨ ˩ | ꜒˨ ˩ | ꜖꜔˨ ˩ | ꜒˩ ˩ |
| 去声 | ꜔꜖˨ ˩ | ꜔꜖˨ ˩ | ꜔꜖˨ ˩ | ꜔꜖˨ ˩ |
|  | | ꜔꜖˨ ˩ | ꜔꜖˨ ˩ | ꜔꜖˨ ˩ |

原载《方言》1993 年第 1 期

# 谈淄川方言平声的演变

　　现在淄川方言有阴平、上声、去声三个声调，阳平并入上声。这里提出两个问题，一是阳平并入上声的过程是怎样的，是平声的浊声母字直接从平声变成上声呢，还是先变成阳平成为一个独立的声调，然后再并入上声呢？二是阳平并入上声的时限是怎样的，上限怎么确定，下限怎么确定。解决这两个问题对山东方言史的研究有重要意义。

　　聊斋俚曲为这两个问题的研究提供了丰富的资料，从中我们可以看到，平声已经分成阴平、阳平两个声调，阳平是个独立的声调，还没并入上声。

　　平分阴阳的问题可以借助曲律与叶音两种材料来研究。

　　有的曲牌，如［山坡羊］对韵脚声调的要求特别严格，要押某个声调的韵，全部韵脚字必须都属某个声调，不杂其他声调一字。下面将［山坡羊］押阴阳两声的曲子各举出一例：

　　　　黑了点上灯儿，使船看看风儿，谯楼上还有个更儿，粮食有个升儿，秤上有个星儿，何况是眼里放着钉儿，怎么不听听声儿？该用心不该用心？俺自有个成算宗儿。（《禳妒咒》二十四，P.2843）①

　　　　俺可镟了一块肉胡儿，转了一个鸡脯儿，偷了两对鸡雏儿，香油称了一伏儿，清酒落了几壶儿，炭块还够一炉儿。（《禳妒咒》二十四，P.2854）

我们看到，押阴平韵的韵脚不杂一个阳平字，押阳平韵的韵脚不杂一个阴平字。如果平声还没分成阴阳两调，就很难出现这种现象。

下面看叶音的材料。

一称金把脸抹<sub>叶麻上平声</sub>，叫贱人忒也差。(《增补幸云曲》十 [耍孩儿] P.3196)

在聊斋俚曲里，"抹"既入"家麻"韵，又入"歌戈"韵，作者怕读不准才为之注音的。"麻"在这里显然只是表示"抹"的读音，不表示《广韵》韵目。"上平声"也应是指的阴平，而不是指《广韵》的第一卷。② 如果"上平声"是指《广韵》第一卷，那么就等于把"麻"看成了《广韵》韵目，但"麻"韵并不在第一卷而是在第二卷，这样明显的错误是不会出现的。作者为"抹"注音的方法具有"纽四声法"的特点。

诚然，现在淄川方言次浊入声字是读成去声的，但这并不能否定当时某些字读成阴平。

上面我们虽然证明了"平分阴阳"在聊斋俚曲中已经出现，但阳平是不是个独立声调，还不知道，还得经过证明才能够下结论。这个问题可以从两个方面去考察，一是从上声韵去考察，二是从平声韵去考察。

先从上声韵去考察。上声韵的这类材料有三类。

在聊斋俚曲的五十多个曲牌中有许多曲牌的一些韵脚是要求押上声韵的，这是其一；其二，[山坡羊] 这支曲牌要求一支曲子韵脚声调一致。有许多曲子是押上声韵的；③ 其三，[淄口令打叉] 虽不是曲牌，但每段也是只押一个声调的韵，其中押上声韵的字也是重要资料。下面分别列出各章押上声韵的所有的韵脚字，同一个字重复出现亦重复列出。

**1.《姑妇曲》**

[劈破玉] 想（2476）/ 朵（2477）/ 忍（2484）/ 走（2485）/ 撵（2485）/ 找（2485）/ 淌（2495）/ 火（2495）/ 忍（2496）/ 紧（2496）[对玉环带清江引] 找饱枣了恼好稿（2483）/ 跑找好了搅老巧（2494）

[罗江怨带清江引] 找恼早吵嫂少好（2503）

**2.《慈悲曲》**

[劈破玉] 眼（2511）/ 虎（2511）/ 改（2516）/ 顶（2522）/ 歹（2523）/ 顶（2523）/ 攘（2530）/ 傻（2531）/ 打（2531）/ 走（2531）/ 斧（2531）/ 我（2536）/ 气（2541）/ 纂（2541）/ 讲（2542）/ 也（2542）/ 淌（2543）

[清江引] 耍俩（2512）/ 你起（2516）/ 摔采（2523）/ 好巧（2523）/ 了找（2536）/ 好少（2543）

**3.《翻魔殃》**

[劈破玉] 酒（2553）/ 好（2553）/ 了（2553）/ 狗（2546）/ 抹（2565）/ 脸（2565）/ 两（2565）/ 买（2565）/ 腿（2565）/ 走（2585）/ 俩（2585）/ 瓦（2585）

[清江引] 讲想（2623）/ 好了（2623）

**4.《琴瑟乐》**

[淄口令打叉] 恼脚小咬了老（2682）/ 陡瞅走丑口（2683）/ 我脚朵磕觉（2683）/ 走手口瞅丑（2683）/ 了巧少袄找老（2684）/ 远眼软转俺（2685）/ 手走口瞅手（2686）/ 脸盏掩俺软（2686）/ 小老脚咬了（2686）/ 手狗口搂扭（2687）/ 眼转短软脸（2687）/ 了脚好找跑（2687）/ 法他耍他撒（2688）/ 瞅口手宵④狗（2688）/ 坎点脸纂眼（2689）/ 跑了宝恼找（2689）/ 短俺闪脸纂（2689）/ 急理吃喜乞（2690）/ 手宿口扭（2690）

[对玉环带清江引] 雅假他耍吧霎（2690）/ 俺管盏卷遣看眼（2690）

**5.《蓬莱宴》**

[劈破玉] 转（2701）/ 口（2702）/ 遣（2702）/ 醒（2702）/ 走（2702）

**6.《俊夜叉》**

[淄口令打叉]⑤ 好捣草了宝（2726）/ 碗转点喘（2727）/ 晚茧板眼纂款点（2728）/ 起礼喜挤你癣（2728）/ 脸眼喘敢俺胆（2729）/ 哄影整种领（2729）/ 脸纂俺满拣眼（2729）/ 长讲挡嗓响攘爽（2729）/ 咀腿鬼底水盹拐本（2730）/ 咬讨跑袄了好（2730）/ 眼款茧满点改（2731）/ 你⑥了小找了饱（2732）/ 手狗斗九有走（2733）/ 款板眼饭纂板（2733）/ 袄了宝老好吵（2733）/ 鬼底水垒咀悔腿（2733）

[劈破玉] 走（2733）

**7.《穷汉词》**

[淄口令打叉] ⑦ 耍俩打傻哑瓦马把（2738）/倒草袄吵好（2738）

[清江引] 袄条。

**8.《快曲》**

[清江引] 好倒（2759）/有口（2762）

**9.《禳妒咒》**

[劈破玉] 脸（2811）/敢（2811）/眼（2812）/嗓（2812）/命（2812）/打（2826）/鼓（2826）/俩（2827）/免（2827）/老（2827）/软（2828）/过（2877）

[山坡羊] 火裹锁火躲我（2768）/耍马假把炸俩寡打（2768）/捆鬼本嘴水底理（2769）/脸眼点胆闪俺茧（2770）/纂眼板盏点（2852）

[清江引] 少巧（2784）/少早了老（2803）

[四朝元] 海改（2887）/葡岛（2887）/长榜⑧（2887）/点伞（2888）

**10.《富贵神仙》**

[劈破玉] 捆（2893）/闪（2926）/紧（2926）/远（2926）/改（2926）/尘（2926）/紧（2927）/你（2927）/睬（2927）/准（2927）/忍（2927）/肯（2928）/茧（2928）/跑（2928）/解（2929）/走（2929）/险（2929）/死（2929）/俺（2930）/走（2930）/绑（2930）/眼（2930）/狠（2930）/改（2931）/好（2931）/我（2931）/水（2931）/酒（2932）/绑（2932）/响（2932）/搂（2932）/腿（2933）/俩（2955）/盹（2966）/眼（2968）

[清江引] 小老（2893）/倒好（2973）/全转（2977）

**11.《磨难曲》**

[劈破玉] 闪（3034）/远（3034）/改（3034）/你（3035）/睬（3035）/脸（3035）/准（3035）/忍（3036）/肯（3036）/讲（3036）/走（3037）/险（3037）/死（3037）/绑（3057）/眼（3057）/眼（3058）/狠（3059）/改（3059）/好（3060）/酒（3060）/腿（3062）/俩（3080）/盹（3101）/眼（3102）/起（3143）

[干荷叶] 走（3119）/傻（3119）/卷（3119）/眼（3120）/摔（3120）/傻（3120）

[清江引] 宝草（3094）/闷很（3105）/倒老（3109）/想仰（3129）/显

转（3149）

　　[对玉环带清江引]　闪远胆转显罕（3100）

　　根据上面出列韵脚字的方法，韵脚字出现几次我们就得统计几次，这样统计出来的数字，其单位应是"字次"。统计结果共有 456 字次，其中非上声字⑨有 13 个：计有"摔他炸条尘全葡气看饭命过闷"。这 13 个字可分成两类，一类虽为非上声字，但实际是读上声的；一类为去声字实际也是读去声的。下面分别讨论。先讨论第一类。

　　"摔""摔"与"甩"意义有相通之处，"甩"是后起字，读上声。在"甩"出现以前这一音义是写作"摔"的。所以"摔"在"把架子摔"与"一句也没摔"等俚曲句子中，实际读上声。

　　"他"　此字是平声透母字，按规律应读阴平，现在淄川方言也读阴平。但此字山东方言许多地方都读成上声，如济南、聊城、阳谷等地都是如此。明末清初淄川方言把此字读成上声也是可能的。

　　"炸"　此字当是"鲊"的误字。"炸"出现在"嫩鲜鱼剁成炸"的句子里，文义不通。切成的碎肉当称作"鲊"，而不能称作"炸"。《日用俗字·饮食章第四》之"皮鲊切碎凉堪用"句作"鲊"，可征。

　　"条""尘""全""葡"　四字⑩按音变规律都应读阳平，但在聊斋俚曲中都读成了上声。说明这四个字已经由阳平并入上声了。⑪现在淄川方言阳平已经并入上声了，在两个声调合并的过程中，这四个阳平字率先并入上声，也是正常的现象。

　　下面再讨论第二类。

　　第二类共有"气看饭命过闷"六字。⑫这六字按音变规律应读去声，现在淄川方言也读去声，在聊斋俚曲里我们也看不出不读去声的根据。显然这六个字的声调不符合曲律的要求。这种现象的出现很可能是由抄写错误造成的。

　　在押上声韵的 456 字次中，属阳平的只有 4 字次。这就证明了阳平还是个独立的声调。如果阳平已并入上声，在上声韵中字次就不会如此之少。为了说明这一道理，下面我们拿"浊上变去"的韵脚字在去声韵中占的比例抽出一篇与此作个比较。我们抽取《墙头记》的去声韵进行统计。《墙头记》[耍孩儿]　共有 119 支曲子，每支曲子两个去声韵，合起来共有 238 字次。另有 [劈破玉]　一支曲子两个去声韵，总共 240 字次。在 240 字次中，就有

14 字次是"浊上变去"的字。这 14 字次都出现在［耍孩儿］这支曲牌中，下面分别列出：

［耍孩儿］道（2444）/ 道（2448）/ 辨（2455）/ 下（2455）/ 幸（2456）/ 下（2458）/ 动（2467）/ 动（2467）/ 道（2468）/ 上（2469）/ 上（2470）/ 下（2472）/ 辨（2473）/ 甚（2473）

对以上材料我们可以从两方面去分析。第一，从两个比例的绝对值上看，阳平读上声韵的字次与上声韵的字次之比为 4∶456；浊上字读去声韵的字次与去声韵字次之比为 14∶240。其比值，前者显然远远小于后者，这种差异无疑显示出当时阳平还是个独立的声调。第二，从数字比例的背景上看可进一步加深我们对这一问题的认识。我们看到各声调的总字数有"两多两少"，从《广韵》看，平声字多，上声字少；从聊斋俚曲的语音看，去声字多，上声字少。⑱这"两多两少"更大地拉开了上面说的两个比例的绝对值的差异。由于平声字多，上声字少，相应的也就阳平字多，阳上字少，而全浊上声字更少。阳平字以字多之优势在上声韵中显示出的却是字次之少，而全浊上声字以字少之劣势在去声韵中显示的却是字次之多，这种反差之大说明了什么呢？

下面再看由于去声字多，上声字少会导致什么样的结果。上面我们说的两个比例用式子表示是这样的：

全浊上声：去声→高

阳平：上声→低

我们看到，在这两个比例式中，去声和上声都是作为分母存在的。按说分母的值越大，其比值应该越低；分母的值越小，其比值应该越高。但事实恰恰与此相反。结合上面我们指出的阳平字多、阳上字少的情况，我们惊奇地看到，去声以分母之大，比值反而居高；上声以分母之小，比值反而居低；全浊上声以分子之小，比值反而居高；阳平以分子之大，比值反而居低，而它们又都处在同一比例关系之中，这又说明了什么呢？

这些都说明，在聊斋俚曲中，阳平还是个独立的声调。

下面再从平声韵去考察。由于平声韵特别多，这里只能举出一些例证说明问题。

在聊斋俚曲的韵律里，阴平和阳平是作为一类声调来使用的。在要求用平声的地方，既可以用阴平，也可以用阳平。如［耍孩儿］这个曲牌的头两句的句式是"3+3（平）"，有的就用了阴平字，如"万岁爷叫御妻，凤离朝百鸟依"（《增补幸云曲》二，P.3158）；有的却用了阳平字，如"有国母跪当前，非是我把你拦"（《增补幸云曲》二，P.3159）；也有的头一句用阳平字，第二句用阴平字，如"万岁爷要起程，趁未明好出京"（《增补幸云曲》二，P.3160）。我们看到阳平在和阴平作为一类声调用于韵脚时，并没有上声字出现。以［耍孩儿］的1386支曲子为例，每支曲子有四个平声韵，合起来共有5544字次。按阴阳各半（估计）的比例，阳平就有2772字次。在这2772字次中竟未出现一个上声字。如果阳平已并入上声，是绝不会出现这种现象的。

阳平并入上声的过程现在已经清楚，它是先从平声分化出来成为一个独立声调，经过一定的历史阶段才并入上声的。

现在看阳平并入上声的上下限问题。从聊斋俚曲的材料来看，其上线应在17世纪末期（清康熙年间）。但清嘉庆新城（今桓台）人写的《等韵简明指掌图》的声调为"上平声（阴平）、上、去、入、下平声（阳平）"，可见当时阳平还没并入上声。桓台与淄川相毗邻，现在又同属淄博市。两地方言平声和上声的情况又完全相同，都是只有阴平没有阳平，阳平并入上声，而且在轻声前的连读变调中能区分阳平与上声。所以从桓台方言的这份历史材料来看，淄川方言阳平并入上声的时间应是比较晚的。

考察阳平并入上声的下限，书面材料有淄川孟庆泰等著《淄川方言志》，该书出版于1994年，书中阳平已并入上声。据此可知，阳平并入上声的下限是在20世纪末期。但我们还有口头材料，据孟庆泰同志讲，他的上辈人说话的声调和现在并无不同，据此可知，阳平并入上声的下限应在20世纪初期。

**注释：**

①括号里的阿拉伯数字是盛伟《蒲松龄全集》的统编页数。

②清人张象津《等韵简明指掌图》将阴平、阳平分别标为"上阴平""下阴平"，可参。

③［山坡羊］这支曲牌格式较多，这里只举其中的一种，其他格式也偶有押上声韵的韵脚，因频率极低，在统计"字次"时，没计算在内。

④ "宵"疑为"宿"的误字。

⑤ 这一名称仅存《琴瑟乐》中，根据此篇文字形式来看，与《琴瑟乐》中的［淄口令打叉］完全相同，故径增此名。

⑥ 原文"你"后疑脱一"好"字。应由"好"字入韵。

⑦ 此名系根据文字形式特点径增。

⑧ 路盛蒲三本皆作"堂"，误。据抄本改。这一问题将由另文专门讨论。

⑨ 这里所谓的"非上声字"是按语音演变规律说的。

⑩ 其字次也是 4。

⑪ "葡"字还有读成轻声的可能性。

⑫ 其字次也是 6。

⑬ 那时全浊上声字已进入去声。

**参考文献：**

孟庆泰等：《淄川方言志》，语文出版社 1993 年版。

张鸿魁：《聊斋俚曲牌的格律》，《语文研究》2002 年第 3 期。

原载《中国语言学报》第 12 期

# 高密方言的儿化

高密县位于山东东部。高密方言属于胶辽官话，有新派老派之分。本文所记语音以高密县城老派为准，同时附带说明新派的读音。这种对比说明只限于儿化音方面的差别，其他语音差别一概不论。

高密方言的儿化，除具备三个不同类型外，还对该音节的声母和韵母有较大的影响。

## 一、高密方言的声、韵、调

高密方言有 29 个声母（见表 1）、30 个韵母（见表 2）、4 个声调，即阴平（调值 13）、阳平（调值 53）、上声（调值 55）、去声（调值 31）。

## 二、高密方言儿化的类型

根据儿化后音节结构的特点，高密方言的儿化可分三类。

第一类，儿化后声母出现复辅音。按照儿化韵来源的不同，这一类又可分为开合韵和齐撮韵两种。所谓开合韵，是指来自开口呼、合口呼的韵母同 [tθ tθʹ θ t tʹ n] 6 个声母拼成的音节。其特点是，一个韵母在变成儿化韵的同时，在它前面还产生了一个 [l] [1]，这个 [l] 同与该韵母相拼的声母共同构成该音节的复辅音。开合韵共包括 [ɿ u a uo ɜ ɛ ao ɔ a eu a ua uɔ ɿ ũ ã uã uɔ̃ ɔ̃ əŋ] 12 个韵母。这 12 个韵母的儿化韵分别是 [lɤr] [2] (如：字儿 [tθlɤr]、词儿 [tθ′lɤr]、丝儿 [θlɤr])，[lur] (如：卒儿 [tθlur]、粗儿 [tθ′lur]、苏儿 [θlur]、肚儿 [tlur]、兔儿 [t′lur])，[lar] (如：杂儿 [tθlar]、擦儿 [tθ′lar]、打儿 [tlar]、塔儿 [t′lar])，[luər] [3] (如：坐儿 [tθluər]、错儿 [tθ′luər]、锁儿 [θluər]、朵儿 [tluər]、砣儿 [t′luər])，[lɛr] (如：崽儿 [tθlɛr]、莱儿 [tθ′lɛr]、腮儿 [θlɛr]、带儿 [tlɛr]、台儿 [t′lɛr]、奶儿 [nlɛr])，[laɔr] (如：枣儿 [tθlaɔr]、草儿 [tθ′laɔr]、刀儿 [tlaɔr]、桃儿 [t′laɔr]、孬儿 [nlaɔr])，[lour] (如：凑儿 [tθlour]、兜儿 [tlour]、头儿 [t′lour])，[lɛr] (如：蚕儿 [tθ′lɛr]、三儿 [θlɛr]、蛋儿 [tlɛr]、坛儿 [t′lɛr])，[luɛr] (如：钻儿 [tθluɛr]、伞儿 [θluɛr]、段儿 [tluɛr]、团儿 [t′luɛr])，[luɤr] (如：村儿 [tθ′luɤr]、孙儿 [θluɤr]、顿儿 [tθluɤr])，[lãr] (如：仓儿 [tθlãr]、嗓儿 [θlãr]、噹儿 [tlãr]、汤儿 [tlãr])，[lər] (如：宗儿 [tθlər]、葱儿 [tθ′lər]、灯儿 [tlər]、童儿 [t′lər]、能儿 [nlər])。

所谓齐撮韵，是指来自齐齿呼、撮口呼的韵母同 [tθ tθ′ θ t t′ n] 6 个声母拼成的音节。其特点是，一个韵母在变成儿化韵的同时，不但在它前面产生了一个 [l]，它本身还丢失 [i] 介音或 [y] 介音。如果韵母本身就是 [i] 或 [y]，那么，[i] 和 [y] 就直接变成其他元音。这种儿化在儿化过程中，除 [t t′] 外，其他声母还一律发生相应的变化。齐撮韵共包括 [y i ie iaɔ iou iã iã iŋ] 8 个韵母，这 8 个韵母的儿化韵分别是 [lur] (如：趣儿 [tθ′lur] 声母由 [ts] 变 [tθ]，徐儿 [θlur] 声母由 [s] 变 [θ])，[lɤr] (如：集儿 [tθlɤr]，声母由 [ts′] 变 [tθ′]，七儿 [tθ′lɤr] 声母由 [ts′] 变 [tθ′]，席儿 [θlɤr] 声母由 [s] 变 [θ])，[ler] (如：截儿 [tθler] 声母由 [ts] 变 [tθ]，贴儿 [tler] 声母不变)，[laɔr] (如：椒儿 [tθlaɔr] 声母由 [ts] 变 [tθ]，笑儿 [θlaɔr] 声母由 [s] 变 [θ]，调 [tlaɔr]、条儿 [t′laɔr]、鸟儿 [nlaɔr] 三个儿化音节声母不变)，[lour] (如：酒儿 [tθlour] 声母由 [ts] 变 [tθ]，袖儿 [θlour] 声母由 [s] 变 [θ]，牛儿 [nlour] 声母不变)，[lɛr] (如：尖儿 [tθlɛr] 声母由 [ts] 变 [tθ]，钱儿 [tθ′lɛr] 声母由 [ts′] 变 [tθ′]，线儿 [θlɛr] 声母由 [s] 变 [θ]，点儿 [tlɛr]、年儿 [nlɛr] 三个儿化音节声母不变)，[iãr] (如：蒋儿 [tθiãr] 声母由 [ts] 变 [tθ]，枪儿 [tθiãr] 声母由 [ts′] 变 [tθ′]，箱儿 [θiãr] 声母由 [s] 变 [θ])，[lər] (如：精

儿 [tθlər] 声母由 [ts] 变 [tθ]，情儿 [tθ′lər] 声母由 [ts′] 变 [tθ′]，星儿 [θlər] 声母由 [s] 变 [θ]，钉儿 [tlər]、亭儿 [t′lər] 两个儿化音声母不变）。

可以看出，这第一类儿化，除了声母出现复辅音外，另一特点就是韵母只剩了开口呼和合口呼。

第二类，儿化后出现双音节。这类儿化来自齐齿呼和撮口呼韵母除去 [1] 声母以外的所有声母拼成的音节④。其特点是，有 [i] 介音、[y] 介音的韵母，在变成儿化韵的同时，还在 [i y] 之后出现一个辅音 [1]（其音色同于复辅音的 [1]）。这样，[i y] 就同前面的声母（包括零声母）组成一个音节，[1] 就同后面的元音组成一个音节，因而出现了两个音节，其结构形式是：

"辅音 + 元音（介音 i、y）+ 辅音（1）+ 儿化韵（韵腹）"

此类共包括 [i ia ie iɛ iaɔ iou iã ĩ iã iŋ y yɔ̃ yã　y ĩ] 14 个韵母，这 14 个韵母的儿化韵分别是：[ilɤr]（如：鼻儿 [pilɤr]、皮儿 [p′ilɤr]、米儿 [milɤr]、鸡儿 [tɕilɤr]、气儿 [tɕ′ilɤr]），[ilar]（如：夹儿 [tɕilar]、匣儿 [ɕilar]、鸭儿 [ilar]），[iler]（如：撇儿 [p′iler]、结儿 [tɕiler]、歇儿 [ɕiler]、叶儿 [iler]），[ilɛr]（如：辫儿 [pilɛr]、片儿 [pilɛr]、面儿 [milɛr]、间儿 [tɕilɛr]、弦儿 [ɕilɛr]、盐儿 [ilɤr]），[ilaɔr]（如：标儿 [pilaɔr]、苗儿 [milaɔr]、娇儿 [tɕilaɔr]、桥儿 [tɕ′ilaɔr]、腰儿 [ilaɔr]），[ilour]（如：舅儿 [tɕlour]、球儿 [tɕ′ilour]、肉儿 [ilour]），[ilɤr]（如：民儿 [milɤr]、斤儿 [tɕilɤr]、人儿 [ilɤr]），[ilr]（如：姜儿 [tɕilr]、腔儿 [tɕ′ilr]、香儿 [ɕilr]、羊儿 [ilãr]），[ilɔ̃r]（如：饼儿 [pilɔ̃r]、瓶儿 [p′ilɔ̃r]、命儿 [milɔ̃r]、景儿 [tɕilɔ̃r]、杏儿 [ɕilɔ̃r]、影儿 [ilɔ̃r]、荣儿 [ilɔ̃r]），[ylɤr]（如：锯儿 [tɕylɤr]、渠儿 [tɕ′ylɤr]、鱼儿 [ylɤr]），[ylər]（如：脚儿 [tɕylər]、靴儿 [ɕylər]、药儿 [ylər]），[ylɛr]（如：卷儿 [tɕylɛr]、圈儿 [tɕ′ylɛr]、园儿 [ylɛr]），[ylɤr]（如：君儿 [tɕylɤr]、群儿 [tɕ′ylɤr]、云儿 [ylɤr]）。

可以看出，这第二类儿化，除了出现双音节以外，还有个特点，就是韵母只剩了齐齿呼和撮口呼。

第三类，儿化后的韵母结构同普通话的儿化相同。这类儿化来自开口呼、合口呼韵母同除去 [tθ tθ′ θ t t′ n] 6 个声母以外其他所有声母拼成的音

节及齐齿呼、撮口呼韵母同 [1] 拼成的音节。此类包括 [ʅʅ a ə ɛ ei ai ɑɔ ou ã ɑ̃
ɔ̃ əŋ i iou iɑ ĩɑ̃ ĩŋ u uɑ uə uɛ uəi uã uɑ̃ uɔ̃ y] 26 个韵母。这 26 个韵母同儿
化韵的对应关系分别是 [ʅʅ əi ɔ̃ i]→[ɤr]（如：枝儿 [tʂɤr]、侄儿 [tʂɤr]、
拍儿 [pɤr]、本儿 [pɤr]、理儿 [zɤr]），[a]→[ar]（如：把儿 [par]），[ə]→[ər]
（如：车儿 [tʂ'ər]、歌儿 [kər]），[ɛ ã iã]→[ɛr]（如：牌儿 [pɛr]、班儿 [pɛr]、
脸儿 [zɛr]），[ɑɔ]→[aɔr]（如：包儿 [paɔr]），[ou iou]→[our]（如：狗儿
[kour]、刘儿 [zour]），[ɑ̃ iɑ̃]→[ãr]（如：缸儿 [kãr]、梁儿 [zãr]），[əŋ iŋ]→
[ɤ̃r]（如：声儿 [sɤ̃r]、棂儿 [zɤ̃r]），[u y]→[ur]（如：步儿 [pur]、驴儿
[zur]），[ua]→[uar]（如：瓜儿 [kuar]），[uə]→[uər]（如：桌儿 [tsuər]），
[uɛ uã]→[uɛr]（如：块儿 [kuɛr]、串儿 [ts'uɛr]），[uəi uə]→[uɤr]（如：鬼儿
[kuɤr]、准儿 [tsuɤr]），[uã]→[uãr]（如：庄儿 [tsuãr]）。

此类儿化韵只有开口呼和合口呼。

# 三、儿化对声母的影响

这里所说的声母指韵母未儿化以前的音节的声母，不包括儿化后出现
的辅音 [1]。因为这个 [1] 给人的感觉并不是声母。该方言的儿化对声
母的影响很大而且不同的儿化类型对声母的影响有不同的表现。下面分别
说明。

## （一）第一类儿化对声母的影响

这类儿化对声母的影响主要表现在舌尖音的声母上。[i y ie iou iã iɑ̃
iŋ] 这 7 个韵母，声母是 [ts ts' s] 的，儿化后声母分别变作 [tθ tθ' θ]；声
母是 [ȵ] 的，儿化后声母变做 [n][⑤]。如：蒋儿 [tθlãr]、尖儿 [tθlɛr]
（[ts→tθ]），趣儿 [tθ'lur]、钱儿 [tθ'lɛr]（[ts'→tθ']），线儿 [θlɛr]、箱儿
[θlãr]（[s→θ]），牛儿 [nlour]，鸟儿 [nlaɔr]（[ȵ→n]）。

## （二）第二类儿化对声母的影响

这类儿化对声母的影响主要表现在舌叶音声母和 [1] 声母上。声母是
[tʃ tʃ' ʃ l] 的音节，韵母儿化后，声母分别变作 [tʂ tʂ' ʂ z][⑥]。另外，零声母

的 [u uə] 两个音节，儿化后声母变作 [v]。如：折儿 [tʂər]、侄儿 [tʂr̩r]（[tʃ→tʂ]），车儿 [tʂʼər]、橱儿 [tʂʼur]、串儿 [tʂʼuɛr]（[tʃʼ→tʂ]）、舌儿 [ʂər]、食儿 [ʂr̩r]、手儿 [ʂour]（[ʃ→ʂ]），理儿 [zər]、路儿 [zur]、脸儿 [zɛr]、锣儿 [zuər]（[l→z]）。

由于儿化使部分声母发生了变化，这就造成了声母在儿化韵和非儿化韵的不平衡分布（见表3）。

从表内反映的情况可以看出3个问题：第一，除 [p pʼ m] 3个声母以外，其他声母在三类儿化韵里的分布是互补的，声母的这种特殊分布与儿化韵的类型有密切关系。[tθ tθʼ θ t t n] 只出现在第一类儿化韵里（该类只有开口呼、合口呼两类韵母），[tɕ tɕʼ ɕ ø] 只出现第二类儿化韵里（该类只有齐齿呼、撮口呼两类韵母）。[v tʂ tʂʼ ʂ z k kʼ ɣ x] 只出现在第三类儿化韵里（该类只有开口呼和合口呼两类韵母）。第二，儿化后声母按照不同类别发生了较大幅度的合并，[ts tsʼ s] 并入 [tθ tθʼ θ]，[tʃ tʃʼ ʃ] 并入 [tʂ tʂʼ ʂ]；同时 [l] 声母变成 [z] 声母。声母的这种变化受到两条语音规律的制约。一是该方言语音结构规律的制约，一是语音同化规律的制约。在该方言里，声母 [ts tsʼ s ɳ] 只拼细音，[tθ tθʼ θ n] 只拼洪音⑦，而第一类儿化韵里又只有洪音，所以当原来声母是 [ts tsʼ s ɳ] 的细音韵母变成第一类儿化韵后，由于韵母变成了洪音，那么声母也就必须变成相应的 [tθ tθʼ θ n] 才能相拼。至于 [tʃ tʃʼ ʃ] 并入 [tʂ tʂʼ ʂ]、[l] 变成 [z] 则是语音同化规律造成的。因为该方言的儿化韵是个卷舌韵母，由于卷舌韵母的同化作用而使 [tʃ tʃʼ ʃ l] 分别变成了卷舌韵母 [tʂ tʂʼ ʂ z]。第三，儿化韵的声母比非儿化韵的声母少了6个，可知，儿化使该方言的声母系统简化了。

# 四、儿化对韵母的影响

像普通话一样，由于儿化，韵母的主要元音都要发生一些变化，不过，除此之外，该方言的儿化还有另外的特点，即儿化能使韵母在四呼上发生变化。这里附带说明一下，第二类儿化的第二个音节虽然也有四呼的问题（其实只有开口呼），但由于在听感上决定该字读哪一呼的仍然是第一个音节，所以这里所谈的四呼的变化不包括第二类儿化中的第二个音节。儿化引起的韵母在四呼上的变化主要表现在以下三个方面：

## （一）合口呼变开口呼

该方言有一批双唇音合口字，如：播 [puə]、坡 [p'uə]、摸 [muə]，儿化后则一律失去 [u] 介音分别变成开口呼 [pər]、[p'ər]、[mər]。

## （二）齐齿呼变开口呼

齐齿呼韵母拼 [t t' l ts ts' s ȵ] 声母的字，儿化后变成开口呼。如：

i→ɤr 理儿 zɤr

i→lɤr 妻儿 tθ'lɤr　集儿 tθlɤr　席儿 θlɤr

ie→ler 截儿 tθler　贴儿 t'ler

iaɔ→aɔr 料儿 zaɔr

iaɔ→laɔr 调儿 tlaɔr　条儿 t'laɔr　鸟儿 nlaɔr

iou→ our 刘儿 zour

iou→iour 牛儿 nlour　酒儿 tθlour　袖儿 θlour

iã→ɛr 脸儿 zɛr

iã→lɛr 点儿 tlɛr　甜儿 t'lɛr　年儿 nlɛr

iã→ãr 梁儿 zãr

iã→ 蒋儿 tθlãr　枪儿 tθ'lãr　箱儿 θlãr

iŋ→ɤ̃r 椋儿 zɤ̃r

iŋ→lɤ̃r 精儿 tθlɤ̃r　情儿 tθ'lɤ̃r　星儿 θlɤ̃r　钉儿 tlɤ̃r

撮口呼韵母拼 [ts ts' s l] 声母的字，儿化后变成合口呼。如：

y→lur 趣儿 tθ'lur　徐儿 θlur

y→ur 驴儿 zur

yə→luər 雪儿 θluər

yĩ→luɤr 讯儿 θluɤr [⑧]

# 五、儿化对语音结构的影响

儿化对语音结构的影响有两点：一是 [ts ts' s] 拼细音的音节在儿化韵

里消失了，出现了儿化韵里没有舌尖音的现象。二是 [t t′ n] 拼 [i] 或 [i] 作介音的韵母的音节消失了，出现了儿化韵里 [t t′ n] 不拼细音的现象。这就造成了在儿化韵里齐齿呼、撮口呼音节的大量减少。

# 六、原韵母变为儿化韵的基本模式

原韵母与儿化的对照已详见于以上介绍。下面对原韵母变为儿化韵的基本模式作个大致的归纳。由原韵母变成儿化韵，韵母的变化是多方面的。这里只选择最显著的变化特点作为归纳的依据。在各类模式中只举例证说明，不列全部内容。

## （一）介音丢失

有介音的韵母，儿化后丢失介音。有的丢失 [i] 介音，如"截儿 [tθlɛr]、脸儿 [zɛr]"，有的丢失 [u] 介音，如"坡儿 [pər]、磨儿 [mər]"。

## （二）韵母分离

有 [i] 介音或 [y] 介音的韵母，在儿化过程中，[i] 介音或 [y] 介音同韵腹之间产生了个辅音 [l]，把韵母隔离成两个部分，两个部分各自另组成音节。如"辫儿 [pilɛr]、脚儿 [tɕylər]"。

## （三）韵尾脱落

有韵尾 [iŋ] 的韵母，儿化后 [iŋ] 脱落，其主要元音卷舌。（[ŋ] 尾脱落后，主要元音卷舌。）如"灰儿 [xuɣr]、灯儿 [tlɣr]"。

## （四）韵母脱变

指在儿化过程中，原来的韵母完全变成另外一个韵母。其中又分两种情况：一种是韵母变、呼不变，如"[ʅ]→[ɣr]（枝儿 [tʂɣr]）、[ã]→[ɛr]（班儿 [pɛr]）"；一种是韵母变、呼也变，如："[y]→[u]（驴儿 [zur]）、[i]→[ɣr]（理儿 [zɣr]）"。

## （五）韵母卷舌

音节末尾是 [ə ɔ u ɛ ɑ ɑ̃] 的韵母，儿化时韵母直接卷舌。如"把儿 [par]、车儿 [tʂɚr]、壶儿 [xur]、狗儿 [kour]、牌儿 [pɛr]、高儿 [kaɔr]、棒儿 [ɑ̃r]、本儿 [pər]"。

表1　声母表

| P 逼布步拨别帮病 | p' 批铺怕牌盘贫朋 | m 迷麻埋苗忙蒙 | f 服发肥翻分房 |
|---|---|---|---|
| | | v 瓦微外晚闻王 | |
| t 低都道夺胆当 | t' 梯途太头堂同 | n 拿恕内你年女 | l 离路儿来老连灵 |
| k 姑郭盖贵高刚根 | k' 哭扩开葵口考宽 | ɣ 爱鹅袄藕岸恩 | x 胡化灰怀好寒 |
| tɕ 基居家结间姜经 | tɕ' 旗屈确丘桥牵腔 | | ɕ 希瞎鞋孝休现欣 |
| tʂ 支斋追桌庄争 | tʂ' 翅初戳柴巢窗虫 | | ʂ 诗疏筛水山双生 |
| tʃ 知猪招周专蒸 | tʃ' 除潮抽穿陈昌 | | ʃ 食书烧收神商声 |
| ts 积聚节焦剪将 | ts' 齐趣且秋瞧迁 | | s 席徐写小先新 |
| tθ 资祖坐灾糟暂增 | tθ' 此粗错猜槽灿从 | | θ 思苏锁虽散桑 |
| Ø 日衣屋鱼缘软人 | | | |

表2　韵母表

| ʅ 支翅诗 | i 逼第理鸡七席日 | u 步途姑锄树粗屋 | y 锯驴趣徐鱼 |
|---|---|---|---|
| ɿ 资此思伫尺食 | | | |
| a 爬袜打割喝茶擦 | ia 架掐夏压 | ua 刮花抓 | |
| | ie 别贴结姐野 | | |
| ə 佛耳歌车设愕 | | uə 驳多过桌拙坐饿 | yə 确绝月 |
| ɛ 牌外带盖爱斋灾 | iɛ 街解介鞋 | uɛ 怪快帅 | |
| əi 倍飞微德客贼 | | uəi 对腿内泪桂追 | |
| aɔ 包刀高袄找招早 | iaɔ 标调料桥焦腰 | | |
| ou 头够殴悉周搜 | iou 丢刘球酒幼 | | |
| ɑ̃ 碗胆干安山展 | iɑ̃ 边天间尖烟 | uɑ̃ 短乱官专钻散伞 | yɑ̃ 捐权选园 |

续表

| ə̃ 本根恩衬针文 | iə̃ 宾斤进人引 | uə̃ 困准遵存 | yĩ 群俊讯云 |
|---|---|---|---|
| ɑ̃ 帮王当刚章仓 | iɑ̃ 良姜蒋羊让 | uɑ̃ 光床双 | |
| əŋ 崩中冷笼宗贡 | iŋ 兵经穷行熊英拥 | | |

注：t t′ 拼 uəi 韵母的字，读开口呼、合口呼是任意的，这里记作合口呼。"佁尺食"这类字的声母分别
　　是 tʃ tʃ′ ʃ，它们的韵母介于 ɿ 和 ʅ 之间，这里记作 ɿ。

### 表3　声母分布表

| 第一类儿化 | | 第二类儿化 | | 第三类儿化 | |
|---|---|---|---|---|---|
| 儿化前声母 | 儿化后声母 | 儿化前声母 | 儿化后声母 | 儿化前声母 | 儿化后声母 |
| tθ tθ′ θ | tθ tθ′ θ | p p′ m | p p′ m | p p′ m f v | p p′ m f v |
| ts ts′ s | | ∅ | ∅ | tʃ tʃ′ ʃ | tʂ tʂ′ ʂ |
| t t′ n | t t′ n | tɕ tɕ′ ɕ | tɕ tɕ′ ɕ | tʂ tʂ′ ʂ | |
| | | | | k k′ ɣ x | k k′ ɣ x |
| | | | | l | z̧ |

## 附录：发音合作人情况（根据 1989 年调查）

单田俊，男，61 岁，高密城里人，大学本科毕业。毕业后绝大多数时间在本县任教。现任高密师范语文教研室主任。说高密老派方言。

单荣，女，20 岁，高密县人，一直在本县上学。现在是高密师范大专班学生，说高密新派方言。

## 注释：

①这个 [l] 舌位稍后，而且近似滚音，发音时用舌尖在硬腭上迅速地弹动一下即止，不像滚音那样可以延长弹动时间。

②儿化后出现的辅音 [l]，在听感上仍属韵母部分，本文把它归入韵母。

③由于 [l] 的影响，[u] 也带上了卷舌成分。凡是 [l] 后面的元音，由于 [l] 的影响都带上了卷舌成分，下面不再一一注明。

④一个韵母由于所拼声母的不同，可能属于几个不同的儿化类型。以 [i] 韵母为

例，如果和 [ts] 声母相拼，其儿化就属于第一类，如"七儿 [tθ'lɤr]"；如果和 [tɕ] 声母相拼，其儿化就属于第二类，如"鸡儿 [tɕilɤr]"；如果和 [l] 声母相拼，其儿化就属于第三类，如"理儿 [z̩ɤr]"。不少韵母所属的儿化类型都有这种重叠现象。所以本文在叙述某类儿化包括的范围时，不说包括哪些韵母，而说"来自哪些音节"。"来自哪些音节"是指在哪些音节里出现的意思。

⑤ [ȵ] 变 [n] 这种现象只出现在新派里。在非儿化韵里，老派 [n] 可拼细音字，如"你 [ni]"，由于细音的影响，新派 [n] 腭化成为 [ȵ]，如"你 [ȵi]"。但在儿化韵里，这些字仍读成 [n] 声母，因为儿化后韵母变成洪音，不能同 [ȵ] 相拼。

⑥ [l] 变 [z] 的现象只出现在老派里。新派不变。如"理儿""篓儿"老派分别读作"[z̩ɤr]、[z̩our]"，新派分别读作"[lɤr]、[lour]"。

⑦ [n] 只拼洪音指新派而言。

⑧ "讯儿"新派读作 [θlɤr]。

原载《山东师大学报》1993 年第 1 期

# 山东方言语音特点四则

《山东方言词典》一书，经过全省 30 多位语言工作者四年多的努力，最近终于由语文出版社出版了。在编纂过程中，我们发现山东方言在语音、词汇方面有许多值得介绍的特点。这些特点，笔者准备陆续撰文加以介绍，以对山东的普通话推广和方言研究工作尽点微薄的力量。

"方言特点"这个概念是很不好界定的。即使是下力界定出来，执行起来也不好掌握。本文只掌握两个原则：第一，和普通话相比，有明显不同者，以特点论。第二，其他方言中不见或少见者，以特点论。根据这两个原则，本文先谈四则。

## 一、有 [pf] [tʃ] [c] 三组声母

枣庄、平邑、新泰等地，凡是普通话读卷舌声母合口呼的字，一律读成唇齿音。如枣庄"追猪庄"读 [pf] 声母，"出初窗"读 [pf'] 声母，"书顺水"读 [f] 声母，"软荣瑞"读 [v] 声母。

青岛、威海、烟台、莱阳、高密、青州、新泰、日照、滨州等地有一组舌叶音 [tʃ tʃ' ʃ]。如青岛"蒸招主"读 [tʃ] 声母，"成潮除"读 [tʃ'] 声母，"声少书"读 [ʃ] 声母。这些字多来自古章组，个别也有来自古庄组的，如新泰"争"读 [tʃ] 声母。

威海、牟平、莱阳等地有一组舌面塞音 [c c' ç]。如莱阳"家鸡"读

[c] 声母，"气强"读 [cʻ] 声母，"吸香"读 [ç] 声母。这批字多来自古见组细音，和 [k kʻ x] 这组声母互补，所以有的也把这组声母归入 [k kʻ x] 里去。如威海方言，徐明轩先生就把这两组声母记成了 [k kʻ x] 一套。

## 二、[ie] 和 [iɛ] 对立，[yɛ] 和 [yo] 对立

普通话"接"和"街"、"姐"和"解"、"斜"和"鞋"都分别同音，分别读作 [tɕie⁵⁵] [tɕie²¹⁴] [ɕie³⁵]。但在山东方言中，则分别是两个不同的音，如济南：接 [tɕie¹³] ≠ 街 [tɕiɛ¹³]，姐 [tɕie⁵⁵] ≠ 解 [tɕiɛ⁵⁵]，斜 [ɕie⁴²] ≠ 鞋 [ɕiɛ⁴²]。这种现象除菏泽外，其他市县几乎都有。从来源上看，[ie] 韵字多来自山咸摄三四等开口入声韵和假摄开口三等，[iɛ] 韵字多来自蟹摄开口三等。

普通话读 [ye] 韵的字，威海、荣成、牟平、烟台、蓬莱、海阳等地读作两类韵母。以威海为例，一类读 [yo] 韵母，一类读 [yɛ] 韵母。如"觉嚼角却雀学略药"读 [yo] 韵母，"决掘缺穴月"读 [yɛ] 韵母。从来源上看，这两韵的字有两个特点，一是全部来源于入声字（极个别的字如"靴"除外），二是读 [yo] 韵的字主要来自觉药两韵，读 [yɛ] 韵的字主要来自薛屑月物四韵。另外，青州北城满族村居民的方言也有这种分别（据张树铮同志《山东青州北城满族所保留的北京官话方言岛记略》，载《中国语文》1995 年第 1 期）。

## 三、语音换位

"脖子"一词，新泰、曲阜、曹县、临沂、平邑叫"脖拉颈"，用新泰方言说，就是 [pə⁵⁵₃₃la‧kəŋ⁵⁵]；而在阳谷、菏泽、嘉祥则说"疙拉绷"，用阳谷方言说就是 [kə⁴²₅₅ la‧pŋ⁵⁵]。这两种说法相比，它们的韵母和声调以及中间的词缀都没变。只有第一、三两字的声母发生了变化。即第一字（音节）的声母和第三字（音节）的声母作了调换，第一个字的声母由 [p] 换成了第三字的声母 [k]，第三字的声母由 [k] 换成了第一字的声母 [p]，两字声母出现了换位现象。

"脖拉颈"一词，寿光叫"脖罗颈子"[pə$_{53}^{55}$ luə·kəŋ$_{54}^{55}$ tsɿ·]，高密叫"脖子颈"[puə$_{44}^{42}$ tθɿ·kəŋ$^{44}$]。这几种叫法，除了词缀（包括"拉""罗""子"）不同，基本构词成分和结构形式都是一致的，都是"脖+颈"。普通话的"脖颈儿"或"脖颈子"，《现代汉语词典》释作"脖子的后部"。山东青州方言现在仍保留这个意思，只是加了个词缀"罗"，说成了"脖罗颈"[puə$_{44}^{53}$ luo·kəŋ$^{44}$]。可以认为，新泰等地"脖拉颈"指脖子这一用法是由"脖颈儿"引申而来。"脖"为后起字，《广韵》无地位。"颈"，《广韵》："项也。居郢切。"《集韵》："经郢切，引《说文》'头茎也。'"可见"颈"在《说文》里已引申为指脖子。从语音和意义两方面来考察，当作"脖子"讲的"脖拉颈"当为原来形式，"疙拉绷"当为换位以后的形式。

## 四、"子"尾的 [n] 化与 [t] 化

先谈"子"尾的 [n] 化。曹县方言"子"的单字音是 [tsɿ$^{55}$]。但在用作词缀置于词尾时，则发生较大音变。当它处在收 [-n -ŋ] 尾韵母的音节后面时，因受前一音鼻韵尾的影响，其声母和韵尾便一律变成 [n]，读作 [nen·]。如："钳子 [tɕ'ian$^{42}$nen·] 棍子 [kuən$^{31}$nen·] 胖子 [p'aŋ$^{31}$ nen·] 镜子 [tɕiŋ$^{31}$nen·]"。

再谈"子"尾的 [t] 化。"子"尾处在非鼻音韵母音节后面时，声母一律变成 [t]，读作 [te·]。如："椅子 [i$_{13}^{55}$te·] 谷子 [ku$_{21}^{51}$te·] 夹子 [tɕia$_{21}^{13}$te·] 套子 [t'ao$^{31}$te·] 豁子 [xu$_{21}^{13}$te·] 孩子 [xai$_{55}^{42}$te·]"。

另外，阳谷方言"子"尾在儿化时也有这种现象，不过词头前要一律加个"小"字。如："小椅子儿 [ɕiao$^{55}$i$_{13}^{55}$ tɭ·] 小梳子儿 [ɕiao$^{55}$fu$_{21}^{13}$ tɭ·] 小镉子儿 [ɕiao$^{55}$·y$_{21}^{13}$ tɭ·] 小夹子儿 [ɕiao$^{55}$tɕia$_{21}^{13}$ tɭ·]"。

原载《山东师大学报》1997年第1期

# 从语音看方言词的差异与用字

## 一、题解

### （一）方言词差异

方言词差异表现在许多方面，诸如词汇成分的差异，分布地域的差异，词义（义位，义域）的差异，方言词形成的差异等，本文所讨论的方言词差异是指由于语音的变化而造成的方言词差异，是属于方言词形成这一范畴的。这种差异主要表现在构成同义词的语音手段的不同上。

从这一范畴对方言词差异进行系统的研究始于80年代。李行健先生把方言词的产生总结为五种方式：（一）突出不同特征式，（二）模仿式，（三）词汇系统制约式，（四）地区生活局限式，（五）古词存留式①。许宝华、詹伯慧两位先生把方言词的差异归结为五个方面：（一）源流差异，（二）造词差异，（三）构词差异，（四）词义差异，（五）价值差异②。这些论述对我们认识方言词差异问题无疑具有指导性意义。

方言词差异的形成固然与以上诸因素有关，但语音的变化也是个重要因素③。阐明语音变化怎样对方言词差异产生影响，对我们考察语言的发展变化问题具有同样重要的意义，只是这个问题还一直没引起人们足够的重视。

### （二）方言词用字

记录方言词，当然可以用国际音标，但更重要的还是汉字。一般情况下，用汉字记录一个方言词并不困难，但当一个词发生了某种音变时，选择哪个字来写它，还是颇费斟酌的。本文所讨论的方言词用字便只限制在当一个词发生音变并造成方言词差异时所使用的汉字，简称"音变用字"。

方言词的差异从目治的角度来说，是通过汉字的使用来标示的。字使用得恰当，就能很好地反映出这种差异；使用得不恰当，反而会掩盖这种差异。所以说，方言词差异与方言词用字关系十分密切。撇开方言词用字单独来讨论方言词差异，会遇到许多困难。这就是本文要将这两个问题放在一起讨论的原因。

## 二、音变与方言词差异

音变包括历史音变与语流音变，两种音变都表现得非常复杂，不但变化形式多种多样，而且变化程度也大小不一。这两种音变的哪种表现能造成方言词差异，要视音变的具体情况，并结合方言词的语音系统及其他有关因素做具体分析。本文不打算对两种音变的所有现象与方言词差异的关系做全面的考察，只是从两种音变中各举出一些例子说明造成方言词差异所具备的基本的音变特征。

### （一）历史音变与方言词差异

并不是所有的历史音变都能造成方言词差异，只有具备一定特点的历史音变才能造成方言词差异。下面我们就讨论造成方言词差异的历史音变都具备哪些特点，或者说哪些历史音变才能造成方言词差异。我们认为，能造成方言词差异的历史音变至少有下列两类：

**1. 分化性音变**

分化是语音演变的重要方式之一，也是造成方言词差异的重要手段。下面是"角落"分化出"旮旯"的一些情形。请看下表④：

| | 南京 | 柳州 | 桂林 | 石家庄 |
|---|---|---|---|---|
| 旮旯儿 | 角落 koʔ˥loʔ˩ | 角落 ko˥lo˥<br>旮旯 ka˥la˩ | 角落头 ko˥lo˥t'ou˥<br>旮旯头 ka˥la˥t'ou˥ | 旮旯 ka˥la˩ |

　　“角落”在南京方言还没分化，石家庄方言已只说“旮旯”，不说“角落”。柳州、桂林两地方言“角落”“旮旯”都说。两种说法除韵母不同外，声母、声调都相同，桂林方言两词还都增加了词尾“头”。可以看出，这种分化是通过元音的变化实现的。“旮旯”后出，应是由“角落”分化出“旮旯”。

　　再看“刚”的分化。普通话副词“刚”，在北京方言里有两读，一读 [kaŋ˥]（写作“刚”）；一读 [tɕiaŋ˥]（写作“将”）。“刚”是中古“见”母字，读 [k] 声母，由于受 [i] 介音的影响，现在读成 [tɕ] 声母。可见，北京 [tɕiaŋ˥] 的读音是从 [kaŋ˥] 分化出来的。因为北京音不分尖团音，所以也可写作“将”。这样，“刚”与“将”便在北京方言里形成了方言词差异。

　　单数第二人称“尔”“你”的分化也属于这类音变。

　　“尔”，《切三》：“尔汝……儿氏反。”《广韵》：“汝也……儿氏反。”

　　“你”，《广韵》：“秦人呼旁人之称……乃里切。”《广韵》：“乃里切，汝也，又乃倚切。”

　　陈法言《切韵》不收“你”字，到了《广韵》才收“你”字，“你”字后出，说明“你”是从“尔”分化出来的。

　　作为单数第二人称，“尔”在普通话和许多方言里都不再使用而改用“你”了。只有少数方言还使用着。如：

　　安徽休宁：你 [ȵi˥]、[n˩]，尔 [ə˥] ⑤
　　安徽祁门：你 [li˥]、[n˩]，尔 [n˩]、[ə˥] ⑥
　　江西南昌：你 [n˩]、尔 [ə˩] ⑦
　　对以上读音，李荣先生（1997）作过深入的分析，今摘录于下：

　　　　休宁单字音表“你 [n˥]”字无注，“你 [ȵi˥]”字注“口语又读 [n˥]。反映你 [ȵi˥]”是北方话借字：你 [n˥] 是本地话，你 [n˥] 的本字是"尔"的白读，"尔"的文读是 [ə˥]。

（祁门）你，口语说 [n˩]，照字面读是 [n i˥]，[n˩] 当是"尔"字的白读，其文读是 [ʯ˥] ……对读本文上篇若干方言，儿尾读 [n]，与口语"你 [n˩]"的音互证，推定口语"你"的本字为"尔"，可以无疑。

（南昌）[n˩] 写作"你"是训读的写法。[n˩] 的本字是"尔"，可以说"尔"有文白两读，文读 [ʯ˩]，白读 [n˩]。

可以看到，以上三个方言，[n]（按：声调略）的本字都是"尔"，都当"你"讲，记成 [n] 音，写成"尔"字才符合"本地话"的特点。在这三个方言里，"尔"作为单数第二人称，与北方话的"你"形成了方言词差异。

**2. 不齐性音变**

语音虽然是成系统的，但各部分演变的速度并不整齐，有的可能快些，有的可能慢些，于是便造成了方言词差异。比如在不分尖团音的多数官话方言里，[tɕ tɕʻ] 两个声母由见组和精组的塞音和塞擦音拼细音演变而来，那么原来读 [k kʻ] 或 [ts tsʻ] 声母、现在读成 [tɕ tɕʻ] 声母的字就比仍读 [k kʻ] 或 [ts tsʻ] 声母的字演变得快些。这种快慢的比较既可在一个音系内进行，如上文谈到的北京的"刚"和"将"；有的也可在两个音系间进行，如北京方言的"刚"，柳州方言说成"姜 [kiaŋ˧]"，乌鲁木齐方言说成"将 [tɕiaŋ˧]"。显然，"姜""将"的音变速度快于"刚"。

"燕子""粽子"河南林县方言分别说成"燕了 [ia˧ lʯ·]""粽哦 [tsuŋ˧ ʯ·]"。"子"，中古属精母字，读 [ts] 声母，由于作词尾读成轻声，林县方言的"子"便丢掉了 [ts] 声母，有的变成了 [l]，如"燕了"的"了"，有的变成了零声母，如"粽哦"的"哦"。显然，林县方言"子"尾的声母比普通话"子"尾的声母变化得快。

"挽袖子"的"挽"，山东阳谷方言说成"缅 [miã˥]"，但"挽头发"的"挽"（也写作"绾"），则说成"挽 [uã˥]"。"挽"《广韵》微母三等阮韵，微母由明母分化出来。其 [m] 声母一读是仍保留中古明母的读法，是音变滞后现象。

以上谈的两种音变不是孤立的，它们之间有密切联系。某一音变究竟属于两类中的哪一类，有时有"两可"的情况。比如我们在"分化性音变"一类里谈到的由"角落"分化出"旮旯"的现象，如果从音变速度的角度去看，石家庄方言的"旮旯 [kaⅥlaⅤ]"显然要比南京方言"角落 [koʔ˥loʔ˥]"演变得快些，这又属于"不齐性音变"了。这里所说的"分化性音变"与"不齐性音变"只是就其基本特点作出的基本分类，不可把两者看绝对了。

由音变而形成了方言词差异的这类词，如果以语素的形式出现在另一个词里，那么，另一个词也能形成方言词差异，如"我们"这个词，石家庄方言说成"俺们 [ŋan˥ mən·]"。由于"俺"与"我"在石家庄方言已经形成方言词差异，所以"俺们"与"我们"也随之形成了方言词差异。

## （二）语流音变与方言词差异

对于语流音变造成方言词差异的现象，本文只从同化、异化、合音、换位、轻声五个方面举些例证。

### 1. 同化

"蜻蜓"，济南方言说成"蜓蜓 [t'iŋↃ t'iŋ·]"。"蜻"的声母受后一音节声母 [t'] 的影响，变成了 [t']。

"打呵欠"，柳州方言说成"打呵先 [taⅤ ho˥ sẽ˥]"。"欠"的声母受前一音节声母 [h] 的影响，变成了擦音 [s]。

"抽屉"，山东济宁方言说成"抽抽 [tʂ'ouↃL tʂ'ou·]"，第二个音节被第一个音节完全同化。

"蜘蛛"，天津方言说成"蛛蛛 [tʂuↃL tʂu·]"。"蜘"的韵母受后一音节韵母 [u] 的影响也变成了 [u]。

"亲戚"，天津方言说成"亲亲 [tɕ'inⅤL tɕ'inⅤ]"，"戚"受前一音节韵母的影响，韵母也变成了 [in]。

更有意义的是"恐怕"这个词在山东高密方言里出现了双重同化，说成"朋朋 [p'əŋⅤ˥ p'əŋ·]"。根据山东方言许多地方把"恐怕"说成"彭怕"的现象（按：山东方言"彭""朋"同音，可以代替）可以推知，第一重同化是"恐"的声母受后一音节声母 [p'] 的影响先变成 [p']，然后，也就是第二重同化，"怕"的韵母受前一音节韵母 [əŋ] 的影响也变成了 [əŋ]。

**2. 异化**

"黄鼠狼"，郑州方言说成"怀鼠狼 [xuaiˇ suᐧlaŋˊ]"。"黄"的韵母 [uaŋ] 受"狼"的韵母 [aŋ] 的影响，异化成 [uai]。

"风箱"，济南方言说成"风掀 [fənˋ çiã̇ᐧ]"。"箱"的后鼻音韵尾受"风"的后鼻音韵尾的影响，异化成前鼻音韵尾 [n]，并变成鼻化音。

"蝼蛄"，山东阳谷方言说成"拉蛄 [laↄkuᐧ]"。"蝼"的敛唇韵母受"蛄"的韵母 [u] 的影响，异化成展唇的 [a]。

**3. 合音**

"这么"，洛阳方言说成"阵 [tʂən↓]"。

"那么"，洛阳方言说成"恁 [nən↓]"。

"怎么"，银川方言说成"咋 [tsaˇ]"。

"不要"，长治方言说成"覅 [piↄ↓]"，上海方言说成"覅 [βiↄˉ]"，海口方言说成"覅 [maiˉ]"。

**4. 换位**

"膝盖"，山东不少方言有两种说法。如莱阳方言说成"波拉盖（儿）[pəↄ laᐧkɛ (r) ˇ]"，三个音节的声母依次是 [p-l-k]；而菏泽方言则说成"胳拉拜儿 [kəↄ laᐧper↓]"。三个音节的声母依次是 [k-l-p]。这两种说法，中间音节相同（也有的只是韵母稍异），一三两个音节的韵母相同，只是一三两个音节的声母互相换了位置。

这个词唐山方言说成"波棱盖儿 [poↄ ləŋᐧkerˇ]"，保定方言说成"圪拉瓣儿 [kɤˉ laᐧperˇ]"，也属于这类音变。

"脖颈儿"，山东不少方言也有两种说法。如新泰方言说成"脖拉颈 [pəˈˉ laᐧkəŋˉ]"，三个音节的声母依次是 [p-l-k]；而阳谷方言则说成"疙拉绷 [kəˉ laᐧpəŋˉ]"，三个音节的声母依次是 [k-l-p]。这两种说法同样是中间的音节不变，一三两个音节的韵母不变，知识一三两个音节的声母相互调换了位置。

从语音和语义两方面来看，[p-l-k] 的次序当是原来的形式，[k-l-p] 的次序是换位后的形式。

**5. 轻声**

读轻声的音节，其声母或韵母往往比较容易发生变化，这些变化有时也能造成方言词的差异。如"腻烦"这个词哈尔滨方言说成"腻歪 [niˇ uai·]",而小说家王蒙的方言既可说成"腻歪",又可说成"腻味"。下面引用他《小说家言》一文中的两个用例:

> 西方的模式的精髓似乎是活得腻歪得慌,而我们大多数感受到的还是活得艰难。脱离开中国现实的土地,脱离开现实的生活,把西方的文学模式奉为圭臬,急急忙忙地去表现活得如何腻味,只能引起还活得相当艰难的人的反感。

显然,"歪""味"的不同是读轻声造成的。

又如青岛方言具有"修理"义的"扎箍 [tʂaˇ ku·]"这个词,威海方言说成"扎桂 [tʂaˇʟ kua·]",新泰方言说成"扎裹 [tʃaˇ kuə·]",其"箍""挂""裹"的不同也是由于读轻声造成的[⑧]。

# 三、音变与用字

既然语音的变化能导致方言词差异的产生,那就势必会影响到文字的使用。但是怎样用文字标示这种差异,当前还没有统一的做法,人们不但各行其是,甚至同出一人手笔,前后也有不一致的地方。如普通话副词"刚",济南方言有 [kənˇ] 和 [teiaŋˇ] 两种说法,两种说法都写成"刚";徐州方言也有 [kənˇ] 和 [tɕiaŋˇ] 两种说法,但两种说法都写成"将";北京方言也有 [kəŋˉ] 和 [tɕiaŋˉ] 两种说法,却分别写成"刚"和"将"。又如广州方言"茼蒿"说成"唐蒿 [tɔŋˌ houˉ]","唐"是"茼"的音变,音变而用字亦变。但"红萝卜"说成 [hongˉloˌ pakˉ],[pakˉ] 是"白"的读音,作者没写成"红萝白",而是在注音后面注明"〈卜音白〉",这又属于音变而用字不变了。这些现象一方面说明了音变用字的复杂性,另一方面也说明音变用字问题实在有讨论的必要。

当前,国内处理音变用字问题存在着两种方法:一种是"音变字变",一种是"音变字仍"。所谓"音变字变",指语音变化了,方言词差异形成了,随之用区别字加以区分[⑨];所谓"音变字仍",指语音变化了,方言词差异形成了，却仍用原来的字书写。

"音变字变"这一方法的使用，本文在"二、音变与方言词差异"部分已作了比较多的介绍，其中所举用区别字标示方言词差异的许多例字都是使用这一方法的表现，此不复赘。下面着重介绍一些"音变字仍"这一方法的使用情况。

普通话的词尾"子"在各地方言的读音有很大差别，有不少方言"子"尾的读音变了，却仍然写作"子"。如"粽子"，绥德方言说成 [tsuŋˇtəˀɭ]，连云港方言说成 [tʂoŋˉ tʂə·]，临河方言说成 [tɕyŋˇ tʂɛ·]，三个方言都写作"粽子"。但从这三个方言的"字表"看，绥德方言"子"入 [ɭ] 韵，不入 [əˀ] 韵，其声母也不是 [t]；连云港方言"子"入 [ɭ] 韵，不入 [ə] 韵；临河方言"子"入 [ɭ] 韵，音系无 [ɛ] 韵。

"蚂蚁"，连云港方言说 [maˇiŋˋ]，涟水方言说 [maˋ iaˀɭ]，两地方言都写作"蚂蚁"。但从两地方言的"字表"看，连云港方言"蚁"入 [i] 韵去声，不入 [iŋ] 韵阴平；涟水方言"蚁"入 [i] 韵上声，不入 [iaˀ] 韵入声。

"棉花"，唐山方言说成 [niaŋˋ xua·]（前一音节的 [n] 尾受后一音节声母 [x] 的影响变成了与 [x] 同部位的 [ŋ]），齐齐哈尔方言说成 [niauˋ xua·]（前一音节的 [n] 尾受后一音节声母 [x] 的影响变成了与 [x] 同部位的 [u]）。两地方言都写作"棉花"。但从两地方言的"字表"看，唐山方言"棉"入 [ian] 韵，不入 [iaŋ] 韵；齐齐哈尔方言"棉"入 [ian] 韵，不入 [iau] 韵。而且两地声母也都与之不同。

据初步观察，"音变字仍"这一方法不但见于历史音变，也见于语流音变，特别是在语流音变的"同化"中使用得最为普遍。

在处理音变用字问题上，二法并用的局面就这样摆在了我们的面前，是坚持二法并行呢，还是二法取一呢？这是需要我们作出回答的问题。

不难看出，"音变字变"的方法是从表音的需要上使用汉字的，让用字更符合方言的语音实际。而"音变字仍"的方法则是从表义的需要上使用汉字的，让用字更符合方言的语义实际，尽量使人们从用字上能看出某个方言词的意义来。

不过，我们也看到，尽管两种方法各有长处，但这种二法并行的局面毕竟会给我们的工作带来许多麻烦。这种麻烦的性质可用下面的两段话来说明。一段是吕叔湘先生在《普通话基础方言基本词汇集·序》里说的：

> 章太他们组织了近百位研究方言的专家学者，协同工作，历时六年才完成调查整理任务，初步摸清了北方话内部以及北方话同普通话及其他方言在基本词汇方面的一些有意义的异同现象。这对我们制定和推广普通话的有关规范以及其他有关工作必将起重要的作用，这是毫无疑义的。

另一段是李荣先生在《现代汉语方言大辞典·分地方言词典·总序》里说的：

> 调查表有字表与词表两种……这两个表里所列的单字与词语，凡是本方言能说的都尽可能问清楚，这样各地的语料才能对比异同。

真是所见略同，两部国内外颇具影响的大型辞书都把将方言词语"摸清异同""对比异同"作为编写方言辞书的重要目的。这绝不是偶然的，因为只有把方言之间或方言与普通话之间词汇的异同摸清了，才能有的放矢地、更为有效地开展我们的方言研究和推普工作。但是，我们发现，二法并行并不利于我们去摸清和对比词汇的这种"异同"。下面我们只举"刚"和"将"、"子"和"得"的不同书写就足以说明这个问题。普通话副词"刚"，洛阳方言与乌鲁木齐方言都说成细音的 [tɕiaŋ]（按：声调略，下同），但洛阳方言仍写作"刚"，乌鲁木齐方言则写作"将"。"粽子"的"子"尾，绥德方言与长治方言都说成 [təʔ]，绥德方言仍写作"粽子"，长治方言则写作"粽得"。拿普通话的"刚"与洛阳方言的"刚"来比，则同；与乌鲁木齐方言的"将"来比，则异。同样，拿普通话的"粽子"与绥德方言的"粽子"来比，则同；与长治方言的"粽得"来比，则异。这样比较得出来的结论与方言的实际情况显然是不同的。用这样的比较数据作为我们方言研究与推普工作的基础材料，就会影响我们的工作效果。

二法并行既不可取，二法取一就应成为我们考虑的方案。而解决这个问题的关键就是找出决定二法取舍的根据。

二法并行的局面主要是由于在书面上用文字显示由音变造成的方言词差异而形成的，那么二法的取舍当然也就应以能够有利于显示这种差异为依据。

文字是用于目治的，也就是说，在怎样能用汉字更有效地表现这种方言词差异方面有利于目治，应当成为我们取舍的依据。

从历史音变来看，比如"尔"与"你"、"角落"与"旮旯"等，这些由音变而造成的方言词差异，人们不但早就认识到了，而且书写时还使用了区别字加以区分，收到了良好的效果。

从语流音变来看，比如同化中的"蜓蜓"与"蜻蜓"、"朋朋"与"恐怕"；异化中的"怀鼠狼"与"黄鼠狼"、"拉蛄"与"蝼蛄"；合音中的"不要"与"嫑"、"这么"与"阵"；换位中的"波拉盖儿"与"胳拉拜儿"、"脖拉颈"与"疙拉绷"；"轻声"中的"腻歪"与"腻味"、"扎箍"与"扎挂"等，这些由音变造成的方言词差异，人们同样不但认识到了，而且书写时还用了区别字加以区分，同样收到了良好的效果。

人们之所以采用这种做法，是因为这种做法有利于显示方言词差异，有利于这种差异的目治。

语流音变往往是历史音变的源头，因而这种做法不但有利于现在，也有利于未来。以后人们从用字上就能够研究某个方言语音、词汇发展的脉络。现在能见到的许多方言俗字、借字的历史资料被视为语言研究的珍宝，就足以说明这个道理。

音变引起词变，词变导致区别字的出现。音变、词变、字变，三者是密不可分的，也是符合汉语发展的实际的。

反之，对待方言词差异如果采用"音变字仍"的做法，那么至今"你"字不出而写"尔"字，"旮旯"不出而写"角落"，这与汉语发展的实际显然离得太远。

通过以上分析，笔者认为，在二法取舍问题上，取"音变字变"一法似乎遇到的麻烦会更少些。至于"字变"该怎么变法，是"造"、是"借"，还是用其他什么办法，则视具体情况和需要而定。这是另一层次的问题，因篇幅所限，本文就不加讨论了。

　　从语音方面讨论方言词差异的形成和用字，难度较大，因为在这方面语音现象与词汇现象往往交织在一起，有些现象究竟属于语音问题还是属于词汇问题，有时很难区分。加上笔者水平有限，占有资料不足，所以本文定有不少欠妥之处，今冒昧抛出，权为引玉，敬请同志们批评指正。

**注释：**

　　①李行健：《试论方言词的产生和今后的发展》，载南开大学中文系：《语言研究论丛》第二辑，天津人民出版社1982年版。

　　②《中国大百科全书·语言文字卷》，中国大百科全书出版社1988年版，第144—145页。

　　③这里所说的语音变化只限制在音质音变化的范围内，非音质音变化暂不涉及，下文虽有"轻声"一类，但表现方言词差异的仍是韵母的不同。

　　④本文引用的语音材料，声调一律用5度制符号表示。鉴于本文引用方言材料较多，为了省栏，不再分别注明出处，只在这里作个统一的说明：北京、天津、石家庄、唐山、保定、济南、徐州、林县、临河、长治、绥德、齐齐哈尔、郑州、连云港、涟水、南京、桂林，以上方言材料引自陈章太、李行健主编《普通话基础方言基本词汇集》；柳州、洛阳、银川、乌鲁木齐、哈尔滨、上海、海口，以上方言材料引自李荣主编《现代汉语方言大词典·分卷》；青岛、威海、高密、莱阳、新泰、济宁、菏泽、阳谷，以上方言材料引自董绍克、张家芝主编《山东方言词典》；广州方言材料引自麦耘、谭步云《实用广州话分类词典》。其他引用材料随文注出。

　　⑤平田昌司：《休宁音系简介》，《方言》1982年第4期。

　　⑥沈同：《祁门方言的人称代词》，《方言》1983年第4期。

　　⑦熊正辉：《南昌方言同音字汇》，《方言》1989年第3期。

　　⑧结合上文举出的"子"尾声母的演变与读轻声的关系，可以看出，轻声也是造成"不齐性音变"的重要因素。

　　⑨本文所说的"区别字"是指为了标示方言词差异，或造、或借、或考本溯源而使用的字；与文字学上所说的"区别字"有所不同。

**参考文献：**

　　陈章太、李行健主编：《普通话基础方言基本词汇集》，语文出版社1996年版。

董绍克、张家芝主编:《山东方言词典》,语文出版社 1997 年版。

侯精一、温瑞政:《山西方言调查研究报告》,山西高校联合出版社 1993 年版。

李荣:《汉语方言中当"你"讲的"尔"》,《方言》1997 年第 2 期、第 3 期。

李荣主编:《现代汉语方言大词典·分卷》,江苏教育出版社 1993—1999 年版。

刘村汉:《柳州方言词典的用字》,《方言》1998 年第 2 期。

麦耘、谭步云:《实用广州话分类词典》,广东人民出版社 1997 年版。

殷焕先主编:《山东省志·方言志》,山东人民出版社 1995 年版。

张树铮:《多音节词的换位一例》,《中国语文》1991 年第 3 期。

原载 [日]《中国语研究》2001 年第 43 号

# "方言词汇"刍议

　　当前研究方言词汇的著作与论文已经很多，从内容上看，主要是对方言词汇的调查与整理，理论上的探讨、阐释还不够多，甚至就连"什么是方言词汇"这么一个问题也没看见有专门的文字加以说明。是因为问题太简单不屑一说呢，还是因为问题太复杂不好说呢？不知道，笔者认为，既然我们要调查、研究方言词汇，就应该首先对"什么是方言词汇"这一问题加以阐明。

　　"方言"这个词在词典里能找到明确的解释："一种语言中跟标准语言有区别的、只在一个地区使用的话。如汉语的粤方言、吴方言等"。①"词汇"这个词在词典里也能找到解释："一种语言里所使用的词的总称。如汉语词汇、英语词汇、也指一个人或一部作品所使用的词，如鲁迅的词汇"。②（本文所讨论的当然是前一个意思。）根据这两个词的定义，我们是否就可以认为"方言词汇"的含义就是"方言"和"词汇"两部分释义逻辑地结合呢？比如解释成"方言里所使用的词的总称"。问题似乎并不这么简单。

　　我们先看一些方言词典的情况。根据收词的范围，这些词典可分成两类，一类只收与普通话说法不同的方言词汇，如董绍克等主编《山东方言词典》、麦耘等《实用广州话分类词典》；另一类将方言中的常用词汇（不管与普通话说法相同与否）全部收录。如陈章泰、李行健主编《普通话基础方言基本词汇集》、李荣主编《现代汉语方言大词典》（已出版部分分卷）。这两类词典，不管收词范围如何，都被人们认为是名副其实的方言词典。

下面再看一些写方言词汇的文章的情况。根据收词范围，这些文章也可分成两类，一类只收与普通话说法不同的方言词汇，如林伦伦《汕头方言词汇》（载《方言》1991·2）；另一类将方言中的常用词汇（不管与普通话说法相同与否）全部收录。如陈昌仪《江西余干方言词汇》（载《方言》1995·3）。这两类文章不管收词范围如何，也都被人们认为是名副其实的方言词汇论文。

很明显，假如我们只从标题与内容的关系上客观地观察，我们似乎可以这样说，第一类方言词典或论文是在认为方言词汇指的应是与普通话说法不同的那些；第二类方言词典或论文是在认为方言词汇指的应是方言中使用的全部的词，不管其说法与普通话相同与否。

不可否认，这两种认识反映了当前方言学界对"方言词汇"这一概念的普遍看法。根据这种情况，我们是否可以对"什么是方言词汇"这个问题作如下的说明：方言词汇有两个含义，第一，指某个方言中所使用的全部的词，既包括与普通话说法不同的，也包括与普通话说法相同的。第二，只指某个方言中与普通话说法不同的词。第一种我们不妨称之为广义的方言词汇，第二种我们不妨称之为狭义的方言词汇。

这种说明只是根据当前对方言词汇研究的实际情况归纳出来的不成熟的看法，不一定全面，希望能得到同志们的指正。

**注释：**
① ②引自《现代汉语词典》修订本。

原载《山东师大学报》1999 年第 1 期

# 谈政区性方言分类词典的编写

政区性方言分类词典是指按行政区划编写的方言分类词典。

当前，政区性方言分类词典的编写正处在起步阶段，还谈不上有一套成熟的编写经验。《山东方言词典》就是在这种情况下，经过近四年的努力编纂成功的。在编纂过程中，我们感触比较深的有以下几个问题。

## 一、选点问题

编写这类词典首先遇到的就是选择哪些方言点进行调查。处理这个问题，我们采取了"一个原则，三个照顾"的办法。

"一个原则"是指原则上按照行政区划选点，根据词典规模和政区的大小具体确定选点的密度和个数，以保证选点分布的普遍性。《山东方言词典》作为一部省区方言分类词典，每个地（市）选了一至两个点进行调查，全省共选出 21 个点。这样，许多地方特色很浓的方言词都能被调查出来。如：滨州、寿光、桓台一带的"写管"（毛笔），临沂、平邑一带的"山羊母"（母山羊）、"山羊羯"（公山羊）等都是非此地没有的词语。

"三个照顾"是：第一，照顾各方言区、片在政区内的分布。在一个行政区内可能分布着几个方言区、片，选点的覆盖面要尽可能照顾到这些区、片，以便使各方言区、片的词汇和语音特点（当然以词汇为主）在词典里有所反映。如：山东省分布着中原、冀鲁、胶辽三个官话区及若干个方言片，我们的选点在这些区、片都有分布。

第二，照顾省、地、县三级城市的分布。一般说来，词汇的变化省级市比地级市快，地级市比县级市快。因此，我们在选点时，除选了济南、青岛两个省级市，还选了德州、枣庄、菏泽等地级市以及阳谷、桓台、高密、牟平等县城。

第三，照顾不同地理条件在政区内的分布。所处地理条件不同，人们所用词汇也就往往有别。如"下地干活"这一行为，由于地理条件的不同，就有"上坡"（青岛）、"上山"（莱阳）、"上湖"（枣庄、临沂）、"上晌"（阳谷）等不同说法。所以我们选点时既注意了平原与山区的分布，也注意了内地与沿海的分布。

## 二、选词问题

政区性方言分类词典在选择词语时要处理好两种关系：一种是"封闭型"与"开放型"两种选词法的关系；一种是词与词组的关系。所谓"封闭型"选词法，是指调查时严格按照预先制定好的词汇调查提纲进行，在提纲所列每个词的后面都写上被调查方言与提纲相同或不同的说法，既不增加，也不减少。所谓"开放型"选词法是指调查时不按提纲进行，在方言词汇的海洋中任意选取，凡是有方言特色的词语尽可能收录。这两种方法各有利弊。"封闭型"选词法的条理性强，便于编纂。但由于方言词汇是极丰富的，我们所制定的提纲很难包罗穷尽，有些方言词很可能被遗漏。"开放型"选词法虽然可以避免收录与普通话说法相同的词语，尽量收录具有方言特色的词语，但所收词语条理性不强，编纂起来也不方便。《山东方言词典》的编纂则采取了两种选词法相互结合、取长补短的办法，既制定了词汇调查提纲，又允许在提纲之外收录提纲遗漏的价值较高的方言词。

在处理词与词组的关系上我们采取了弹性原则。为了表明某种行为或事物在全省不同地区的说法，从而展示某一词语在各方言点的不同表现形式，有时我们也收录一些词组。如"订婚"一词，阳谷叫作"投启"，桓台叫作"换贴"，莒县叫作"过红"，青州叫作"送书儿"，青岛叫作"撒媒柬儿"，我们一律收录。

# 三、记音问题

记音问题是编写政区性方言分类词典比较棘手的一个问题，在一个行政区内往往存在着几个方言区，各个方言区的语音当然不同。即使是同一个方言区，各方言点的语音也各有自己的某些特点。要在同一部词典里使用这么多的音系记音，就存在一个协调音位、统一标准的问题。也就是说，记音的宽严与符号的使用要一致才行。山东方言前鼻音韵母读鼻化音比较普遍，在单独对一些音系进行描写时，如：[an] 的鼻化音，菏泽记做 [æ̃]，济南记作 [ã]，威海记作 [ɑ̃]（与鲁西 [aŋ] 的鼻化音 [ɑ̃] 相混），这些音从全省情况看，实际上都属于同一个音位，没必要记作三个符号，经过调整，都记作 [ã]。

如何给具体词语记音，是记音的另一个难题，一个词语往往分布在好几个方言点上，是把所有这些方言点的读音都记上呢，还是只记一个方言点的读音？如果都记上，势必使记音部分大大超过释义部分，一大串音标难以阅读，在一定程度上会降低词典的使用价值；如果只记一个点的读音，又存在记哪个点的读音问题。我们的处理办法是，一个词只记一个点的读音，选择的办法按城市由大到小降幂排列。这样处理的结果，对一个词来说，肯定大部分方言点的读音没有记上。为了弥补这种不足，我们在正文之后附上了各方言点的音系，以备核查。

# 四、选字问题

在记录一个方言词时，有时很难找到像普通话那样规范的"正字"，因而记录同一个词，各方言点在选用现有汉字时往往出现用字不同的现象。从产生的原因看，有三种情况：

由于音系不同导致用字不同。如：把手放在冰冷的水里产生的一种疼痛感觉，有的写作"炸"，有的写作"砸"。这种不同是由于方言点分不分平卷舌声母造成的。在分平卷舌声母的方言里，写成了"炸"；在不分平卷舌声母的方言里"炸"、"砸"同音，有的就写成了"砸"。两字实际上记录的是一个词，只能根据音义要求选择一个。

由于本、俗不同导致用字不同。如"用手的虎口卡在腰间"这一动作，有的写作"搭腰"，有的写作"掐腰"，有的写作"拤腰"。考"搭"，《广韵》陌韵"苦格切，手把著也。""掐"《广韵》洽韵"苦恰切，爪掐"。现代的用法又增加了用手的虎口紧紧按住这一义项。"拤"是后起字，《广韵》无地位，《现代汉语字典》标音"qiá"，释作"用两手掐住"。三个字在音义上与这一动作有一定联系。我们根据既常用、又符合意义要求的原则，只选了一个。

由于有音无字导致用字不同。记录方言词找不到同音字是常有的事。处理这一问题我们采取了用音近字代替的办法。这种音近字必须是声母、韵母都与方言相同、只是声调不同的字，标音时仍标词语的实际读音，并在这种字的适当部位做出一定的标志。

# 五、释义问题

政区性方言分类词典在释义方面的特点主要表现在多义词义项的处理上。多义词按照义项在方言点的分布可分为两种：一种是"多点多义词"；一种是"单点多义词"。多点多义词的各个义项分布在几个方言点中，单点多义词的几个义项只分布在一个方言点中。不管哪种多义词都按"以类相从"的编纂原则去编排。

# 六、编纂问题

这个问题在前面的论述中已涉及方言词的分布问题，这里只谈"分类"问题。如果说单方言点、单音系方言词典的编纂还存在按义类和音序两种编纂方法的话，那么，多方言点、多音系方言词典的编纂就只存在按义类这样一种编纂方法了。

"以义统词"的"义本位"是编纂该类词典的根本方法。所有的词语将按照它们不同的意义被编排到各个属类里去。但是，单纯依靠"义本位"并不能解决所有的问题。如果多义词的各个义项不是跨类的，它将仍以多义词的形式出现。也就是说，"以词统义"的"词本位"也得用上才行。以"义本位"为主，以"词本位"为辅，两相结合。是编纂政区性方言分类词典比较可行的方法。

以上就方言词典的编纂问题说明了我们的一些具体做法，不当之处，还请方家指正。

原载《中国人民警官大学学报》1996 年第 3 期

# 试谈汉语方言词的区域特征

## ——兼谈"方言词库架"的建设

　　1997 年 8 月，李如龙先生在"第九届中国语言学会学术年会"上宣讲了他的《论汉语方音的区域特征》一文，引起很大反响。

　　笔者在调查方言词汇的过程中发现，方言词的区域特征和方音的区域特征无论在研究方法上，还是在研究内容上，都有许多不同之处。为便于开展方言区域特征研究，有必要对方言区域特征的一些问题加以探讨。下面把在调查、阅读过程中的一点感受连缀成篇，以就教于大方。

一

　　本文所谓的方言词的区域特征，指在一定区域内，一种或多种方言所共有的方言词，或者说，指方言词在区域分布上的特征。

　　所谓的"一定区域"，可大可小。几个大方言区之间可以有共同的方言词，如"落"（下），粤、赣、吴三个方言区都有，"企"（站立），粤、湘、客、赣四个方言区都有。一个方言区中自然有共同的方言词，如粤方言的"镬"（锅）、"雪条"（冰棍儿），闽方言的"粟"（谷子）、"涂"（泥）。小的方言片更可以有共同的方言词，如山东方言东区（属胶辽官话区）的"东莱片"的"矿子"（大麦）、"倲"（你们）、"闻"（听）。

现在的方言分区主要是以语音为标准。为了便于给方言"定位"，也为了便于交流，论证方言词的区域特征可用现有方言区划为参照。方言词的区域特征与方音的区域特征有时是不一致的。如"佢"（他）既分布在闽方言区，也分布在客、赣方言区，"郎"（女婿）既分布在赣方言区，也分布在湘方言区。也有两种特征一致的，如"伊"（他）、"冥"（夜晚）只分布在闽方言区，"饻饨"（水饺）、"釜台"（烟囱）只分布在胶辽官话区。所以，我们既可以把方言词的区域特征看作是多种方言进行比较的结果，也可以看作是单个方言观察的结果。

方言词区域特征的分布通常是地片相连的，如"禾"（稻子）就分布在相连的客、赣、粤、湘四个方言区。但也有地片不相连的，如"爷"（父亲）既分布在客、赣方言区，也分布在山东方言东区的东潍片，两地不相连接。又如"壁虱"（臭虫）既分布在山东方言东区的东莱片，又分布在赣方言区的高安等地。两地亦不相连接。

有些方言词的差异往往与地形、地貌等特点有关。如"下地干活儿"这一生产活动，山东莱阳说"上山"，临沂、枣庄则说"下湖"，鲁西南则说"上晌"；"碱窝""洼碱地"这些反映盐碱地的词语多出现在鲁西、鲁北黄河冲积平原地区，"来复流""三角子浪""飞水"这些有关海水的词语则出现在沿海一带。李如龙先生在谈到桥本万太郎的《语言地理类型学》一书时写道："桥本万太郎是企图把前二者（笔者按：指语言的类型特征和地理特征）结合起来研究，所以称为地理类型学，而本文则主张把后两者（笔者按：指语言的地理特征和源流特征）都包括在内进行研究，还是称为区域特征。"[1]笔者也不主张用"地理"这两个字眼，其原因除了李如龙先生说的以外，还考虑到要区别于上面所说的由于地形地貌的特点而造成的方言的差别。因为"地理"这两个字眼既包含了位置、范围的内容，也包含了地形、地貌、交通、矿藏等多种内容，而本文所说的区域特征则只指位置与范围的内容。

## 二

构成方言词差异的因素与方言词的区域特征有着密切的关系。构成方言词差异的要素有名源、构词、词义等方面，因而研究方言词的区域特征也主要应从这些方面着眼。下面举些例字。

粤方言把锅叫作"镬"，闽方言把锅叫作"鼎"，"镬"和"鼎"是名源不同的两个词，各自形成不同的区域特征。粤、湘、客、赣四个方言都把站立叫作"企"，尽管有的人把赣方言的这个词写成"徛"，但我们仍然认为它们的名源是一致的，应算作一个词，以此确立"企"这个词的区域特征。粤方言把冰棍儿叫"雪条"，把冰箱叫作"雪柜"，是由于冰、雪不分，以雪代冰造成的。这些不同的区域特征都是由于名源不同而造成的。

闽、客方言把"客人"叫作"人客"，闽、客、吴方言把"热闹"叫作"闹热"，这都属于构词方面的特点，正是这一特点分别构成了它们的区域特征。

方言中，词义转移有时可以导致词的所指完全改变。如：客家方言"地"指坟墓，闽方言"冤家"指吵架，胶辽官话"厚"指黏稠。这样，"地""冤家""厚"便分别以它们特有的含义来显示其区域特征。

方言词的区域特征表现得十分复杂，有的表现为几个大的方言区，有的表现为某个方言区，有的表现为某个方言片或方言小片，有的甚至表现为某个方言点，如何将这些繁杂的区域特征加以梳理、归类，使之条理化、系统化，是方言词研究的一个重要课题。

笔者认为，建设"方言词库架"不失为解决这一课题的有效办法。

所谓方言词库架，指按方言区域的情况给方言划分的级别②。分布区域越小的，级别越低；分布区域越大的，级别越高。

上文说过，方言词区域特征的研究要以现有方言的分区为基础进行论证。现有的十大方言区，面积不同，各方言区的层级也不同。其中以官话方言面积最大，层级最多。方言词库架的框架应能容纳各个级别的方言词，因而词库架的建设应以官话方言的层级为基础。在确定方言词区域特征级别时要首先确定最初一级的标准。比如我们在确立山东方言词区域特征的级别时，曾把只分布在一个方言片的方言定为"初级词"，把分布在官话的某个次方言（比如胶辽官话）的方言定为一级词，随着区域范围的扩大，逐渐增加级别。③当然，这是根据山东方言词区域特征的实际情况以及山东方言在官话方言中的地位而制定的，不一定适合整个汉语方言的情况。给整个汉语方言词的区域特征确定具体级别，则要考虑全国汉语方言分区的实际情况。

现有汉语方言的分区，其层次和术语有许多不一致的地方。如官话方言和吴方言从全国现有十大方言这个层面上讲，两者是并列的。但它们的下位层面（有的叫作"次方言"）则名称各异。官话方言称作"××官话"（如"中原官话"），而吴方言则称作"××片"（如"太湖片"）。第三个层面也是如此，官话方言称作"××片"（如中原官话的"郑曹片"），而吴方言则称作"××小片"（如太湖片的"常州小片"）。这种划分尽管名称各异，但其层级还能一一对应，而有的方言根本就划分不出三个层级，如赣、客两个方言就只分到第二个层级为止。这种现象无疑给我们制订确立方言词区域特征级别的标准带来了一定的困难。因而在方言词库架的实施过程中我们还要按区域特征的实际情况对方言区各层级间的对应关系作适当调整。当然，这种调整是为了便于方言词区域特征的级别而进行的非语音方面的、技术上的调整。

横向的渗透是形成方言间共同区域特征的特别重要的途径。如：胶辽官话的"饽饽"（馒头）就渗透到冀鲁官话的利津、无棣、桓台诸县。"大师傅"（厨子）就渗透到冀鲁官话的南起蒙阴，北至兖州，东起博山，西至临清的广大地区。这种区域特征只用方言区、片的概念显然是不能表达确切的，这就要求我们的表达手段除了方言区、片的说明之外，还要增加上方言点的说明。

这样，在我们的方言词库架里，人们将会看到各种各样的方言词是怎样在一个平面上（不管它属于哪个历史时期的历史沉淀）被分成许多不同的级别，又是怎样被有条不紊地摆放在不同的位置以及它们各自不同的音义特点及不同的区域特征。

# 三

"大指和其余四指分开、紧按在腰旁"这一动作有的方言称作"叉腰"，有的方言称作"掐腰"。据初步调查，大致情况如下：说成"叉腰"的有河北省的安次、静海、霸县、灵寿、昌黎、乐亭六县和西南官话除湘西北以外的广大地区。说成"掐腰"的有北京官话、冀鲁官话（上举河北六县除外）、胶辽官话、中原官话、下江官话和东北官话的黑龙江省。吉林和辽宁两者皆可。据现有调查的结果来看，说"掐腰"要比说"叉腰"的多一些。但《现代汉语词典》收了"叉腰"，没收"掐腰"。这种做法出于何种考虑，可以不论，但却显示出了一个编写现代汉语词典应如何掌握收词标准的问题。这说明了方言词区域特征的研究对现代汉语词典的编纂是何等的重要。这只是这一课题的实用价值的表现之一，在其他诸如语言识别、民族文化、推广普通话等方面也都有着十分重要的价值。

方言的调查与研究在理论与实践相合的道路上不断发展。实践的不断丰富促使了理论的发展而理论的发展又会更好地指导实践。如官话方言调查的不断深入导致了划分官话方言区新理论（即按旧入声在四声的分派划分）的出现。在这一理论指导下，又展开了官话方言的新调查。对官话方言重新作了划分。

毋庸讳言，我国方言词汇的调查与研究比起语音的调查与研究来，无论在实践上还是在理论上都滞后了一步。这说明今后加强方言词汇的调查与研究是十分必要的。要使方言词汇的调查与研究深入一步发展，势必要遇到一些实际问题。比如我们在调查山东方言词时就遇到了这样一个问题，即如何确定方言词的个体区别性特征。比如"向日葵"这种植物，山东有十来种名称，而有些名称非常接近。如"转游葵儿"（青岛）和"转游葵"（无棣）、"朝阳花"（日照）和"长阳花"（沂水）、"照葵"（枣庄）和"照照葵"（济宁）。"转游葵儿"和"转游葵"只是儿化与否的差别，"朝阳花"和"长阳花"只是第一个字韵母中的一个音素不同。从名源学角度讲，"长阳花"名源模糊，"长"显系"朝"受了后字"阳"的影响同化而成。"照葵"与"照照葵"也只是重叠与否的差别。现在我们应当把它们分别看作两个词呢，还是看作一个词？这就不能不牵扯到一个如何确定方言词个体区别特征的问题。为了解决这个问题，我们引进了两个新的概念，一个是"严式区别性特征"，一个是"宽式区别性特征"。所谓"严式区别性特征"，指承认表达同一事物的两个或两个以上方言词的任何微小的语音形式差别，只要有差别，不管多么微小，都算作不同的词。如上举三对方言词都分别算作不同的词。所谓"宽式区别性特征"，指较多地考虑一些名源、构词及其他某些相关因素的一致性，只要其中某些基本因素相同，就可算作相同的词。如上举三对方言词分别算作同一个词。因为如何确定方言词的个体区别性特征直接关系到某个方言词区域特征的内容，因而个体区别性特征的"宽""严"二式两个概念还是很有必要的。这是我们在调查、研究方言词汇时产生的一点感想和认识，虽然不一定正确，还可以讨论，但从中至少可以看到方言词区域特征的研究对方言学理论建设的必要性。

**注释：**

① 李如龙：《论汉语方音的区域特征》，《中国语言学报》1999 年第 7 期。

② 1997 年 8 月在庐山"第九届中国语言学会学术年会"上，笔者与李如龙先生交换意见，李先生也曾有把方言词分成不同级别的想法，与笔者暗合。

③ 董绍克：《山东方言词区域特征释例》，"首届官话方言国际研讨会"论文（1997 年 7 月）。

原载《中国人民警官大学学报》1996 年第 1—2 期

# 论汉语方言词汇的构词差异

方言词汇之所以被称作方言词汇，一个重要原因就是因为这些词汇与普通话不同，两者之间在许多方面存在着或大或小的差异①。

方言之间或方言与普通话之间在词汇上有哪些不同，这些不同是怎样形成的等，这些问题早就引起了方言学界的注意。1982年就这些问题同时发表了两篇文章，一篇是李如龙先生的[1]，一篇是李行健先生的[2] [P246]。李如龙先生的文章把方言词汇的差异分为五种，其中一种就是构词差异，并把"构词差异"分为"重叠式""附加式""单复音""词素次序"四种类型。李行健先生的文章主要是论述方言词产生的原因，共列五种，基本上没涉及方言词汇的构词问题。毫无疑问，这两篇论文对我们研究方言词汇差异问题都具有重要意义。

汉语方言词汇的差异是很大的，也是很复杂的，有语义上的，也有构词上的。想用几篇文章就把全部问题说清楚是不可能的，而且这种研究还要受到方言词汇调查的限制。

在方言词汇调查还未普遍展开的80年代，只能就当时已有的资料进行研究、论证。所得出的理论还需要随着方言词汇资料的不断丰富而加以补充，从而使方言词汇的研究在理论上不断充实和提高。这也是符合科学发展的一般规律的。

方言词汇构词的差异是方言词汇差异的重要表现。方言词汇调查资料的不断丰富使我们对方言词汇的构词特点不断产生一些新的认识。今将这些不成熟的看法连缀成篇，一方面是为了求教大方，另一方面也是为了抛砖引玉，能够把方言词汇的研究引向深入。

词的内部结构形式主要是靠语音、语素以及它们各成素之间的组合关系来表现的，所以本文就从语音、语素和构词类型三方面对方言词汇的构词特点作些探讨。

# 一、语音方面的差异

语音方面的差异分音节数量的差异、叠音与非叠音的差异、读音差异三种类型。下面分别论述。

## （一）音节数量的差异

### 1. 单音节与双音节的差异

汉语词汇的发展在构词上表现出来的趋势是双音节词不断增多。但这种趋势在各方言间并不是平衡发展的。这种非平衡性无论在词汇的整体上，还是在词汇的局部上都有所表现，而且这两方面的表现有时甚至是相反的，即从词汇总体上看，比起普通话来双音节词较少的方言，在某些小范围内双音节词反而比普通话多。下面从苏州方言举些例子：

苏州方言是单音词（括号外）而普通话是双音节（括号内）的：篮（篮子）、勺（勺子）、盘（盘子）、瓶（瓶子）、稻（稻子）、谷（稻谷）、麦（麦子）、犁（犁子）、沙（沙子）、云（云彩）、灰（石灰）、柴（柴火）、节（节日）、天（天气）。

苏州方言是双音节词而普通话是单音节词的：米囤（囤）、杏子（杏）、猪猡（猪）、驴子（驴）、老鹰（鹰）、雷响（雷）。[3]

### 2. 双音节与三音节的差别

普通话有些双音节的词，长沙方言是三个音节，其特点是前两个音节是词根，后一个音节是词缀"子"。这些词大致可分两种类型：

（1）加上"子"尾变成名词，如：开发子（雨伞）、倒立子（倒立）、挑针子（眼病）、盘脚子（腿病）、爬山子（老虎）。

（2）一般三音节名字。这类词的"子"尾看不出有什么特殊的作用。

如：狗婆子（母狗）、狗公子（公狗）、阴天子（阴天）、晴天子（晴天）、病人子（病人）、香气子（香气）、蜘蛛子（蜘蛛）、蚕子子（蚕子）、夜间子（夜间）、中间子（中间）、年年子（年年）、正月〈间〉子（正月）、腊月〈间〉子（腊月）。

还有一种情况值得注意，就是在"子"尾前边挨着"子"尾的那个语素也是个词缀、如：嚼头子（嚼头）、盼头子（盼头）、零头子（零头）。也就是说，这些词原来是有词缀的，现在又带上了"子"这个词缀，于是便带上了双词缀[4]。

### （二）叠音与非叠音的差异

叠音构词普通话与方言都有，所不同的只是个体与数量的差异。一般来说叠音构词方言似乎比普通话多些。下面我们把贵阳方言三种形式的叠音词分别列出一部分与普通话作个比较（括号内是普通话的说法）。

1. AA 式：槽槽（槽子）、筋筋（筋）、圆圆（桂圆）、杯杯（杯子）、钟钟（茶缸）、钵钵（饭盒）、碟碟（碟子）、坛坛（坛子）、罐罐（罐子）、瓢瓢（水瓢）、盖盖（盖子）、瓶瓶（瓶子）、锤锤（锤子）、绳绳（绳子）、缺缺（缺口）、跛跛（跛子）、筒筒（筒子）、本本（本子）。

2. AAB 式：招招客（拍马者）、块块盐（成块儿的盐）、块块钱（一元的钱）、角角钱（成角的钱）、颗颗药（丸药）、面面药（药面儿）、秋秋眼（近视眼）、斜斜眼（斜视眼）、撮撮帽（鸭舌帽）、盘盘帽（大盖帽）、叉叉针（双股钗）。

3. BAA 式：手颈颈（手腕）、左寡寡（左撇子）、脚巅巅（脚尖儿）、药渣渣（药渣儿）、药罐罐（煎药罐儿）、鞋跟跟（鞋后跟儿）、跑趟趟（多次跑）、打哈哈（打岔）、打戳戳（钻营）、河沟沟（河沟）、一下下（一会儿）。[5]

但也有普通话是叠音词而方言属于非叠音词的。如普通话的"妈妈、伯伯、爷爷、奶奶、哥哥、嫂嫂、妹妹"这些词在广州方言分别说成"阿妈、阿伯、阿爷、阿嫲、阿哥、阿嫂、阿妹"。[6]此类多是亲属称谓词。

### （三）读法差异

由于读法差异而形成方言词汇差异的现象有两类，一类指当一个词因受了某种因素的影响而发生了语音变化，其变化之大，使人们觉得它不再是原来的词，而成了另外一个词，因而不再用原来的字表示，而改用了其他的字，但意义并没有改变，这就形成了两个不同的词。这样的两个词在读音上有个特点，就是两个读音既有差别，又有联系，其变化的脉络是明显的。这种联系有的属于分化关系，有的属于同化关系，有的属于换位关系，等等。下面分别举例说明。

**1. 语音分化引起的方言词差异**

分化是语音演变的重要方式。当这种分化达到一定的程度，便会引起词汇的差异。比如由"尔"分化出"你"便是一例。

"尔"，《切三》："尔汝……儿氏反。"《广韵》："汝也……儿氏反。"

"你"，《广韵》："秦人呼旁人之称……乃里切。"

陆法言《切韵》不收"你"字，到了《广韵》才收"你"字，"你"字后出，说明"你"是从"尔"分化出来的。

作为单数第二人称"尔"在普通话和许多方言里都不再使用，只有少数方言，如安徽休宁方言[7]，安徽祁门方言[8]，江西南昌方言[9]等还在使用。

又如，由"角落"分化出"旮旯"也属这种现象。

**2. 同化音变引起的方言词差异**

在语流音变中，"同化"是经常发生的音变现象。这种音变往往引起方言词差异。如山东济宁方言把"抽屉"说成"抽抽"，第二个音节被第一个音节完全同化。又如天津方言把"蜘蛛"说成"蛛蛛"，第一个音节的韵母受后一音节韵母的影响而变得与后一音节完全相同。更有意思的是"恐怕"这个词在山东高密方言里出现了双重同化，说成"朋朋"。根据山东许多地方把"恐怕"说成"彭怕"的现象（按：山东方言"彭""朋"同音，可以互借）可以推知，第一重同化是"恐"的声母受后一音节声母 [p′] 的影响先变成了 [p′]，说成"彭怕"，然后也就是第二重同化，"怕"的韵母受前一音节韵母 [əŋ] 的影响也变成了 [əŋ]，于是说成了"朋朋"。[10] (P489)

**3. 换位音变引起的方言词差异**

"膝盖"，山东方言有两种说法。莱阳方言说成"波拉盖（儿）[pə³¹² la・kɛə⁴¹]"。三个音节的声母依次是 [p-l-k]；而菏泽方言则说成"胳拉拜儿 [kə¹³ la・pɛə³¹²]"，三个音节的声母依次是 [k-l-p]。[10] (P190) 这两种说法中间音节相同（也有的只是韵母稍异），一三两个音节的韵母相同，只是一三两个音节的声母互相调换了位置，从而形成了方言词差异。①

读法差异的第二类指词尾"儿"和"子"的读音各方言变化快慢不一，致使方言词的音节数量发生了变化，从而形成了方言词差异。

儿尾在普通话里已失去了独立性，融于前一音节并使之变成儿化韵。但在某些方言里它还保留着自己的独立性，并读成独立音节。如普通话的"桃儿 [t'aur³⁵]"和"虫 [tʂ'õr³⁵]"河北满城方言说成"桃儿 [t'au ər·]"和"虫儿 [tʂ'uŋ ər·]"。这样，普通话的"桃儿""虫儿"与满城方言的"桃儿""虫儿"相比就成了两个单音节词对两个双音节词的关系。

"子"尾读音的变化与"儿"尾的变化有某些相似之处，但是它保持独立性读成独立音节的地域范围要大得多，在普通话和许多方言里都是如此，只在山西南部与河南北部地区发现有失去独立性、融合于前一音节的现象。如普通话的"麻子 [ma³⁵tsɿ·]""领子 [liŋ²¹⁴tsɿ·]"，山西临猗方言说成"麻子 [ma：²¹³]""领子 [li：ŋ⁵⁵³]"；普通话的"梯子 [thi⁵⁵tsɿ·]""椅子 [i²¹⁴tsɿ·]"，山西夏县方言说成"梯子 [ˌthi：⁵³]""椅子 [ᶜȵi：³²⁴]"[12]。这样，普通话的"麻子""领子""梯子""椅子"与山西方言的"麻子""领子""梯子""椅子"相比，就成了双音节词对单音节词的关系。

# 二、语素差异

语素差异可分以下五种类型。

## （一）语素选择差异

汉语词汇是丰富的，其构词语素也是丰富的。这些语素有的来自古代汉语的传承，有的来自其他民族语言的借用。不管来源如何，都是我们用来造词的材料。在这些丰富的语素中既存在着大量的同义语素，也存在着大量的非同义语素，这就为各方言选材造词提供了丰富的材料和广阔的选择空间。人们在构词时选择什么样的语素作材料以及选择语素材料后构成什么形式的词（比如是单纯词还是复合词），各方言的情况并不一样。只有当人们对同一个事物、同一种动作或状态选择不同的语素加以表达时，才能形成不同形式的同义词，才能形成方言词差异。所以说，语素选择的差异是形成方言词差异的重要原因。

按意义来分，语素可分为同义语素与非同义语素两类。下面先择同义语素的例子：

比如"鼎"与"锅"、"睇"与"看"、"乌"与"黑"分别是不同形式的同义语素，造词时厦门方言选"鼎"而济南方言选"锅"，广州方言选"睇"而济南方言选"看"、厦门方言选"乌"而济南方言选"黑"。

复合词中同义词的构成也充分体现了同义语素选择的差异性。如"翻地"南通方言说"倒田"，倒、翻同义，田、地同义；"顺口儿"厦门方言说"顺喙"，口、喙同义；"电灯"厦门方言说"电火"，灯、火同义；"木料"厦门方言说"柴料"，木、柴同义；"牙膏"厦门方言说"齿膏"，牙、齿同义；"按说"厦门方言说"照讲"，按、照同义，说、讲同义；[13]"碍手碍脚"广州方言说"阻手阻脚"，碍、阻同义；"拼命"广州方言说"搏命"，拼、搏同义；"黑豆"梅县方言说"乌豆"，黑、乌同义；"下来"厦门方言说"落来"，下、落同义。

下面再举非同义语素的例子。比如"玉米"，山东阳谷方言说"棒子"，洛阳方言说"包谷"，广州方言说"粟米"。三个方言三种说法，各种说法彼此之间完全不同，语素意义也各自有别。但它们各自组词之后所表示的意义却是一样的。又如"眼镜蛇"，广州方言说"饭铲头"；"椿象"，山东阳谷方言说"臭大姐"。这些同义词语素各不相同，但都表达了相同的意义。其他如"碌碡"与"石滚"，"雪文"与"肥皂"亦是如此。这种用非同义语素构成同义词的现象是方言词汇差异的重要表现之一。

## （二）语素数量的差异

所谓语素数量的差异，指两个同义词音节数量相同，但包含的语素却有多有少。如下表：

| 方言点 | 广州 | 滨州 | 天津 | 厦门 | 曹县 |
|---|---|---|---|---|---|
| 单语素 | 蝙蝠 | 蟋蟀 | 碌碡 | 弥勒 | 螳螂 |
| 双语素 | 飞鼠 | 促织 | 石滚 | 肥勒 | 砍刀 |

### （三）语素价值的差异②

同一个语素在不同的方言里组词的能力和使用频率是不同的，在甲方言里是很冷僻的语素（或词），在乙方言里可能是个很活泼、很常用的语素（或词）。下面举出"番""洋""嘴""喙"四例：

厦门方言把"未开化"的或"洋"的事物或现象多用"番"来标示。如：番匏（木瓜）、番仔（外国人）、番仔婆（外国妇女）、番仔灰（水泥）、番仔火（火柴）、番仔码子（阿拉伯数字）、番仔油（汽油）、番仔肥（化肥）、番仔楼（高楼）、番仔狗（哈巴狗）、番仔正（元旦）、番汰（不讲道理）、番邦（外国）等，而《现代汉语词典》（修订本）用"番"字作字头的词则只有5个。再看"洋"字，《厦门方言词典》用"洋"作字头的词只有一个，而《现代汉语词典》（修订本）用"洋"作字头的词则有40个（其中3个是方言词）。

普通话的"嘴"，厦门方言说"喙"，因而用"喙"作字头的词就非常多。如：喙啡仔（口哨）、喙齿（牙齿）、喙齿根（牙关）、喙焦（口渴）、喙罩（口罩）、喙须（胡子）、喙琴（口琴）、喙唇（嘴唇）、喙腔（口腔）、喙角（嘴角）、喙舌（口舌）、喙锦（话语）、喙花（动听的假话）、喙尾（末了的几句话）等。而《现代汉语词典》（修订本）只收"喙"一个单字条目，用"喙"起头的多音词一个没有，但是用"嘴"起头的多音词则收到22个（其中3个是方言词）。

### （四）语素顺序的差异

两个词的语素相同，数量也相同，只是排列顺序不同，也能形成方言词差异。如：厦门方言的鸡母（母鸡）、猪母（母猪）、羊母（母羊）、猫母（母猫）、猫公（公猫）、机司（司机）、笔排（排笔）等；广州方言的人客（客人）、水胶（胶水）、使唤（唤使）、康健（健康）、闹热（热闹）、风台（台风）、天阴（阴天）、臭狐（狐臭）、漆油（油漆）、千秋（秋千）、质素（素质）、经已（已经）、大命（命大）、挤拥（拥挤）等。

以上的分类只是就各类词的主要特征进行的，是相对的，不是绝对的，类与类之间某些特征有交叉。我们不可把它们看绝对了。

### （五）词缀的差异

普通话与方言都有词缀，其差别在于词缀的具体形态与使用情况不同。

#### 1.词缀形态的差异

词缀有前缀，也有后缀。用哪些语素作前缀和后缀，各方言之间或方言与普通话之间并不完全相同。比如有的方言用"仔"作词尾，而普通话则用"子"作词尾。下面举厦门方言的例子：刀仔（刀子）、锯仔（锯子）、凿仔（凿子）、钳仔（钳子）、槌仔（槌子）、链仔（链子）、罐仔（罐子）、夹仔（夹子）、棚仔（棚子）、亭仔（亭子）、褥仔（褥子）、毯仔（毯子）。

有些方言也存在着"子"尾与"儿"尾的差异。如山东阳谷方言说的豆芽子、土豆子、帽子、面条子、茶缸子、板凳子、酒盅子等这些带"子"尾的词，河北雄县方言都带"儿"尾。如：豆芽儿、土豆儿、帽儿、面条儿、茶缸儿、板凳儿、酒盅儿。[14] 另外，也有的方言存在着"咪"尾与"儿"尾的不同。如厦门方言的"猫咪""鸭咪"，湖北英山方言说成"（小）猫儿""（小）鸭儿"。[15]

普通话有一种构词形式是"词根＋重叠词缀"，如"红通通""汗淋淋""干巴巴"等。这种重叠后缀的构成有的方言与普通话不同，下面从广州方言中举些例字：甜耶耶（甜丝丝）、酸微微（酸溜溜）、臊亨亨（臊呼呼）、臭崩崩（臭烘烘）、轻寥寥（轻飘飘）、厚揸揸（厚墩墩）、稀寥寥（稀拉拉）、红撬撬（红通通）、黑酸酸（黑乎乎）、静英英（静悄悄）、干争争（干巴巴）、滑挕挕（滑溜溜）、肥掯掯（胖乎乎。按：广州方言只说肥，不说胖）。这种重叠后缀的差异在方言与方言之间也存在。如广州方言的黄黚黚（黄黄的）、重笣笣（很重）、高峩峩（高高的）、齐茸茸（非常齐平），山东阳谷方言则分别说成黄洋洋、沉甸甸、高展展、齐斩斩。

方言与方言之间有的存在着词缀与词根相互转化的现象，有的语素在甲方言里是实语素，用作词根，而在乙方言里则可能既是实语素，又是虚语素；既可用作词根，又可用作词缀。如"声"和"草"在济南方言只能作实语素，用作词根，而在厦门方言里则既可作实语素，又可作虚语素；既可作词跟，又可作词缀。其中"声"用作词缀时表示事物的量，如：点声（钟点）、斤声（斤数）、岁声（岁数）、范声（样子）；"草"用作词缀时表示事物的状况，如：力草（力气）、货草（货色）、市草（市情）。

以上举的都是后缀的例子，其实前缀也有形态不同的现象。如厦门方言的阿大、阿弟、阿妹，长沙方言分别说成老大、老弟、老妹。

**2. 词缀位置的差异**

同一个词根，有的方言加前缀，有的方言加后缀，从而形成方言词差异。如厦门方言的阿妗、阿嫂、阿婶，济南方言分别说成妗子、嫂子、婶子；厦门方言的"阿姨"，长沙方言说成"姨子"。这些前后位置不同的词缀在形态上也是有差别的。

# 三、构词类型差异

方言词汇的构词形式十分丰富，但多数形式与普通话相同，不同的只是少数。不过即便是少数不同形式，也能构成一批有差异的方言词。下面举广州方言的"三音二叠式"与"语素分解式"两类例子说明。

## （一）三音二叠式

### 1. 三音二叠式的特点

广州方言的三音二叠式由三个音节组成，其中两个是叠音。它既不同于普通话由词根和叠音词缀组成的三音节的"词根＋（叠音）词缀"式，如：血淋淋、闹哄哄、绿油油等，也不同于普通话三音节的惯用语，如：碰钉子、抓辫子、下马威等，而是一种结构特殊、别具特点的构词形式。拿其中的乱立立、口多多、白雪雪、扎扎跳四个词来说，普通话的"词根＋（重叠）词缀"式及三音节的惯用语，其结构特点均与之不同。普通话的重叠词缀都是虚语素，而三音二叠式的重叠部分则是实语素，而且有的重叠部分还可以移动位置，由后面移到前面。如"乱立立"（混乱）也可以说成"立立乱"，其义不变。而普通话的"血淋淋"就不能作这种移动说成"淋淋血"。普通话的惯用语与此差别更大。

### 2. 三音二叠式的结构类型

根据叠音成分在词中的位置，该类词的结构首先分"AAB"型与"BAA"型两类。"AAB"型指叠音成分在前的一类词，"BAA"型指叠音成分在后的一类词。每类词里按照语素间的语法关系又分主谓、动宾、状中、定中等不同关系。下面分类列出（每个词后面作出简要释义）：

"AAB"型

动宾关系

莘莘声：呻吟，发牢骚

多多声：很多

嗺嗺声：叹息，叹气

嘱嘱声：嘴巴厉害，能说会道

状中关系

腊腊吟：锃亮

闪闪吟：闪闪发亮

捹捹转：团团转

阴阴笑：微微地笑

吊吊搯：悬在空中晃荡

撮撮脆：非常松脆

唰唰震：不停地颤抖

湿湿碎：琐碎，零碎

联合关系

撇撇岌：摇摇晃晃

岌岌贡：晃来晃去

嘈嘈闭：吵吵闹闹

甩甩离：将要脱离

定中关系

啦啦声：赶快地，立即

括括声：鼾声

晓晓声：哮喘声

钳钳声：咳嗽声

细细个：年纪小

阴阴天：阴沉沉的天

"BAA"型

主谓关系

口多多：多嘴，话多

心挂挂：心中挂念

面木木：毫无表情

雨糠糠：细雨飘零

口哑哑：哑口无言

夜麻麻：夜晚很黑

眼甘甘：目光贪婪

天阴阴：天阴沉沉的

补充关系

白雪雪：非常白

黑墨墨：非常黑

碎湿湿：零碎

乱立立：混乱

多罗罗：很多

雌涩涩：粗糙，涩

联合关系

花斑斑：色彩斑驳

傻憨憨：傻头傻头

## （二）语素分割式

词是语素组成的，在普通话词汇中，通常是一个语素用在一个位置上，不管是单音节语素还是多音节语素都是如此。比如"冰糖"一词是由两个单音节语素构成，"冰"和"糖"一前一后各占一个位置；"葡萄糖"是由一个双音节语素"葡萄"和一个单音节语素"糖"组成，"葡萄"和"糖"两个语素也是一前一后各占一个位置，它们都是作为一个不可再分割的单位存在的。但是，方言中的某些语素却表现出了另一种特点，出现了一个语素被分割成两部分并被分别放在两个位置的现象。根据语素被分割和运用的情况，可把这种现象分为"两分两用"和"两分一用"两种类型。

**1. 两分两用型**

指一个语素的两个音节被分开放在一个词的两处使用。下面以广州方言英语借词"巴闭"（英文 babble 的音译，义为咋呼）为例。该词是个双音节单纯词，可以单独使用，也可作为语素使用，如"嘈喧巴闭"（义为吵吵闹闹）。但它还可以被拆开分别使用说成"墟巴嘈闭"（义为"吵吵闹闹"）。其中"墟"原指农村集市，引申有喧闹之义；"嘈"有"吵闹"义。"巴闭"本是由一个语素构成的单纯词，"巴"与"闭"是这个语素的两个音节，现在被分开用在两处。该词还可以说成"墟巴冚闭"，其结构与"墟巴嘈闭"同。

**2. 两分一用型**

指一个语素的两个音节被分开后只用其中的一个。如"巴闭"两个音节被分开后，在"巴喳"一词（义为"咋呼"）里只用了其前面的一个音节"巴"；在"嘈嘈闭"一词（义为"吵吵闹闹"）里则只用了其后面的一个音节"闭"。又如"巴士"一词（英文 bus 的音译，义为公共汽车）在"中巴"一词（义为"中型公共汽车"）中，则只用了其前一个音节。又如"的士"一词（英文 taxi 的音译，义为"计程车"），在"打的"一词（义为"乘坐出租车"）里，则只用了前一个音节。

方言词汇的构词十分丰富而复杂，本文虽然就这个问题指出了一些现象，谈出了一些看法，但很不全面。对方言词汇特点的认识，因不是自己的母语，很难把握得确切，更难探讨深层的东西。所以本文的有些认识可能是肤浅的，甚至是错误的，恳请同志们批评指正。

**注释：**

①由于读音的变化而形成方言词差异的问题，详见拙文《从语音看方言词的差异与用字》，载［日本］《中国语研究》2001 年第 43 期。

②语素价值的差异对方言词只有数量上的影响，没有构词形式上的影响。

**参考文献：**

[1] 李如龙：《论汉语方言词汇的差异》，《语文研究》1982 年第 2 期。

[2] 李行健：《试论方言词汇的产生和今后的发展》，《语文学习新论》，陕西人民教

育出版社 1997 年版。

[3] 叶祥苓:《苏州方言词典》,江苏教育出版社 1998 年版。

[4] 鲍厚星、崔振华、沈若云、伍云姬:《长沙方言词典》,江苏教育出版社 1998
年版。

[5] 汪平:《贵阳方言词典》,江苏教育出版社 1998 年版。

[6] 麦耘、谭步云:《实用广州话分类词典》,广东人民出版社 1997 年版。

[7] 平田昌司:《休宁音系简介》,《方言》1982 年第 4 期。

[8] 沈同:《祁门方言的人称代词》,《方言》1983 年第 4 期。

[9] 熊正辉:《南昌方言同音字汇》,《方言》1989 年第 3 期。

[10] 董绍克、张家芝:《山东方言词典》,语文出版社 1997 年版。

[11] 陈淑静:《河北满城方言的特点》,《方言》1988 年第 2 期。

[12] 王福堂:《汉语方言语音的演变与层次》,语文出版社 1999 年版。

[13] 周长楫:《厦门方言词典》,江苏教育出版社 1998 年版。

[14] 陈淑静:《河北保定地区方言的语音特点》,《方言》1986 年第 2 期。

[15] 尉迟治平:《英山方言的儿尾》,《语言研究》1989 年第 2 期。

原载《山东师大学报》2002 年第 1 期

# 山东方言与儒教

　　山东是孔子的出生地，又是儒教的发源地，山东方言自然要受到儒教的较大影响，这种影响从词汇方面得到了充分表现。

　　儒教的思想内容很丰富，本文不打算对它的各种思想在方言中的反映都进行考察，只从"尊儒""崇仁""尚礼"三个方面谈谈它对山东方言的影响。所谓"尊儒"，是指有些词语反映了人们对孔子及儒教的尊崇，不限于某个方面。所谓"崇仁"，是指有些词语反映了人们对"仁义"思想的尊崇。这里要特别说明，"仁"和"义"在山东方言里很难截然分开。如"结义兄弟"山东称作"仁兄弟"。本文将"仁"和"义"两种思想放在一起考察。所谓"尚礼"，是指有些词语反映了人们对"礼教"思想的尊崇。其内容有些是"三礼"中旧有的，如"吊往""放三天""持服""脱服"等，有些则是根据旧有的内容引申的，但不管来源如何，都反映了人们对"礼"的讲求与重视。

　　本文所举方言词语不一定分布在全省范围。有的可能分布在某几个地区，有的可能分布在某一个地区。但不管分布地区广狭，都属山东方言的范围。

## 一、尊　儒

　　"圣人"在山东方言里特指孔子。凡是愚昧落后、礼教不兴的地方往往被戏称为"圣人没走到的地方"。祭祀孔子的庙堂，除曲阜称作"孔庙"外，其他地方多称作"文庙"。孔子的话历来被作为说话、办事的准则，所以"子曰儿"一词变成了"真理"的代名词。如："你说的话就是'子曰儿'吗?"过去学生有"烧字纸"一说，是指把写过字的纸烧掉。据说字是读书人写的，不能当成垃圾，必须烧掉，否则便是亵渎圣人。小孩子很听话被称作"儒科"；说话办事一本正经，被称作"儒而官服"。

## 二、崇 仁

在山东，结为结义弟兄这种行为称作"拜仁兄弟"或"拜交""拜八字"。结义弟兄则称作"仁兄弟"，并由此派生出一批亲属称谓的词语来。如：结义弟兄之大者称作"仁哥"，小者称作"仁弟"。其父辈年龄大者被称作"仁大爷"，小者被称作"仁叔"；其子辈均被称作"仁侄"。不过这些都属背称，面称则不带"仁"字，直呼"哥、弟、叔、侄"等，一如亲生弟兄。另外，把义父称作"爹"，把义母称作"娘"，把干儿子称作"儿"，把干闺女称作"闺女"。自己的已婚女儿死亡后，将其丈夫续娶的妻子称作"续闺女"，并按亲闺女的礼节往来，也表现了这种仁义思想。

## 三、尚 礼

古人所谓"周礼尽在鲁矣"(《左传·昭公二年》)，固然有些夸张，但山东的礼节也确实够繁多的。下面从"红白事""从幼称"两方面加以考察。

### (一)红白事

红白事最能反映民俗中"礼"的内容，下面分别将"婚""丧"礼俗中的方言词语对照"三礼"史料举出些例子。

**1. 婚俗**

①下达纳采用雁。(《仪礼·士婚礼》)

"纳彩"现在称作"下彩礼"或"截衣裳"。旧俗，男女双方父母同意儿女婚事，则男方遣媒人送彩礼给女方，谓之"下彩礼"。新俗，由男女双方共同到商店选购彩礼（主要是衣物，女方选购，男方付款），谓之"截衣裳"。

②宾执雁，请问名，主人许，宾入授，如初礼。（《仪礼·士婚礼》）

"问名"现在称作"换帖""下柬""投启"等，通过媒人将写有男女双方生辰八字的帖子交给对方，并由男方宴请媒人。

③纳吉用雁，如纳彩礼。（《仪礼·士婚礼》）

"纳吉"现在称作"合媒"。旧俗，给子女订婚时，根据男女双方的生辰八字由算命先生占卜男女双方命中相生相克关系。（这种生克关系完全由五行生克关系附会而来，当然没有什么科学道理。）

④请期用雁，主人辞，宾许告期，如纳徵礼。（《仪礼·士婚礼》）

"请期"现在称作"看日子"或"开日子"。由男方选择吉日良辰作为结婚的日子并通知女方。

⑤乘墨车，从车三乘，执烛马前。（《仪礼·士婚礼》）

旧俗，结婚时新郎乘轿（并携一领空轿备新娘坐）亲自到女方家里迎娶。每领轿前都有两人打着灯笼引路，白日亦然，谓之"打灯笼"。如今多乘车娶亲，并不再打灯笼了。

⑥至于门外，主人筵于户西，西上右几。（《仪礼·士婚礼》）

旧俗，女方对迎娶之人略备小酌待之，迎娶之人多不饮用，稍坐等新娘上轿即去。

⑦女从者毕袗玄，纚笄被颖黼，在其后。（《仪礼·士婚礼》）

现在称作"押轿"，女子出嫁时，其弟兄或其他近人随轿送至新郎家。

⑧舅飨送者以一献之礼，酬以束锦。姑飨妇人送者，酬以束锦。（《仪礼·士婚礼》）

现在称作"封喜礼"。男方对女方之送嫁妆及其他跟随人员送红包。红纸包裹，内包钱数不定。

⑨若舅姑既没，则妇入三月，乃奠菜。（《仪礼·士婚礼》）

现在称作"上喜坟"或"拜坟"。结婚第三天新婚夫妇（有的只由新娘）到坟上祭奠男方已故长辈。

**2. 丧俗**

①始死，迁尸于床。（《礼记·丧大记》）

人死后穿上寿衣，便被停放在一个单人床上待殓，这种停放私人的单人床现在被称作“柳木床”。(其实并非一定是由柳木做成，也没有专用的这种床。)

② 宵为燎于中庭，厥明灭燎。(《仪礼·士丧礼》)

人死后未发丧之前，夜里要为死者烧纸钱，谓之“烧夜纸”。

③ 士堂上一烛，下一烛。(《礼记·丧大记》)

此烛现在称作“引魂灯”。发丧之前，在死者前面点上一只油灯，昼夜不使其灭。

④ 正柩于楹间，用夷床。(《仪礼·既夕礼》)

人死后不论尸柩皆当着屋门停放，谓之“停当”，现在仍保留这种风俗。

⑤ 请启期，告于宾。(《仪礼·既夕礼》)

“请启期”犹现在的“报丧”，鲁西称作“送讯儿”，将死者死亡时间及发丧日期告知亲友。

⑥ 三日而敛，在床曰尸，在棺曰柩。动尸举柩，哭踊无数。(《礼记·问丧》)

“三日而敛”现在说成“放三天”，人死后第一日报丧，第二日吊唁，第三日成殓发丧。

⑦ 三日成服，杖，拜君命及众宾。(《仪礼·士丧礼》)

“杖”现在称作“哀杖”或“哀棍子”，多用柳棍作成，长二尺左右，上面缠有白纸，由死者子女拿着送殡。

⑧ 乃沐，栉挋用巾，浴用巾，挋用浴衣。(《仪礼·士丧礼》)

“沐”“浴”现在简化成“搌脸”(又称“净面”“开光”)，入殓时，由长子手拿棉絮蘸清水把死者的脸擦拭干净，之后将棉絮塞于死者耳内。

⑨ 实土三，主人拜乡人。(《仪礼·既夕礼》)

现在有四个词与此有关：(一)“谢庄”：实行葬礼之前，死者的男亲属沿街磕头，向全村表示感谢。(二)“恳榜”：出殡时，因要恳请外姓人帮助操办丧事，并按各自专长分工，把分工情况写在红纸榜上，由孝子向榜叩头。(三)“谢众”：将死者埋葬已毕，由孝子向帮助办理丧事的乡亲父老磕头。(四)“谢差”：出殡后当天晚上或第二天，丧主宴请帮助办理丧事的乡亲。

⑩宾降出，主人送于门外，拜稽颡。（《仪礼·既夕礼》）

此礼现在称作"谢祭"或"谢客"，丧事进行完毕，孝子随即向来参加葬礼的亲戚朋友磕头致谢。

⑪三年之丧，二十五月而毕，哀痛未尽，思慕未忘，然而服以是断之者，岂不送死有已，复生有节也哉？（《礼记·三年问》）

与此礼有关的词有两个：（一）"持服"：给死者穿孝服（一般只穿白鞋）。（二）"脱服"：停止给死者穿孝服。穿孝服的时间名为三年，实际上只延续到第三年的第一个月，即所谓"三个年头儿"，正是 25 个月。

## （二）从幼称

从幼称表现了人们礼敬的思想。这种称谓可分两类，一类为特殊从幼称，只限于夫妻间相互称对方的兄弟姐妹；一类为一般性从幼称，任何人都可以使用。前者如：妻子称丈夫的哥为大伯哥，称丈夫的嫂子为大伯嫂，称丈夫的弟弟为小叔子（或小叔儿），称丈夫的姐姐为大姑姐（或大姑子姐、大姑子），称丈夫的妹妹为小姑子（或小姑儿）；丈夫称妻子的哥为舅子哥儿（或大舅子），称妻子的弟弟为舅子兄弟（或小舅子），称妻子的姐姐为大姨子姐儿（或大姨子），称妻子的妹妹为小姨子。以上都是背称，面称则仍以兄弟姐妹呼之。一般性的从幼称除了"从幼"的特点外，还要在称谓前加上个表敬的"您"字。如岳父母称女婿为"您姐夫"，称孩子的婶子为"您婶子"，称孩子的叔叔为"您叔叔"，称孩子的舅母为"您妗子"，称孩子的伯母为"您大娘"等，这些都是面称。

前面说过，儒教的思想是很丰富的，而各方面的思想又是相互联系的，有的词语归到哪一类，有时很费斟酌，而且在儒教的外衣里又往往裹着一些"释""道"两家的东西。比如人死后"魂归何处"的问题就有两种说法，一说"归西"，到西天去（如"指路"一词）；一说"归东"，到泰山去（如"送山"一词）。显然，前者是释家的思想，后者是道家的思想。本文所列词语、所分类别只是举其大要，论其大概而已。愿本文能为引玉之资，以引起从不同角度对山东方言进行更深入的研究。

**参考文献**

殷焕先主编:《山东省志·方言志》,山东人民出版社 1997 年版。

董绍克、张家芝主编:《山东方言词典》,语文出版社 1993 年版。

原载《世纪之交的中国应用语言学研究》)

华语教学出版社 1999 年 12 月

# 《金瓶梅》所用方言的性质及考证

　　《金瓶梅》一书对方言词语的运用不但数量多，而且水平高。研究该书使用的大量的方言词语，无论是对我国方言史的研究，还是对《金瓶梅》作者的考定，都有重要的意义，因此，《金瓶梅》方言词的研究一直被作为一个重要课题受到中外学者的重视。不少学者撰文论述该书方言词语的特点，作了很有意义的探讨，发表了很有意义的意见。不过，《金瓶梅》用的到底是哪个方言，至今大家还没取得一致的意见，有的认为用的是山东方言，有的认为用的是河北省东南接近山东省的方言，有的认为用的是峄县话，有的认为是以北方官话为基础，同时吸收了大量的鲁南方言、北京方言、华北方言，有的认为用的是南北混合的官话①。意见可谓不少，分歧可谓不小。但我们如果抛开具体方言不管，只从所涉方言的性质上去看，这些意见实际上只有两类，一类认为《金瓶梅》用的是单一方言，一类认为《金瓶梅》用的是混合方言。这后一类又有两种说法：一种说法是"《金瓶梅》是以北方官话为基础写成的，同时吸收了大量的鲁南方言、北京方言、华北方言，以及元明戏曲中的词汇。进一步分析，《金瓶梅》中那些最难懂的方言词语，大多属于峄县方言。"②另一种说法是："《金瓶梅》的语言是在北方话的基础上，吸收了其他方言，其中，吴方言特别是浙江吴语显得比较集中。我们不妨称之为南北混合的官话。"③

　　对这个问题究竟应该怎样认识，笔者也想谈点意见。

# 一、《金瓶梅》所用方言的性质

我们认为《金瓶梅》用的是单一方言，而不是混合方言。持混合方言说的两种说法，虽然也列举了大量的事实，但他们的提法是值得商榷的。

先说第一种说法。"北方官话本身就包括鲁南方言、北京方言和华北方言。"④《金瓶梅》既然以北方官话为基础，也就不存在另外再去吸收这些方言的方言词的问题。从这段话的叙述来看，文章似乎没搞清上位方言和下位方言的关系，把北方官话同鲁南方言、北京方言、华北方言的从属关系当成了并列关系。其次，《金瓶梅》既然以北方官话为基础，又吸收了好几个方言的方言词，那么这些方言词是怎样吸收进来的呢？只能是作者通过调查学习，熟练掌握了这些方言词，写作时再把方言词掺进北方官话里去。试想，这位隐名的作者，能熟练地掌握这么多的方言吗?! 学习一种方言，如果只限于了解它的语音系统，在较短的实践或可基本掌握（不过也要很好地努力一番），如果要了解它的词汇系统，而且要熟练地运用，就非有多年时间、深入平民百姓、下一番苦功不可。对这位作者说，恐怕是难以办到的。

再说第二种说法。南北方言不同，自古有之。我们姑且追溯到元代。元代有南曲、北曲之别，反映出两地语音不同。现代北方方言和吴方言仍是两个不同的方言。怎么当中到了明代却会出现了一个"南北混合的官话"？这个官话区划怎样？内容是什么？语言特点是什么？都是非常模糊的。实际上，明代很难说就存在这么一个官话，这显然是说不通的。

如果把《金瓶梅》看作是以某个单一方言为基础写成的，一些语言现象就好解释得多。

其一，据初步观察，《金瓶梅》的方言词语涉及的现代方言很多，但数量分布并不平衡。数量多的某方言是该书用的基础方言。在另外一些方言里分布少量的方言词，这种现象可从以下两个方面解释：一方面，汉语各方言虽然在词汇成分、词汇系统上都有自己的特点，但既然都被称作汉语方言，它们之间必然要有许多联系，其词汇成分必然要有相互渗透、相互交叉的现象。甲方言有的词语乙方言也可能有。所以《金瓶梅》的方言词在许多方言里都能找到一些。另一方面，为了适应交际的需要，各方言里的某方言词语将不断地进入当时的"通语",犹如现代方言词"名堂""尴尬""靰鞡""橄榄""槟榔"进入普通话一样。这种现象在《金瓶梅》中也会反映出来。⑤因为《金瓶梅》虽然以某一方言为基础,但并没有完全脱离当时的通语。

这就可以看出,那些根据这种现象把《金瓶梅》的方言看成混合方言的意见是不合适的。

其二,从崇祯本对词话本的改动,也可看出一些问题。崇祯本对词话本的改动是很大的,这些改动有的是因为词话本在传抄中出现了讹误,如:18回:"大姑娘使看乎"崇本作"大姑娘使着手",20回"请你老人家往口外知番",崇本作"请你老人家往口外和番",21回"谁教他唱道一套词来",崇本作"谁教他唱这一套词来";有的是因为读不懂词话本方言,如52回"今日……是个庚戌日,定娄金金狗"崇本作"今日……是个庚戌日,金定娄金狗",20回"一心只要来这里,头儿没动,下马威讨了这几下在身上。"崇本作"一心只要来这里头儿,没过动,下马威早讨了这几下在身上。"14回"等一干人上厅跪下",崇本作"一干人上厅跪下"。29回"我分付叫你筛了来",崇本作"我分付叫你盪了下来",如此等等,⑥说明崇祯本的整理者虽然和词话本的作者是同朝代人,但对《金瓶梅》所用的那个方言却不够熟悉。相反,那些被作为混合方言例证列举的一些方言词语,却被较完整地保留着。试想崇本的整理者能对这么多方言都懂吗?这些方言词在当时未必是作者写作时临时从其他方言里吸收进来的,很可能是这些词在当时已进入通语,或者《金瓶梅》所用的方言里本来就有这些词。⑦

## 二、《金瓶梅》所用方言的考证

### (一)要有整体观念

所谓整体观念,有两层意思,一为对待《金瓶梅》所用的方言词语要有整体观念,一为调查与《金瓶梅》有关的方言区片要有整体观念。

《金瓶梅》所用方言词语很多,我们要考证该书用的是哪个方言,必须着眼于该书使用的方言词语的全体,重视大多数方言词语的特点,从该书方言词的整体上考察该书使用的方言，而不应撇开大多数方言词语的特点，只根据少部分方言词语的特点去判断该书所用的方言。

考察《金瓶梅》所用的方言，要对有关方言作全面调查。经过分析比较，才能确定该书用的方言属何方言。如果做不到这一点，就容易使人产生这样一些疑问：甲方言有此用语，乙方言何尝无此用语？甲方言里数量很多，乙方言里数量何尝不更多？比如《山东话》一文所举的吴方言和其他方言"特殊的即有区别特征的方言用语"，其实，不少（如：库、毛司、老娘、抹牌、拍、走百病儿、韶刀、丁香等）都是现代山东方言还使用的。《选释》一文收录的方言词语不少，但没说明哪些是峄县方言词，只说"大部分属于峄县方言"。其实，不但《选释》已收的，就是《选释》未收的《金瓶梅》里很多方言词语、在其他某些方言里都还存在着。仅以阳谷方言为例，就还有五十余条仍用在人们口语之中。下面举出几例：

**件都替**　西门庆道："说不得。小人先妻陈氏，虽然微末出身，却倒百伶百俐，是件都替的小人。"（第3回）按：义为下贱。"件"为"贱"之借字，"都替"为词缀。阳谷方言说成"贱嘟苏"或"贱哆嗦"。

**走百病儿**　出来跟着众人走百病儿，月光之下，恍若仙娥。（第24回）按：义为元宵节妇女相邀夜行，以此消除疾病。阳谷叫"跑百病儿"，时间改在十六日早晨日出之前，男女不拘。

**张睛**　金莲道："你看这老婆子这等张睛"。（第59回）按：义为胡做。

**放着河水不洗船**　"你凡事只有个不瞒我，我放着河水不洗船，好做恶人？"（第74回）按：比喻不会落好人。

**哈帐**　孟玉楼便向金莲说："刚才若不是我在旁边说着，李大姐怎哈帐行货，就要把银子交姑子拿了印经去。"（第58回）按：义为粗心大意。

**摔瓜**　他便和那韩道国老婆，那长大摔瓜淫妇，我不知怎的，掐了眼儿不待见他。（第78回）按：形容长相不紧凑，动作姿势松散不美。阳谷说"摔而瓜唧"。

从上面一些例子来看，《金瓶梅》的方言词在峄县方言里未必就是最多的。如果我们对有关方言进行了全面调查，经过分析比较后再作出结论，这种怀疑就可排除。

### （二）要有统一标准

《释例》和《山东话》虽然都主张"混合方言"说，但不难看出，他们的具体分析、个别结论又是恰恰对立的。《释例》认为"《金瓶梅》中那些最难懂的方言词语，大多属于峄县方言。"《山东话》认为《金瓶梅》吸收其他方言词，"吴方言特别是浙江吴语显得比较集中。"

我们知道，峄县方言和浙江吴语差别是非常大的。对同一本书的方言词语的研究，大家的认识为什么会有如此之大的分歧呢？除了个人研究问题的方法不同之外，主要原因就是对《金瓶梅》所用方言的考证，没有一个统一的标准，因而才出现了"意见不一，各有道理"的局面。

要想比较准确地搞清《金瓶梅》所用的方言，要想使大家对这个问题的意见趋于一致，必须给解决这个问题定出一个统一的衡量标准。这个统一的衡量标准，笔者以为用《金瓶梅》方言词语的"存用率"为好。

什么是方言词语的"存用率"呢？就是：某一方言现仍存在使用于某书方言词语的总数同该书所用方言词语总数的比值。比如 x 方言现在存用《金瓶梅》方言词语总数为400个，而《金瓶梅》使用的方言词语总数为800个，那么《金瓶梅》的方言词语在 x 方言里存用率就是50%。引入这个概念对我们研究《金瓶梅》使用方言的问题会带来很多方便。（对其他书也是如此）

必须指出，方言词的存用率有两个很重要的性质：第一，它随着时间的变化而有差别，书的历史越短，存用率越大，历史越长，存用率越小；第二，随着方言的不同而有差别，在它所使用的方言里，存用率最大，在其他方言里存用率将有不同程度的下降。这第二个性质对我们来说尤为重要。⑧

根据这种性质，可知存用率最大的方言，也就应当是该书所使用的方言。⑨

### （三）最大存用率的求法

求《金瓶梅》最大存用率可按下列步骤进行：

第一，把该书里的方言词语全部统计出来，分条排列，每条下面都注明词义（不知其义者，阙如），并引证该书例句（有几个义项，引几个例句）。在摘取方言词时要尽量精确、全面，拿不准的，宁取毋舍，因为在其他方言里很可能会得到明确解释。在统计过程中，难免要进入一些市井俗语或其他用语，降低了存用率，但这并不影响我们的考证，因为我们调查存用率的最终目的，不是求某个方言存用率的绝对值，而是进行各方言存用率大小的比较，要降低都降低，不影响各方言存用率之间的比例。比如：80% 和 40% 之比，同于 60% 和 30% 之比，比例关系都是 2∶1。

第二，以所选方言词为纲，对同该书有关系的所有方言进行调查。由于语音、词汇的变化，有些词在方言里的存在形态可能会不一致。这些不同，有的是属于语音方面的，如"韶刀"在阳谷方言里说"朝刀"；有的是属于词的构形方面的，如"黄猫黑尾"在阳谷方言里说"黄猫黑尾巴"，因而调查时还要制定一些细则，使方言词的确定有个标准。通过调查，求出该书方言词语在各方面的存用率。这种调查，应是认真的、深入的、细致的、准确的。这种调查是艰巨的、麻烦的，但只要我们组织人力认真去做，又是完全可以做到的。

第三，对各方言的存用率进行比较，找出最大的存用率。最大存用率属于哪个方言，那么该书使用的就是哪个方言。

应用上述方法对《金瓶梅》的方言词语作一番调查研究，得出的结论或许更能接近实际。

**注释：**

① 见白维国《〈金瓶梅〉所用方言讨论综述》，载《中国语文》1986 年第 3 期。

② 张远芬：《金瓶梅词语选释》，载蔡国梁：《金瓶梅评注》，第 583 页，以下简称《选择》。

③ 张惠英：《〈金瓶梅〉用的是山东话吗》，载《中国语文》1985 年第 4 期。以下简称《山东话》。

④ 此指 1985 年以前的方言区划。见袁家骅《汉语方言概要》。

⑤ 当然也不完全排除其他原因，如传抄中的篡改，不过其偶然性较大。

⑥ 参见拙文《〈金瓶梅词话〉校点举误》，载《金瓶梅考论》，宁夏人民出版社 1988 年版。

⑦ 刘均杰：《〈〈金瓶梅〉用的是山东话吗〉质疑》，载《中国语文》1986 年第 3 期。

⑧ 这里是指在社会稳定发展的情况下是如此。如果社会发生了对语言变化影响较

大的历史变动,又另当别论。

⑨当然,确定一部书所用的方言属于哪个方言,还有语音、语法方面的问题,本文只从词汇方面做些探讨,其他问题不再涉及。

⑩本文所引《金瓶梅》原文系根据人民文学出版社出版《金瓶梅词话》本。

原载《山东师大学报》1987年第5期

# 音　韵　卷

# 试证元曲的儿化音

本文旨在证明早在 13 世纪末，我国北方方言中就已经有了儿化音。文章从对称、谐音、曲律、双词尾等四个方面考察元曲"儿"尾读音的情况，证明元曲中有些"儿"尾确实是读儿化音的。

从历史上看，元曲中就已经有了儿化音。本文从以下四个方面论证。

## 一、从音节对称上证

说话属文讲求语音对称是汉语运用中一个常用的、重要的修辞手段。这在南北朝的"四六"文中就已相当盛行。在其后的文艺作品中经久不衰，元曲当然也是如此。从这些对称的词语中，我们大致能够窥视到儿化音的存在。下面试举几例：

（1）（茶旦云）你个乱箭射的，冷枪戳的，碎针儿签的。（《遇上皇》一折）①

按：乱箭、冷枪、碎针儿，当皆为两音节语。

（2）（做睡科叫云）好大雨也，水浮水浮，水分水浮，狗跑儿浮，观音浮，躐水浮，养蛙儿浮。（《来生债》一折）

按：狗跑儿浮、观音浮、躐水浮，仰蛙儿浮，当皆为三音节语。

（3）[甜水令]（正旦云）我是他亲丈母，怎不要去送碗长休饭，递杯儿永别酒那。（《谢金吾》四折）

按：送碗长休饭，递杯ㄦ永别酒，当皆为五音节语。

（4）（正末作拿硃砂科云）一颗ㄦ，两颗ㄦ，三颗ㄦ，四颗，五颗，这一头都有。（《硃砂担》二折）

按：一颗ㄦ、两颗ㄦ、三颗ㄦ、四颗、五颗，当皆为两音节语。

（5）（正旦云）则这一樽酒，一瓶花ㄦ，来与你回礼。（《红梨花》二折）

按：一樽酒、一瓶花ㄦ，当皆为三音节语。这一对词语本剧第三折重复出现一次，"花"后无"ㄦ"字。"（正旦云）三更前后，那小姐引着一个梅香，将着一樽酒，一瓶花来与俺孩儿回礼。"

（6）（内应云）高墙ㄦ矮门，棘针屯着的便是。（《双献功》三折）

按：这是别人对李逵问路作的回答，而同一折李逵在问牢子的话中则说成"高墙矮门ㄦ"："（正末云）叔待，你家里人一定不老实，可怎生高墙矮门ㄦ，一周遭棘儿屯着？"而同一折李逵的唱词中则说成"高墙""矮门"："［七兄弟］俺哥哥含冤负屈有谁知？兀的不断送在高墙厚壁矮门内？"从这三处用例来看，无论是"高墙ㄦ"、"矮门"，还是"高墙"、"矮门ㄦ"，都应是两音节语。可以看到，这几例中的"ㄦ"只有读成儿化音才能实现音节的对称。否则，便参差，读之拗口。

# 二、从谐音打诨上证

"谐音"是指利用语音相近的一个词语代替另一个词语的现象。元曲中有时利用谐音来打诨，这类材料虽然不多，却也是儿化音存在的佐证。下面举出三例：

（7）（张千云）爷，孩儿每不曾说什么肥草鸡ㄦ。我才则走哩，遇着个人，我问他陈州有多少路，他说道还早哩。（《陈州粜米》三折）

（8）（张千云）爷，孩儿们不曾说什么茶浑酒ㄦ。我走着哩，见一个人，问他陈州那里去，他说道线也似一条直路，你则故走。（《陈州粜米》三折）

（9）（正末回顾问云）太子在那里？（承御云）丢在河里了也。（正末做左右看科云）怎么不见？（承御指妆盒科云）我丢在这盒ㄦ里了也。（《抱妆盒》二折）

（7）（8）两例是张千因赶路疲累，腹中饥渴，自言想吃肥草鸡ㄦ，想喝茶浑酒儿，不料被包公听见。为了进行遮掩，便临时编造了两段话。话中巧妙地用"还早哩"代替了"肥草鸡儿"，用"则故走"代替了"茶浑酒儿"。我们知道，打诨至少要具备两个条件，一是用于打诨的词语音节个数要相等，二是用于打诨的音节语音要相近。我们根据这一规则来检验（7）（8）两例的情况。第一，这两例的"儿"只有读成儿化音，才能使"肥草鸡儿"和"茶浑酒儿"成为三个音节，从而与"还早哩"与"则故走"音节个数相等。第二，例（7）用来打诨的音节是"草鸡"和"早哩"，《中原音韵》"草""早"二字都入"萧豪"韵，"里""鸡"二字都入"齐微"韵，也符合语音相近的条件。至于"鸡"的儿化音，其具体音值我们虽然无法知道，但既然可以用来打诨，就可以断定，这个音不会与"里"的读音相差太远。例（8）用来打诨的音节是"走"和"酒"，在《中原音韵》同入"尤侯"韵，也符合语音相近的条件。同样的道理，"酒"的儿化音和"走"的读音也不会相差太远。

我们不妨试验一下，看看假如两例中的"儿"都读成独立音节将会是什么样子。

"儿"如果读成独立音节，（7）（8）两例用以打诨的词语的音节个数不再相等，这样，两个"儿"字在打诨的运用中就会因为没有对应的音节而显得没有着落。而且，对例（8）来说，"儿"，《中原音韵》分别入"支思""齐微"两韵，这两韵与"尤侯"韵相差都很远。试想，音节个数不等，而且语音相差又很远的两个词语怎么能用来打诨呢？

再看例（9），"河""盒"同入"歌戈"韵，寇承御用"河里"打诨"盒儿里"，也只有当"儿"读儿化音、使"盒儿里"成为两个音节时才有可能。

# 三、从曲律上证②

元曲的曲词中也有不少儿化音，这可通过它所在的句子的格律得到证明。下面举出几例（括弧内的唱词是衬字）：

（10）［南吕·梁州第七］（几曾沾）一丝儿赏赐，（壮）半米儿行装？（《诈范叔》二折）

（11）［仙吕·寄生草］（你将那）舌尖儿扛，（咱则将）剑刃儿磨。（《气

英布》一折）

（12）［中吕·红绣鞋］喜蛛儿难凭信，灵鹊儿不诚实，灯花儿何太喜。（《倩女幽魂》三折）

（13）［双调·落梅风］（我抹的这）瓶口儿净，（我斟的这）盏面儿圆。（《虎头牌》二折）

（14）［南吕·采茶歌］（把）粉墙儿挨，角门儿开，（等）夫人烧罢夜香来。（《墙头马上》二折）

（15）［正宫·滚绣球］（那里发付那）有母无爷小业冤，就儿里难言。（《铁拐李》二折）

以上诸例中的"儿"字一般都看成衬字。但我们如果从曲律的角度细心考察，就会觉得与其说它们是衬字，不如说它们是儿化音更合适。

我们先看（10）（11）（12）（13）（14）五例。这五例中的"儿"如果读成独立音节，咏唱时尽管读得较轻，一带而过，但由于它是个平声字，当它处在两个入律的仄声字之间时（像例（13）那样），在两个仄声的旋律中，在冒出一个平声调来，显然与声律不协调，自然也就收不到咏之顺口，闻之悦耳的效果。

例（15）从另一个角度证明了儿化音的存在。例（15）的"儿"字与其他的不同，其他的都是用在一个词的后面，而例（15）则是用在一个语素的后面。"就里"是"其中""内里"的意思，山东阳谷方言仍有这种用法。"就"是这个词的一个语素。语素后面用"儿"字，犹如现在的"巴儿狗"之类，"儿"字非读儿化音不可。否则，就破坏了这个词的结构。当然，元曲中也有语素后面加衬字的，如《桃花女》四折［双调·得胜令］："我如今，从（也波）容。"又如《红梨花》三折［中吕·尧民歌］："缤（也波）纷，花飞满绿茵。"但这些都是语法衬字，是为凑足音节个数而加的，都得按曲字去读，绝非语素后面的"儿"字可比。如果把这个"儿"字也当作语法衬字按曲字去读，那么例（15）第二句的"仄仄平平"的格律就被破坏了。

## 四、从双词尾上证

所谓双词尾，是指"子"尾后面又戴上了"儿"尾。"子"尾和"儿"

尾本来都是由一个普通的词变成词尾的，是一种弱化现象。这种现象至少在南北朝时就已出现了。如《玉台新咏》五，南朝梁·沈约《领边袖》诗："紫丝飞凤子，结缕坐花儿。"句中"子"和"儿"都是词尾。但这两个词尾的弱化并不是同步发展的，到了元代就出现了明显的差异。相比之下，"儿"尾的弱化程度要比"子"尾更深些。元曲中，"儿"尾不但作一般词的词尾，还作"子"尾的词尾。如：

(16)（做见店小二科云）卖酒的，有干净阁子儿么？（《燕青博鱼》二折）

(17)（王兽医云）你将的这碎银子儿将息你身体去。（《儿女团圆》二折）

(18)［大石调·六国朝］瘦的我这身子儿没个麻秸细。（《燕青博鱼》一折）

(19)［正宫·叨叨令］着你那无面目的婶子儿便将他劝。（《铁拐李》二折）

汉语词汇在构词上是朝着双音节化的方向发展的。这一趋势不但促进了"儿"尾和"子"尾的形成，还使得"儿"尾和"子"尾在不同词根后面显示出来的构词能力大不一样。从现代汉语看，在单音节词根后面，"子"尾的构词能力比起"儿"尾来要强得多。根据《现代汉语词典》（修订本）统计，读 b 声母的这类词，"儿"尾词"子"尾词总数为 50 个，"子"尾词占 39 个，是"儿"尾词的 3 倍多。而在双音节词根后面，情况则恰恰相反，"儿"尾的构词能力比起"子"尾来又强了许多。b 声母带"子"尾与"儿"尾的这类词总数为 70 个，"儿"尾词占 53 个，是"子"尾词的 3 倍多。这种截然相反的现象显然与"子""儿"两个词尾弱化的程度不同有关。"子"尾虽然弱化得在构词上已经失去独立性，需要依附于其他词根，但其读音还保留着自己的独立性，尽管是读轻声。而"儿"尾不但在构词上失去了独立性，连续音也失去了独立性，不得不附着在其他音节后面，只用一个卷舌动作去影响其他音节的音色。在这种情况下，单音节词根要想通过增加词尾变成双音节词，用上"儿"尾当然就不如用上"子"尾奏效。这就是"儿"尾在单音节词根后面的构词能力远远不如"子"尾的原因。但是，当双音节的构词要求实现之后，"子"尾就有些无用武之地了。因为双音词再加上个"子"尾，马上就因变成三音节词而与词汇的双音节化趋势发生矛盾，这是语言的"经济"要求所不允许的③。

　　我们来看元曲双词尾的四个例子。假如我们把这四例中的"儿"尾去掉，就分别成为"阁子""银子""身子""婶子"。从形式上看，它们完全是单音节词根加上"子"尾构成的双音词。这种形式的出现正是词汇双音节化趋势影响的结果。既然如此，如果在"子"尾上再加个什么词尾，那就得特别考虑到语言"经济"要求与表达需要相统一的问题。以上，双词根后面词尾的大量例证已经告诉我们，既能符合词汇双音节化趋势要求，又能满足表达需要的最佳选择就是读儿化音。

　　以上我们从四个方面论证了元曲中儿化音的存在。但我们并不认为元曲中的"儿"尾都读儿化音。"儿"的演变，从词义上看是由表示"儿子"义引申为表示"小称"义的；从语音上看是由一个独立的音节变为儿化音的。但这两种演变并不是同步和对应的，也就是说，表示"小称"义的"儿"尾并不一定就读儿化音。元曲中许多"儿"尾仍读独立音节。如：

　　（20）［仙吕·赚煞］是我那清歌皓齿，是我那言谈情思，是我那湿浸浸舞困袖稍儿。（《谢天香》一折）

　　（21）（冲末扮薛仁贵上诗云）马挂征鞍将挂袍，柳梢门外月儿高。（《薛仁贵》楔子）

　　例（20）"儿"字入韵，必须读成独立音节才能押韵。例（21）"儿"字入律，必须读成独立音节才能合律④。也就是说，"儿"尾的特殊来源和演变过程，使得它在元曲中既可能读儿化音，又可能读独立音节。所以，看元曲中一个"儿"尾究竟读儿化音还是读独立音节，要作具体分析。

**注释：**

①本文所引元曲的例子，除另有说明外，一律据臧晋叔《元曲选》本。

②曲律据王力《汉语诗律学》。

③见哈特曼、斯托克著，黄长著等人译：《语言与语言学词典》，第113页。

④这种现象在现在的京剧和某些曲艺中仍有存在。

原载《中国语文》1998年第3期

# 元曲"说"读"佛"例

　　北京音读 [ʂ] 声母、合口呼的字不少方言读作 [f] 声母。山东枣庄方言和阳谷方言等都是如此。这些字什么时代读成 [f] 声母呢？元杂剧有个"说""佛"同音的材料给我们一点启示。

　　元·李寿卿《度柳翠》一折，月明和尚有这样一段自白："有人来问贫僧如何是佛，我说你说的便是；有人来问贫僧如何是道，我道你道的便是。"这段话显然是用了谐音双关的修辞手法，是以"说"谐"佛"，以"佛道"之"道"谐"说道"之"道"。这说明当时"说"和"佛"的读音是相同的。

　　"说""佛"同音我们现在已经知道了，但两字读何声母尚且不知。是"说"读成了"佛"的声母呢，还是"佛"读成了"说"的声母？

　　元曲是用当时的北方方言写成的，要说明这个问题可举北方方言为例。

　　"佛"是奉母字，在北方方言的绝大多数地区清化后都读成了 [f] 声母，只有在山西平遥、交城、文水等七县读了 [x] 声母，而且还仅限于读洪音的字。这说明读 [f] 声母是奉母演变的一般规律，属于主流。"说"是书母字，在北方方言的不同地区，或读 [ʂ]，如济南；或读 [s]，如成都；或读 [ɕ]，如山西柳林；或读 [f]，如山东枣庄，但是在北方方言里"说"字根本就没演变成 [x] 声母，可见，"说""佛"同音后是"说"读成"佛"的音。"说佛"同音的现象早在元代就已经出现了。

　　以上引例的作者李寿卿之生平我们所知甚少，《录鬼簿》只有"太原人""将仕郎、除县丞"等寥寥数语，而太原方言的"说""佛"二字声母又并不相同，因而我们无法知道这种现象究竟属于当时的哪个方言。这个谜只好留待以后去解了。

原载《中国语文》1996 年第 1 期

# 谈《聊斋俚曲集》"日"母的音值及演变

　　《聊斋俚曲集》是清代著名文学家蒲松龄（1640—1715）用山东淄川方言写成的，共收集俚曲 15 篇，约 60 万字，是研究 17 至 18 世纪淄川方言十分宝贵的历史资料。通过俚曲的押韵、异文及不同版本间的差异，我们能够看出三百年前淄川方言在语音、词汇等方面的许多特点，这对山东方言历史的研究也是很有意义的。比如"日"母的音值问题就是如此。

## 一、"日"母的音值

　　"日"母在山东方言可分成两大类，一类为止摄开口字，如"儿耳二"，简称"儿类"；另一类为非止摄开口字，如"日入软"，简称"非儿类"。这种分类也符合《聊斋俚曲集》（以下简作《聊曲》）"日"母读音的实际情况。下面先讨论"儿类""日"母的音值。

　　"儿"在《聊曲》中入"支齐"韵①，如：

　　　　（1）虽一皮隔一皮，做孙子不如儿，到底杖依爷爷的势。就是孙子忒也贵，十万白银还不依，合该还受王成气。若有了爷爷作主，谁大胆敢把我欺？（《磨难曲》十七 [耍孩儿] 3052 页）②。

　　"儿"在《聊曲》里入"支齐"韵，说明"儿"的音值不 ər③，但这并不能显示"儿"在声母上的特点。能显示其声母特点的是下面这支曲子：

　　（2）咳，俺一口吃了一碗菜汁子，拾了一把烂棘子，看咱家里小妮子，借把盐来炒虱子，章丘的话头——好日子。（路本注："日读二音"）（《俊夜叉》［耍孩儿］淄口令打叉④2728 页）

这本来是蒲松龄在讥笑章丘方言"日"字的读音的，但作者（抑或抄者）又恐怕淄川人不知道这"日"字的具体读法，便用"二"给"日"注了音，指明章丘方言的"日"读同淄川方言的"二"。这符合用已知（淄川人知道自己方言"二"的读音）释未知（淄川人不知道"日"在章丘方言的读音）的训释原则。可以说，这支曲子实际上反映的是淄川方言的"二"（而不是淄川方言的"日"）和"汁棘妮虱"押韵的情况。从这个注音我们可以得到两个信息，其一是章丘方言的"日"与淄川方言的"日"不同音，其二是淄川方言"日"和"二"（或"儿"）不同音⑤，这就为我们认识"儿"字的声母创造了有利的条件。

　　我们还知道，"日"字也入"支齐"韵。如：

　　（3）埋怨老天不凑趣，一日长其十来日，捱过今朝又明朝，怎么叫人不生气？忽的他家来催妆，不觉心里怪爽利。好说日子扎了根，一般也有这一日。（《琴瑟乐》［陕西调］淄口令打叉，2684 页）

可以看到，在这曲子里，"日"与"趣气利"押韵（"趣"属"鱼模"韵，在这里属通押）。

既然"儿"和"日"不同音，却又同属"支齐"韵，它们的差别就应该是声母上的不同。

上面说过，《聊曲》的"儿"与章丘方言的"日"字同音，章丘方言现在"日""儿"都读 l 声母，而淄川方言现在"儿"也读 l 声母（孟庆泰《淄川方言志》记作 l）。据此可以认为"儿"在《聊曲》里也读 l 声母，这既与章丘方言吻合，也与现在的淄川方言吻合。

下面再讨论"非儿类""日"母的音值。

许多材料证明，在《聊曲》里，"非儿类""日"母字的声母是零声母。先看下面异文的例子：

(4) 银匠哈哈大笑说："二位待要银子？什么银子？桃仁子，杏仁子？"（《墙头记》四，2464 页）

(5) 人皇氏取人生于寅之义，政教、君臣之所自起，饮食、男女之所自始。（《历字文·卷一·历代帝王考》，2113 页）

(6) 大相公说："这狗攘的，还待指望我的钱么？"（《寒森曲》四，2650 页）（按："攘"为"养"的借字）

(7) 如今富贵三十载，一门老幼都安全，怎么能再见他一面？（《富贵神仙》十四 [耍孩儿]，2974 页）（按："如"字《磨难曲》作"於"，3145 页）

(8) 我虽穷，我虽穷，吊钱于不在我眼中。（《翻魇殃》二 [呀呀油]，2554 页）（按："于"盛本如字，路本作"於"，"于"是"入"的同音字）

上面的例子说明，"仁""银"同音，"人""寅"同音，"攘""养"同音，"如""於"同音，"入""于"同音⑥。再看下面韵文的例子：

(9) 仇大爷定军机，四尊炮列东西，单等贼人那里入。等他街上挤满了，点火照着一齐跐，我可看他那里去。等着他丢盔撩甲，再放那枪箭鸟机。（《翻魇殃》十二 [耍孩儿]，2620 页）

在这支曲子里，"入"和"机西跐去"押韵。如果据此就把"入"字归入"支齐"韵，就不能说不是一个失误，因为这样做会使它的声母的音值成为无法解决的问题。实际上"入"是"鱼模"韵的字，在这支曲子里它和"去"字一样，是在和"支齐"韵通押。下面就对这个问题作些说明。

"入"在《广韵》属深摄开口三等缉韵日母。按照"入"字的反切"人执切"，"入"字应和"日"字同音，出于避讳的原因，表示一般"进入"义的"入"就只好让路，另选别的读音。这种让路现象 13 世纪就已经开始了，

《中原音韵》"入"字"支衣"韵与"鱼模"韵两收就是证明⑦。到了明代这种避让就彻底完成了,《金瓶梅》把性交用"合"字表示就是证明。在此书里,此字显然是被作为形声字使用了,"日"是声符,说明"入"与"日"的韵母已经完全不同音了。

但是我们看到,在《聊曲》里也出现了用"合"表示性交的用例。如:

(10)解子说:"哈,'合'的,还不走开,装什么亲生的哩?"张春擦了眼泪,瞅了一眼说:"谁是'合'的?"(《磨难曲》十八,3056页)

这说明在《聊曲》里两字的韵母也已经不同,"入"对"日"字读音的避让也已经完成。

前面我们已经说明在《聊曲》里"日"字是属于"支齐"韵的,"日""入"二字既不同音,那么"入"字显然就不会再属于"支齐"韵了。根据"入"字在《中原音韵》"鱼模"韵与"支衣"韵两收及《聊曲》中"鱼模"韵与"支齐"韵通押的现象,可以认为"入"字属于"鱼模"韵。又"鱼模"韵与"支齐"韵通押的字都是读细音 y 的,可知"入"字的韵母也应当是 y⑧。

确定"入"字读细音 y,这对我们认识它的声母的音值很有用处。

要解决这个问题,还必须结合对"非儿类""日"母字在山东方言里读音情况的考察。"入"字读 y 韵母这种现象在山东只存在于胶辽官话及其他少数方言(如东明方言)中,而这些方言在声母系统上有个突出特点,就是古知庄章组字的读音分成两类,大致是知二组和庄组为一类(以下简称"知二类"),知三组和章组为一类(以下简称"知三类"),下面以烟台、青岛为例列出"知二类"和"知三类"读音的不同:

| 烟台 | 争 ts- | 馋 ts'- | 疏 s- | |
|---|---|---|---|---|
| | 蒸 tɕ- | 缠 tɕ'- | 书 ɕ- | 入 ∅- |
| 青岛 | 争 tʂ- | 馋 tʂ'- | 疏 ʂ- | |
| | 蒸 tʃ- | 缠 tʃ'- | 书 ʃ- | 入 ∅- |

有的专家认为,在胶辽官话中,"知三类"有的地方(如烟台)仍保留 i(或 y)介音,与古音为三等韵相合;有的地方虽然已没有了 i(或 y)介音,

但读为舌叶音，与"知二类"相比，舌面与上腭有更多的接触，也应是古音为三等所形成的特点。所以，称这些地区较多地保留了古音三等的痕迹是没有问题的。而恰恰是这些地区的"非儿类""日"母字的声母是零声母并且有韵头 i（或 y）（张树铮，1994）。笔者认为这一说法是符合山东方言实际的。

　　回过头来再看《聊曲》中"非儿类""日"母字与"知三类"的关系。诚然，在《聊曲》中，知庄章三组声母已经合流，但"知三类"的特点却能在韵母上反映出来。下面仍以"鱼模"韵与"支齐"韵通押的现象来说明。"入"字读 y 韵母，与"支齐"韵通押，已如前述。但我们还发现"鱼模"韵中知庄章三组字里与"支齐"韵通押的也都是"知三类"的字。如"住"（澄三）与"知妻衣戚去"押韵（2711 页），"诸"（章）与"妃姬弟计迷"押韵（3159 页），"主"（章）与"欺德意亏替"押韵（3240 页），"出"（昌）与"住衣矩趣吁许"押韵（2690 页），"处"（昌）与"嗤知旗惧揖"押韵（3253 页）等。这说明这些字也是读 y 韵母的，与"入"字的韵母相同。可见在《聊曲》里三等韵在一定程度上也保留了自己的一致性特点，也属于古音三等韵遗留的痕迹，与现在胶辽官话中三等韵的情况十分相似。前面说过，胶辽官话"非儿类""日"母字是读零声母的，所以把《聊曲》中"非儿类""日"母字的声母看作是零声母，既与《聊曲》中有关"日"母的异文与押韵相符合，也能得到胶辽官话的支持。

# 二、"日"母的演变

　　在考察《聊曲》"日"母音值的同时，有必要考虑到从该书到现在淄川方言"日"母的演变，并对这种演变作出解释，否则就很难说明我们对《聊曲》"日"母音值的判断是科学的。

　　比较《聊曲》"日"母的音值和现代淄川方言"日"母的音值，我们发现有些现象用语言自身发展的理论比较容易解释，但也有些现象并不容易解释。比如当我们看到《聊曲》中"儿类""日"母字和现代淄川方言中的一样，都是读 l 声母时，可以认为三百年来淄川方言这类字的声母没有发生大的变化，只是舌位稍微后移。这不会有问题。但当我们看到现代淄川方言"非儿类""日"母字的声母也读 l 时，就觉得问题不那么容易说清楚了。因为《聊曲》中"非儿类""日"母字的声母是零声母，由零声母变成现代的 l 声母，从语言自身的发展来看，似乎是很难实现的。这就使得我们不能不从另外的方面寻找原因了。我们看到，这另外的原因就是强势方言——济南方言对淄川方言的影响。

济南自汉魏以来在山东省就一直占有重要地位。而淄川自汉代始建般阳县，归青州部济南郡管辖，现在是淄博市的一个辖区。济南方言作为山东方言中的强势方言会对周边方言产生一些影响，但是，济南方言"非儿类""日"母字现在读 z̩ 声母，怎么会影响到淄川方言由零声母变成 l 声母呢？其实济南方言"非儿类""日"母字读 z̩ 声母是清末以后的事，它在清末时期还在读 l 声母。清末张祥晋《七音谱》有云："日母所属字'人如汝儒若然鸘而柔热惹'等……自潍县以西，寿光、乐安、青州、临淄，以至武定、济南、东昌、临清、泰安、兖州、济宁各府州所属，及沂水以西沂州、蒙、费皆读为此谱重舌三位隆模之音。"所谓"隆模"，即 l 声母。

当时，济南方言对淄川方言已经产生了明显的影响，甚至出现了新老派语音的差别。《穰妒咒》三〔耍孩儿〕之头三句是："老头子腅不上那少年，说句话雾罩云山，时腔真有十可厌。"（2775 页）这里所谓"少年"用的"时腔"显然是指新派语音特点说的。这新派的语音特点是从哪里来的呢？显然不会来自北京音的影响，因为对山东省的一个县城来说，当时北京话的影响还没那么大，偶尔有个人说北京话老百姓还觉得挺异样的。如《增补幸云曲》六有这样的一段描写："王舍道：'张大哥，这长官（笔者按：指正德皇帝）说话有些京腔，风里言风里语的，都说万岁爷待来看景呀，咱两个福分浅薄，也会不着那皇帝，只怕是出来私行的官员……'"〔3179 页〕这里所谓的"京腔"显然指的北京音。蒲松龄把"时腔"和"京腔"对立，把年轻人说的称"时腔"，把北京人说的称"京腔"，这说明"时腔"和"京腔"是两种不同的语音，也说明淄川的"时腔"不是受北京语音影响的结果。既然如此，那它就只能是济南方言影响的结果了，而这种影响当然不应把"非儿类""日"母字声母的演变排除在外。

所以我们说，300 年前的淄川方言在济南强势方言的影响下"非儿类""日"母字没能像胶辽官话那样保持住零声母的读音，而是逐渐便成了 l 声母，这是说得通的。

**注释:**

①《聊斋俚曲集》的用韵共分 13 韵,"支齐"是其中之一。下面再提到 13 韵的名称,不再出注。

② 为了便于核查,引文后面注明的页数一律采用盛伟编、学林出版社出版之《蒲松龄全集》(以下简称"盛本")之总编页数。聊斋俚曲的文本很多,有的是抄本,有的是排印本。抄本多以单篇形式流行,排印本多以文集形式流行。现在流行较广的排印本有路大荒编《蒲松龄集》(有中华书局和上海古籍两个版本)、盛伟编《蒲松龄全集》、蒲先明整理、邹宗良校注《聊斋俚曲集》(国际文化出版公司出版)。由于编者不同,各文本间常有些不一致处。如路本于《俊夜叉》:"章丘的话头——好日子。"之下注"日读二音",盛本则缺;盛本收《琴瑟乐》一篇,而路本则缺。本文于各本不同之处只能审情度势,择善用之。

③ "十三辙"里"儿"入"小人辰儿"辙而不入"一七"辙,说明"儿"的音值是 ər。

④ "淄口令打叉"字样只出现在《琴瑟乐》中,从内容与形式两方面看,《俊夜叉》于每支曲文之末也有这部分内容,径补。

⑤ 这里所谓的同音与否,只指声母和韵母,不计声调。

⑥ 李焱(2000)根据这些异文也认为"非儿类"日母字读零声母。

⑦ 按照"入"字在《广韵》的语音地位,它应该只进入"支衣"韵。

⑧ "十三辙"把读 y 韵的字直接归入了"支衣"辙。

**参考文献**

高文达:《济南方言志》,载《山东史志》(增)1992 年。

李焱:《(聊斋俚曲集)和(日用俗字)语音研究》,(硕士毕业论文)2000 年。

孟庆泰等:《淄川方言志》,语文出版社 1994 年版。

钱曾怡等:《山东方言研究》,齐鲁书社 2001 年版。

殷焕先主编:《山东方言志》,山东人民出版社 1993 年版。

张树铮:《山东方言"日"母字研究》,《语言研究》(增)1994 年。

张树铮:《蒲松龄〈聊斋俚曲集〉用韵研究》,《古汉语研究》2001 年第 3 期。

原载《中国语文》2002 年第 4 期

# 释元曲"说""栓"的 [f] 声母

　　"说"和"栓"分别是中古书母和生母合口字，这类字的声母在现代官话方言中的演变基本上有两种情况，一种是读舌尖擦音声母 [ʂ]，这种情况占大多数，不再举例，其次是读 [f] 声母，如西安、兰州、西宁等方言（张成材，1984）、山西省的运城方言和万荣方言（侯精一等，1986）、山东省的阳谷方言（董绍克，1985）、新疆的吉木萨尔方言和疏勒方言（刘俐李等，1986）[①]，读成 [f] 声母这种现象在中原官话中更为普遍些。

　　对这种现象如果我们追溯它的历史的话，就会发现，元曲中它已经存在了。

　　我们先看下面元曲的两段唱词：

　　1. [混江龙] 云：有人来问贫僧如何是佛，我说你说的便是；有人来问贫僧如何是道，我道你道的便是。（《度柳翠》一折）

　　2.（正末唱）我家里还待要打柴刈苇，织履编席，倒杼翻机，俺作庄家忒老实，俺可不慌诈，不虚牌。（《双献功》第三折）

　　第 1 段是月明和尚度柳翠出家的唱词，两句句式完全相同，并且都用了谐音双关的修辞手法，头一句利用"说""佛"同音，以说话之"说"谐佛教之"佛"，第二句利用"道""道"同音，以说道之"道"谐道教之"道"，两句的谐音关系是明摆着的。

这种谐音修辞的手法在同一出戏的第二折里也有一例：

> [旦儿云]：师父，我剃了头不羞么？[正末唱] 你当日合忧处却不忧，到今日这合修处却不修。

这段唱词以"修"谐"羞"也是显而易见的，可作为一个旁证。

第 2 段是表达农民勤劳、质朴的唱词，其中"倒杼翻机"一语，从字面上看简直不可思议。因为农民织布怎么能把织布机翻过来呢？其实，"翻"是"拴"的借字，"翻机"就是"拴机"，"倒杼"与"翻机"是织布前准备工作的两道工序，"倒杼"是将经线从杼的缝隙里穿过去，因为做这道工序时要将杼放倒，由上向下穿线，故名（山东省阳谷方言谓之"闯杼"）；"拴机"是将从杼里穿过来的经线拉紧并拴在布轴上，这是开始织布前的最后一道工序，拴好后就可以开始织布了，山东阳谷方言仍有"拴机"这一词语。其实，这些织布的工序和称叫的名称在中国北方大部分农村仍然存在。由于"拴""翻"同音，作者将"拴"写成"翻"，目的是追求字面上与"倒"字的对应，并不就是指把织布机翻过来。

其实这种前后对应的词语在方言中例证很多，如"家长里短"（义为"家常"）实由"家常"一词扩展而成，因为"常"与"长"同音，故增"短"字与之对应。又如"争里道表"（义为"争理"）实为"争理"一词扩展而成，因为"理"与"里"同音，故增"表"与之对应。又如"胡枝扯叶"（义为"胡答对、胡拉扯"）实为"胡支对"一语扩展而成。因为"支"与"枝"同音，故增"叶"与之对应[2]。这些都可作为"倒抒翻机"的旁证。

以上我们论证了"佛""说"同音，"翻""拴"同音的问题，知道了它们分别具有相同的声母，下面就考察它们声母的音值。

前面我们已经举例指出，中古书、生两母的合口字在后来的官话方言中有的演变成了舌尖擦音 [ʂ]，有的演变成了唇齿擦音 [f]。而"佛"属中古"奉"母，"翻"属中古"敷"母，它们在后来的官话方言中全部演变成了 [f] 声母，而没有演变成舌尖擦音或其他声母。可见，这两类字在演变成 [f] 声母上走了一条共同的路子。"佛"与"说"同音，只能是都读

[f] 声母；"翻"与"拴"同音，也只能是都读 [f] 声母，两者都不可能是读其他声母。所以，"说"与"拴"的声母都只能是 [f]。元曲是用当时的北方方言（即所谓的"中原雅音"）写成的，那也就是说，中古书、生两母的合口字读 [f] 声母这种现象早在十三、十四世纪的北方方言中就已经出现了③。

**注释：**

①此外还有的方言读 [ts′] 声母，如山西省平遥方言的白读音（侯精一，1986），有的方言读 [c] 声母，如烟台方言（熊正辉，1990），但这些都是极个别的现象，故不再列举。

②元曲《窦娥冤》二折："他推道尝滋味，吃下去便昏迷，不是姜汤庭上胡支对。"由"胡支对"扩展为"胡枝扯叶"，如《金瓶梅词话》第 21 回：西门庆就看着潘金莲说道："你这小淫妇，单管胡枝扯叶的。"又作"胡支扯叶"，如《儒林外史》第 45 回："我不知怎的，心里慌慌的，合着眼就作出许多胡支扯叶的梦。"

③《度柳翠》的作者是太原人李寿卿，《双献功》的作者是山东省东平人高文秀，现在太原方言和东平方言这类字都不读 [f] 声母。

原载 ［日］《中国语研究》1996 年第 38 号

# 论《皇极经世书》的入声

《皇极经世书》为北宋邵雍（1011—1077）所作。书中的《声音唱和图》反映了宋初汴洛一带的语音系统，在汉语语音史上占有重要地位。不少学者对它作了卓有成效的研究。不过当前对该书入声有一种比较普遍的看法，就是认为 [-t -k] 两个塞尾已经脱落，完全变成了阴声，只有 [-p] 尾还保留着。其理由是该书"声音唱和图"中的"正声图"把收 [-t -k] 尾的入声韵"舌八岳霍六玉日骨德北"全部配阴声，把收 [-p] 尾的入声韵"十妾"仍配收 [-m] 尾的阳声（见表 1）。笔者认为这种看法还有进一步讨论的必要，原因有二：（1）根据现代方言调查的材料看，入声塞尾的消失多是 [-p] 尾消失得较早，[-t -k] 两个塞尾消失得较晚，至少 [-k] 尾要比 [-p] 尾消失得晚些。没有一个方言 [-t -k] 两个塞尾消失后而 [-p] 尚存的。认为该书入声只保留 [-p] 尾的说法没有方言的根据。（2）在入声韵 [-p -t -k] 三种塞尾并存的时代，三种塞尾的字是不能相互押韵的，但在宋词里，这三种塞尾的字却能够相互押韵。如果认为该书入声只保留 [-p] 尾，这种押韵现象就没法解释。

这些情况不能不引起我们的注意，并使我们对此问题作进一步的讨论。

笔者的观点是，《皇极经世书》的入声收 [-t -k] 尾的没有变成阴声，[-p] 尾也不复存在，而是都变成了喉塞尾 [-ʔ]。这一观点的提出有以下两个方面的根据：

# 一、现代方言的根据

我们先看现代方言中入声塞尾存在的不同形态。根据我们当前调查方言和能够查到的方言材料看，入声塞尾存在形态共有六种，即：[-p -t -1 -t -k -ʔ]。为了便于称说，我们按发音部位分别对它们命名为唇塞尾（只有 [-p]）、舌塞尾（包括 [-t -1 -t -k]）、喉塞尾（只有 [-ʔ]）。这些塞尾由于形态不同，所表现出来的语音性质也不尽相同。其中唇、舌塞尾的语音性质较为一致，而喉塞尾的语音性质则另有一些特点。具体说来，唇、舌塞尾不管属于哪个发音部位的，都是只配阳声，不配阴声；而喉塞尾则（1）或只配阴声，（2）或阴阳两配，（3）或因韵母元音不同而部分地配阴，部分地配阳，部分地阴阳两配，部分地无韵可配。两类塞尾性质不同，十分明显。下面举出些例子说明。

唇、舌塞尾的例子我们举广州方言。该方言的入声韵同阳声韵对应得非常整齐，而同阴声韵则不对应。入声配阳声、不配阴声的性质显而易见（见表2）。

**表1　正声图**

| 齐 | | | 平 | 上 | 去 | 入 |
|---|---|---|---|---|---|---|
| | | | 日 | 月 | 星 | 辰 |
| 一声 | 辟 | 日 | | 多 | 可 个 | 舌 |
| | 翕 | 月 | | 禾 | 火 化 | 入 |
| | 辟 | 星 | | 开 | 宰 爱 | ○ |
| | 翕 | 辰 | | 回 | 美 退 | ○ |
| 二声 | 辟 | 日 | | 良 | 两 向 | ○ |
| | 翕 | 月 | | 光 | 广 况 | ○ |
| | 辟 | 星 | | 丁 | 井 亘 | ○ |
| | 翕 | 辰 | | 兄 | 永 莹 | ○ |

续表

| 齐 | | | 平 | 上 | 去 | 入 |
|---|---|---|---|---|---|---|
| | | | 日 | 月 | 星 | 辰 |
| 三声 | 辟 | 日 | 千 | 典 | 旦 | ○ |
| | 翕 | 月 | 元 | 犬 | 半 | ○ |
| | 辟 | 星 | 臣 | 引 | 艮 | ○ |
| | 翕 | 辰 | 君 | 允 | 巽 | ○ |
| 四声 | 辟 | 日 | 刀 | 早 | 孝 | 岳 |
| | 翕 | 月 | 毛 | 宝 | 报 | 霍 |
| | 辟 | 星 | 牛 | 斗 | 奏 | 六 |
| | 翕 | 辰 | ○ | ○ | ○ | 玉 |
| 五声 | 辟 | 日 | 妻 | 子 | 四 | 日 |
| | 翕 | 月 | 衰 | ○ | 帅 | 骨 |
| | 辟 | 星 | ○ | ○ | ○ | 德 |
| | 翕 | 辰 | 龟 | 水 | 贵 | 北 |
| 六声 | 辟 | 日 | 宫 | 孔 | 众 | ○ |
| | 翕 | 月 | 龙 | 甬 | 用 | ○ |
| | 辟 | 星 | 鱼 | 鼠 | 去 | ○ |
| | 翕 | 辰 | 乌 | 虎 | 兔 | ○ |
| 七声 | 辟 | 日 | 心 | 审 | 禁 | ○ |
| | 翕 | 月 | ○ | ○ | ○ | 十 |
| | 辟 | 星 | 男 | 坎 | 欠 | ○ |
| | 翕 | 辰 | ○ | ○ | ○ | 妾 |

注：八声、九声、十声无韵，略。

　　喉塞尾的例子我们举广东汕头、安徽枞阳、江苏嘉定三个方言。这三个方言代表了喉塞尾对阴阳两声关系的三种类型。汕头、枞阳两个方言的入声都既有唇、舌塞尾，又有喉塞尾。有趣的是，汕头方言的唇、舌塞尾（[-p -k]）照旧只配阳声，而喉塞尾则配了阴声（见表3）；枞阳方言的舌塞尾（[-1]）也照旧只配阳声，喉塞尾除 [io?] 无韵可配外，其他则是阴阳两配的（见表4）。至于嘉定方言的入声就更有趣了。该方言的入声只剩了喉塞尾，这个喉塞尾随着它的韵母元音的不同而对阴阳两声显示了不同的关系。其中，[ɔʔ iʔ ɛʔ] 三个韵母只配阴声，[oʔ ioʔ iʔ ɔʔ uʔ] 五个韵母只配阳声，[aʔ iaʔ uaʔ] 三个韵母则阴阳两配，而 [uɔʔ] 则无韵可配（见表5）。江淮方言同吴语接壤，这两大方言的南京、扬州、淮阴、苏州、无锡、常州、上海等地的入声，虽然同阴阳两声相配的具体内容不尽相同，但都具备嘉定方言入声的这一基本性质。

收喉塞尾的入声与阴阳两声相配的关系为什么会这么复杂呢？这与喉塞尾所处的入声演变的特殊阶段有关。从汉语语音史的发展来看，入声韵在收唇、舌塞尾时、由于受到唇、舌塞尾的强有力的控制，其演变的步调同受鼻辅音韵尾控制的阳声韵比较一致，所以一直与阳声相配。从总的演变趋势来看，入声韵是在逐渐摆脱塞尾的控制变成阴声韵，因而入声的塞尾一直处在不断脱落的过程中。随着这个过程的不断推移，入声的韵母元音自然要受到一定影响，发生一些相应的变化。喉塞尾是入声塞尾演变的最后阶段，再向前发展一步就变成了阴声韵。显然，处在这样一个阶段，喉塞尾对入声韵母元音的控制比起唇、舌塞尾来要弱得多，因而入声的韵母元音自然就会发生一些较大的变化，和一致受鼻辅音韵尾控制的阳声韵在演变的步调上就不

### 表2 广州方言韵母表①

| 单元音 | 复元音 | | 鼻尾韵 | | | 塞尾韵 | | |
|---|---|---|---|---|---|---|---|---|
| a | a：i | a：u | a：m | a：n | a：ŋ | a：p | a：t | a：k |
| | ai | au | am | an | aŋ | ap | at | ak |
| ɛ | ei | | | | ɛ（：）ŋ | | | ɛ（：）k |
| œ | œ⊥y | | | œ⊥n | œ（：）ŋ | | œ⊥t | œ（：）k |
| ɔ | ɔ（：）i | ou | | ɔ（：）n | ɔ（：）ŋ | | ɔ（：）t | ɔ（：）k |
| i | i（：）u | i（：）m | i（：）n | | iŋ | i（：）p | i（：）t | ik |
| u | u（：）i | | | u（：）n | uŋ | | u（：）t | uk |
| y | | | | y（：）n | | | y（：）t | |
| 鼻韵 m̩ ŋ̍ | | | | | | | | |

**表3　汕头方言韵母表②**

| -p―――-m |
|---|
| ap　　iap　　uap　　ip |
| 答　　压　　法　　邑 |
| am　　iam　　uam　　im |
| 庵　　淹　　凡　　音 |

| -k―――-ŋ |
|---|
| ak　iak　uak　ik　ok　iok　ek　uk　ɯk |
| 恶　跃　劣　乙　屋　畜　亿　慰　乞 |
| aŋ　iaŋ　uaŋ　iŋ　oŋ　ioŋ　eŋ　uŋ　ɯŋ |
| 按　央　汪　因　翁　雍　英　温　恩 |

| -ʔ―――元音尾 |
|---|
| aʔ　iaʔ　uaʔ　(aiʔ)　auʔ　(uaiʔ)　iʔ　(iuʔ)　oʔ　ioʔ　oiʔ　iouʔ　eʔ　ueʔ　uʔ　(ɯʔ)　(ŋʔ)　(mʔ) |
| 鸭　驿　活　　东　　滴　　呃　药　八　哳　呃　划　嘬 |
| a　ia　ua　ai　au　uai　i　iu　o　io　oi　iou　e　ue　u　ɯ　ŋ　m |
| 亚　野　娃　哀　殴　歪　衣　尤　窝　腰　鞋　夭　哑　锅　污　余　黄　姆 |

注：括号内的音表示有音无字。

再那么一致了，于是才出现了在配阴配阳上比较复杂的情况。方言的入声如此，《皇极经世书》的入声也是如此。由于该书的入声变成了收喉塞尾，其入声韵便随着韵母元音的不同而有的配了阴声，如"舌入岳霍六日骨北"八韵；有的无韵可配，如"玉德十妾"四韵。（因为这四韵排在"o"的后面，我们完全有理由这样认识。）

**表4　枞阳方言韵母表③**

| 阴声韵 | | | | 入声韵 | | | | 阳声韵 | | | |
|---|---|---|---|---|---|---|---|---|---|---|---|
| 开 | 齐 | 合 | 撮 | 开 | 齐 | 合 | 撮 | 开 | 齐 | 合 | 撮 |
| a | ia | ua | ya | əl | iəl | uəl | yəl | ən | iən | uən | yən |
| e | ie | ue | ye | aʔ | iaʔ | uaʔ | yaʔ | an | iãŋ | uãŋ | yãŋ |
| o | | uo | | eʔ | ieʔ | ueʔ | yeʔ | en | ien | uen | yen |
| | | | | oʔ | ioʔ | uoʔ | | on | | uon | |
| | | | | əʔ | | | | | | | |

注：əʔ是oʔ拼舌根音时的变体。有i介音时an变iãŋ。

表 5　嘉定方言韵母表④

| 阴声韵 | | | | 入声韵 | | | 阳声韵 | | | |
|---|---|---|---|---|---|---|---|---|---|---|
| 开 | 齐 | 合 | 撮 | 开 | 齐 | 合 | 开 | 齐 | 合 | 撮 |
| ɿ | i | u | y | aʔ | iaʔ | uaʔ | ã | iã | uã | |
| a | ia | ua | | oʔ | ioʔ | | ɑ̃ | iɑ̃ | uɑ̃ | |
| ɔ | iɔ | | | ɔʔ | iɔʔ | uoʔ | oŋ | ioŋ | | |
| ɛ | iɛ | ɜu | | əʔ | iəʔ | ueʔ | əŋ | iəŋ | uəŋ | yŋ |
| | | ou | | ɜiʔ | | | | | | |
| | ie | ue | | | | | | | | |
| ɤ | | | yɤ | | | | | | | |
| | iu | | | | | | | | | |

　　尽管"十""妾"两韵是排在"o"后面的，但由于它们分别与"心""男"处于同一"声"的"辟""翕"两行，我们仍然可以认为"十"与"心"之入、"妾"与"男"之入有相同的韵尾。（这一点也正是一些学者认为"十""妾"收 [-p] 尾的关键所在。）但，这一点绝对不能说明"十""妾"就一定是收 [-p] 尾的，因为我们已经举出方言中许多事实证明了收喉塞尾的入声既能配阴声，也能配阳声，而且配阳声时，其阳声既可以是收 [-n] 尾的，也可以是收 [-ŋ] 尾的（如前面所举枞阳方言）。下面我们将证明收喉塞尾的入声照样也能配收 [-m] 尾的阳声。厦门方言收 [-m] 尾的阳声韵有 [am im iam] 三个韵母，入声韵中除有收 [-p] 尾的 [ap ip iap] 三个韵母与之相配外，还有收 [-ʔ] 尾的 [aʔ iʔ iaʔ] 三个韵母与之相配。也就是说，收 [-ʔ] 尾的入声照样也能配收 [-m] 尾的阳声。由此可见，和收 [-m] 尾的阳声韵相配的入声也可以收 [-ʔ] 尾。由此也可以证明，《皇极经世书》的"十""妾"两韵收 [-ʔ] 尾照样符合"正声图"的排列要求。

# 二、宋代词韵的根据⑤

　　宋初词韵中，入声韵 [-p -t -k] 三种塞尾可以通押。这我们可以举辛弃疾、贺铸、苏轼三家词人的用韵为例来说明。下面把他们的籍贯、生卒年月和用韵词例列成一表（见表 6）。

表6　宋代三家词人用韵词例表

| 姓名 | | 辛弃疾 | 贺铸 | 苏轼 |
|---|---|---|---|---|
| 籍贯 | | 山东济南 | 河南汲县 | 四川眉山 |
| 生卒年月 | | 1140—1207 | 1052—1125 | 1037—1101 |
| 词篇名 | | 《满江红》 | 《谒金门》 | 《三部乐》 |
| 韵脚字 | -p 尾 | 入泣急 | 急 | 叶答 |
| | -t 尾<br>-k 尾 | 葛出月<br>客石力 | 日出密失必一笔 | 月缺绝雪切咽发疾折 |

　　从表6中可以看到，苏轼的《三部乐》与贺铸的《谒金门》属 [-p -t] 两个塞尾通押，辛弃疾的《满江红》属 [-p -t -k] 三个塞尾通押。这种现象很重要，这说明当时入声的塞尾发生了某种共同性的变化。这种变化有两个可能，一是完全脱落了塞尾，变成了阴声；一是 [-p -t -k] 三个塞尾已经合并成一个。舍此两端，不能通押。但第一个可能很难成立，因为它们既然都变成了阴声韵，就应同其他阴声韵的字相互押韵。但当时这种现象并不存在，入声韵的字仍自为韵，绝不与阴声韵的字相押。这就说明当时入声塞尾还没脱落。这样，剩下的就是第二个可能了，即 [-p -t -k] 三个塞尾已经合并成一个。那么合并后的这个塞尾是唇、舌塞尾呢，还是喉塞尾？如果是唇、舌塞尾，比如是 [-p] 或 [-k]，那么当时的入声就得只配阳声，不配阴声，这是前面我们已经证明了唇、舌塞尾的性质所决定的。但这与《皇极经世书》入声部分配阴、部分配阳的排列相矛盾。贺铸是河南汲县人，离汴洛一带很近，他的词韵所反映的语音现象和该书应该是一致的，不应有此矛盾。这样，合并后的塞尾就非是喉塞尾不可了。只有喉塞尾才能把当时词的押韵现象同《皇极经世书》入声的排列现象统一起来。

**注释：**

　　① 袁家骅：《汉语方言概要》。

　　② 据施其生先生提供。

　　③ 鲍时祥：《枞阳方言》（油印稿）。

　　④ 江苏省和上海市方言调查指导组：《江苏省和上海市方言概况》。

⑤本文所以举宋代词韵而不举宋代诗韵，是因为宋代诗韵与唐代没有什么差别，[-p -t -k]三种塞尾分押，例外极少，这可能是受了诗韵韵书影响的缘故，不如词韵更能反映当时语音的实际情况。

⑥据唐圭章：《全宋词》。

（本文曾蒙绍荣芬、杨耐思两位先生赐阅、指教，谨表谢忱。）

原载 ［日］《中国语研究》1993 年第 35 号

# 论《七音略》铎药两韵塞音韵尾的音质特征

　　《七音略》是郑樵《通志》二十略之一。该书的入声有个显著特点，就是铎药两韵兼承阴阳两声，既见于第 25 转之豪肴宵萧，又见于第 34 转之唐阳，其他入声则只承阳声，不承阴声，比起《韵镜》的入声一律只承阳声的特点来，有着明显的不同。

　　罗常培先生对《七音略》作过深入研究。[1] [p521] 对该书所属宋元等韵之派系、历史来源、与《韵镜》之异同及其至治本与其他版本之异同，都作了详尽的考察，但对铎药两韵兼承阴阳两声的问题只指出是晚于《韵镜》的一种表现，并没有从音理上做出进一步的阐释。现在我们要问，为什么铎药两韵兼承阴阳两声要被看作《七音略》晚于《韵镜》的标志？铎药两韵兼承阴阳两声的语音基础是什么？

　　要回答这个问题，必须从研究入声喉塞尾的语音性质入手。认清了喉塞尾的语音性质，铎药两韵阴阳两承的问题也就迎刃而解了。

　　要研究喉塞尾的语音性质，有必要先了解喉塞尾在入声塞尾整个演变过程中的地位。

　　入声塞尾演变的总趋势是由前向后逐渐脱落，最后归于消失。这从大量的方言材料中可以得到证明。

　　根据当前我们调查方言和能查到的方言材料来看，入声塞尾在方言中共存有十二种类型。这十二种类型可用广州、东莞（广东省）、文昌（海南省）、潮州、临川、南昌、万宁（海南省）、枞阳（安徽）、澄海（广东省）、

苏州、高淳（江苏省）、吴堡（陕西省）等十二个方言来代表（见附表1）

黑格尔曾经说道："历史的顺序（Nachein-ander）跟系统的并列（Nedeninder）相当。"[2] [p42] 从附表1诸方言入声的排列情况我们可以看到喉塞尾是入声塞尾演变的最后阶段，超过了这个阶段就变成了阴声。

我们之所以首先要明确并强调喉塞尾在入声塞尾演变总过程中的地位，是因为这个问题对我们正确理解喉塞尾的语音性质有重要作用。

下面我们就考察喉塞尾的语音性质有什么特点。

先从现代方言考察。对附表1如果从上向下逐栏观察，就会看到各栏的塞尾形态各有不同，从第一栏到第五栏分别是 [-p] [-t] [-1] [-ȶ] [-k] [-ʔ]，合起来共有六种。为了称说方便，我们姑且按发音部位把它们分别取名为唇塞尾（只有 [-p]）、舌塞尾（包括 [-t] [-1] [-ȶ] [-k]）、喉塞尾（只有 [-ʔ]）。我们发现，这几种塞尾由于形态的不同，它们各自表现出来的语音性质也不尽相同。其中，唇、舌两类塞尾 [-p -t -1 -ȶ -k] 表现出来的语音性质较为一致，而喉塞尾 [-ʔ] 表现出来的语音性质则另有一些特点。具体说来就是，唇、舌两类塞尾不管具体属于哪个发音部位，都是只承阳声韵，不承阴声韵；而喉塞尾则（1）或只承阴声韵，（2）或阴阳两承，（3）或因韵母元音的不同而部分地承阴，部分地承阳，部分地阴阳两承，部分地无韵可承。两类塞尾在承阴、承阳方面所表现出来的特点完全不同。

这种不同对我们解决问题意义就在于入声韵与阳声韵相承，还是与阴声韵相承，是检验入声塞尾音质特征的重要标志。

两种韵具有相承关系，在音值上必须具备一定的条件，那就是韵头、韵腹分别相同，韵尾发音部位相同，而且成类地出现，具有一定的系统性。大家知道，《广韵》的入声是只承阳声的，两者在音值上就具备这一特点。下面举《广韵》"通""江"两摄的读音为例说明这个问题（见下表）。

可以看到，入声韵"屋"韵的韵头（介音）、韵腹（主元音）都与阳声韵"东"韵相同，只有韵尾不同，东韵收 [-ŋ] 尾，"屋"韵收 [-k] 尾，但两个韵尾的发音部位则是相同的。其他"沃""烛""觉"三个入声韵分别与"冬""钟""江"三个阳声韵的关系也是如此。

我们知道，《广韵》的三个入声韵尾分别是 [-p、-t、-k]，这表明收 [-p、-t、-k] 为的入声承阳声。

**《广韵》韵母表（节选）①**

| 韵次 | 平声 | 上声 | 去声 | 开合 | 等列 | 音值 | 入声 | 音值 |
|---|---|---|---|---|---|---|---|---|
| 1 | 1 东 | 1 董 | 1 送 | 合 | 1 | uŋ | 1 屋 | uk |
|  |  |  |  |  |  |  |  | ĭuk |
|  |  |  |  |  | 2，3，4 | ĭuŋ |  |  |
| 2 | 2 冬 |  | 2 宋 | 合 | 1 | uoŋ | 2 沃 | uok |
| 3 | 3 钟 | 2 肿 | 3 用 | 合 | 3，4 | ĭwoŋ | 3 烛 | ĭwok |
| 4 | 4 江 | 3 讲 | 4 绛 | 开 | 2 | ɔŋ | 4 觉 | ɔk |

　　方言的入声韵承阳声或者承阴声，其语音条件与《广韵》一样，也是韵头、韵腹分别相同，韵尾不同（如果有韵尾的话），但发音部位相同，而且也成类地出现，具有一定的系统性。下面分别举例说明。

　　唇、舌塞尾的例子我们举广州方言（见附表2），从表内我们看到，第三栏的入声韵与第二栏的阳声韵，其韵头、韵腹分别相同，韵尾 [-p、-t、-k] 分别对应阳声韵的 [-m、-n、-ŋ]，其发音部位分别相同，而且成类地出现。再看与第一栏的比较。第一栏是阴声韵，两栏的韵母既不存在韵头、韵腹分别相同的现象，也不存在对应上的系统性。如第二行的阴声韵母是 [ei] 与 [eu]，而入声韵母则是 [ep] [et] 与 [ek]；第三行的阴声韵母是 [ɛ] 与 [ei]，而入声韵母则是 [ɛk]。广州方言的入声只承阳声，不承阴声的特点是明摆着的。

　　喉塞尾的例子我们举广东汕头、安徽枞阳、江苏嘉定三个方言。这三个方言代表了喉塞尾对阴阳两声关系的三种类型。汕头、枞阳两个方言的入声都既有唇、舌塞尾，又有喉塞尾。有趣的是，汕头方言的唇、舌塞尾 [-p、-k] 照旧只承阳声而喉塞尾则是承阴声的（见附表3）。如第一横栏的入声韵与阳声韵的韵头、韵腹都分别相同，韵尾 [-p] 与 [-m] 发音部位也相同。第二横栏的入声韵与阳声韵情况也是如此，只是韵尾换成了 [-k] 与 [-ŋ]。看得出来，这两栏的入声都是承阳声的。第三横栏入声韵是收喉塞尾的，其韵头、韵腹分别与阴声韵相同，明显的是承阴声。

　　枞阳方言的舌塞尾是 [-l]，照旧是只承阳声，喉塞尾韵除了 [ioʔ] 无韵可承外，其余全部阴阳两承（见附表4）。如第二栏入声韵的第一行与第三栏阳声韵的第一行，韵头、韵腹分别相同，只是韵尾不同，入声收 [-1]，阳声收 [-n]，但发音部位是相同的。所以说，收 [-1] 尾的入声是承阳声的。第二栏的第二行以下都是收喉塞尾的入声，它们的韵头、韵腹分别与第一栏的阴声及第三栏的阳声都相同而且具有一定的系统性，可谓既承阴声，又承阳声，所以称作阴阳两承。

嘉定方言的入声就更有趣了。该方言的入声只收喉塞尾。这个塞尾随着它的韵母元音的差别而对阴阳两声显示出不同的关系。其中 [ɔʔ iɔʔ] 两个韵母的韵头、韵腹分别与阴声韵的 [ɔi iɔ] 相同，是承阴声的；[iɛʔ] 的韵头、韵腹与阴声韵的 [iɛ] 相同，也是承阴声的；[ɔʔ iɔʔ] 两个韵母的韵头、韵腹分别与阳声韵的 [ŋɔi iŋɔ] 相同，是承阳声的；[əʔ eiʔ uaʔ] 三个韵母的韵头、韵腹分别与阳声韵的 [ŋəu iŋə uŋə] 三个韵母相同，也是承阳声的；[aʔ iaʔ uaʔ] 三个韵母的韵头、韵腹既分别与阴声韵的 [a ia ua] 相同，也分别与阳声韵的 [ã iã uã] 相同，② 是既承阴声，又承阳声，属阴阳两承的；而 [uɔʔ] 这个韵母则无韵可承。可以看到，嘉定方言的入声在承阴承阳方面不但变得十分复杂，而且系统性也大大减弱。这反映出嘉定方言的喉塞尾已进入蜕变的最后阶段。江淮官话与吴语接壤，这两大方言的南京、扬州、淮阴、句容、高邮、盐城、泰州、如皋、南通、苏州、无锡、常州、海门、上海、高淳等地的入声，虽然同阴阳两声相承的具体内容不尽相同，但都具备嘉定方言入声的这种基本性质。

通过以上诸例的分析，我们至少可以看出这样一个基本事实：尽管各方言收喉塞尾的入声与阴阳两声相承关系的具体表现不尽一致，但是在一个方言里喉塞尾全部只承阳声韵的现象则是没有的，这与唇、舌塞尾在方言里全部只承阳声韵的现象形成了鲜明的对照。这个事实说明，在方言的韵母表里只要出现了入声不单独承阳声韵的现象，就说明这个入声韵已不再是收唇、舌塞尾的。

与收唇、舌塞尾的入声只承阳声韵相比，收喉塞尾的入声与阴阳两声相承的关系为什么会这样复杂呢？这与喉塞尾所处的入声塞尾演变的特殊阶段有关系。从汉语语音发展的历史来看，入声韵在收唇、舌塞尾时，由于受到唇、舌塞尾强有力的控制，其演变的步调一直同受鼻辅音尾控制的阳声韵比较一致，所以一直承阳声韵。但入声韵总的演变趋势是逐渐摆脱塞音韵尾的控制变成阴声韵，因而入声的塞音韵尾便一直处在不断脱落的过程中。随着这个过程的不断推移，入声的韵母元音自然要受到一定的影响，发生一些相应的变化。喉塞尾是入声塞尾演变的最后阶段，再向前演变一步就便成了阴声韵。显然，处在这样一个阶段，喉塞尾对入声韵母元音的控制比起唇、舌塞尾来势必要弱得多，因而入声的韵母元音自然就会发生一些较大的变化，从而与一直受鼻辅音尾控制的阳声韵在演变的步调上就不那么一致了，于是便出现了在承阴承阳方面比较复杂的情况，甚至连系统性也有所降低，这是符合音理的逻辑的。

这一理论，笔者1985年在《试论入声 [-ʔ] 尾的语音性质》一文中就已提出过。当时是这样写的："从汉语语音史的发展来看，由于受塞音韵尾的控制，入声韵在演变过程中和受鼻辅音韵尾控制的阳声韵演变的步调比较一致，在韵的分合上比起阴声韵来，变化的幅度有明显的不同，这是它们都受到辅音韵尾控制的结果。……喉塞尾对整个入声韵的控制力显然地比口塞尾减弱了。"[③] 最近看到胡安顺先生撰文《汉语辅音韵尾对韵腹的稳定作用》，[3] 用大量的材料说明"阳声韵和入声韵的韵腹相对稳定"，"变化规则性较强"："阴声韵在发展过程中不够稳定"，"变化的规则性较弱"，这就进一步证明了这一理论的科学性。

下面我们再从古代韵图进行考察。

《韵镜》的入声全部收唇、舌塞尾，并且只承阳声，和方言中收唇、舌塞尾的入声性质完全一样，这一点已成共识，无须赘言。

但是其后的《四声等子》、《切韵指掌图》两书的入声就不是这样了，而是变成了阴阳两承。下面先把《四声等子》入声的排列列出一部分作为例子。从左到右依次为一二三四等，未标韵目的等，以圆圈表示。

1.通摄内一　重多轻少韵

东董送屋　〇〇〇〇　钟肿用烛　　　〇〇〇〇

东肿宋沃　〇〇〇〇　东冬钟相助

2.效摄外五　全重无轻韵

豪皓号铎　肴巧效觉　宵小笑药　〇〇〇〇

本无入声　萧并入宵类

3.宕摄内五　阳唐重多轻少韵　江全重开口呼

唐荡宕铎　江讲绛觉　阳养样药

内外混等　　　　　　江阳借形

4. 遇摄内三　重少轻多韵

模姥暮沃　鱼语御屋　虞嘆遇烛　　○○○○

本无入声　鱼虞相助

从上面的例子可以看到，屋韵既承东韵，又承鱼韵；沃韵既承冬韵，又承模韵；铎韵既承唐韵，又承豪韵；觉韵既承江韵，又承肴韵。我们还特别看到，"铎""药"两韵阴阳两承的情形与《七音略》完全一样。

这种现象邵荣芬（1979）解释为："这种做法大概意味着当时入声已失去韵尾 -b、-d、-g 而一律变成了喉塞尾。"邵先生的这一推断应该认为是正确的。

下面再把《切韵指掌图》入声的排列列出一部分。为了便于比较，排列次序稍作改动。缺字者用○表示。

唐荡宕铎　阳养漾药　公○贡谷　登等嶝德

淘道导铎　遥鹩耀药　孤谷故谷　侯厚候德

不难看出，铎韵既承唐韵，又承淘韵；药韵既承阳韵，又承遥韵；谷韵既承公韵，又承孤韵；德韵既承登韵，又承侯韵。

这种现象我们只能判断为《切韵指掌图》的入声塞尾也变成了喉塞音。要之，把阴阳两承判断为喉塞尾的属性，也是符合方言实际情况的，如前文所举安徽枞阳方言的喉塞尾就是如此。

这里需要特别提请注意，铎药两韵阴阳两承的情况，这两部韵图既然与《七音略》完全一样，又，既然已经知道铎药两韵在这两部韵图里是收喉塞尾的，那么我们就没有理由认为铎药两韵在《七音略》里不收喉塞尾。

除了《切韵指掌图》与《四声等子》的证明以外，还有反映宋代汴洛语音《皇极经世书》的"声音倡和图"。该图的"正声图"从另外一个侧面向我们展示了喉塞尾的语音性质（见附表6）。该图收 [-t -k] 尾的十个入声韵"舌八岳霍六玉日骨德北"全都承阴声韵，只有收 [-p] 尾的"十妾"两个入声韵承收 [-m] 尾的阳声韵。看到这样的排列，不少人认为当时汴洛音的 [-t -k] 两个入声塞尾已经脱落，只有 [-p] 尾还保留着。而笔者根据方言中不同塞尾的入声与阴阳两声相承的不同关系，认定这种排列属于嘉定方言的类型，即收喉塞尾的入声随着韵母元音的不同而有的承阴，有的承阳，并结合当时北方词人用韵情况，证明宋代汴洛音的入声既没有丢失，也没有保留 [-p] 尾，而是全部变成了喉塞尾。④

写到这里，我们不能不为现代方言与古代韵图在入声的排列方面如此一致而感叹！这种惊人的一致表明了入声在古今演变过程中所遵循的规律的严整性与普遍性。

至此我们已清楚地看到，现代方言也好，古代韵图也好，都证明了这么一个规律：

收唇、舌塞尾的入声只承阳声，不只承阳声的入声不收唇、舌塞尾。

笔者自 1981 年撰写《试论入声 [-ʔ] 尾的语音性质》以来，一直留意入声与阴阳两声的关系问题，每遇写入声的文章必读，每见带入声的材料必阅，20 余年从未发现有违背这一规律的。所以笔者把这一规律称作"入声定律"。

《七音略》也是反映汉语语音的，其入声的变化也必定服从这一定律的制约。

《七音略》铎药两韵不是只承阳声的，而是阴阳两承的，所以不收唇、舌塞尾。

铎药两韵不收唇、舌塞尾是否就意味着收喉塞尾呢？当然不是。因为入声的唇、舌塞尾丢掉以后会有两种情况出现，一种是变成阴声韵，一种是变成喉塞尾。《七音略》铎药两韵的唇、舌塞尾丢掉以后会怎样变化，还得经过一番考察，看看怎样变化才符合《七音略》的实际情况。如果变成阴声韵，那么这两个韵就会和阴声韵在一起排列，就不会仍和入声韵在一起排列。但是我们看到，在"平上去入"四声当中，这两韵仍被排在入声栏里，说明这两韵没变成阴声，仍是入声，仍保留塞尾。前面我们已经证明，铎药两韵已不再保留唇、舌塞尾，那么这两韵的塞尾就非是喉塞尾不可了。

《七音略》的入声塞尾本来就有 [-p -t -k] 三个，再加上铎药两韵的喉塞尾，就有了四种塞尾，这种现象可能出现吗？答案是肯定的。

在 [-p -t -k] 三种塞尾依然存在的情况下，一部分入声字先变成收喉塞尾，这种现象方言中能找到许多例证。除上文所举文昌方言的入声外，厦门方言的入声也是这样。所以《七音略》的入声有 [-p -t -k -ʔ] 四种塞尾的结论是能得到方言材料的支持的。

　　在［-p -t -k］三种塞尾依然存在的情况下，一部分入声字先变成收喉塞尾，这种现象并不标志入声塞尾的稳固与增强，而是标志着入声塞尾的蜕化。可见罗常培先生把铎药两韵承阴阳两声的这种特点看作《七音略》晚于《韵镜》的标志是有其音理上的根据的，只是文章中没有写出。本文根据方言与韵图的有关资料阐明铎药两韵塞音韵尾的这一音质特征，指出这种特征在韵图中表现出来的一些情况，也算是对罗先生这篇文章的一点补充吧。

附表：

**表 1　十二方言入声塞尾情况表**

| 方言点 | 广州 | 东莞 | 文昌 | 潮州 | 临川 | 南昌 | 万宁 | 枞阳 | 澄海 | 苏州 | 高淳 | 吴堡 |
|---|---|---|---|---|---|---|---|---|---|---|---|---|
| 入声塞尾 | -p | -p | -p | -p | -p | | | | | | | |
| | -t | -t | -t | | -t | -t | -t | -l | | | | |
| | | -ȶ | -ȶ | | | | | | | | | |
| | -k | -k | -k | -k | | -k | -k | | -k | | | |
| | | | -ʔ | -ʔ | -ʔ | | -ʔ | -ʔ | -ʔ | -ʔ | 清-ʔ 浊'⑤ | 清-ʔ 浊-o |

**表 2　广州方言韵母表**

| | | |
|---|---|---|
| a  ai  au | am  an  aŋ | ap  at  ak |
| ɐi  ɐu | ɐm  ɐn  ɐŋ | ɐp  ɐt  ɐk |
| ɛ  ei  ɜ | ɛŋ | ɛk |
| œ  œy | œn  œŋ | œt  œk |
| ɔ  ɔi  ou | ɔn  ɔŋ | ɔt  ɔk |
| i  iu | im  in  iŋ | ip  it  ik |
| u  ui | un  uŋ | ut  uk |
| y | yn | yt |
| m̩　ŋ̍ | | |

### 表 3　汕头方言的韵母表

| -p —— -m | | | |
|---|---|---|---|
| ap | iap | uap | ip |
| 答 | 压 | 法 | 邑 |
| am | iam | uam | im |
| 庵 | 淹 | 凡 | 音 |

| -k —— -ŋ | | | | | | | | |
|---|---|---|---|---|---|---|---|---|
| ak | iak | uak | ik | ok | iok | ek | uk | ɯk |
| 恶 | 跃 | 劣 | 乙 | 屋 | 畜 | 亿 | 慰 | 乞 |
| aŋ | iaŋ | uaŋ | iŋ | oŋ | ioŋ | eŋ | uŋ | ɯŋ |
| 按 | 央 | 汪 | 因 | 翁 | 雍 | 英 | 温 | 恩 |

| -ʔ —— 元音尾 | | | | | | | | | | | | | | | | | |
|---|---|---|---|---|---|---|---|---|---|---|---|---|---|---|---|---|---|
| aʔ | iaʔ | uaʔ | (aiʔ) | auʔ | (uaiʔ) | iʔ | (iuʔ) | oʔ | ioʔ | oiʔ | iouʔ | eʔ | ueʔ | uʔ | (ɯʔ) | (ŋʔ) | (mʔ) |
| 鸭 | 驿 | 活 | | 东 | | 滴 | | 呃 | 药 | 八 | 唏 | 呃 | 划 | 噏 | | | |
| a | ia | ua | ai | au | uai | i | iu | o | io | oi | iou | e | ue | u | ɯ | ŋ | m |
| 亚 | 野 | 娃 | 哀 | 殴 | 歪 | 衣 | 尤 | 窝 | 腰 | 鞋 | 夭 | 哑 | 锅 | 污 | 余 | 黄 | 姆 |

注：括号内的音表示有音无字。

### 表 4　枞阳方言韵母表

| | | | |
|---|---|---|---|
| a ia ua ya | əl iəl uəl yəl | ŋe | iɛi uɛn yɛn |
| e ie ue ye | aʔ iaʔ uaʔ yaʔ | an[7] | iāŋ uāŋ yāŋ |
| o　uo | eʔ ieʔ ueʔ yeʔ | en | ien uen yen |
| | oʔ ioʔ uoʔ | on | uon |
| | əʔ[6] | | |

### 表 5　嘉定方言韵母表

| | | | | | | | | | |
|---|---|---|---|---|---|---|---|---|---|
| ʅ | i | u | y | | | | | | |
| a | ia | ua | uo | aʔ | iaʔ | uaʔ | ã | iã | uã |
| ɔ | iɔ | | | oʔ | ioʔ | | ã̃ | iã̃ | uã̃ |
| ɛ | iɛ | uɛ | | ɔʔ | iɔʔ | uɔʔ | oə | ioə | |
| | | ie | ue | əʔ | iəʔ | uəʔ | əŋ | iəŋ | uəŋ yŋ |
| ɤ | | | yɤ | iɛʔ | | | ŋ | | |
| | iu | | | | | | | | |

表6　正声图

| | | | 平 | 上 | 去 | 入 |
|---|---|---|---|---|---|---|
| 齐 | | | 日 | 月 | 星 | 辰 |
| 一声 | 辟 | 日 | 多 | 可 | 个 | 舌 |
| | 翕 | 月 | 禾 | 火 | 化 | 八 |
| | 辟 | 星 | 开 | 宰 | 爱 | 〇 |
| | 翕 | 辰 | 回 | 美 | 退 | 〇 |
| 二声 | 辟 | 日 | 良 | 两 | 向 | 〇 |
| | 翕 | 月 | 光 | 广 | 况 | 〇 |
| | 辟 | 星 | 丁 | 井 | 亘 | 〇 |
| | 翕 | 辰 | 兄 | 水 | 莹 | 〇 |
| 三声 | 辟 | 日 | 千 | 典 | 旦 | 〇 |
| | 翕 | 月 | 元 | 犬 | 半 | 〇 |
| | 辟 | 星 | 臣 | 引 | 艮 | 〇 |
| | 翕 | 辰 | 君 | 允 | 巽 | 〇 |
| 四声 | 辟 | 日 | 刀 | 早 | 孝 | 岳 |
| | 翕 | 月 | 毛 | 宝 | 报 | 霍 |
| | 辟 | 星 | 牛 | 斗 | 奏 | 六 |
| | 翕 | 辰 | 〇 | 〇 | 〇 | 玉 |
| 五声 | 辟 | 日 | 妻 | 子 | 四 | 日 |
| | 翕 | 月 | 衰 | 〇 | 帅 | 骨 |
| | 辟 | 星 | 〇 | 〇 | 〇 | 德 |
| | 翕 | 辰 | 龟 | 水 | 贵 | 北 |
| 六声 | 辟 | 日 | 宫 | 孔 | 众 | 〇 |
| | 翕 | 月 | 龙 | 甬 | 用 | 〇 |
| | 辟 | 星 | 鱼 | 鼠 | 去 | 〇 |
| | 翕 | 辰 | 乌 | 虎 | 兔 | 〇 |
| 七声 | 辟 | 日 | 心 | 审 | 禁 | 〇 |
| | 翕 | 月 | 〇 | 〇 | 〇 | 十 |

续表

| | | 平 | 上 | 去 | 入 |
|---|---|---|---|---|---|
| **齐** | | 日 | 月 | 星 | 辰 |
| 七声 | 辟 星 | | | 男 坎 欠 ○ | |
| | 翕 辰 | | | ○ ○ ○ 妾 | |

注：八声、九声、十声无韵，略。

## 注释

①此表节选自殷焕先、董绍克合著：《实用音韵学》，齐鲁书社 1990 年版，第 32 页。

② [ã iã uã] 是 [an ian uan] 的鼻化形式。

③这里说的口塞尾只包括唇、舌塞尾。

④见拙文《论〈皇极经世书〉的入声》，载 [日本]《中国语研究》1993 年 35 号。

⑤"'"表示轻微的紧喉。

⑥əʔ 是 oʔ 拼舌根音时的变体，oʔ 在 k kʻ xŋ 后面变作 əʔ。

⑦an 和 iãŋ 互补，有 i 介音时 an 变 iãŋ。

## 参考文献：

[1] 罗常培：《通志七音略研究》，《历史语言研究所集刊》，1935 年。

[2] 陈明远：《语言学和现代科学》，四川人民出版社 1984 年版。

[3] 胡安顺：《汉语辅音韵尾对韵腹的稳定作用》，《方言》2002 年第 1 期。

[4] 董绍克：《试论入声 [-ʔ] 尾的语音性质》，《山东师大学报》1985 年第 3 期。

[5] 江苏省和上海市方言调查指导组：《江苏省和上海市方言概况》，江苏人民出版社 1960 年版。

[6] 鲁国尧：《鲁国尧自选集》，河南教育出版社 1994 年版。

[7] 邵荣芬：《汉语语音史讲话》，天津人民出版社 1979 年版。

[8] 王力：《汉语语音史》，中国社会科学出版社 1985 年版。

[9] 袁家骅：《汉语方言概要》，文学改革出版社 1983 年版。

原载《古汉语研究》2003 年第 2 期

# 《金瓶梅》中的"儿"尾不全是儿化音

《金瓶梅》这部文学巨著，不但有很高的文学价值，而且有很高的语言学价值。《金瓶梅》使用了大量的儿词尾，是我们研究十六世纪北方话儿词尾的宝贵资料。李思敬先生通过对该书儿词尾的考察，认为"《金瓶梅》里使用了大量的儿化音"，并且"按儿化作用三步进程"，"当时的儿化作用已经进入第三进程"①。李先生的这个结论是可信的。

但是，我们如果从《金瓶梅》儿词尾不同的使用环境去观察，就会发现，儿词尾不但在散句中大量使用，并且在诗句、骈句、律句、曲韵中也使用得不少，更重要的是，在这两种不同的使用环境中，儿词尾的读音是不一样的。在前一使用环境中，儿词尾的读音是儿化音；在后一使用环境中，儿词尾的读音则是独立音节②。下面举例说明：

## 一、诗句中的儿词尾

《金瓶梅》有不少诗。这些诗，诗体不同，雅俗各异，有的入律，有的不入律。如"斜依门儿立，人来倒目随"（22回）两句就是律句，格律是"仄仄平平仄，平平仄仄平"；"随你催讨终朝，只拿口儿支调"（40回）两句就不是律句。这些诗，入律也好，不入律也好，在一首诗中每句字数相等，音节个数相等，则是毫无疑问的。这些诗句中的"儿"字只有读成独立音节，才能符合这一要求。如果读成儿化音，"斜依门儿立"就成了四言的句子，就没法和下句"人来倒目随"对读，显然不行。其他有"儿"字的诗句也是如此。下面再举出一些：

> 淡画眉儿斜插梳，不忻拈弄倩工夫。（20 回）
> 一枝菡萏瓣儿张，相伴蜀葵花正芳。（73 回）
> 吴绫帕儿织回纹，洒翰挥毫墨迹真。（98 回）

## 二、骈句中的儿词尾

这里所说的骈句，指非诗体中的对偶句。《金瓶梅》的骈句主要用于两个方面，一是用于某种场面或景物的描写，一是用于回目的标题。在这些骈句里也有不少儿词尾，下面举出一些：

> 黄烟儿，绿烟儿，氤氲笼罩万堆霞，紧吐莲，慢吐莲，灿烂争开十样锦。（42 回）
> 招牌儿，大字书者，买俏金，哥哥休揣。（41 回）
> 元夜游行遇雪雨，妻妾笑补龟儿卦。（46 回）
> 薛嫂儿说娶孟玉楼，杨姑娘气骂张四舅。（7 回）
> 李瓶儿隔墙密约，迎春女窥隙偷光。（13 回）
> 来旺儿递解徐州，宋惠莲含羞自缢。（26 回）
> 西门庆摔死雪狮子，李瓶儿痛哭官哥儿。（50 回）

以上例子有两点需要说明，一是所举表示人的普通名词后面的"儿"字，属于儿词尾，因为"薛嫂儿"又可说成"薛嫂"，97 回"薛嫂卖花说姻亲"一语可征；二是所举表示人的专用名词后面的"儿"字，也属于儿词尾，因为"李瓶儿"又可说成"李瓶"，63 回"西门庆观戏感李瓶"一语可征；"官哥儿"又可说成"官哥"，43 回"李瓶儿慌的走去，到房里分付奶子抱了官哥来"一语可征。

这些骈句多不是律句，只是上下两句字数、音节个数相等。只有把这些儿词尾读成独立音节，上下句才能对等，读起来才能顺口。

# 三、律句中的儿词尾

这里所说的律句，主要指词曲中的律句。词曲中的句子不一定对仗，但除了衬字之外，都要入律。"儿"字之读独立音节通过句子平仄规律的检验能够得到确定。下面举些例字出来。（每首先列词曲格律③，后列词曲内容，（平）（仄）表示可平可仄，（上）（去）表示可上可去。下加浪线，表示衬字。）

## 西　江　月

（仄）仄（平）平平仄，（平）平（仄）仄平平。（仄）平（平）仄仄平平，（仄）仄（仄）平（平）平仄。

柔软立身之本，刚强惹祸之胎。无争无竞是贤才，亏我些儿何碍。（1回）

## 清　江　引

平（平）上平平去上，（上）（上）平平去。平平上去平，去上平平去。平（平）上平平去上。

一个姐儿才十七，见一对蝴蝶戏。香肩靠粉墙，春笋弹珠侣。唤梅香赶他去别处飞。（50）

## 窨　生　草

平平去，上去平，平平（上）（去）平平仄，（平）平（平）上平平去，上平（去）去平平去，（平）平平去上平平，平平（去）上平平去。

将奴这知心话，付花笺寄与他。想当初结下青丝发，门儿依遍帘儿下。受了些没打弄得耽惊怕，你今果是负了奴心，不来还我香罗帕。（8回）

## 山　坡　羊

平平（平）去，平平平去，平平（平）上平平去，去平平，去平平，平（平）去平平去，（平）去去平平去上，平（上）去（上），（平）上去（上）。

想着门儿私下，帘儿悄呀。空教奴被儿里叫着他那名儿骂。你怎

恋烟花，不来我家？奴眉儿淡了教谁画？何处绿杨拴系马？他辜对咱，咱念恋他。（8 回）

以上所举例证，尽管其他字有的不合律，但是，"儿"字无不作为平声音节入律，（[山坡羊]"被儿"之"儿"是衬字，不论。）如果不读成独立音节而读成儿化音，那么，"儿"字所占的平声音节的位置就得空着。这是词曲格律所不允许的。

## 四、谚语中的儿词尾

汉语习惯，谚语上下两句通常总是音节个数相等，有的还能够押韵。说起来顺口。如果谚语中用了"儿"字，上下两句字数又相等，我们就有理由说，这个"儿"字读独立音节，否则就破坏了音节对称的格式，读起来就不顺口。例如《金瓶梅》中这些谚语（不再注明回数）：

　　鸡儿不撒尿，各自有去处。婆儿烧香，当不的老子念佛④。
　　妻儿赵迎春，各自寻头奔。驴粪球儿面面光，不知里面受恓惶。

这些谚语中的"儿"字都应读成独立音节。

## 五、韵脚上的儿词尾

韵脚上有儿词尾的曲子，书中不多见，下面举出三例：

### 折 桂 令
　　我见他带花枝，笑捻花枝。朱唇上不抹胭脂，似抹胭脂。逐日相逢，似有情儿，未见情儿。欲见许何曾见许，似推辞未是推辞，他又相思；既相逢，我又相思。（52 回）

## 玉 芙 蓉

漫空柳絮飞，乱舞蜂蝶翅。岭头梅，开了南枝。折梅须寄皇华使，几度停针长叹时。从别后，朝思暮思，我为你数归期，掐破了指尖儿。（35回）

## 玉 芙 蓉

梨花散乱飞，不见游蜂翅。小窗前鹊踏枯枝。愁闻冒雪寻梅至，忽听铜壶更漏迟。伤心事，把离情自思。我为他写情书，搁不住笔尖儿。（49回）

这三支曲子韵脚上都有"枝""思""儿"三个字，也就是说，在这三支曲子里，"儿"和"枝""思"三字都能押韵。我们知道，在这三支曲子里，"枝""思"读音是不变的，"儿"如果要和它们一直保持押韵关系，其读音也必须是不变的。而要想满足这个条件，"儿"必须读成独立音节。这不但符合曲韵的要求，也符合句子末一字平仄的要求。（曲子一句的末一字平仄要求是很严格的。）如果读成儿化韵，不但是曲韵所不允许的，也是曲律所不允许的。

**注释：**

①李思敬：《汉语的［ər］音史研究》第五章，商务印书馆1986年版。

②这个音节的音值是怎样的，是音值构拟问题，本文不去讨论。

③词律参（清）万树《词律》、王力《汉语诗律学》，曲律参周德清《作词起例定格》、朱权《太和正音谱》。

④"婆儿烧香"对"老子念佛"。

原载《古汉语研究》1990年第1期

# 论《中原音韵》的基础方言及其考证

《中原音韵》是一部很有影响的北曲韵书，元周德清撰，成书于1324年。该书音系的基础方言属于何种方言，几十年来说法各异，至今言人人殊；其考证方法和观点也各有不同。笔者不揣愚陋，对此二者也谈点意见，以就正于大方。

## 一、《中原音韵》基础方言的考证

《中原音韵》基础方言的考证涉及许多方面的问题。本文只谈三点。

### （一）关于"入派三声"的必然性与随意性问题

《中原音韵》"平分阴阳，入派三声"，是该书不同于《切韵》一系韵书的两个重要特点。而"入派三声"则是人们对于该书争论最大的问题之一。几十年来，这一争论不但没有逐渐得到统一，反而逐渐升级，以至于出现了"入派三声"是"必然性"还是"随意性"的分歧。这两种意见的分歧使对该书音系的讨论面临着一个严重的挑战：即这一问题的讨论是有语言学价值的，还是没有语言学价值的。如果"入派三声"是语音发展的必然，那么几十年来许多学者对这一问题的研究和讨论就是有语言学价值的；否则，这种研究和讨论就是毫无语言学价值的。原因很简单，因为大家讨论的不是一种语言现象，而是一个随意编造出来的东西。所以这两种意见孰是孰非，也就成了讨论"入派三声"带前提性的问题。

认为"入派三声"具有随意性可举李新魁先生。他在论著中曾多次对"入派三声"阐明他的观点。70 年代他曾在《〈中原音韵〉的性质及它所代表的音系》（载《江汉学报》1962.8）一文中写道："周氏据以作书的这个共同语并不单纯是书面上的语言……而是以实际的口语作为基本依据的。""只是……在入声派入三声这一点上并不是根据当时实际口语——中原音，而是来自前辈的押韵。""依据实际口语和凭借前人词曲押韵材料，这两者并不矛盾，是统一的。周氏据以撰书的这个中原之音实际上也正是当时词人作词制曲的语音规范。"从这几段话的内容可以看出，李先生当时认为《中原音韵》"入派三声"同其他内容所依据的对象其表现形式虽然不同，但二者并不矛盾，是统一的。到了 90 年代，李先生又在《〈中原音韵〉音系研究》（中州书画社 1983 年版）一书中写道："有一个问题必须在这里辨明的……除入声字的分派是集前辈佳作而来，其他内容都据实际的口语写成。这个实际口语就是以洛阳音为代表的河南音。"这段话只提到"入派三声"和其他内容所依据的对象不同，没再说明两种对象的统一性。1989 年，李先生又在《再论〈中原音韵〉的"入派三声"》（载《中原音韵新论》，北京大学出版社 1991 年版）一文中写道："'入派三声'这种做法的目的是在于'广其押韵'，并不是语言演变的必然，而是具有人为的性质。……他的归纳颇具随意性……有人为的、主观的因素。"在这里，李先生不但不再谈"入派三声"所依据的对象的统一性，而且简直就把入派三声看成是周德清"随意性"的表现了。

李先生把"入派三声"称为是周氏"随意性"的理由有两条：第一条是周氏"'入派三声'这种做法的目的是在于'广其押韵'"，而且在归纳前辈佳作的押韵时，又未全依前辈佳作。第二条是周德清的一句客气话，"或有未当，与我同志改而正诸"。李先生由此认为"如果入声字确已变入三声，像现代北京音那样，按照实际语言的读法去归类就是了，还有什么'当'与'未当'的问题，那里还需要请别人'改而正诸'呢？"[①]

笔者认为李先生的这两条理由还有商榷的必要。第一，对于周氏的"入派三声"来说，"广其押韵"的目的性与对入声字归派的"随意性"之间没有必然的联系。很难想象，周氏为了"广其押韵"就把入声字随意归入平、上、去三声。而恰恰相反，周氏作《中原音韵》的目的是"正语作词之法，以别阴阳字义"②。为了达到这一目的，他对入声字的归派恰恰需要采取严肃认真的态度而不是采取"随意性"的态度。否则，不但达不到"正语""作词"的目的，而且收不到"韵共守自然之音，字能通天下之语"③的效果，当然也更不会具备此书一出，北曲作者无不遵守的权威性了。至于入声字的归派没全依前辈佳作这一条，也不可作为这种"随意性"的根据。元代曲作家峰出，光周德清之前的就有100多人，而且籍贯不一，方言各异，即使是周氏推崇的作家关、郑、白、马也不同出一籍，关、马是大都人，白为隩州人，郑为山西平阳襄陵人。这些作家写作时虽然要"韵共守自然之音，字能通天下之语"，但毕竟难以完全摆脱自己方言的影响，难免掺入自己方音的成分。面对这些不同作家的众多作品，周氏当然不能只根据某一个作家的作品归纳，而是要根据实际口语对各家的作品进行一番审音工作，对周氏的这番审音工作黎新弟先生做了充分肯定，黎先生用充分材料证明清入作上声占73%④，从而印证周氏的"入派三声"没有错。第二，把周氏的客气话当成这种"随意性"的理由就更不是理由了。其实，不但现代学者有此大家风度，古代学者早就有此风度了。否则，《切韵序》中那"藏之名山""持之盖酱""不出户庭"之语又做如何理解呢？

我们认为，"入派三声"并不是周德清"随意性"的表现，而是语音发展的必然。其根据有二，第一，周德清明确写到"入派三声"是"前辈佳作备载明白"的，他就是根据前辈佳作的押韵把入声派入平、上、去三声的。这些佳作是根据当时实际口语写出的。否则，谁还能听得懂？又怎能"雅俗共赏"？第二，入派三声有方言的证明。胶辽官话入声字的变化是全浊字归入阳平，次浊字归入去声，清音字归入上声，与《中原音韵》基本吻合。这种现象不能认为是曲韵影响的结果或偶然的巧合，而是语音发展的必然。徐明轩先生以威海、文登、荣成为例研究了胶东方言的形成。他指出，胶东迭金元之乱，人口十不存一。明初至永乐年间，胶东有过大规模移民活动。到胶东的移民有以下几种成分：1.明政府任命调任至沿海各卫、所的官兵及其家属。2.内地被征集来的屯田军。3.外地自行迁入者。这些移民在数量上远远超过了当地土著居民。据威海市（原含威海、荣成、乳山）地名办公室调查，全市共2942个自然村，只明代建立的就有1696个，占57%还多。加上清代以后建立的村庄，共占93%多。明代以前的村庄只占6%多点。由于这些移民来自各地不同方言区，是典型的五方杂处，而且迁入时间和居住地比较集中，因而这些移民在进行交际时必定使用通语。这些移民数量大，地位高，他们在语言的使用方面没有"入乡随俗"，而是"反宾为主"，他们使用的通语逐渐占了上风，成了当地共同使用的语言⑤。

由于移民形成的方言岛都不同程度地保留了它原属方言的一些特点。《中原音韵》"入派三声"的特点在胶东方言里被保留下来便是其中的一例。

但我们并不因此认为《中原音韵》的基础方言就是威海或胶东其他某个方言，因为胶东方言在声调和声母方面与《中原音韵》相差很大。声调方面不少县市（如即墨、威海、烟台、福山、栖霞、莱西、掖县）只有阴平、上声和去声三个声调。虽然也是平分阴阳，但阳平的字都并入去声。声母方面除青岛以外，整个胶东方言都有 [c c′ ç] 这套声母，不少县市（如即墨、威海、烟台、福山、栖霞、莱西）还有一套 [ʧ ʧ′ ʃ] 声母。⑥

根据以上的分析，我们的结论是：《中原音韵》无论是平分阴阳，还是入派三声，都是以实际语言为依据的，都是语言发展的必然。几十年来许多学者对这一问题的研究都具有语言学价值。

## （二）关于方言材料使用问题

方言对音韵学研究的价值之大早已成为人们的共识。从保留古音这个角度来说，《广韵》的研究尚有许多问题需要方言的支持，对作为近古音韵书的《中原音韵》的研究就更是如此了，对"入派三声"的研究当然也不例外。但是，李先生却认为："由于《中原音韵》'入派三声'的处理本身具有人为的性质，要想从现代方言的归派来证明它所代表的音系是比较困难、不甚可靠的。"⑦这就否定了方言材料对于"入派三声"研究的价值。当然，如果"入派三声"真有"人为性""随意性""主观性"，岂止是方言材料的证明失去价值，我们对这一问题的全部研究都将成为毫无价值的。但问题是"入派三声"是否具有"人为性""随意性""主观性"，前边我们已经论证过，这种所谓的"人为性""随意性""主观性"根本不存在，前提既已不复存在，那么在这一前提下得出的结论当然也就站不住脚。用方言的归派来证明它所代表的音系应当是可靠的。前边我们用胶东方言的归派进行论证就很能说明问题。

　　还需特别指明，这段话还把前提的内容和结论的内容两者的关系弄颠倒了。不应首先把"入派三声"有"随意性"作为前提，然后去推论用方言的归派来证明它所代表的音系是如何的不可靠，而应从方言的归派去验证"入派三声"是否有"人为性""随意性"和"主观性"。

　　但是，李先生在说了这段话之后，按着便举了胶辽官话、北方官话、北京官话、中原官话、兰银官话、西南官话六个次方言的入声归派材料来说明入声归派的差异性，从而进一步论证用方言的归派来证明它所代表的音系的不可靠性。而且我们知道，李先生在论证《中原音韵》的音系就是以洛阳音为代表的河南音时，恰恰就是以洛阳方言的材料为基础的。这就说明，李先生所说的运用方言材料的不可靠性只限于入声的归派上，如果是其他内容，那么方言材料的运用就是可靠的了。这种双重标准似乎也没有那么充分的根据。

### （三）关于引证古人问题

　　学术讨论严格说来就是摆事实、讲道理，即拿出证据，说明自己的结论，而不是靠别人（权威？）也这么说来证明自己观点的正确。何况别人说的未必就是真理。

　　李先生为了证明周氏"入派三声"的"人为性""随意性"和"主观性"，引证了不少明清学者的论述。如引名人徐渭《南词序录》云："南之不如北有宫调，固也。然有高处，四声是也。北虽合律，而止于三声，非复中原先代之正。周德清区区详订，不过为胡人传谱，乃曰'中原音韵'，夏虫、井蛙之见耳。"引清徐釚《词苑丛谈》云："毛稚黄谓沈韵（案指《广韵》）本属同文，非江淮间偏音，挺斋诋之，谬已。盖自三百篇、楚辞以迄南曲，一系相承，俱属为韵统。而北曲偏音，四声不被为韵统。故金元人作诗亦用沈韵，作词亦不专用周韵。从无以入声分叶平上去者，又安得以曲韵废词韵，且上格诗韵乎？"引方以智《通雅·音义杂论》云："嗟呼！以千年中原儒者，不特著中原之音，而待德清邪？德清无入声，今赖《正韵》，其万事所当永奉者乎？"⑧还有一些，不再列举。

　　下面我们就看看这几位古人的论述说明了什么。

徐渭指责周德清作《中原音韵》"止于三声","为胡人传谱""非复中原先代之正",骂周德清为"夏虫、井蛙",这只能说明徐渭对语音的演变不能理解,并不能说明周德清的见识就如"夏虫、井蛙"。语音演变了,没有原来的四声了,让周氏怎么去"复中原先代之正"呢?若照了徐渭的观点,我们现代记录北方官话仍只能"止于三声",仍不能"复中原先代之正",而且离"中原先代之正"更远了,那该受到怎样的指责呢?不过我们倒要提醒徐渭先生,您所谓的"先代之正"是指哪一时代的"正"呢?是指四声俱备的隋唐音吗?若是的话,那么章太炎先生的《唐韵正》正要对您推崇的隋唐音"正"上一番呢?

徐釚的话有两层意思,第一层是把南曲作为汉语语音的正统,把四声不备的北曲作为别统。第二层是指责用入声分叶平上去三声以及用曲韵废词韵和诗韵。徐釚的第一层意思与我们讨论的问题无关。第二层意思只能说明徐釚对语音发展也不理解,因为以入声分叶平上去三声也好,以曲韵废词韵和诗韵也好,都是语音演变的必然,不是周德清的过错。

至于方以智那段话除了表现了他对《中原音韵》这样的韵书中原儒者没做出来,反倒由高安周氏做了出来而大声嗟叹以外,对"入派三声"并未道出任何见解,让有入声的《洪武正韵》"万事所当永奉"这只是他的一种美好愿望而已。

从明清"群儒"与周德清背靠背的一场"舌战"我们可以看出,这些人虽然不赞成"入派三声",但又都拿不出有力的证据,说不出充分的理由,充其量不过为指责"入派三声"增加几张赞成票而已。

# 二、《中原音韵》的基础方言

对《中原音韵》所用基础方言的看法,归纳起来有以下四种:有人认为它代表了十三、十四世纪的北方话语音,如邵荣芬先生;有的认为它代表了元代大都话的语音系统,如宁继福先生;有的认为它记述的是洛阳音,如李新魁先生;有的认为它是一种艺术语言的语音系统,如汪寿明先生。

笔者认为,《中原音韵》的基础方言应当是当时的北方话,只有用当时的北方话才能解释该书音系所表现出来的所有特点。无论元代的大都音还是洛阳音都不能对这些特点作出圆满的解释。

先看宁先生的"大都音说"。宁先生在《中原音韵表稿》一书中从五个方面论证《中原音韵》所反映的是当时的大都音，说得虽然有一定道理，但很难成为这一问题的确解。特别是《中原音韵》"入派三声"的情况与现代北京音出入甚大，是"大都音说"成立的主要障碍。当然，北京话自辽至清，六七百年间一直处在一个非常开放的环境中，语音发展速度之快是任何其他汉语方言所比不上的，因此似乎可以把《中原音韵》"入派三声"与北京音不合的现象归结为北京音演变的结果。但在下这个结论之前，必须有充分的证据来证明元代大都音"入派三声"的真实情况是什么样的。而这一点恰恰是"大都音说"所不具备的。关于"大都音说"成立的障碍，李新魁先生已在《〈中原音韵〉音系研究》一书中作了详细论述，这里不再赘述。

下面再看李新魁先生的"洛阳音说"。李先生从洛阳的地理、历史、文化、语音等几个方面对这一问题进行了论证。尽管这些论证颇有道理，但在它面前仍不是没有障碍。这些障碍归纳起来有三点：

### （一）所用洛阳音系的材料有的似应进一步核实

李先生在《〈中原音韵〉的性质及其代表的音系》（下称"李文"）一文中用了很大篇幅进行洛阳音系与《中原音韵》的比较，却未说明洛阳音系材料的来源。于是我们拿贺巍先生的《洛阳方言记略》（载《方言》1984.4，下称"贺文"）与李文作了些对比。发现两份材料的内容并不完全一致。这种差别若与讨论的问题无关，当然可以不去计较，但有些不一致之处恰恰是李先生用来说明洛阳音与《中原音韵》音系关系的，这就不能不把问题弄清楚了。如李文说："现代洛阳音中有 [ʮ] 这个韵母，其实这个 [ʮ] 也就是 [y]，《中原音韵》中，原 [tʂ] 系声母与 [iu]（[y]）韵母相拼的字在现代洛阳音中变读为 [ʮ]，两者极为接近。"但贺文这批字并不变读为 [ʮ]，而是变读为 [u]，如"猪出书儒"等字。又如李文："原鱼模韵的三等字'诸主注枢除杵处书殊鼠怒⑤如汝儒'等，在书中代表 [y]（[iu]）的音值，现代北京音及其他某些方音读为 [u]，不合，洛阳音仍读 [ʮ] [tʂʮ]，与书合。"但贺文这批字不读 [ʮ]，而读 [u]，而且 [ʮ] 和 [tʂ] 组声母也没拼合关系。这些不一致的地方"孰是孰非"，需要核实。

## （二）洛阳方言的"入派"与《中原音韵》有明显不同

《中原音韵》的入声派入阳平、上声和去声，不派入阴平，而洛阳方言的入声则派入阴平和阳平，不派入上声和去声。这种差别比起《中原音韵》同北京音"入派三声"的差别来要大得多。不对这种差异做出合理解释就很难让人们相信《中原音韵》的音系就是当时的洛阳音。为了达此目的，李文也确实做了一番解释，但这种解释却几乎没说明任何问题。文章一方面强调制作《中原音韵》音系的根据（当时的实际口语）与"入派三声"的根据（前辈佳作的押韵）两者的不同，另一方面又强调两种"根据"的统一性，这就等于向前迈了一步（不管这一步正确与否）又退回了原地，所以问题仍未得到解决。

另外，李文还列举了一些字的读音作为例证。当然，这些字的洛阳音比北京音更与《中原音韵》接近，但这些字在北方官话中，许多方言都有与洛阳方言相同的读法。如山东阳谷方言"飞肥淝非匪啡"也念 [i] 韵母，"披彼丕坯笔"也念 [ei] 韵母，"课禾科和戈"也同样念 [uo] 韵母，"粟俗肃足"也同样念 [y] 韵母，"责则泽革隔格客"也同样念 [ai] 韵母。⑩至于个别字的读音也是如此。如"深 [tʂʼən]、国 [kuei]、划 [huai]（摆划）、没 [mu]、墨 [mei]、谋 [mu]、某 [mu]、乐 [luo]"等。也就是说，李文所举的洛阳音的特点，有许多并不是洛阳音所特有的。

总的说来，《中原音韵》音系的某些较大的特点虽与现代洛阳音相合，但也有许多特点是与洛阳音不合的。而合于洛阳音的那些较大特点也一样与北方其他官话相合，很难断其非据洛阳音不可，说它依据其他官话区方言的语音也不无道理。

## （三）宋代汴洛音的后继者是《中原音韵》难以成立

为了说明《中原音韵》音系就是洛阳音，李文还把《中原音韵》同宋代洛阳音进行了对比。经过对比，李文得出的结论是："彼此也有极相一致的地方，证明基本上是同一个语音系统。如果从宋代的洛阳音系出发，以《中原音韵》为中间点，比照现代洛阳音，便可以得出一条十分直接的、明显的语音发展线索。这条线索表明，这部书的音系对宋代的洛阳音系来说，是它的后继者；而对于现代的洛阳音系来说，是它的先行者。历史的发展是接合无间的。"固然，宋代洛阳音与《中原音韵》有不少一致之处，但两者的不同之处也不可忽视。《皇极经世》的"正声图"是反映宋初汴洛音韵母系统的，闭口韵只有"心""男"两韵（举平以赅上去）。这两韵的分立与当时词的押韵是相符的。这可以通过宋代词韵得到验证，宋代词韵的第十三部（包括平声侵、上声寝、去声沁）⑪与"新"韵相对，第十四部（包括平声覃、盐、咸；上声感、俭、赚；去声勘、艳、陷）与"南"韵相对。⑫而《中原音韵》则有"侵寻""监咸""廉纤"三个闭口韵。如果认为这部书是宋代洛阳音的后继者，那么就得认为宋代的"男"韵到了元代分化成了"监咸""廉纤"两韵。但这种分化是不可能的。因为闭口韵的演变自隋唐至明清，整个过程都显示出逐渐减少的趋势，而且演变的速度总是走在 [-n] 尾韵与 [-ŋ] 尾韵的前面，没有任何一个方言闭口韵的演变有增多的表现。这是为汉语语音史和当前大量方言材料所证实了的。因此我们很难说《中原音韵》的三个闭口韵是对宋代洛阳音两个闭口韵的继承，很可能另有来源，另有根据。

　　最后谈谈"艺术语言音韵说"。汪先生说："《中原音韵》音系是一种艺术语言的音韵系统。""这种艺术语言的音韵系统不是一个地区口语的记录，而是把几个地区语音的汇合、提炼、加工而成的一种适用于歌咏的音韵系统，它带有一定的综合性。"我们知道，艺术语言的音韵系统毕竟不是世界语的音韵系统，也不是全国所有汉语方言语音汇合、提炼、加工而成的音韵系统。它仍然存在一个所用基础方言的问题，尽管这种方言范围的大小可能有较大的伸缩性。汪先生还举了昆曲和京剧，说一个"糅合了许多地方的方音"，一个"吸取了'弋阳''昆腔''秦腔''梆子'等许多地方的戏曲语言"。对于昆曲如何"糅合了许多不同的方音"我没有研究。要说京剧吸取了许多地方的戏曲语言，似乎并不这么简单。京剧对地方戏的吸收是要经过一番加工、改造功夫的，主要是吸收它的唱腔，对它的"念白"则要改用京剧念白。即使在吸收它的唱腔时，唱词的读音也不是照搬，而是要改成京剧的唱法。如京剧的《小上坟》这出戏是用柳子戏唱的，而"念白"和唱词并不用山东方言，只是用了柳子戏的曲调而已；吸收昆腔时，对优美的"苏白"也采取了割爱的态度；吸收梆子时，也没唱出晋语的入声。所以我们认为，把这种现象说成"京剧吸收了许多地方戏唱腔"似更为符合实际。

以上我们对"大都音说""洛阳音说"和"艺术语言音韵说"都作了分析。这些学说虽然都有一定道理，但都很难对《中原音韵》音系的特点做出全面的、比较圆满的解释。事实证明，我们只有把《中原音韵》放在整个北方话语音系统的基础上，它的音系特点才能被充分理解，解释起来才能没有障碍或少遇到些障碍。

**注释：**

①⑦⑧《再论〈中原音韵〉的"入派三声"》，载《中原音韵新论》，北京大学出版社 1991 年版。

②《中原音韵·后序》。

③《中原音韵·自序》。

④《〈中原音韵〉清入作上声没有失误》，载《中国语文》1990 年第 4 期。

⑤见《胶东方言"清入归上"反映〈中原音韵〉特征吗》，载《信息咨询》1993 年11 月号。

⑥据《胶东人怎样学习普通话》，山东人民出版社 1960 年版。

⑨"怒"似应为"恕"。

⑩这种读音只限于阳谷北部和聊城接界的地方，其他地方则读 [ei] 韵母。

⑪所用韵目为《平水韵》。

⑫宋代词韵据戈载《词林正韵》。

⑬《〈中原音韵〉音系谈》，载《中原音韵新论》，北京大学出版社 1991 年版。

⑭京剧也吸收了一些柳子戏的唱腔。

*原载《语言研究》1994 年增刊*

# "声近义通"的适用范围及其
# 与"约定俗成"的关系

"声近义通"①是声训的基本理论，在训诂学上颇有影响。这个理论有着严格的适用范围，超出这个范围就不适用了。但有些著作对这一理论的适用范围见解不一；在"声近义通"与"约定俗成"的关系上也存在一些需要商榷的意见。笔者不揣浅陋，愿就以上问题略陈愚见，以就教于大家。

## 一、"声近义通"理论的形成

"声近义通"本来是汉语某些词汇所具备的一个带有必然性的特点，但是，人们发现它、明确它进而使之理论化，并且自觉地运用这一理论解决训诂上的某些问题，却经历了一个相当长的过程。《易·说卦》的"乾，健也；坤，顺也。"《论语·颜渊篇》的"政者，正也。"《孟子·滕文公》的"庠者养也，校者教也，序者摄也。"虽被训诂学家引为声训的滥觞，但作者对这些"声近义通"的现象的理解与后代训诂学家并不完全相同，更谈不上在有意识地运用声训的规律。降至汉世，刘熙作《释名》，全部用声近、声同之字相训释，说明他虽然还没提出"声近义通"的理论，但已注意到了"声近义通"的现象，并利用这种现象解释事物得名之由了。

到了宋代，"声近义通"的现象被一些学者发展为"右文说"。沈括《梦溪笔谈》（卷十四）有这样一段记载："王圣美治字学演其义以为'右文'。

古之字书，皆从'左文'，凡字，其类在左，其义在右。如木类，其左皆从木。所谓'右文'者，如'浅去水'，小也。水之小者曰'浅'，歹之小者曰'残'，贝之小者曰'贱'，如此之类，皆以'戋'为义也。"张世男在《游宦纪闻》（卷九）里也有同样的说法。"右文说"的片面性受到了一些学者的批评。章太炎先生说："夫同音之字，非止一二，取义于彼，见形于此者，往往而有。若农声之字多训厚大，然农无厚大义，支声之字多训倾邪，然支无倾邪义，盖同韵同纽者别有所受，非可望形为谊。况复旁转对转，音理多途；双声驰骤，其流无限，而欲形内牵之，斯子昭所以为荆舒之徒，张有沾沾，犹能破其疑滞，今者小学大明，岂可随流波荡。"②"右文说"虽然有一定的片面性，但由于它初步提出了声义相关的理论，所以对它还不可全盘否定③。

到了清代，"声近义通"的理论就被明显地提出来了。顾炎武《答李子德书》云："读九经必自考文始，考文自知音始"。王念孙又进一步阐发，在《广雅疏证·自序》里说："窃以训诂之旨本于声音，故有声同字异，声近义同，虽或类聚群分，实亦同条共贯。""就古音以求古义，引申触类，不限形体。"

## 二、"声近义通"适用的范围

王念孙把"声近义通"的理论提出来了，但没把这一理论成立的条件——适用的范围说清楚，致使人们对这一理论产生了许多不同的认识。这些不同认识，归纳起来大致有三种：一种认为"声近义通"是同音词④的特点，这种认识又分两类，一类是从声纽相同去证明词义相同，一类是从韵部相同去证明词义相同；第二种认为"声近义通"是同义词的特点⑤；第三种认为"声近义通"是同源词的特点⑥。

这些认识都不无根据，但也都不无需要商榷之处。下面对这三种认识作些具体分析。

同音词当中确实有不少意义相同的。如果撇开韵部，只从声纽上去看；或者撇开声纽，只从韵部上去看，意义相同的词就更多了。尽管如此，我们仍然不能说"声近义通"是同音词的特点，因为同音词当中还有大批的词是意义毫无关系的,比如早晨的"早"和跳蚤的"蚤",剩余的"余"与第一人称的"余",凤鸟的"凤"与封疆的"封",还有"买"与"卖","夫"与"妇"等都是如此。

就是从一些证明"声近义通"是同音词的特点的文章中所举的例子来看,往往也不能自圆其说。

用声纽相同来证明词义相同,可举刘颐《古声同纽之字义多相近说》一文(载《制言》1936年第9期)。这篇文章列举了《说文》所有的明纽字,企图说明其意义或相近、或辗转引申可通,其中就有很多不通之处。比如文章说:"发声部位始于喉而终于唇,明纽又居唇音之末(声纽之名虽自后人定而发音次序则天成不可紊也)。其声即含末义,其发声以吻,吻即口之末也。"这种认为其末义的获得乃是由于明纽的发音部位和标目次序居于末位的说法,显然是牵强的。再说《说文》的明纽字有表示"末""小"义的"芒""眇";有表示"长""丰广"义的"曼""蔓"和"芜""茂";也有表示"覆冒"义的"冒""蒙";还有表示"光亮"义的"明"等,认为这许多不同意义皆由一"末"义辗转引申而来,其证据是不足的。尤为不可思议的是,竟由"末"引申出一个"木"来(文章说"冒地而出曰木")。所以,文章的"明纽之字又略尽于此矣"的结论似乎以偏概全了。

从韵部相同去证明词义相同的,可举刘师培氏。刘氏认为同韵部的字义多相近。他在《古韵同部之字义多相近说》一文里写道:"若于古韵各部,建一字义为众生之纲,以音近之字为纬,立为一表,即音审义,凡字音彼此互通者,其义亦可递推矣。"⑦但当他举出具体例子说明这一问题时,立刻就出现了许多矛盾。比如他在《证明偶论》中说:"阳类同部之字义多相近,均有高明美大之义。"又说:"东类侵类二部之字义亦近,均有众大高阔之义。"这样说,阳类和东侵两类在词义上起码就有了二分之一的重合,这就与古韵的分部有了不小的矛盾。所举"芒"字用了"《诗传》大貌也"的说法,这与刘颐所谓"艸之末曰芒……末与小一义"的说法显然又是矛盾的。即使说刘颐用的是"芒"的本义,刘师培用的是"芒"的引申义,也还是各取所需的。他还举"畺"字的例子说:"若夫畺字训竟,竟字训为周遍,又为终极之词,皆有博大之义引申。"竟,《说文》:"乐曲尽为竟",引申为"边界"。"畺"训"竟"是用的它的"边界"义。"竟"训"周遍"则是用其

"尽"义的⑧。这都和"博大之义"无关。如果硬把"周遍"和"博大"扯在一起，实在太牵强。至于另外引用的"两训为再"就更与"高明美大"义沾不上边了。

可见，"声近义通"不是同音词的特点。

"声近义通"也不是同义词的特点。这可用如下例子说明。

门：户

门，明母，文部，指共出入之门。

户，匣母，鱼部，原指单扇门，泛指门。

占：卜

占，章母，谈部，根据烧灼过的龟甲裂纹占问吉凶。

卜，帮母，屋部，灼龟占卦。

族：众

族，从母，屋部，本义为箭头，引申为众多。《说文》："族，矢锋也。"又"束之族族也。"

众，章母，冬部，众多。

关：闭

关，见母，元部，关门（为引申义，本义为门闩）。

闭，帮母，脂部⑨，关门。

其中，"门"与"户"，"占"与"卜"是本义相同而语音不同的；"族"与"众"、"关"与"闭"是引申义相同而语音不同的，而且不同的程度还相当大。

下面看"声近义通"是不是同源词的特点。

要想说清楚这个问题，必须对同源词的语源有个明确的认识。尽管这个问题现在还是有争议的、正在探讨的问题，但既然我们是在讨论同源词的音义关系，就必须首先对这个问题有所解释。

当前，对同源词有一种比较普遍的看法，就是认为声音近似而意义相通的词就是同源词，至于它的语源的实质是什么，则避开不谈。这就会把同源的和非同源的两种声音近似而意义相通的词混在一起，都当成同源词。比如"境"和"界"，上古都是"见"母字。"境"属"阳"部，"界"属"月"部，语音具有通转关系，而且意义相同（《说文》："界，境也"）；又如"信"

和"讯"上古都是心母、真部字，而且都有"消息"的意思。如果按照上述看法，这两对词就要被分别看成同源词。这显然是行不通的。

这里再重申一句，我们讨论的"声近义通"是一种带有必然性的、有一定内在联系的语言现象，而不是偶然的、零碎的一些声音近似而意义相通的语言现象。诸如"境"和"界"、"信"和"讯"之类，它们虽然也具有声音近似、意义相通的特点，但却带有一定的偶然性。我们有必要对这两种语言现象加以区别，而上述看法并没有进行这种区别，显然是不全面的。

有的同志也注意到了上述看法的片面性，于是就采取增加附加条件的办法来弥补，在"声音近似""意义相通"两项之后，再附加上一项"在词义发展上同出一源"。不过这种弥补办法仍有不足之处，其一，有了这第三项，第二项就没必要保留了。因为在词义发展上同出一源的，其意义一定有相通之处。其二，仍然没有对同源词的语源作出具体解释，这就使人对这句话的"同出一源"可能有两种理解：或者认为就是事物的得名之由，或者认为就是词的本义，而这两种理解显然是不同的。所以，这种带附加条件的看法实际上与先前那种看法是属于同一类型的。

下面介绍对同源词的另一种看法，这种看法，认为语源就是"事物得名之由"。陆宗达先生在《训诂简论》里说："推求语源，解释某些词诠释命名的由来。""茉求必揉毛如丸，而与椒实相似，此茉字得名之由来，即推求语源之例。"说的就是这个意思。这种认识，可以追溯到汉代。刘熙在《释名·自序》中就写道："夫名之与实，各有义类，百姓日称而不知其所以之意。故撰天地、阴阳、四时、帮国、都鄙、车服、丧纪，下及庶民应用之器，论叙指归，谓之《释名》，凡二十七篇。"意思就是，他写《释名》是为了解释"名"的"所以之意"，"论叙""名"的"指归"，也就是为了解释事物的得名之由。因而这部书被后人称作推求语源的专书。据此，我们把这种看法叫作传统看法也不是没有道理的。

"语源"既然是事物的"得名之由"，那么，凡是"得名之由"相同的词，就是同源词，这个推论应当是合理的。语源的含义明确了，同源词的含义也明确了，有了这个大前提，同源词音义关系的讨论就有了依据。下面就可以看同源词是否都具备声近义通的特点了。这里，我们需要特别申明，我们所说的事物的得名之由和该事物的词义绝不是一回事，得名之由相通的，其词义不一定相同；反之，词义相同的，其得名之由不一定相通。如果不注意两者的这种区别，就容易混淆同源词和同义词的界限。

下面举例说明同源词的音义关系。

"句"（勾）是曲的意思，曲鉤为"鉤"，曲木为"枸"，轭下曲者为"軥"，曲竹捕鱼具为"笱"，曲碍为"拘"，曲脊为"胸"⑩。

"关声、蒦声字多含曲义。"如"齫"（《说文》：曲齿）、"觠"（曲角）、"卷"（膝曲）、"拳"（《说文》："手也"，朱骏声谓："张之为掌，卷之为拳"）、"睠"（顾视）、"鞙"（王引之云："卷者谓之辟，革中辟谓之鞙"）、"權"（反常，《春秋繁露》："前枉而后义者，谓之中权"）、"虇"（段注："草出生勾曲也"）⑪。

菢（芭）p'a/pa，《说文》一下艸部"菢，华也，从艸皅声。"宋玉《高唐赋》"菢叶覆盖。"菢叶即花叶，字亦作"芭"。《大戴礼记·夏小正》"三月……拂桐菢"。桐菢即桐花。《楚辞·九歌·礼魂》"传芭兮带舞。"戴震《屈原赋注》（卷二）"华之初秀曰菢"。"菢"的内部形式应是"白色"有下列同族词可证：

皅 P'a《说文》七下白部："皅，草花之白也。从白巴声。"

皤（頗）pwa/b'wa《说文》七下白部"皤，白也。"《尔雅·释艸》"繁，皤蒿。"郭璞注："白蒿。"

皕 Piě《说文》九上须部："皕，须发半白也。"⑫

《说文七篇下白部》云："皠，鸟之白也，从白隺声。"按隺声字含白义。《二篇上牛部》云："犖，白牛也，从牛隺声。"《十篇上马部》："騅，马白额，从马隺声。"按：鹤训高至，许君取诗鹤鸣九皋，声闻于天为说，盖以高至为义，然鹤色多白，亦兼受义于白也。《四篇上羽部》云："翯，鸟白肥泽貌，从羽高声。诗曰：白鸟翯翯。"《九篇上页部》云："颢，白貌，从页从景。楚词曰：天白颢颢。南山四颢，白首人也。"白部又云："皢，日之白也，从白尧声。"翯、颢、皢音并同。司马相如《大人赋》云："吾乃今日目睹西王母皠然白头。"⑬

在这四组例子中，（1）（2）两组得名的根据是"弯曲"，（3）（4）两组得名的根据是"白色"，（当然还有根据其他因素得名的，这里不再多举）。既然（1）（2）两组、（3）（4）两组的得名之由分别相同，根据我们对同源词的理解，（1）组和（2）组、（3）组和（4）组就应该分别属于同源词。

我们看到，（1）（2）两组的得名之由虽然相同，但两组的语音形式却相差很大，（1）组入侯部，（2）组入元部，而且两部没有对转关系，只是声纽同属牙音；（3）（4）两组的得名之由虽然也相同，但两组的语音形式也相差很大，（3）组入鱼部，（"皤"入歌部，"翠"入支部），声纽属唇音，（4）组入药部（"颢""皅"入宵部），声纽属喉音。（正是由于语音上的这种差别，有的人才不把（1）组和（2）组、（3）组和（4）组分别看作同源词。）

我们再进一步观察，还可以发现，同源词按照语音特点还可以分成两类：一类是语出一源而语音形式相同（或相近）的，如"句、鉤、枸、軥、笱、拘、痀"等，它们既属于同一语源，在语音的使用上又属于同一派系；另一类是虽然语出一源，但语音形式却相差很远，如"句"与"卷"、"皅"与"雈"等，它们虽分别属于同一语源，但在语音的使用和演变上分道扬镳了，不属同一派系了。前者，我们把它叫做"同源同派"词；后者，我们把它叫做"同源异派"词。这"同源异派"词只具备"义通"的特点，却不具备"声近"的特点。只有"同源同派"词才具备"声近义通"的特点。

这样看来，"声近义通"的理论也就只适用于"同源同派"词了。

## 三、"声近义通"与"约定俗成"的关系

普通语言学认为，语言的音义之间没有必然的联系，而汉语"同源同派"词又存在着"声近义通"的现象。怎样认识这两者的关系呢？这也可以用我们关于同源词的理论加以说明。

（一）人们对任何事物的命名都不是无根据的，人们在其时、其地对某一事物起个名字，都是有所参照的、有所依据的。也就是说，任何事物的名称都是有其理据，有其由来的（有些事物名称的理据、由来，我们可能一时还认识不到）。章太炎先生说："语言者，不冯虚而起，呼马而马，呼牛而牛，此必非恣意妄称也。"⑪说的就是这个意思。

然而人们给事物命名究竟采取什么样的根据，则是任意的了，没有什么规定好的法则要人们遵守。客观事物往往具有多方面的特征，如形状、声音、颜色、气味等，人们究竟选择哪种特征给它命名，是可以由其自便的。"鉤"何以用其形状命名、"鸭"何以用其鸣声命名、"雈"何以用其颜色命

名是讲不出必然原因的。就是对于同一事物，由于它具备多方面的特征，人们对其命名的根据也会不同。比如"乌鸦"得名于它的鸣声，而"慈鸟"则得名于它的颜色。至于不同的语言或方言对某一事物的命名，其根据就更不同了。"例如蚯蚓这种动物：汉语'蚯蚓'得名于它的行动特点；古汉语方言'歌女'得名于它的鸣声；德语 Regenwurm 和英语方言 rain worm 得名于它出现时的天气；英语 earth worm 和方言 mud worm、法语 Ver de terre、俄语 земдяной червь 得名于它的生活环境；而英语方言 fish worm、angle worm、angledog 则得名于它的一种用途。"⑮

（二）同一根据的命名，其语音表达形式也是任意的。根据事物的同一特点确定的名称，有的采用了甲种语音形式，有的采用了乙种语音形式，为什么会有这种不同，也讲不出必然的原因来。

既然事物命名的根据是任意的，而同一根据的命名采用什么语音形式也是任意的，这就决定了事物的名称和事物本体之间不会存在必然联系。这是词的音义关系约定俗成的一面。

（三）但是我们还应看到，人类语言从一产生就不是静止不变的。当一个词派生出一个或几个新词时，由于新词要使用现有的语言材料和构词方法，这个词和新词之间在语音上就一定要发生某些关系，这又是词的音义关系"声近义通"的一面了。这两个方面体现着两种不同的、矛盾着的发展趋势，共同存在于语言发展过程的始终。我们不应该把这两种同时并存的矛盾趋势割裂开来，更不应该把它们看成一前一后的接力者，认为"声近义通"是"约定俗成"的继续，认为人类创造语言的原始时代是"约定俗成"的，而到了语言的词汇初步形成以后就变得不"约定俗成"了⑯。因为那样认识会带来这样一些问题，即在人类创造语言的原始时代，有没有新词的产生？如果有新词的产生，新词和产生它的旧词之间有没有语音上的关系？如果没有新词的产生，那么语言的词汇又是怎样初步形成的？人类语言又是怎样从原始语言发展到现代语言的？这一系列的问题就不好解释。因此，只有把这两种趋势看成是同时并存的矛盾的两个方面，解释起有关词的音义关系问题来才能文通字顺。诚然，历史对语言的发展是有影响的，但这种影响并不能改变语言的这一根本性质。语言所受历史影响的表现是十分复杂的问题，需要专门研究，这里就不涉及了。

**注释：**

①本文所说的"声近"包括"声同"，"义通"包括"义同"。

②章太炎：《文始·略例庚》。

③参看王力《中国语言学史》5页注①。

④这里说的"同音词"泛指语音相同或相近的词。与语言学所说的"同音词"有所不同。

⑤何九盈、蒋绍愚在《古汉语词汇讲话》里说："'音近义同'这是古汉语同义词的又一特点。"

⑥刘禾、马振亚在《"音同义近"说质疑》一文里说："音同义近，或义近音同，这对同源词来说，无疑是正确的。"

⑦见刘师培《左鑫集》卷四。

⑧见《汉书·王莽传上》："恩施下竟同学"注。

⑨所注上古音皆据王力先生"三十二声母"和"三十韵部"。

⑩引自王力《同源字论》。

⑪引自吴孟复《训诂通论》。

⑫⑮引自张永言《关于词的"内部形式"》，载《语言研究》创刊号。

⑬引自《积微居小学述林·释雠》。

⑭章太炎《语言缘起说》。

⑯见刘禾、马振亚《"音同义近"说质疑》。

原载《山东师大学报》1984年第3期

# 试论入声 -ʔ 尾的语音性质

入声除了在声调上往往与其他声调不同外，另一个明显的特征就是在韵母的结构形态上还有一套清口塞音韵尾（简称塞尾），从而和阴声、阳声形成鼎足之势。当前，入声塞尾的研究，特别是—ʔ 尾的研究虽然有所开展，但尚未引起人们的充分重视，而古音里、方言里有些问题的解决又和这套塞尾的研究有着密切的关系，因而本文准备对入声塞尾、特别是—ʔ 尾的某些语音性质作些尝试性的探讨。由于方言资料的不足和本人水平的有限，在探讨过程中难免有不当乃至错误之处，恳请同志们批评指正。

## 一、—ʔ 尾在入声演变过程中的地位

入声塞尾演变的总趋势是，数量由多变少，发音部位由前向后，最后归于消失。这种变化从大量的方言材料中可以得到证明。我国有入声的方言还很多，情况也很复杂，这对我们从事入声塞尾的研究是个有利的条件。

根据当前我们调查方言和能查到的方言材料来看，入声塞尾在方言中共存有十三种类型。这十三种类型可用广州、东莞（广东省）、文昌（海南岛）、潮州、临川、南昌、万宁（海南岛）、枞阳①（安徽省）、福州、澄海（广东省）、苏州、高淳（江苏省）、吴堡（陕西省）等十三个方言来代表②（见附表1）。

下面对这十三个方言入声塞尾的演变情况分别作些说明。

　　广州入声表面上看来尚保留完好，但阴入已经分化出一个中入来。中入的读音比起阴入来，不但音时稍长，而且塞尾有明显的松弛现象。

　　东莞方言咸摄的 -p 尾已不复存在，一二等的字并入了 -k 尾，三四等的字变成了 t̪ 尾。

　　文昌方言入声的塞尾有 -p -t -k -ʔ 四个。表面上看来是发展了，但实际上乃是一种蜕化的表现。因为它的 -ʔ 尾字全是由 -p -t -k 尾的字演变来的。如"甲 kaʔ⁴³"（-p→-ʔ）、"拨 puaʔ⁴³"（-t→-ʔ）、"壁 Piaʔ⁴³"（-k→-ʔ）。

　　潮州方言不但 -t 尾全部变成了 -k 或 -ʔ 尾，如"失 sik²¹"（-t→-k）、"月 ŋue⁴⁴"（-t→-ʔ），而且 -p 尾和 -k 尾也有部分字变成了 -ʔ 尾，如"腊 laʔ⁴⁴"（-p→-ʔ）、"桌 toʔ²¹"（-k→-ʔ）。

　　临川方言 -p、-t 两个塞尾保留完整，只有 -k 尾已经变成了 -ʔ 尾，如"桌 toʔ³²"（-k→-ʔ）。

　　南昌方言的 -p 尾已经归并到 -t 尾，如"押 ŋat⁵"（-p→-t）、-k 尾在好些人的发音里也已近似 -ʔ 尾了。

　　万宁方言 -p 尾全部变成了 -k 尾或 -ʔ 尾，如"接 tsek⁴"（-p→-k）、"鸭 aʔ⁴³"（-p→-ʔ），-t 尾也绝大多数变成了 -k 尾或 -ʔ 尾，如"失 tik⁴"（-t→-k）、"毕 piʔ⁴³"（-t→-ʔ），就是 -k 尾也有不少字变成了 -ʔ 尾，如"卓 toʔ⁴⁴³"（-k→-ʔ）。

　　枞阳方言"屋沃烛昔锡职质术物迄缉"十一的全部变成了 -l 尾[③]，其他各入声韵均变成了 -ʔ 尾。

　　福州方言的 -p 尾全部并入了 -k 尾，这个 -k 尾闭塞程度已十分轻微，在许多人的发音里，-k 和 -ʔ 已经混同。

　　澄海方言 -p 尾和 -t 尾全部变成了 -k 尾或 -ʔ 尾，如"执 tsik²"（-p→-k）、"合 haʔ⁴⁴³"（-p→-ʔ）、"失 sik²"（-t→-k）、"月 ŋue⁴⁴³"（-t→-ʔ），-k 尾也有不少字变成了 -ʔ 尾，如"额 hiaʔ⁴⁴³"（-k→-ʔ）。

　　苏州方言的 -p、-t、-k 全部变成了 -ʔ 尾。

　　高淳方言的 -p、-t、-k 也全部变成了 -ʔ 尾，而且能保留完整 -ʔ 尾的已只限于清入，浊入的 -ʔ 尾已经变成一种轻微的紧喉动作了（表中用"-,"表示）。

　　吴堡方言的浊入字已全部变成阴声，其声调也与上声合并，能保持完

整 -ʔ 尾的只有清入了。

从以上诸方言入声演变情况可以看出，有的塞尾是按照"-p→-t→-ṭ→-k→-ʔ→o"的次序，从前向后递相蜕变的（可叫作"递变式"）；有的塞尾则按照"-p→-k，-p→-ʔ，-t→-ʔ"的次序从前向后进行跳跃式蜕变的（即某个塞尾超越了临近的塞尾而变成了其后的另一个塞尾，可叫作"超变式"）。但是，不管塞尾采用哪种形式进行蜕变，都必须经过 -ʔ 尾这个阶段，变了 -ʔ 尾，然后再消失④。因此，我们可以这样说，-ʔ 尾乃是入声塞尾演变的最后阶段，超越了这个阶段，就变成阴声了。

我们之所以要首先阐明并强调 -ʔ 尾在演变过程中的地位，是因为这个问题的解决，对正确理解 -ʔ 尾的语音性质是非常重要的。

# 二、-ʔ 尾的语音性质

对"表1"，我们从左到右地观察，可以看到有十三个类型不同的方言，已如上述。现在我们改为从上到下地观察，还可发现，上下栏的塞尾在形态上也不相同。总括起来，共有六种：-p -t -l -ṭ -k -ʔ⑤。这六种塞尾，由于形态的不同，所表现出来的语音性质也就不完全相同。其中，-p -t -l -ṭ -k 五个塞尾表现出来的语音性质较为一致；-ʔ 尾表现出来的语音性质则另有一些特点⑥。具体说来，口塞尾不管是哪个发音部位的，只要它属于口塞尾。它就只承阳声、不承阳声⑦，如果一旦变成喉塞尾，它的语音性质也就马上改变了，变得（1）或只承阴声，（2）或阴阳两承，（3）或因韵母元音的不同而部分地承阴、部分地承阳、部分地阴阳两承、部分地无韵可承。口塞尾和喉塞尾性质不同，判若泾渭。

下面从现代方言、古代韵图和宋词的用韵三个方面来说明这个问题。

## （一）从现代方言看

先看口塞尾的例子。我们举广州、梅县两个方言为例。这两个方言的入声都收口塞尾；入声韵和阳声韵对应得非常整齐，而和阴声韵则不对应，入声只承阳声、不承阴声的性质显然可见。下面将两个方言的韵母表分别列出（见附表2、附表3）。

再看喉塞尾的例子。我们举汕头、枞阳、江苏嘉定三个方言为例。这三个方言代表了喉塞尾对阴阳两声关系的三种类型。应当引起我们特别注意的是汕头、枞阳两个方言。这两个方言，每个方言中都既有口塞尾，又有喉塞尾，而汕头方言的口塞尾（-p -k）照旧只承阳声，喉塞尾则只承阴声（见附表4）。枞阳方言的口塞尾（-1）也照旧只承阳声，喉塞尾则阴阳两承（见附表5）。至于江苏嘉定方言的入声则只剩了喉塞尾，并且随着韵母元音的不同，对阴阳两声的关系也不同：ɔʔ iɔʔ iɛʔ 三个韵母只承阴声，oʔ ioʔ ʔ uəʔ 则只承阳声，aʔ iaʔ uaʔ 阴阳两承，而 ʔɛuʔ 则无以可承（见附表6）。江淮方言与吴语接壤，这两大方言的南京、句容、扬州、高邮、盐城、泰州、如皋、南通、苏州、无锡、常州、海门、上海、松江、高淳等地的入声都具备嘉定入声的这种性质。

通过上述诸例，我们可以看出这样一个基本事实：尽管各方言收 -ʔ 尾的入声和阴阳两声相承的具体情况不尽相同，但在一个方言内 -ʔ 尾全部只承阳声的现象是没有的了。这个事实和口塞尾在一个方言里只承阳声的现象形成了鲜明的对照。

### （二）从古代韵图看

《韵镜》的入声全收口塞尾，只承阳声，无须赘述。

《广韵》之后的《四声等子》和《切韵指掌图》的入声就不是这样了。在这两部韵图里，入声是阴阳两承的。下面先把《四声等子》的排列情况列出一部分。表中的韵母只列平入两声。图中未标韵目的等，表中以圆圈表示。从左到右依次为一、二、三、四等⑧。

1.通摄内一　重少轻多韵
东屋　〇〇　钟烛　〇〇
冬沃　东冬钟相助

2.校摄外五　全重无轻韵
豪铎　肴觉　宵药　〇〇
木无入声　萧并入宵

3.宕摄内五　阳唐重多轻少韵　江全重开口呼　……
唐铎　江觉　阳药　〇〇
内外混等　江阳借形

4.遇摄内三　重少轻多韵
模沃　鱼屋　虞烛　〇〇

5.流摄内六
侯屋　〇〇　尤屋　〇〇

木无入声　鱼虞相助　　　　　　　　本无入声　幽并入尤韵

从以上例证可以看到，屋韵既成东韵，又承鱼韵、侯韵和尤韵；沃韵既承冬韵，又承模韵；铎韵既承豪韵，又承唐韵。

下面再把《切韵指掌图》对入声的排列举出些例子，只列四声的一等韵，其余不列。缺字者用　○表示。（为了便于比较，对排列次序作了某些调整。）

高暠告各　　　　　　　　　　　钢颃钢各
公○贡谷　　　　　　　　　　　孤古故谷
昆衮琨骨　　　　　　　　　　　傀○脍骨
寒旱翰曷　　　　　　　　　　　歌哿箇曷
阳痒漾乐　　　　　　　　　　　宵小笑乐
登等嶝德　　　　　　　　　　　侯厚候德

从这些列子可以看出，《切韵指掌图》的入声也是阴阳两承的。各韵既承高韵又承刚韵，谷韵既承公韵又承孤韵，曷韵既承寒韵又承歌韵。

《四声等子》和《切韵指掌图》时间相差不远，大致都是北宋到南宋初年成书的。两部书的入声都具备阴阳两承的特征，说明那一时期的入声比起《广韵》中只承阳声的入声来已经有了很大的差别。这种差别究竟表现在什么地方呢？根据前面我们所举方言的证明，只有收喉塞尾的入声才具有阴阳两承的性质，因此我们可以认为，这一时期的入声应当已经变成了收喉塞尾[9]。

### （三）从宋代词韵来看[10]

唐代的词韵，-p -t -k 分押，界限分明，绝不混淆。如李白《忆秦娥》押"咽月色阙"，吕严《醉江月》押"节结烈折雪缺诀"，温庭筠《清平乐》（二）押"绝雪折咽"，李白《清平乐》（四）押"褥宿烛续"，黄甫松《天仙子》押"隻碧席滴历"，温庭筠《酒泉子》（二）押"碧隔阁薄落"，韩屋《木兰花》押"寞落阁薄著"[11]，都没有 -p -t -k 通押的现象。而到了宋代中晚期，（公元十一、十二世纪）词中入声的用韵就大变样了，变得 -p -t -k 三种塞尾可以通押了。这我们可举辛弃疾、柳永、贺铸、苏轼、周邦彦五家词人的用韵为例来说明。下面把他们的籍贯、生卒年月和用韵词例列成一表，以便讨论（见附表 7）。从表中可以看到，有的是 -p 和 -t 通押的（如周邦彦《浪涛沙慢》）；有的是 -t 和 -k 通押的（如柳永《浪淘沙》）；有的是 -p -t -k 三个塞尾同时通押的（如辛弃疾《满江红》）。这种现象很重要。这说明当时的 -p -t -k 已经合并成一个塞尾，否则是不能通押的。这个合并以后的塞尾是什么呢？很明显，不是口塞尾，就是喉塞尾。如果是口塞尾（比如 -k），那么当时的入声就得承阳声，不承阴声。这和当时的韵图（比如《四声等子》）所反映出来的入声阴阳两承的语音现象显然是矛盾的。所以说，这个合并后的塞尾就非是喉塞尾不可了。只有喉塞尾才能把当时韵图反映出来的语音现象和词韵反映出来的语音现象统一起来⑫。

## 三、-ʔ 尾的语音性质和它所处地位的关系

语音的演变规律是非常严密的，这一方面表现在它的演变是按照不同的音类进行的，另一方面还表现在相同的音类受了不同条件的影响也会发生不同的变化。从汉语语音史的发展来看，由于受塞音韵尾的控制，入声韵在演变过程中，和受鼻辅音韵尾控制的阳声韵演变的步调比较一致，在韵的分合上，比起阴声韵来变化的幅度有明显的不同，这是它们都受到辅音韵尾控制的结果。从总的演变趋势来看，入声韵要逐渐摆脱塞音韵尾的控制，变成阴声韵，因而入声韵这套塞音韵尾也就处在不断脱落的过程中。在这个过程中，入声的韵母元音自然也要受到一定影响，产生一些相应的变化。前面我们已经提到，喉塞尾处在塞尾脱落过程中的最后阶段，再前进一步就要发生质的变化，变成阴声韵。可见喉塞尾所处的阶段是入声演变过程中最特殊的、举足轻重的阶段。在这个阶段，喉塞尾对整个入声韵的控制力显然地比口塞尾减弱了。因而入声的韵母元音就自然会发生某些较大的变化，和一致受鼻辅尾控制的阳声韵在演变步调上就不再那么协调了，于是出现了收喉塞尾的入声韵在承阴承阳等方面比较复杂的情况。这样看来，喉塞尾对阴声、阳声关系方面所呈现出来的语音性质的某些特点，是和它所处的入声演变过程中的特殊地位分不开的。

## 附表：

### 表1　十三方言入声塞尾情况表

| 方言点 | 广州 | 东莞 | 文昌 | 潮州 | 临川 | 南昌 | 万宁 | 枞阳 | 澄海 | 苏州 | 高淳 | 吴堡 |
|---|---|---|---|---|---|---|---|---|---|---|---|---|
| 入声塞尾 | -p | -p | -p | -p | -p | | | | | | | |
| | -t | -t<br>-ɬ | -t | | -t | -t | -t | -l | | | | |
| | -k | -k | -k | -k | | -k | -k | | -k | | | |
| | | | -ʔ | -ʔ | -ʔ | | -ʔ | -ʔ | -ʔ | -ʔ | 清 -ʔ<br>浊 -' | 清 -ʔ<br>浊 -o |

### 表2　广州方言韵母表

| 单元音 | 复元音 | | 鼻尾韵 | | | 塞尾韵 | | |
|---|---|---|---|---|---|---|---|---|
| a | a：i | a：u | a：m | a：n | a：ŋ | a：p | a：t | a：k |
| | ai | au | am | an | aŋ | ap | at | ak |
| ε | ei | | | | ε（：）ŋ | | | ε（：）k |
| œ | œ⊥y | | | œ⊥n | œ（：）ŋ | | œ⊥t | œ（：）k |
| ɔ | ɔ（：）i | ou | | ɔ（：）n | ɔ（：）ŋ | | ɔ（：）t | ɔ（：）k |
| i | | i（：）u | i（：）m | i（：）n | iŋ | i（：）p | i（：）t | i（：）k |
| u | u（：）i | | | u（：）n | uŋ | | u（：）t | u（：）k |
| y | | | | y（：）n | | | y（：）t | |
| 鼻韵 m̩ ŋ̍ | | | | | | | | |

### 表3　梅县方言韵母表

| 韵头<br>韵尾 | -o-i-u 尾韵 | | | 鼻尾韵 | | | 塞尾韵 | | |
|---|---|---|---|---|---|---|---|---|---|
| 开<br>齐<br>合 | a　ai　au<br>ia　iai　iau<br>ua　uai | | | am　an　aŋ<br>iam　ian　iaŋ<br>uan　uaŋ* | | | ap　at　ak<br>iap　iat　iak<br>u　at*　uak* | | |

续表

| 韵头<br>韵尾 | -o-i-u 尾韵 | 鼻尾韵 | 塞尾韵 |
|---|---|---|---|
| 开<br>齐<br>合 | e　eu | em　en<br>（ien）<br>uen | ep　et<br>（iet）<br>uen* |
| 开<br>齐 | l<br>i　iu | əm　ən<br>im　in | əp　ət<br>ip　it |
| 开<br>齐<br>合 | o　oi | on　oŋ<br>ion　ioŋ<br>uon　uoŋ | ot　ok<br>iot*　iok<br>uot　uok |
| 合<br>齐 | u　ui | un　uŋ<br>iun　iuŋ | ut　uk<br>iut　iuk |
| 鼻韵 | M̩　ŋ̍　(n̩) | | |

注：eŋ ek 的韵尾不稳定，作为 en et 的变体看待，没有放在韵母表里。带星号 * 的六个韵母
　　出现频率很小。此外，如 ie io 是连音变化所产生的新韵母，也没有列入。

### 表4　汕头方言韵母表

| -p —— m | | | |
|---|---|---|---|
| ap | iap | uap | ip |
| 答 | 压 | 法 | 邑 |
| am | iam | uam | im |
| 庵 | 淹 | 凡 | 音 |

| -k —— -ŋ | | | | | | | | |
|---|---|---|---|---|---|---|---|---|
| ak | iak | uak | ik | ok | iok | ek | uk | ɯk |
| 恶 | 跃 | 劣 | 乙 | 屋 | 畜 | 亿 | 慰 | 乞 |
| aŋ | iaŋ | uaŋ | iŋ | oŋ | ioŋ | eŋ | uŋ | ɯŋ |
| 按 | 央 | 汪 | 因 | 翁 | 雍 | 英 | 温 | 恩 |

| -ʔ —— 元音尾 | | | | | | | | | | | | | | | | |
|---|---|---|---|---|---|---|---|---|---|---|---|---|---|---|---|---|
| aʔ | iaʔ | uaʔ | (aiʔ) | auʔ | (uaiʔ) | iʔ | (iuʔ) | oʔ | ioʔ | oiʔ | iouʔ | eʔ | ueʔ | uʔ | (ɯ) | (ŋ) | (mʔ) |
| 鸭 | 驿 | 活 | | 东 | | 滴 | | 呃 | 药 | 八 | 㗻 | 呃 | 划 | 㖞 | | | |
| a | ia | ua | ai | au | uai | i | iu | o | io | oi | iou | e | ue | u | ɯ | ŋ̍ | m̩ |
| 亚 | 野 | 娃 | 哀 | 殴 | 歪 | 衣 | 尤 | 窝 | 腰 | 鞋 | 夭 | 哑 | 锅 | 污 | 余 | 黄 | 姆 |

注：括号内的音表示有音无字。

### 表5 枞阳方言韵母表

| 阴声韵 | | | | 入声韵 | | | | 阳声韵 | | | |
|---|---|---|---|---|---|---|---|---|---|---|---|
| 开 | 齐 | 合 | 撮 | 开 | 齐 | 合 | 撮 | 开 | 齐 | 合 | 撮 |
| a | ia | ua | ya | əl | iəl | uəl | yəl | ən | iən | uən | yən |
| e | ie | ue | ye | aʔ | iaʔ | uaʔ | yaʔ | an② | iãŋ | uãŋ | yãŋ |
| o | uo | | | eʔ | ieʔ | ueʔ | yeʔ | en | ien | uen | yen |
| | | | | oʔ | ioʔ | uoʔ | | on | uon | | |
| | | | | əʔ① | | | | | | | |

注：① əʔ 是 oʔ 拼舌根时的变体，oʔ 在 k.K'.x.ŋ 后面变作 əʔ，故 oʔ 和 əʔ 可算 作一个音位。

② an 和 iãŋ 互补，有 i 介音时 an 变 iãŋ。

### 表6 嘉定方言韵母表

| 阴声韵 | | | | 入声韵 | | | 阳声韵 | | | |
|---|---|---|---|---|---|---|---|---|---|---|
| 开 | 齐 | 合 | 撮 | 开 | 齐 | 合 | 开 | 齐 | 合 | 撮 |
| ɿ | i | u | y | aʔ | iaʔ | uaʔ | ã | iã | uã | |
| a | ia | ua | | oʔ | ioʔ | | ã | iã | uã | |
| | | uo | | ɔʔ | iɔʔ | uɔʔ | əŋ | iŋ | uəŋ | yəŋ |
| ɔ | iɔ | | | əʔ | iəʔ | uəʔ | oŋ | ioŋ | | |
| ɛ | iɛ | ɜu | | iɛʔ | | | | | | |
| | ie | ue | | | | | | | | |
| ʮ | yʮ | | | | | | | | | |
| iu | | | | | | | | | | |

### 表7⑬ 宋代五家词人用韵举例简表

| 姓名 | 辛弃疾 | 柳永 | 贺铸 | 苏轼 | 周邦彦 |
|---|---|---|---|---|---|
| 籍贯 | 山东济南 | 福建崇安 | 河南汲县 | 四川眉山 | 浙江杭州 |
| 生卒年月 | 1140—1207 | 987—1053 | 1052—1125 | 1037—1101 | 1056—1121 |
| 词名 | 满江红 | 浪淘沙 | 谒金门 | 三部乐 | 浪淘沙慢 |
| 韵脚字 -p尾 | 入泣急 | | 急 | 叶答 | 喋叠 |

| 姓名 | 辛弃疾 | 柳永 | 贺铸 | 苏轼 | 周邦彦 |
|------|--------|------|------|------|--------|
| -t尾 | 葛出月 | 阕悦 | 日出密失<br>必一笔 | 月缺 绝雪 切咽<br>发疾折 | 发阙结折绝月<br>切咽别阔<br>竭雪歇缺 |
| -k尾 | 客镝石力 | 息滴戚极<br>客力惜隔忆 | | | |

**注释：**

① 江西的昌都方言，湖北的通城方言，其入声的塞尾和枞阳方言入声的塞尾，数量、形态相同，都只剩下了 -1 尾和 -ʔ 尾。见许宝华《论入声》，载《音韵学研究》第一辑。

② 关于本文引用的方言材料，这里作个统一的说明：广州方言、东莞方言、南昌方言、福州方言、苏州方言、梅县方言均据袁家骅先生《汉语方言概要》。临川方言据罗常培先生《临川音系》。潮州方言据詹伯慧先生《潮州方言》。枞阳方言据鲍时祥同志《枞阳方言》（油印稿）。吴堡方言据刘玉林同志《陕北方言概况》。嘉定方言据江苏省和上海市方言调查指导组《江苏省和上海市方言概况》。（为了排印方便，对某些方言韵母表的排列方式作了适当调整。）文昌方言、万宁方言、澄海方言、高淳方言均为笔者亲自调查。其发音人，文昌方言为郑红同志（文昌人，中山大学中文系学生）。万宁方言为文慧同志（万宁人，中山大学中文系学生）。澄海方言为陈小枫同志（澄海人，中山大学中文系学生）。高淳方言为陈木香同志（高淳人，高淳镇小学教师）。中山大学中文系研究生施其生同志还提供"汕头方言韵母表"一份。（以上诸位发音人的身份均为1981年调查该方言时的身份。）对以上同志在调查方言时给予的帮助，笔者表示衷心感谢。

③ 这十一韵当中，"屋沃烛昔锡职"六韵塞尾的演变比较特殊。照塞尾演变的一般规律，某个塞尾脱落后是要变成它后面的某个塞尾的，而这六韵的塞尾的演变则走了由后向前的路子（-k→-1）。这种现象的出现，是由于 -k 尾受了央元音 ə 的影响的缘故，不但在各方言中占极少数，就是在它所属方言的入声字总数中也占极少数。这种特殊现象是因为受到特殊条件的影响而出现的，都有音理上的根据、都能作出合乎音理的解释。这种现象的出现只能说明语音演变的复杂性，而不能说明塞尾演变的非规律性。

④ 由 -p -t -k 三种形态不变喉塞尾，直接变成阴声韵的也有，但极为罕见。

⑤ "一'"只表示紧喉动作，并未闭塞，故不列入塞尾。

⑥ -p -t -l -t -k 五个塞尾和一 ʔ 尾都属口塞音韵尾的范围，本文把 -p -t -l -t -k 仍称作口塞尾，而把 -ʔ 则称作喉塞尾。这种对举分称只是为了论述的方便，并不意味着笔者对 -ʔ 尾的发音特点有什么新的解释。

⑦ 这里所谓"承阴""承阳"是就语音系统而言的。

⑧ 所举例证参考了邵荣芬《汉语语音史讲话》。

⑨ 绍荣芬根据《四声等子》把入声韵既承阳声韵，又承阴声韵的现象，也认为"这种做法大概以为当时入声已失去韵尾 -b -d -k，而一律变成了喉塞尾。"（邵荣芬《汉语语音史讲话》137 页）

⑩ 宋代诗的用韵和唐代没有什么差别，-p -t -k 分用，例外极少。这是诗韵受了韵书的影响的缘故，所以不如词的用韵能说明当时语音的实际情况。

⑪ 据林大椿《唐五代词》。

⑫ 鲁国尧根据辛弃疾等山东词人用韵收 -p -t -k 尾的入声字能够归入一个韵部，也曾猜测当时入声可能是收喉塞尾。（鲁国尧《宋代辛弃疾等山东词人用韵考》，载《南京大学学报》1979 年第 2 期）。

⑬ 据唐圭章《全宋词》。

原载《山东师大学报》1984 年第 3 期

# 浅谈入声塞尾韵尾的演变

入声之最根本的特点就是它在韵母结构形态上有一套塞音韵尾（它在声调上可能也有自己的特点，但不是"唯我独具"的）。而人们对入声的研究却往往偏重于入声韵部的分合上，对入声塞音韵尾的研究则显得重视不够。本文将专就入声塞音韵尾的演变作些探讨，未审允当，谨向同志们请教。

下面从四个方面谈入声塞音韵尾的演变。

## 一、入声塞尾演变的两个阶段

在现代方言里，入声塞尾共有六个，即 -p -t -1 -ȶ -k -ʔ。为了叙述方便，我们按其发音部位，大体将它们分成三类：一类叫唇塞尾 -p，一类叫舌塞尾 -t -1 -ȶ -k，一类叫喉塞尾 -ʔ。前两类塞尾在语音系统中全部承阳声，语音性质是一致的（如《韵镜》的入声）。我们可以看作这是塞尾演变的第一个阶段，即唇舌塞尾阶段；第三类塞尾在语音系统中则另有特征，它（1）或只承阴声，如汕头方言（见表1）[①]；（2）或阴阳两承，如枞阳方言（见表2）；（3）或因韵母元音的不同而部分地承阴，部分地承阳，部分地阴阳两承，部分地无以可承，如嘉定方言（见表3）。我们可以看作这是塞尾演变的第二个阶段，即喉塞尾阶段。唇舌塞尾阶段和喉塞尾阶段是按照塞尾不同的语音性质来划分的，是有音理上的根据的。

按照入声塞尾演变的一般规律，唇舌塞尾在蜕变过程中都要经过喉塞尾阶段，也就是说，喉塞尾阶段是入声塞尾演变的最后阶段。入声韵在唇舌塞尾阶段受着唇舌塞尾强有力的控制，在演变过程中，同受鼻辅音韵尾控制的阳声韵步调比较一致，所以在语音系统中一直和阳声韵相配。而到了喉塞尾阶段整个入声韵受到的控制减弱了，在演变过程中就很难再和一直受鼻辅尾控制的阳声韵保持步调上的一致，于是才出现了入声韵在承阴承阳的关系上比较复杂的现象。事实证明，我们用塞尾演变的两个阶段的理论来认识入声塞尾演变的复杂现象，问题能得到比较合理的解释。

## 二、入声塞尾演变的两种方式

如果我们把各个方言入声塞尾演变的情况分别给予归类，可以发现这样一个现象，即有的塞尾在合并时是按照 -p -t -k -ʔ 的顺序由前向后逐渐合并的，也就是说，某个塞尾脱落之后，变成了它后面的和它距离最近的那个塞尾，如南昌方言的 -p 之变 -t，潮州方言的 -t 之变 -k，临川方言的 -k 之变 -ʔ；有的塞尾脱落之后则没有按照这种顺序进行合并，而是超越了和它距离最近的那个塞尾和另外的某个塞尾进行了合并。我们把前一种情况的演变叫做"递变"，把后一种情况的演变叫做"超变"，这超变又可分为两类：一类为和它距离最近的那个塞尾已经脱落，它没法再变成那个塞尾，只能归并到其他塞尾，如潮州方言的"乏 huek"（-p→k）；另一类为和它距离最近的那个塞尾还没脱落，它也归并到其他塞尾去了。如万宁方言的"急 kik"（-p→-k）。用图式表示即为：

递变：-p→-t→-k→-ʔ　　超变：-p→-k　-t→-ʔ

### 表1　汕头方言韵母表

| -p —— -m | | | |
|---|---|---|---|
| ap | iap | uap | ip |
| 答 | 压 | 法 | 邑 |
| am | iam | uam | im |
| 庵 | 淹 | 凡 | 音 |
| -k —— -ŋ | | | |

| ak | iak | uak | ik | ok | iok | ek | uk | uuk |
|---|---|---|---|---|---|---|---|---|
| 恶 | 跃 | 劣 | 乙 | 屋 | 畜 | 亿 | 慰 | 乞 |
| aŋ | iaŋ | uaŋ | iŋ | oŋ | ioŋ | eŋ | uŋ | ɯŋ |
| 按 | 央 | 汪 | 因 | 翁 | 雍 | 英 | 温 | 恩 |

| -ʔ ——元音尾 | | | | | | | | | | | | | | |
|---|---|---|---|---|---|---|---|---|---|---|---|---|---|---|
| aʔ | iaʔ | uaʔ | (aiʔ) | auʔ | (uaiʔ) | iʔ | (iuʔ) | oʔ | ioʔ | oiʔ | iouʔ | eʔ | ueʔ | uʔ (ɯʔ) (ŋʔ) (mʔ) |
| 鸭 | 驿 | 活 | | 东 | | 滴 | | 呃 | 药 | 八 | 昕 | 呃 | 划 | 嘬 |
| a | ia | ua | ai | au | uai | i | iu | o | io | oi | iou | e | ue | u ɯ ŋ m |
| 亚 | 野 | 娃 | 哀 | 殴 | 歪 | 衣 | 尤 | 窝 | 腰 | 鞋 | 夭 | 哑 | 锅 | 污 余 黄 姆 |

注：括号内的音表示有音无字。

## 表2　枞阳方言韵母表

| 阴声韵 | | | | 入声韵 | | | | 阳声韵 | | | |
|---|---|---|---|---|---|---|---|---|---|---|---|
| 开 | 齐 | 合 | 撮 | 开 | 齐 | 合 | 撮 | 开 | 齐 | 合 | 撮 |
| a | ia | ua | ya | əl | iəl | uəl | yəl | ən | iən | uən | yən |
| e | ie | ue | ye | aʔ | iaʔ | uaʔ | yaʔ | an② | iãŋ | uãŋ | yãŋ |
| o | | uo | | eʔ | ieʔ | ueʔ | yeʔ | en | ien | uen | yen |
| | | | | oʔ | ioʔ | uoʔ | | on | | uon | |
| | | | | əʔ① | | | | | | | |

注：① əʔ 是 oʔ 拼舌根时的变体，oʔ 在 k.K'.x.ŋ 后面变作 əʔ，故 oʔ 和 əʔ 可算作一个音位。
　　② an 和 iãŋ 互补，有 i 介音时 an 变 iãŋ。

## 表3　嘉定方言韵母表

| 阴声韵 | | | | 入声韵 | | | 阳声韵 | | | | |
|---|---|---|---|---|---|---|---|---|---|---|---|
| 开 | 齐 | 合 | 撮 | 开 | 齐 | 合 | 开 | 齐 | 合 | 撮 | |
| ɿ | i | u | y | aʔ | iaʔ | uaʔ | ã | iã | uã | | |
| a | ia | ua | | oʔ | ioʔ | | ɑ̃ | iɑ̃ | uɑ̃ | | |
| uo | | | | ɔʔ | | uɔʔ | oə | ioə | | | |
| ɔ | iɔ | | | əʔ | iəʔ | uəʔ | əŋ | iŋ | uəŋ | yəŋ | |
| ε | iε | uε | | iεʔ | | | ŋ | | | | |
| ie | ue | | | εʔ | | | | | | | |
| ɤ | | yɤ | | | | | | | | | |
| | iu | | | | | | | | | | |

# 三、入声塞尾的演变与声母、韵母元音的关系

入声塞尾的演变是在其声母、韵母元音两个因素的影响下进行的。这两个因素的影响在不同的方言里表现并不一致，有的方言声母对塞尾的影响较大，有的方言韵母元音对塞尾的影响较大。正如罗常培先生所说："语音的变化是跟语音的结构系统相联系的。结合中的语音是互相制约、互相影响的，由此发生了音变。语音的变化服从于一定的变化规则。但是同样的一些声音在不同语言或方言里并不同样地变化。"[②] 下面分别说明。

## （一）与声母的关系

入声塞尾的演变与声母的关系有两种表现，一种是个别声母对塞音韵尾的影响，一种是某一类声母对塞音韵尾的影响。前者如潮州方言的 k 声母不拼 -m 尾和 -p 尾字，n 声母不拼 -ʔ 尾字；后者如声母的清浊对塞音韵尾的影响。下面着重介绍后者。

入声塞尾的演变与声母的清浊有密切的关系，凡是浊声母入声字，其塞尾就脱落得快，凡是清声母入声字，其塞尾就脱落得慢。如：

高淳方言保持喉塞尾的只有清声母入声字，浊声母入声字的喉塞尾已变成了一个轻微的紧喉动作，（书面用 ' 表示）其声调也与阳去没有分别（见表4）。

表4

| 声母 | 塞尾 | 调类 | 调值 | 例字 |
|------|------|------|------|------|
| 清 | -ʔ | 入声 | 43 | 百笔说德革 |
| 浊 | -' | 阳去 | 213 | 白别熟特额 |

吴堡方言的清声母入声字还保留 -ʔ 尾，浊声母入声字则全部丢掉塞尾变成了阴声韵，其声调也与上声合并（见表5）。

表 5

| 声母 | 塞尾 | 调类 | 调值 | 例字 |
|---|---|---|---|---|
| 清 | -ʔ | 入声 | 5 | 出畜拨剥托塔德脱革格 |
| 浊 | 无 | 上声 | 312 | 俗拨罚合浊学敌蝶活滑 |

## （二）与韵母元音的关系

入声韵的韵母元音对塞尾的演变有很大影响。这种影响，情况比较复杂，一方面，同样的塞尾在不同的韵母后面有着不同的变化；另一方面，这种影响在不同的方言里往往有着不同的表现。不过，这两个方面往往交织在一起，所以下面举例说明时不再按这两个方面分列，只按不同方言分列。

广州方言的中入是从阴入分化出来的一个调类，和阴入、阳入比较起来，不但音时稍长，而且塞尾也有明显的松弛现象。塞尾的松弛说明中入的塞尾在演变过程中朝着脱落的方向又向前迈进了一步。塞尾上的这种变化与韵母元音的变化是平行的。如果中入和阴入韵母的主要元音相近，那么比较起来，中入的主要元音必然较低，阴入的主要元音必然较高。也就是说，主要元音较高的韵母有阴入而缺中入。主要元音较低的韵母有中入而缺阴入。主要元音较高的入声韵，音时较短，塞尾没有明显的松弛现象；主要元音较低的入声韵，音时较长，塞尾有明显的松弛现象。③

东莞方言咸慑入声不再保持 -p 尾，其开口一二等字，韵母为 a，塞尾变成 -k；其开口三四等字，韵母为 i，塞尾变成 -t（见表6）。

表 6

| 等列 | 韵母 | 塞尾 | 例字 |
|---|---|---|---|
| 一、二 | a | -p→-k | 盍洽狎 |
| 三、四 | i | -p→-t | 叶业帖 |

客家方言韵母是 i 和 e 的收 -k 尾的入声字，由于受高前元音（即 i 和

e）的影响，全部变成了 -t 尾④。

枞阳方言，入声韵主要元音是 ə 的，塞尾就变 -1，主要元音是其他元音的（如 a、e、o）其塞尾就变 -ʔ（参见表2）。

另一个值得注意也非常具有说服力的现象，就是合口呼对 -p 尾的排斥。这也说明了韵母元音对塞尾演变的影响。由于合口呼和 -p 尾都有撮唇的动作，因而产生了异化，使韵母或改变韵母的音呼，或变 -p 尾为其他塞尾，其变化与其他韵母有着明显的不同。下面我们举出两例说明。一例为咸摄三等乏韵字的演变。从现在查到的方言材料看，除潮州方言外，其他方言乏韵字或改变音呼，或改变 -p 尾，都不再保持既读合口、又收 -p 尾的状态⑤。而且咸摄乏韵 -p 尾的演变总是走在咸摄其他韵 -p 尾演变的前面。比如广州方言咸摄八韵，只有乏韵字变成了收 -t 尾，其他七韵仍收 -p 尾。

下面再举"内"和"纳"、"位"和"立"四字演变的例子。"内"和"纳"、"位"和"立"在谐声时代都是合口呼收 -p 尾的字，由于语音异化的作用，在后来的演变过程中它们走了不同的分化道路："内"和"位"走了保持合口、改变 -p 尾的道路；"纳"和"立"走了保持 -p 尾、改变韵母音呼的道路。到了《诗经》时代，"内"和"位"已由 -p 尾变成了 -t 尾，只是"纳"和"立"仍然保持合口和 -p 尾。到了《切韵》时代，"内"和"位"又脱落了 -t 尾变成了元音韵尾；"纳"和"立"也由合口变成开口，同时保留 -p 尾⑥（见表7）。

表7

| 时代<br>条件<br>例字 | 谐音时代 | | 《诗经》时代 | | | 《切韵》时代 | | |
|---|---|---|---|---|---|---|---|---|
| | 开合 | 韵尾 | 韵部 | 开合 | 韵尾 | 韵部 | 开合 | 韵尾 |
| 内 | 合 | -p | 物 | 合 | -t | 队 | 合 | 元音 |
| 纳 | 合 | -p | 缉 | 合 | -p | 合 | 开 | -p |
| 位 | 合 | -p | 物 | 合 | -t | 至 | 合 | 元音 |
| 立 | 合 | -p | 缉 | 合 | -p | 缉 | 开 | -p |

# 四、入声塞尾的演变与语音对转的关系

所谓语音对转，是指同一个意义（1）有时用阴声韵表示，有时用阳声韵表示；（2）有时用阴声韵表示，有时用入声韵表示；（3）有时用阳声韵表示，有时用入声韵表示。第一种情况叫做阴阳对转，第二种情况叫做阴入对转，第三种情况叫做阳入对转。这里要特别指明的是，在语音对转中，"同一个意义"这个条件是非常重要的。如果离开这个条件，比如是两个意义，虽然有语音上的对应关系，也不能叫作语音对转。像"瓜迷"［˳kua ˳mi］和光明［˳kuaŋ ˳miŋ］、"华沙"［˳xua ˳sa］和"黄山"［˳xuaŋ ˳san］，从语音上看，都是一个用了阴声韵，一个用了阳声韵，声母和主要元音也都相同，但我们却不可以说这是语音对转。

明确了语音对转的含义，入声塞尾的演变与语音对转的关系也就便于认识了。入声塞尾的演变，既可导致阴入对转，也可导致阳入对转。下面分别说明。

阴入对转有两个方面：（1）入声塞尾脱落后就由入声韵变成阴声韵。如《切韵》的入声到现代北京音里就脱落了塞音韵尾变成了阴声韵。（2）阴声韵带上塞音韵尾就变成入声韵。如大同方言某些阴声韵发生的"促变"就是如此。下面举些例子：

（1）蔗 tʂaʔ ³⁰、做 tsuəʔ ³⁰、措 tsʻuaʔ ³⁰；

（2）把 paʔ ³⁰（介词，～碗打了，～盆子拿走）、往 vəʔ ³⁰（介词，～南跑、～前站）、话 xuaʔ ³⁰（动词，笑话［嘲笑］）。

其中（1）是无条件促变，（2）是有条件促变（括号里的说明就是条件）。⑦

阳入对转也有两个方面：（1）入声丢掉口塞音韵尾变成鼻辅音韵尾就由入声韵变成阳声韵。《广韵》深咸两摄的入声字在邵武方言里就读成阳声韵。如：答 tʻan、塔 tan、磕 kʻon、甲 kan、鸭 an、接 tsien、杂 tʻon、盒 xon。⑧（2）阳声韵丢掉鼻辅音韵尾换成口塞音韵尾就变成入声韵。《广韵》里一些阳声韵的字在安徽黟县方言里就读成入声韵。如：乱 luaʔ、烂 loʔ、病 PE：aʔ、艳 iEʔ、院 üiEʔ⑨。

　　由入声韵转成他声韵的过程有两种情形：一是不经过"又音"阶段，一是经过"又音"阶段。（由他声韵转成入声韵也是如此，举例时不再分列。）前者在语音演变中比较普遍，不再费辞；后者比较少见，很少被人注意，故多作些介绍。

　　《广韵》里有些字同一个意义具有阴入两读。如"囿"，于救、于六两切，"植"，直吏、常职两切，"借"，子夜、资昔两切。这些"又音"都没辨义作用。这些字上古都属入声韵（据王力先生《切韵》去声在上古是"长入"说），现在北京音都变成了阴声韵。中古经过阴、入两读的阶段。又有大同方言的阴声字在"促变"过程中有的也经过了阴、入两读的阶段。如："查"[tsʻa³¹³]（～户口、～问）、又音[tsʻaʔ³⁰]（调～）；"扯"音[tsʻɤ⁵⁴]（～布、胡～），又音[tsʻaʔ³⁰]（拉～孩子）；"里"[li⁴⁵]（～头、三～），又音[ləʔ³⁰]（家～、院～）。⑩

**注释：**

　　①本文引用方言材料的说明：本文初稿写于1981年，材料的说明均指当时情况。

　　临川方言据罗常培先生《临川音系》；

　　南昌方言、客家方言、东莞方言均据袁家骅先生《汉语方言概要》；

　　广州方言据黄家教先生《从"等"来看广州方言入声消失的迹象》（油印稿）；

　　潮州方言据詹伯慧先生《潮州方言》；

　　吴堡方言据刘玉林同志《陕北方言概况》；

　　枞阳方言据鲍时祥同志《枞阳方言》（油印稿）；

　　嘉定方言据江苏省和上海市方言调查指导组《江苏省和上海市方言概况》；

　　高淳方言、万宁方言均为笔者亲自调查，其发音合作人，高淳方言为陈木香同志（高淳人，高淳小学教师），万宁方言为文慧同志（万宁人，中山大学中文系学生），"汕头方言韵母表"为中山大学中文系研究生施其生同志提供。（文章引用的其他材料则随文注出。）

　　②见罗常培、王筠先生《普通语音学纲要》。

　　③主要元音的这种不同与它们的历史来源的不同有关，ap、at、ak主要来自《切韵》开口一等和二等（如：答纳甲擦撒辣八扎杀滑百泽），来自三等的必是合口，而且与唇音声母相拼变成开口（如山摄合口三等的发代袜），ep、et、ek主要来自三等（如

深摄开口三等的立习缉，臻摄开口三等的笔蜜七），其次来自一等，就是德韵，其主要元音也是较高的（如：北德刻）。

④ -k 尾在高前元音影响下变 -t 尾，这个法则在客家方言里是这样，在广州方言里就不是这样。

⑤潮州方言的"法"字，现在不但读合口，而且还收 -p 尾，可谓罕见的一例。

⑥据王力先生《汉语史稿》（上册），中华书局 1980 年 6 月版。

⑦马文忠《大同方言舒声字的促变》，载《语文研究》1985 年第 3 期。

⑧陈章太《邵武方言的入声》，载《中国语文》1983 年第 2 期。

⑨合肥师院《安徽方言音系》（初稿）。

⑩马文忠《大同方言舒声字的促变》，载《语文研究》1985 年第 3 期。

原载《语海新探》二期，山东教育出版社 1988 年版

# 论《广韵》入声的双重特性

　　入声在古代汉语和现代方言中是重要的语言现象之一。对入声的认识正确与否，直接关系到汉语史和汉语方言研究成果的价值。入声的研究是汉语研究的一个重要课题。由于《广韵》处于汉语语音史"上推古音、下启今音"的重要地位，所以《广韵》入声的研究也就显得更为重要了。对《广韵》入声的认识，语言学界还不够一致，其中一个重要分歧就是《广韵》的入声是不是一个独立的声调这一问题。有的人认为《广韵》入声不但在韵尾上有一套清口塞音的韵尾，而且在声调上也有自己独立的调值，可以作为一个独立的声调①；有的人认为《广韵》入声的特点只表现在它有一套清口塞音韵尾上，于声调上则不能成为一个独立的声调②。看来这个问题还有进一步展开讨论的必要。笔者不揣浅陋，对这一问题也谈点个人管见以就教于大方。

　　《广韵》的入声不但在韵尾上有不同于阴阳两声的特性，在声调上也有不同于平上去三声的特性。因此，于韵母上可与阴阳两声鼎立，于声调上可和平上去三声并列。因为《广韵》入声韵尾上的特性已有定论。所以下面重点谈它声调上的特性。

　　南北朝时，入声就被作为四声之一来认识了。《南齐书·陆厥传》："永明末，盛为文章。吴兴沈约，陈郡谢朓，琅琊王融以气类相推毂，汝南周颙善识声韵，约等文皆用宫商，以平上去入为四声。"《梁书·沈约传》："约撰《四声谱》，以为在昔词人，累千载而不寤，而独得胸衿，穷其妙旨，自谓入神之作，高祖雅不好焉。帝问周舍曰：'何谓四声？'舍曰：'天子圣哲是也'"。沈约等人是首先发现四声的，他们把每个声调取属该声调的一个字来代表，用"平上去入"四个字代表当时的四声。周舍回答高祖用"天子圣哲"为四声，其道理是一样的。一个字的语音属性是多方面的，有声母上的，有韵母上的，也有声调上的。这就要看引用者取其哪方面的特性了。很明显，沈约等人是取其声调上的特性的。这可证以"平上去入"和"天子圣哲"在韵母上的情况，"平上去入"的四个韵尾分别是"-ŋ -ŋ -o -t"，"天子圣哲"的四个韵尾分别是"-n -o -ŋ -p"，相比之下，可以看到两组字韵母选择很不相同，没有什么规律可循，而这两组字却都是用来代表四声的，这就足见"平上去入"也好，"天子圣哲"也好，都不是从韵母方面提的，而是从声调上提的。

六朝的韵书很多，除了沈约的《四声》一卷之外还有：周研《声韵》四十一卷，张谅《四声韵林》二十八卷，段弘《韵集》八卷，无名氏《韵集》十卷，王该《文章音韵》二卷，王该《五音韵》五卷，无名氏《群玉典韵》五卷，阳休之《韵略》一卷，李概《音谱》四卷，无名氏《纂韵钞》十卷，刘善经《四声指归》一卷，周彦伦《四声切韵》，夏侯咏《四声韵略》十三卷，潘微《韵纂》三十卷，释静洪《韵英》三卷，杜台卿《韵略》[③]。这些书都已亡佚，因而无从得知它们的编纂体例。但其中有几本书把声调分为四声则是确定无疑的。为什么这些人的韵书都和沈约一样要分四声呢？难道四个声调都是凭空想出的吗？不是的，因为这四个声调都有它们调值上的特性作为它们成为一个声调的基础。

《切韵》的四声是承继了六朝四声的。这可从两个方面看出，一是从沈约（公元441—513年）到陆法言编订《切韵》（公元601年），只有一百年左右，其间四声的变化不至太大（这只是一种推测，不是主要的）。二是陆法言在编订《切韵》时参考了六朝韵书（这是主要的）。陆法言在《切韵序》里有这样两段话：

　　吕静韵集，夏侯咏韵略（按：即《四声韵略》），杨休之韵略，周思言音韵，李季节音谱，杜台卿韵略等，各有乖互。遂取诸家音韵，古今字书，以前所记者定之为切韵五卷。

　　前面我们已经说过，和沈约的《四声》一书同时代的夏侯咏的《四声韵略》是分四声的，陆法言作《切韵》直接参考此书，并依旧用"平上去入"四个字代表四声，说明从六朝到隋朝，这四个声调没有什么变化，至少在调类上没有发生合并和分化。

　　当时入声的调值我们已很难知道了，但入声的调型我们还可以借助文献的记载了解个大概。唐释处忠《元和韵谱》云："平声哀而安，上声厉而举，去声清而远，入声直而促。"这里，《元和韵谱》把入声声调上的特性和韵母上的特性都说出来了。由此我们可以知道，《切韵》入声不但在韵母上有一套塞音韵尾，在声调上还有一个"直"的调型。这个"直"的调型和"平声哀而安"的调型、"上声厉而举"的调型、"去声清而远"的调型显然不同，否则便不会和这三个声调并列、对举。《切韵》以四声分卷（而没以阴、阳、入三种韵母分卷），并一承齐梁之旧，把入声排在平上去三声之后，是和入声在声调上的这一特性分不开的。至于入声调里边只有入声韵一类，不像平上去三声那样每个调里都有阴声韵与阳声韵两类，这实在是当时语音系统的实际情况就是如此，陆氏只不过如实地反映了这一语音系统的自然面貌罢了。

　　《切韵》的入声调只出现在入声韵，平上去三个声调则只出现在阴声韵和阳声韵，出现的环境不同，因而形成互补的关系。是否根据这种现象就可以把《切韵》入声并入其他某个声调呢？不能。某些音素的互补固然是音位归纳的重要条件，但还有个更重要的条件，就是它们必须十分相似，它们的差别需要小到在交际中可以被忽略的地步，或者虽不十分相似，但也没有区别词的语音形式的作用。否则，即使互补也不能合并成一个音位。而当时入声"直"的调型和平上去三个调型有着明显的不同，因而就不能把它并入其他声调。要强行把入声并入其他声调，不要说"尝知音"，就连"通文路"也做不到。陆法言没有那样做，他根据入声在调形上的这一特性把它作为一个独立的声调列在三声之后，还是做对了的。

　　我们说，《切韵》的入声和平上去三声既互补、又独立，这种说法是否矛盾呢？不矛盾。这可从大量的方言资料得到验证。下面我们先把入声在方言里声调的情况列出，然后再对这些情况加以分析。

　　按照入声声调和其他声调关系的特点，方言里的入声可分为三类：

## （一）调值不同的

这类入声的调值与平上去三声的调值不同。根据其韵尾的特点，其中又分两种情况：一种是调值不同，还保留塞音韵尾的，例如南昌方言④（见表1）、济源方言⑤（见表2）；一种是调值不同，失去塞音韵尾的，例如长沙方言⑥（见表3）、石家庄六个县方言⑦（见表4）。

## （二）调值相同的

这类入声的调值和其他声调的调值相同，作为入声的标志只有它的塞音韵尾了。如高安（老屋周家）方言⑧（见表5）、广州方言⑨（见表6）。

## （三）调值部分不同、部分相同的

这类入声分成两个调，或者三个调，其中一部分入声调其调值与其他声调的调值相同，另一部分不同。如都昌（土塘）方言⑩（见表7）。

下面我们先分析第一类。这类入声在调值上与平上去三声不同，我们没法硬把入声调并入平上去三声的某一调从而取消入声这个调类，尽管入声调只分布在入声韵里。

再看第二类，这类入声的调值和其他声调的调值相同，因而可以合并。比如高安（老屋周家）方言的阴入与阴去；广州方言的上阴入与上阴平，下阴入与阴去，阴入与阳去。是否根据这种情况就可以否认该方言入声调的存在呢？不可以。因为这类入声调值与其他声调调值相同是声调长期发展的结果，它们以前的调值我们不知道，我们很难说是入声调并入了其他声调，而不是其他声调并入了入声调。除非我们掌握了充分的证据（像《中原音韵》的"入派三声"那样），我们才可以认为入声调并入了其他某一调类。

第三类入声调兼具第一、第二两类入声调的特点，所以对第一二两类入声调的认识明确了，对第三类入声调的认识自然也就显而易见了。都昌（土塘）方言入声分成阴入、低入、阳入三个声调，其中阴入、低入的调值不同于该方言中的任何一个调值，阳入调值与该方言阴平调值相同。根据对第二类入声调的分析，对阳入调也不能持简单否定的态度。

这里我们要特别指明的是，有的入声调又分成对立的两调或三调，如南昌方言的阴入、阳入，都昌（土塘）方言的阴入、低入、阳入。这明显地说明了入声调在演变过程中是具有一定的独立性的。

通过对以上几种入声情况的分析可以看到，方言入声的材料更多的是支持《切韵》的入声是独立声调的看法的。

由此我们可以得出这样的认识：《切韵》入声不但在韵尾的结构形态上有一套清口塞音韵尾，从而可以与阴阳两声并列，在声调上也有自己不同于其他声调的特性，从而又可以与平上去三个声调并列，《切韵》入声在韵尾形态和声调两方面都有自己的特性。《广韵》据《切韵》写成，《切韵》入声的这种双重特性，《广韵》入声也是具备的。

## 附表⑪

### 南昌方言声调表 ·1·

| 阴平　42<br>阳平　24 | 上声　213 | 阴去　35<br>阳去　11 | 阴入　5（短）<br>阳入　2（短） |
| --- | --- | --- | --- |

说明：阳去是微降调，起点比上声变调21调的起点低。

### 济源方言声调表 ·2·

| 调类 | 调值 | 例字 |
| --- | --- | --- |
| 阴平 | 44 | 杯偏风多掏栽粗三扔蒸昌升焦清星高康花　鸭揖歇 |
| 阳平 | 31 | 婆猫房闻田男林槽时仍城绳荣齐葵黄王　白碟宅轴局席泽 |
| 上声 | 53 | 本跑满纺武打体脑老纸草死展丑手软讲巧醒古口好雨　昨眨哕 |
| 去声 | 13 | 变怕慢放雾大透怒路醉菜送正唱世让舅庆谢共抗汉案　跃剧育 |
| 入声 | ʔ3 | 笔拍麦福物得特纳腊则拆色织吃说入积切血割渴黑恶药岳屋 |

### 长沙方言声调表 ·3·

| 调类 | 调值 | 例字 |
| --- | --- | --- |
| 阴　平 | 33 | 书　ɕy |
| 阳　平 | 13 | 殊　ɕy |
| 上　声 | 41 | 许　ɕy |
| 阴　去 | 55 | 恕　ɕy² |
| 阳　去 | 21 | 树　ɕy² |
| 入　声 | 24 | 述　ɕy² |

### 石家庄六个县声调表 ·4·

| 县名<br>调值<br>调类 | 平山 | 建平 | 获鹿 | 赞皇 | 元氏 | 灵寿 |
|---|---|---|---|---|---|---|
| 平声 | 21 | 43 | 55 | 54 | 42 | 21 |
| 上声 | 55 | 55 | 34 | 55 | 55 | 55 |
| 去声 | 51 | 31 | 31 | 31 | 212 | 42 |
| 入声 | 34 | 34 | 13 | 34 | 34 | 23 |

### 高安（老屋周家）方言声调表 ·5·

| 阴平 55<br>阳平 24 | 上声 42 | 阴去 33<br>阳去 11 | 阴入 3<br>阳入 1 |
|---|---|---|---|

说明：轻声在外。

### 广州方言声调表 ·6·

| 声调 | 例字 | | | | |
|---|---|---|---|---|---|
| 上阴平　55 | 诗 ʃi | 遮（名） tʃɛ | 分（名）fan | 灯 taŋ | |
| 下阴平　53 | 私 ʃi | 遮（动） tʃɛ | 分（动）fan | 登 taŋ | 淹 jim |
| 阳平　11 | 时 ʃi | | 坟 fan | | 盐 jim |
| 阴上　35 | 史 ʃi | 者 tʃɛ | 粉 fan | 等 taŋ | 掩 jim |
| 阳上　13 | 市 ʃi | | 愤 fan | | 染 jim |
| 阴去　33 | 试 ʃi | 借 tʃɛ | 粪 fan | 凳 taŋ | 厌 jim |
| 阳去　22 | 事 ʃi | 谢 tʃɛ | 份 fan | 邓 taŋ | 艳 jim |
| 上阴入　55 | 识 ʃik | 唧（语气词）ɛk | 拂 fat | 德 tak | |
| 下阴入　33 | | 隻 tʃɛk | | | 醮 jip |
| 阳入　22 | 食 ʃik | 席 tʃɛk | 佛 fat | 特 tak | 叶 jip |

### 都昌（土塘）方言声调表 ·7·

| 阴平 33 标飘昏<br>阳平 35 梅魂驼<br>上声 351 表每粉 | 阴去 15 辈对做<br><br>阳去 313 倍妹退 | 阴入 5 蜜发滴<br>低入 1 踢触僻<br>阳入 3 罚敌贼 |
|---|---|---|

说明：轻声在外。

**注释：**

① 王力先生认为"中国汉语共有四个声调，即平声、上声、去声、入声。入声是和鼻辅韵尾的韵母相配的，即：ŋːk；nːt；mːp。"《汉语史稿》，中华书局 1980 年 6 月版。

② 宗福邦同志认为"把入声列为声调，与平声、上声、去声相配并非是《广韵》音系声调配合关系的真实反映，而是一种历史性的失误。"《论入声的性质》，载中国音韵学研究会编《音韵学研究》第一辑，中华书局 1984 年 3 月版。

③ 见赵诚《中国古代韵书》，中华书局 1979 年 10 月版。

④ 见熊正辉《南昌方言的声调及其演变》，载《方言》1979 年第 4 期。

⑤ 见贺巍《济源方言记略》，载《方言》1981 年第 1 期。

⑥ 见袁家骅《汉语方言概要》，文字改革出版社 1983 年第二版。

⑦ 见刘俊一《关于〈中原音韵〉的入派三声问题》，载《齐鲁学刊》1980 年第 1 期。

⑧ 见颜森《高安（老屋周家）方言的语音系统》，载《方言》1981 年第 2 期。

⑨ 见宗福邦《关于广州话阴平调分化问题》，载《中国语文》1964 年第 5 期。

⑩ 见陈昌仪《都昌（土塘）方言的两个特点》，载《方言》1983 年第 4 期。

⑪ 为了便于说明问题和印刷，所列表格的形式与引用原来表格略有出入，并且将原来所用五度制标调法其调型调值一律改用数字表示。

原载《山东师大学报》1986 年第 2 期

# "入派三声"论

　　《中原音韵》一书的"入派三声"问题是音韵学界分歧较大、争论较多的一个老问题。几十年来，许多学者深入研究、探讨这一问题的真谛，但至今没有得到统一的认识。为了有助于这一公案的解决，笔者也谈点个人看法。本文共论述以下三个问题。

## 一、关于"入派三声"的考证

　　"入派三声"问题长期得不到统一认识的原因之一，在很大程度上与考证这一问题的观点、方法有关。观点正确，方法得当，自然就有助于这一问题的解决。笔者认为，在考证这一问题时，应注意以下 3 个问题。

### （一）应把对《中原音韵》一书的研究与对当时实际语音的研究区分开

　　一般说来，一部韵书的语音系统就是某一时、地的语音系统的反映。我们可以通过该书的语音系统了解某时、地实际的语音系统。但二者又不完全是一回事。一部韵书的音系是指就韵书本身的材料归纳出来的语音系统，对它的论证，只能取证于它本身的材料。它可能与实际语音完全相符，也可能与实际语音有一些出入；它可能是单一的语音系统，也可能是照顾若干方言特点、带有某些综合性的语音系统。而实际语音的语音系统则是某一时、地人们用以交际的口头语音系统，对它的论证除取证于韵书的材料之外，还可取证于同一时期的其他音韵材料，诸如通假、韵语等。根据实际需要，我们完全可以把此二者分开进行讨论，而把二者的联系作为另外一个问题进行单独讨论。但当前有些论著却往往把此二者混在一起讨论，以致造成概念不清、论题转移等失误。请看下面这段论述。

> 如忌浮同志写了《〈中原音韵〉无入声内证》一文，从周书本身寻找入声读作其他三声的证据。……根本没有看到周氏在书中所分析、评论的，都是从入声字进入词曲制作中的用法来着眼的……这样的内证再多都不足以证明《中原音韵》时就是没有入声①。

很明显，宁忌浮先生是在证明《中原音韵》一书没有入声的，和"《中原音韵》时"有无入声完全是两回事。而作者却以"《中原音韵》时"有入声去反驳《中原音韵》无入声的论点，结果只能是越反驳越说不明白。

把对《中原音韵》一书的研究和对当时实际语言的研究区分开，可以针对不同研究对象采用不同的材料和研究方法。如研究《中原音韵》一书的音系，就可单纯使用该书所具备的材料，采用以内证为主的方法，不用管当时的实际语言如何（因为这是另外一个问题）。而研究当时的实际语言的音系则首先要弄清哪个方言是代表它的实际语言，然后才可以根据有关材料进行考证。而考证实际语言所用的材料和方法与考证《中原音韵》又有所不同，除使用《中原音韵》一书的资料外，还可以利用该方言的其他资料，采用多角度论证的方法。这样分别考证，能排除其他因素的干扰，使问题研究得更渗透、更彻底。

## （二）把所指入声韵与入声调的研究区分开

我们平常所说的入声是具有双重特性的，一是指韵母形态上具有塞音韵尾，一是指在声调上具有独立的声调。我们研究《中原音韵》的入声是指其韵母呢，还是指其声调呢？还是二者兼而指之？这个问题各家所指也不一致。综合起来可分三种：一种认为入声还保留喉塞音尾，如陆志韦、方孝岳先生；一种认为入声还保留独立调类，如杨耐思先生；一种认为入声既保留喉塞音尾，又保留独立声调，如李新魁先生。

入声韵和入声调尽管有时表现出密切的联系（如带塞音尾的入声其声调往往短促），但二者毕竟不是一回事。入声韵是就入声在韵母上的特点而言的，入声调是就入声在声调上的特点而言的。因此，对入声韵的考证与对入声调的考证所用的材料与方法也不相同。对入声韵的考证可以从音质音位、韵母、韵部的角度进行立论或驳论；对入声调的考证可以从非音质音位、声调的分化、合并及词曲格律等角度进行立论或驳论。这样才能论述清楚。但有些论著并非如此。请看下面这几段论述：

> ……宋元之世，入声韵大概已经失去 -p -t -k 尾，变为喉塞尾，在韵母的音色上与阴声韵相去不远，而在调值上也与平声相近（但还有不同）……

> ……虞集明明说"入声直促，难谐音调"，用得不好，便有"拘拗之病"，可知当时入声尚与平上去三声不同。

> 周书在体例上以入声分列，确是说明入声的独立存在。

> ……从《蒙古字韵》中的入声看来，它确已丢失了 -p -t -k 等韵尾，在韵母上与其他阴声韵字相同，但在调值上却仍然自成一类。

> ……因此，我们可以下结论说，《中原音韵》音系中的声调，实际上应有阴平、阳平、上声、去声和入声五种声调。

可以看出，这几段文字之间的关系是立论、论证和结论的关系。第一段是立论部分，有两个论点：一是入声收喉塞尾，一是入声声调自成一类，第二三四段是论证部分，其内容都是论证入声声调的。第五段是结论部分，也是只谈入声的声调。仿佛经过这几段的论述，两个论点都已经解决了。其实，对《中原音韵》的入声为什么是收喉塞尾这一论点并没作出什么论证。甚至第四段的论述为证明入声调类的独立存在，还否定了自己提的入声收喉塞音尾的论点。这种以对入声调的论证代替对喉塞音尾的论证的方法，显然不能彻底说明问题。只有将《中原音韵》入声的塞音尾问题和声调问题分别立论，并分别作出专门、确凿的论证，才是解决问题的有效方法。

### （三）严格掌握类比论证的条件

类比（又称"类推"）当然是一种论证问题的方法，但我们在运用这一方法时，要特别注意这一方法的条件，尤其是对语音这种现象。语言是约定俗成的，这种"约定俗成"与时间、地点有密切关系。违背了这两个条件就难免使自己的论证出现偏差。下面对类比欠妥的两个具体问题作些分析。

（1）关于用"以入代平"类比"入派三声"问题

请看下面这段论述：

> 前辈作词制曲，将入声字派入其他三声来应用，完全是一种传统习惯的因袭，是宋元时代文人制作韵文时的一种方便法门。……"入派三声"既不是自周德清始，也不自关、郑、白、马始，其渊源实有所自。曲韵中的以入派三声，实是继承词韵的"以入代平"等作法而来。宋词的成规已表明入声字可以代替平声字。

这一说法有三点不妥，第一点，宋代的"以入代平"是作词时在词律允许的前提下的一种权宜之计，是为数极少的个别现象，而"入派三声"则是全部入声字成系统地进入了平、上、去三声。这里有个"量"的对比。语音演变也有个由量变到质变的问题，这是我们不能不考虑的。全部入声字都已进入平、上、去三声，这说明入声作为单独调类存在的语音条件已经不复存在。否则，周氏为什么不把上声派入平、去、入三声呢？第二点，出现的频率不同。虽然我们没有用计算机将宋代入声字"以入代平"的频率统计出来，但从阅读宋词和元曲的直观感觉中也能判定，元曲"入派三声"的频率要比宋代的"以入代平"高得多。第三点，韵书对这两种现象的反映有本质的差别。戈载《词林正韵》与周德清《中原音韵》是分别反映宋词用韵和元曲用韵的。但对入声的排列却大不相同。《词林正韵》入声五部单列，而《中原音韵》则将全部入声字分列于九个阴声韵之后，这就说明《中原音韵》中入声已不能以自己在语音上的特点而独立存在了。所以，用宋代的"以入代平"去类比已经发生了根本变化的元代的"入派三声"显然是不合适的。

（2）关于用其他韵书、韵图类比《中原音韵》问题

　　有的同志拿同时期的甚或明清时期的一些韵书、韵图和《中原音韵》进行比较，打算通过这种比较来说明《中原音韵》入声的存在。如举有《蒙古字韵》《古今韵会举要》《洪武正韵》《五方元音》等。为了说明这种论证的可靠性，还特别强调这些著作都是"反映当时中原一带的共同语音的"，并且都有入声存在等等。

　　这种类比有两点不妥。第一点，对用来类比的几种材料之间的重大差异没有作出解释。如《蒙古字韵》入声塞音尾完全失落，变成了阴声韵，但比它晚出的《洪武正韵》却又出现了十个入声韵，这是为什么？用这两个材料是说明《中原音韵》有入声韵呢？还是说明没入声韵？又如明末清初樊腾凤的《五方元音》有入声，但同时期的《重订司马温公等韵图经》却没有入声，这又怎么解释？这种用于类比论证的材料其入声的有无本身就不一致，怎么能用来类比《中原音韵》就有入声呢？第二点，宋元时期"中原"一词的含义包括整个黄河中、下游地区。这一地区的河南、河北、山西的某些县市至今保留入声，在元代应当更是如此。同样是写反映中原语音的韵书，覆盖面可以大一些，也可以小一些；可以写有入声的方言，也可以写没入声的方言。所以，同样是标榜所写为"中原之音"的韵书，既可以是覆盖面大的（或曰综合性大的），也可以是覆盖面小的（或曰综合性小的）；既可以是有入声的，也可以是没入声的。这就是说，《蒙古字韵》《洪武正韵》等书虽有入声，但不能说明中原一带的实际语言都有入声，当然也不能说明《中原音韵》一书也一定有入声。如果我们因为写"中原之音"的韵书多数有入声就要求《中原音韵》一书也有入声，让有入声之韵书的数量来决定《中原音韵》一书入声的有无，那就犯了一个逻辑上的错误。我们没理由因为三匹马中有两匹是白马，就说第三匹也一定是白马。

## 二、关于"入派三声"的性质

　　"入派三声"这种现象说明《中原音韵》已经没有入声，既没有了入声韵，也没有了入声调。下面分别论述。

　　先看入声塞音韵尾的失落。

　　《中原音韵》共分十九韵，其中阴声九韵，阳声十韵，不列入声韵，而把全部入声字分列于九个阴声韵之后。这就说明入声字已经失掉了塞音韵尾。变成了阴声韵。否则，为什么不像《词林正韵》那样把入声列成独立的韵呢？

下面再从该书的注音上看。"支思"韵"入声作平声"两空周氏分别注上了音：

涩瑟<sub>音史</sub>　　　塞<sub>音死</sub>

注音用的是直音法。这说明"涩瑟"与"史"同音，"塞"与"死"同音。这一方面给这三个入声字注明了声调，另一方面也给这三个字注明了韵母，说明这些入声字已失去塞音尾而变成了阴声。

从元曲的押韵也可以看出入声塞音尾的消失。元曲中，古入声字同阴声字互相押韵。（这种材料虽不是《中原音韵》无入声韵的内证，但因该书的入声是从元曲中收集起来的，所以，用这些材料完全可以验证该书入声的性质。）如：白朴《醉中天》押"在灾来白太腮"，《驻马听》押"洁斜遮雪也月"，张可玖《锦登白》押"霞鸦画花纱喋抹"，马志远《四块玉》押"侧斋在载来"，乔吉《玉交枝》押"下雅画家花蜡发马"，关汉卿《碧玉箫》押"题溪宜篱醅杯极济归醉"，张养浩《胡十八》押"到朝饶了着道"，曹德《三棒鼓声频》押"也写赊些说月夜热杰雪遮捨社折节"，无名氏《四季花》押"日离湿低宜"，《三番玉楼人》押"马纱煞骂他杂家咱抓罢"，《乔捉蛇》押"蛇蝎着彻结跌"。大批入声字和阴声字相押，说明这不是"合韵"，而是入声字失落了塞音尾变成了阴声。如果这些入声字还收塞音尾，不管这塞音尾是什么形态，都不能和阴声韵相押。

下面再看入声调类的消失。这个问题我们从四个方面进行论述。

## （一）从书中论述来看

《中原音韵·正语作词起例》第4条：

> 平上去入四声——《音韵》无入声，派入平上去三声。前辈佳作中间，备载明白，但未有以集之者。今撮其同声。或有未当，与我同志改而正诸。

《起例》第 25 条：

> 无入声，只有平上去三声。

虞集序：

> 以声之上下分韵为平仄，如入声直促，难谐音调，成韵之入声悉
> 派三声，志以黑白，使用韵者，随字阴阳，置韵成文，各有所协，则
> 上下中律，而无拘拗之病矣。

李祁序：

> 盖德清之所以能为此者，以其能精通中原之音，善北方乐府，故
> 能审声以知音，审音以类字。而其说则皆本于自然，非有所安排部置
> 而为之也。

周德清说得很明确，《中原音韵》没有入声。

虞集说得也很明确，声调"直促，难谐音调"的入声，派入三声以后，
则押韵协律，"无拘拗之病矣。"

李祁说得更清楚，周氏对各种字的归类完全是根据语音的实际情况，
完全是"本于自然"，并不是人为的"安排部置"。这种对字的归类，当然也
包括对入声字的归类即"入派三声"了。

### （二）从该书撰作体例上看

《中原音韵》将全部入声字以"入声作平声"、"入声作上声"、"入声作
去声"的名目分列于九个阴声韵平声、上声和去声之后，说明入声字已经分
别进入了这三个声调。如果这些入声字还保留独立声调，它就能和平声、上
声、去声平分秋色，就不会被分别排在三声之后。（至于这些字仍被分别排
在一起，没有和平上去的字混排，那是因为入声初派三声，很多人还认识不
到，分别排在一起，有特别指明、以引起注意的作用。这个问题，后面还要

详细论述。）另外，入声字被分别排在三声之后，说明这些入声字的声调要分别读同其他三个声调。如果它还保留独立的声调，怎么能读成另外的三个声调呢？所以，从该书撰写体例上看，只能说明入声已经没有独立声调。否则，以上问题就得不到合理解释。

### （三）从元曲入声字的平仄归类来看

平与仄是语言的声调在诗文格律中形成的两大分野。一个字平仄归类的变化标志着它的声调的变化。下面举出两组七言律句，第一组是《中原音韵·起例》所列唐人律句②，第二组是笔者搜集的元曲律句③。两组每一句里都对应有入声字。我们看这两组律句里入声字在平仄上有何不同。

（1）泽国江山入战图　第一：泽字，无害。

红白花开烟雨中　第二：白字。

瘦马独行实可哀　第三：独字。若施于"仄仄平平仄仄平"之句则可，施于他调皆不可。

人生七十古来稀　第四：十字。

点溪荷叶叠青钱　第五：叠字。

刘项原来不读书　第六：读字。

凤凰不共鸡争食　第七：食字。

（2）石笋参差太华峰　第一：石字。

黄鹤送酒仙人唱　第二：鹤字。

稽首疾忙归去来　第三：疾字。

日暖蜂蝶便整齐　第四：蝶字。

长江万里白如练　第五：白字。

撩云拨雨二十年　第六：十字。

对酒当歌且快活　第七：活字。

第（1）组和第（2）组被注出的七个字都是《广韵》入声字，第（1）组只有照入声调去读才成为律句，而第（2）组如果再照入声调去读就不再是律句、只有读成平声才能成为律句。这说明，这些字已由原来的入声调变成了平声调。所以第（2）组的七个字都被《中原音韵》收在"入声作平声"里。而（1）组的七个字也被《中原音韵》列在《起例》第25条"作词十法"之五"入声作平声"之下。这说明周氏的"入声作平声"是有实际语言根据的。

### （四）从"派入"的真正含义来看

《中原音韵·正语作词起例》第4条有"《音韵》无入声，派入平上去三声"一句话。其中"派入"一词竟然成了某些同志认为《中原音韵》有入声的证据之一。其理由是"派入"不等于"并入"。"派"有"分派、派遣"之义。这些入声字既然是被分派到三声去的，因而也就使得"入声的归派带有认为的性质，不是入声归并的必然。"因而"周氏的归派（特别是派入上声的字）实在是可以怀疑的，它能否代表实际语言的真实情况是不很可靠的。"我们认为，把"入派三声"说成是"周氏的归派"，并说"带有人为的性质"，实在是对周氏的大不公道，因为这些入声字在"前辈佳作中间"本已是分别作了平上去三声的，周氏只是"撮其同声"，收集到一起而已。周氏所谓的"派入"的实质是指明这些入声字被"派入"之处即是它们各自所由来之处，也就是说，周氏的"派入"只是还了《中原音韵》入声字的"庐山真面目"而已，怎么能把这种现象说成是周氏人为的归派呢？如果真是周氏人为的归派，根据这些入声字在元曲和某些方言里竟然得到验证的情况④，那就等于承认周氏有预测入声字发展演变规律的能力。这岂不是对周氏的过分赞誉么？另一方面，把得到验证的周氏的"入派三声"说成是"不很可靠的"、"可以怀疑的"，这又岂不是对周氏的过分贬斥么？

笔者认为，对"派入"一词应从它反映的语音现象的实质来理解，不应从它的表面意义——特别是"派"字的表面意义来理解。"派入平上去三声"与"并入评上去三声"都是"进入平上去三声"的意思。

## 三、"入派三声"与实际语言的关系

"入派三声"与实际语言的关系当前有两种观点，一种认为当时实际语言中入声已经消失，"入派三声"反映了当时入声的实际情况；另一种认为当时"实际语言中确还有入声存在"，"周氏的分派（特别是派入上声的字）实在是可以怀疑的，它能否代表说际语言的真实情况是不很可靠的。"这两种意见长期不能得到统一，其原因，笔者认为主要是由于对这个"实际语言"的含义没有取得一致的认识的缘故。

《中原音韵·起例》第5条明确指出："呼吸言语之间还有入声之别。"这说明当时的实际语言确实存在入声。问题在于这个实际语言究竟指的是哪个地方的语言。（而这一点周氏又偏偏没有指明。）当然，直至今日，属于"中原"地带的山西、河南、河北的某些县市还有入声，可以肯定，元代"中原"一带也会有入声的。但，是不是"中原"一带全部都有入声呢？这就是几十年来一直被忽视的问题的关键所在。

笔者认为，元代中原一带有的地区固然有入声存在，但也有的地区确实消失了入声。此说可以从三个方面得到证明。

1. 大都诸贤嗤《广韵》入声为鸠舌之音。《中原音韵·起例》第20条："不尔，止依《广韵》呼吸，上去入姑置不暇殚述……如此呼吸，非鸠舌而何？"这是周氏记录他和大都诸贤谈论音韵的一段话，说明大都诸贤所推崇的中原之音没有入声。

2. 元曲中大量的入声字与非入声字相互押韵（例见本文之"二"）。元曲是用当时实际语言写成的，这一点已成共识。这就说明当时有的实际语言入声确实已经消失了。否则，元曲的语言就成了无本之木。尽管这个没有入声的语言具体是哪个地方的语言还没有得到充分证明，还没取得一致的认识，但，它的存在是怎么也否定不了的。

3. 元曲中的假借字有不少是入声字与非入声字互借。王硕荃先生在《论元杂剧的同音假借》（载《语言研究》1994年增刊）一文中写道：

> 本文分析《三十种》中4种剧的假错字、词语，发现有两点十分重要。一是曲词是假借字，绝大多数不在韵脚上，还有一些在宾白里。正字或借字尽管包括不少方音影响的因素，却仍然基本属于《中原音韵》同一个韵部，出韵的现象都是极个别的……二是正字和借字都有一些是古入声字，它们分别是"入作阳"、"入作上"、"入作去"各声字，即入声深入了三声，如同《中原音韵》反映的入声字的性质。

> 所举例字有（前字为正字，后字为借字）：藉—记、义——、则—子、

嘱—哇、试—识、粗—出、斯—拾（笔者按：后两组应是出于平饶舌不分的方言）。

如果"中原"一带不存在已消失了入声的语言，这样的假借就不会出现。

以上论述说明，当时"中原"一带的语言确实存在两种情况：有的还保留入声，有的已消失了入声。

所以，笔者认为，说当时实际语言还有入声者，没有错：说当时实际语言已无入声者，也没有错，原因是这两种说法指的不是同一个"实际语言"。

那么作为《中原音韵》一书所反映的是哪一种语言呢？这就要看该书的音系和哪种语言更相符合了。我们已经论述过，该书本身的音系是没有入声的，那么它反映的实际语言当然就是哪种没入声的语言了。正如李祁在序言中说的："盖德清……能审声以知音，审音以类字。而其说皆本于自然，非有所安排部署而为之也。"

最后谈谈明清诸儒对"入派三声"的非议问题。

周氏的"入派三声"遭到明清诸儒不少人的非议。如有的说他"为胡人传谱"（徐渭《南词路》），有的说他"枉字徇腔"（毛先舒《韵白》）等。应该怎样看待对周氏的这些非议呢？

笔者认为，这些非议主要是因为这些人对"入派三声"不理解，而具体因素主要又有两个：第一是"首倡"的因素。一种新的语音现象的出现，首先发现并认识的人毕竟是少数，一时认识不到，不能理解的则是多数。汉语平上去入四声有着很长的历史，在人们的头脑中已形成一种习惯认识。周德清首先提出《中原音韵》无入声，入声派入平上去三声，是汉语声调上的一大变革。对这种大的变革有些人一时不能理解，完全是正常现象。众所周知，南朝周捨首先发现四声时，连梁武帝都"雅不信用"，当梁武帝问他"何谓四声"时，他也只好用"天子圣哲"四字来解释，不正说明这个道理吗？第二个因素是"体验"的因素。对某种语音现象既不能从资料上、理论上去认识，又不能从自己的方言上去亲身体验，就往往产生偏颇之见。如清代古音学家孔广森研究上古音时，由于自己方言中没有入声，不知入声为何物，竟谓"入声创自江左，非中原旧读"（《诗声类》卷一）。徐渭指责"入派三声"是"为胡人传谱"也不无这种因素。今天，我们有了科学的语言学理论的指导，再把"入派三声"说成是周氏人为的、主观的归派就太不应该了。

**注释：**

①李新魁：《〈中原音韵〉音系研究》第五章第一节，着重号是笔者加的。以下引用该书内容，不再注出。

②第一句是曹松的诗，平仄格式为：仄仄平平仄仄平。第二句是杜牧的诗，平仄格式为：平仄平平平仄平。第三句是曹橹的诗，平仄格式为：仄仄仄平平仄平。第四句和第五句都是杜甫的诗，平仄格式为：平平仄仄仄平平和仄平平仄仄平平。第六句是章碣的诗，平仄格式为：平仄平平仄仄平。第七句是胡曾的诗，平仄格式为：仄平仄仄平平仄。

③第一句摘自乔吉《酒旗儿》，平仄格式为：平仄平平仄仄平。第二句摘自马志远《金盏儿》，平仄格式为：平平仄仄平平仄。第三句摘自无名氏《秋江送》，平仄格式为：平仄平平平仄平。第四句摘自周德清《喜春来》，平仄格式为：仄仄平平平仄平。第五句摘自周德清《塞鸿秋》，平仄格式为：平平仄仄平平仄。第六句摘自乔梦符《混江龙》，平仄格式为：平平仄仄仄平平。第七句摘自阿里西英《凉亭乐》，平仄格式为：仄仄平平仄仄平。

④参见徐明轩《胶东方言"清入归上"反映〈中原音韵〉特征吗》，《信息咨询》1993年第11期。

原载《山东师大学报》1995年第1期

# 谈聊斋俚曲"知""庄""章"的音值及演变

　　《聊斋俚曲集》是清初著名文学家蒲松龄用山东淄川方言写成的，共收集俚曲 15 篇，约 60 万字，是研究 17 至 18 世纪淄川方言十分宝贵的历史资料。通过对聊斋俚曲语音的研究，不但能够看出三百年前淄川方言的语音特点，还能够看出它是怎样因受济南强势方言的影响而由"胶东方言型"演变成"非胶东方言型"的①。这一演变过程从知、庄、章三组声母的演变中能比较充分地显示出来。这不但对因方言接触产生的音变规则的研究很有意义，而且对山东方言史的研究也是很有意义的。

　　聊斋俚曲知、庄、章三组声母并没有完全合流，而是分成两类的，二等为一类，声母读 tʂ tʂʻ ʂ；三等为一类，声母读 tʃ tʃʻ ʃ ∅。下面从三个方面对这一问题进行论证。

## 一、从现代山东方言知、庄、章的读音来看

　　这个问题需从"日"母的读音谈起。

　　按照读音的特点，"日"母在山东方言可分成两大类，一类为止摄开口字，如"儿耳二"，简称"儿类"；另一类为非止摄开口字，如"日让入"，简称"非儿类"。在山东方言非儿类"日"母的读音与知、庄、章的读音有着很强的对应关系，所以我们就以非儿类"日"母的读音为坐标来观察知、庄、章的读音特点。我们看到，在山东方言，凡是非儿类"日"母读零声母

的方言，其知、庄、章的读音都分成两类，一类读舌尖音 tʂ 或 ts，另一类读舌叶音或舌面音。读舌尖音的多为二等字，读舌叶音或舌面音的多为三等字。如：

| | | | | |
|---|---|---|---|---|
| 青岛 | 争 tʂ- | 馋 tʂʹ- | 疏 ʂ- | |
| | 蒸 tʃ- | 缠 tʃʹ- | 书 ʃ- | 日 Ø- |
| 烟台 | 争 ts- | 馋 tsʹ- | 疏 s- | |
| | 蒸 tɕ- | 缠 tɕʹ- | 书 ɕ- | 日 Ø- |

和青岛方言读音基本一致的有威海、荣成、诸城、胶南、平度、莱州、海阳、蓬莱、日照等，和烟台方言读音基本一致的有牟平、东明等。可以看出，具有这种特点的除东明外，多属胶东方言。为叙述方便，本文把这种类型的方言称作"胶东方言型"。

下面我们再看非儿类"日"母读舌尖声母 ʐ z | 的方言，这类方言绝大多数其知、庄、章的读音为舌尖音。[②] 如：

| | | | | |
|---|---|---|---|---|
| 济南 | 争 tʂ- | 馋 tʂʹ- | 疏 ʂ- | |
| | 蒸 tʂ- | 缠 tʂʹ- | 书 ʂ- | 日如 ʐ- |
| 菏泽 | 争 tʂ- | 馋 tʂʹ- | 疏 ʂ- | |
| | 蒸 tʂ- | 缠 tʂʹ- | 书 ʂ- | 日如 |- |
| 博山 | 争 tʂ- | 馋 tʂʹ- | 疏 ʂ- | |
| | 蒸 tʂ- | 缠 tʂʹ- | 书 ʂ- | 日如 |- |
| 聊城 | 争 ts- | 馋 tsʹ- | 疏 s- | |
| | 蒸 ts- | 缠 tsʹ- | 书 s- | 日如 z- |

就非儿类"日"母的读音来看，与济南方言一致的有泰安、新泰、阳谷、临清等；与菏泽一致的有东平、德州、宁津、无棣、利津、潍坊、临沂、郯城等；与聊城方言一致的有济宁、枣庄、曲阜等。与博山方言一致的有寿光、章丘、临朐等。这些方言知、庄、章的声母或读舌尖前音，或读舌尖后音，都属舌尖声母。由于这些方言都不属于"胶东方言型"，本文把这种类型的方言称作"非胶东方言型"。

这种把"日"母分成"儿类"与"非儿类"的做法也符合聊斋俚曲"日"母的情形。我们已经知道，在聊斋俚曲中非儿类"日"母也是读零声母的[①]，那么，根据这一特点可知聊斋俚曲的语音也应是属于"胶东方言型"的。我们在考察一个方言的语音演变时，应该特别注意这个方言的环境，即该方言周边方言的状况，因为方言环境对一个方言的语音演变往往会产生很大影响。当一个方言与周边方言类属基本一致时，在没受到特殊条件影响的情况下，它很少违背周边方言语音演变的基本规则而出现某种奇特的音变现象。淄川方言东临胶东方言，西靠济南方言，三百年前，它应或属"胶东方言型"，或属"非胶东方言型"，二者必居其一。但我们已经知道它的非儿类"日"母那时是读零声母的，是属"胶东方言型"的，这就可以断定，那时它的知、庄、章的读音也应是属"胶东方言型"的，二等与三等也应是分成两类的。

## 二、从聊斋俚曲韵脚字的通假与《日用俗字》的注音来看

聊斋俚曲与《日用俗字》都是蒲松龄用淄川方言写成的，都能反映当时淄川方言的语音状况，具有同等的史料价值，因而在我们研究聊斋俚曲的语音时，两部分材料都可以使用。

先看聊斋俚曲韵脚字通假的例子。

1. 章母三等与生母三等通假，如：

①一口气不来瓜打了，竹篮打水一场空，可才大家没蛇弄。《墙头记·第四回》

按："蛇"，章母三等，与"啥"通假。"啥"是"嘎"的后起字。"嘎"，生母三等，在用作疑问代词时，后来写作"啥"。

2. 澄母三等与章母三等通假，如：

②我就从来爆仗性，受不得气，顾不得命。《禳妒咒·第一回》
③我一时爆墇性，你也骂的尽够了。《俊夜叉》

按："杖"，澄母三等，与"墇"通假。"墇"不见于字书，是后起的形声字，当与"章"同音。

3.崇母三等与禅母三等通假，如：

④ 骂狠贼我与你何愁何怨？《富贵神仙·第六回》

按："愁"，崇母三等，与"仇"（禅母三等）通假。

4.澄母三等与庄母三等通假，如：

⑤ 我劝歪人不用歪，阎王不怕你性子㑇。《姑妇曲·第三回》
⑥ 两畜生这样诌，前生和我有冤仇。《墙头记·第二回》

按："㑇"，澄母三等，与"诌"（庄母三等）通假。

5.彻母三等与初母三等通假，如：

⑦ 蝴蝶儿被狂风飘，花枝儿趁月影摇。《蓬莱宴·第十一回》
⑧ 得着人叫声爷爷，好打衬这裘马厅堂。《翻魇殃·第十一回》

按："趁"，彻母三等，与"衬"（初母三等）通假。
可以看出，上面的例子都是三等字与三等字通假，不杂二等字。
下面再看《日用俗字》注音的例子。
1.二等注二等例
1）知、庄自注例（括号里的字为注音字）

| | | |
|---|---|---|
| ① 棹（罩） | 《木匠章》 | 知二／知二 |
| ② 眨（扎） | 《身体章》 | 庄二／庄二 |
| ③ 黟（插） | 《皮匠章》 | 初二／初二 |
| ④ 靫（插） | 《裁缝章》 | 初二／初二 |
| ⑤ 差（叉） | 《赌博章》 | 初二／初二 |
| ⑥ 轈（抄） | 《堪舆章》 | 初二／初二 |
| ⑦ 嚓（察） | 《堪舆章》 | 初二／初二 |
| ⑧ 铡（查） | 《庄农章》 | 崇二／崇二 |
| ⑨ 刞（沙） | 《木匠章》 | 山二／山二 |

⑩ 箷（山）　　　　　《木匠章》　　　　山二/山二

⑪ 疝（讪）　　　　　《疾病章》　　　　山二/山二

2）知、庄互注例

① 搁（争）　　　　　《器皿章》　　　　知二/庄二

② 挓（查）　　　　　《器皿章》　　　　知二/庄二

③ 偡（挣）　　　　　《争讼章》　　　　知二/庄二

④ 蚓（扎）　　　　　《昆虫章》　　　　知二/庄二

⑤ 磋（砟）　　　　　《庄农章》　　　　知二/崇二

⑥ 垞（查）　　　　　《庄农章》　　　　橙二/庄二

⑦ 鬙（挞）　　　　　《身体章》　　　　庄二/知二

⑧ 铛（撑）　　　　　《菜蔬章》　　　　初二/彻二

⑨ 疰（茶）　　　　　《泥瓦章》　　　　崇二/橙二

⑩ 萫（茶）　　　　　《皮匠章》　　　　崇二/澄二

⑪ 褚（茶）　　　　　《裁缝章》　　　　庄二/澄二

2. 三等注三等例

① 轴（逐）　　　　　《身体章》　　　　澄三/澄三

② 腗（肘）　　　　　《饮食章》　　　　澄三/知三

③ 痔（智）　　　　　《树木章》　　　　澄三/知三

④ 粑（参）　　　　　《器皿章》　　　　山三/山三

⑤ 绤（扯）　　　　　《木匠章》　　　　昌三/昌三

⑥ 跡（扯）　　　　　《堪舆章》　　　　昌三/昌三

⑦ 谌（成）　　　　　《堪舆章》　　　　船三/禅三

⑧ 撷（述）　　　　　《争讼章》　　　　禅三/船三

2）知、庄、章互注例

① 稙（质）　　　　　《庄农章》　　　　知三/章三

② 蒋（指）　　　　　《裁缝章》　　　　知三/章三

③ 瘝（止）　　　　　《疾病章》　　　　知三/章三

④ 忡（冲）　　　　　《疾病章》　　　　初三/昌三

⑤ 脛（执）　　　　　《身体章》　　　　澄三/章三

⑥ 屺（室）　　　　　《泥瓦章》　　　　崇三/书三

⑦ 毈（串）　　　　　《器皿章》　　　　　初三 / 昌三

⑧ 蹰（串）　　　　　《石匠章》　　　　　初三 / 昌三

⑨ 燊（身）　　　　　《庄农章》　　　　　山三 / 书三

⑩ 忏（闯）　　　　　《身体章》　　　　　章三 / 初三

以上材料显示，不管是知、庄、章的自注例还是互注例，都是二等字给二等字注音，三等字给三等字注音，二者泾渭分明。

不过也有少数二三等字互相注音的例子，如：

① 扠（揣）　　　　　《饮食章》　　　　　彻二 / 初三

② 爡（察）　　　　　《饮食章》　　　　　彻三 / 初二

③ 桃（朝）　　　　　《赌博章》　　　　　澄二 / 澄三

④ 戳（掇）　　　　　《赌博章》　　　　　庄二 / 知三

⑤ 殿（臻）　　　　　《争讼章》　　　　　章三 / 庄二

如何解释这种现象呢？这是因为聊斋俚曲知、庄、章所有的字在语音演变中不可能完全同步，有的超前些，有的滞后些，这应是正常的现象。现在淄川方言知、庄、章已完全合流，除了"日"母读 [1] 声母外，其余都读成了卷舌声母。根据词汇扩散理论，我们完全可以认为上举"揣爡朝掇殿"五字那时已率先与二等字合流，读成了卷舌声母，所以能够跟二等字互相注音。

这种部分三等字率先与二等字合流的现象，方言中例证很多。比如在"胶东方言型"中，"庄三"就已经率先与"庄二"和"知二"合流，声母变得完全相同。下面举出几个方言的例子：在青岛、平度方言里，"庄"（庄三）的声母已与"找"（庄二）、"站"（知二）相同，都读 tʂ（烟台、牟平则读 ts），"疮"（初三）的声母已与"窗"（初二）、"拆"（彻二）相同，都读 tʂʹ（烟台、牟平则读 tsʹ），"愁"（崇三）的声母已与"巢"（崇二）相同，也都读 tʂʹ（烟台、牟平则读 tsʹ）。这说明，在这些方言里，"庄三"已与"庄二""知二"合流（实际上是并入了二等）。看到这些现象后，我们再看聊斋俚曲一小部分三等字率先与二等合流就不觉得奇怪了。

还有一例需要讨论，即：

鳍（赊）　　（器皿章）　　　知二 / 书三

此例似乎有些问题，现代淄川方言"鳍"读塞擦音，不读擦音；"赊"

读擦音，不读塞擦音。如果"艚"按照注音字"赊"的声母读成擦音，那它又是怎样变成现在的塞擦音的呢？很难做出合理解释。笔者怀疑"赊"很有可能是"踪"字之形误，因为"踪"是澄母二等字，且与"艚"字韵母相同，正符合二等字自注例的条件。

总之，从《日用俗字》的注音可以看出，知、庄、章二三等字分注占绝大多数，二三等字互注占极少数，而且这极小部分的互注现象也能得到合理解释。二三等在分注、互注方面表现出来的在字数分布上的这种悬殊性，充分显示了它们的声母在音值方面的差异。

# 三、从语音系统特点看

考察一个历史方言的某些声母，必须考虑到这个方言的音系特点以及这些声母在这个音系中的地位。我们拟定的任何一个声母的音值都应与它所在音系的特点相协调。

山东方言，凡是"日"母读舌尖音的，章组其他声母也都读舌尖音，例外很少（已见前文）；凡是"日"母读零声母的，"日"母都是拼细音的，而章组其他声母也保持了拼细音的特点。下面列出几个方言的部分例字（声调略）：

| | 招 | 章 | 出 | 神 | 绍 | 日 | 入 |
|---|---|---|---|---|---|---|---|
| 威海 | tʃiau | tʃiaŋ | tʃ'y | ʃin | ʃiau | l | y |
| 荣成 | tʃiau | tʃiaŋ | tʃ'y | ʃin | ʃiau | l | y |
| 牟平 | tɕiao | tɕiaŋ | tɕ'y | ɕin | ɕiao | l | y |
| 烟台 | tɕiao | tɕiaŋ | tɕ'y | ɕin | ɕiao | l | y |

有以上这种特点的方言虽然不多，但却能说明"日"母读了零声母仍能和章组其他声母在拼细音上保持一致性，从而显示出了章组声母演变的系统性。

我们已经知道，聊斋俚曲中的非儿类"日"母不光是读零声母，而且也是只拼细音的[①]，从而就可以推知，其章组的其他声母也应是拼细音的。这一方面能得到像威海、烟台等方言的支持，另一方面也有聊斋俚曲中"知三章"的字拼细音韵母的例子凭证。如："住"是澄母三等字，"诸主"是章母三等字，"出处"是昌母三等字，"入"是日母三等字，在聊斋俚曲中都是入"鱼模"韵的。但"住"却能与"知妻衣戚去"通押（第2711页）②，"诸"却能与"妃姬弟计迷"通押（第3159页），"主"却能与"欺德意亏替"通押（第3240页），"出"却能与"衣矩趣吁许"通押（第2690页），"处"却能与"嗤知旗惧揖"通押（第3253页），"入"却能与"机西跐去"通押。这种"鱼模"韵与"支齐"韵通押的现象说明这些字是读"鱼模"韵中的[y]韵母的，否则是不能与"支齐"韵通押的。

这说明，和现代"胶东方言型"的特点一样，聊斋俚曲的非儿类"日"母在语音系统方面也显示了与知、庄、章三等较为一致的特点。如果那时二三等完全合流，这种现象就不会出现。

以上我们从三个方面论证了聊斋俚曲知、庄、章二三等尚未完全合流的问题。音类的不同取决于音值的差异。既然知、庄、章二三等仍有区别，那么它们的声母就应该有所不同。

前面我们在介绍聊斋俚曲的方言环境时已经说明，二三等有别的方言是属于"胶东方言型"的。在这些方言里，二等的读音虽然都读成舌尖音，但又分成两类，一类读舌尖前音，如烟台方言；一类读舌尖后音，如青岛方言。三等的读音也分成两类，一类读舌面音，如烟台方言；一类读舌叶音，如青岛方言。我们又知道，聊斋俚曲的语音是属于"胶东方言型"的，那么它的二等字就只能或读舌尖前音，或读舌尖后音；它的三等字就只能或读舌面音，或读舌叶音，不可能再有其他情况出现。我们现在要解决的，一是让二等字读舌尖前音还是读舌尖后音的问题，二是让三等字读舌面音还是读舌叶音的问题。笔者认为，二等字的声母应该读舌尖后音 tʂ tʂ' ʂ，三等字的声母应该读舌叶音 ʧ ʧ' ʃ，"日"母读零声母，理由如下：

现代淄川方言知、庄、章已全部合流，除"日"母读 l 外，其他都读成了舌尖后音。可以认为聊斋俚曲二等字声母的音值一直没变，一直读 tʂ tʂ' ʂ。这种现象也能得到方言的支持，如青岛、胶南、诸城、平度等方言的"知二庄"都读成舌尖后声母，可看作是聊斋俚曲二等字声母读音的旁证。反之，如果认为聊斋俚曲二等字的声母是舌尖前音，对照现代淄川方言的读音就会出现一个没法解释的问题，即三百年前的舌尖前音是怎样变成现代的舌尖后音的？这既得不到合理的解释，也得不到方言的支持。

由 ʧ ʧʻ ʃ 到 tʂ tʂʻ ʂ 这是三等演变的路子。走完这个路子要经过两个阶段。第一，介音的消失。上面已经说过，聊斋俚曲的三等是拼细音的，也就是说，其舌叶音后面还有介音 i 存在。从聊斋俚曲到现代淄川方言，首先要完成三等介音消失的过程。这个演变过程能得到许多方言的支持。现代属"胶东方言型"的不少方言，凡是三等读舌叶音的，其舌叶音未变，其介音有的已经消失。如：（声调略）

|  | 招 | 超 | 绍 | 绕 | 软 |
|---|---|---|---|---|---|
| 青岛 | ʧɔ | ʧʻɔ | ʃɔ | iɔ | ỹã |
| 诸城 | ʧɔ | ʧʻɔ | ʃɔ | iɔ | ỹã |
| 平度 | ʧɔ | ʧʻɔ | ʃɔ | iɔ | ỹã |
| 蓬莱 | ʧau | ʧʻau | ʃau | iau | ỹan |

毫无疑问，以上四个方言知、庄、章拼洪音的现象代表了知、庄、章三等字演变的一个阶段，由聊斋俚曲的舌叶音到现代淄川方言的舌尖后音，也应曾经经过这样一个阶段。山东方言舌叶音既能拼细音、又能拼洪音的特点为其介音的首先消失提供了有利的条件。

第二，舌尖的上卷。舌叶音成阻于舌面前部与硬腭的接触，而舌尖后音则成阻于舌尖与硬腭的接触。由舌叶音演变成舌尖后音，其舌位移动要比舌面音演变成舌尖后音小得多，因而会更加容易，更具合理性。只有在舌叶音丢掉介音，并且彻底变成舌尖后音时，整个演变过程才算彻底完成。这种变化不但能得到现代淄川方言的证明，也能得到其他方言的支持。威海方言新老派读音的差异就为这种变化提供了有力的佐证。下面把《威海方言志》中的一段论述列出：

老派读 ʧ ʧʻ ʃ 声母，新派读近似 tʂ tʂʻ ʂ，但新派发音不到位，舌位在 ʧ 和 tʂ 之间，舌尖略上翘，例如：

|  | 猪 | 烧 | 针 | 展 | 丈 | 超[3] |
|---|---|---|---|---|---|---|
| 中老年 | ʧy$^{53}$ | ʃiau$^{53}$ | ʧin$^{53}$ | ʧian$^{312}$ | ʧiaŋ$^{33}$ | ʧʻiau$^{53}$ |
| 青少年 | tʂy$^{53}$ | ʂiau$^{53}$ | tʂin$^{53}$ | tʂian$^{312}$ | tʂiaŋ$^{33}$ | tʂʻiau$^{53}$ |

威海方言新派的读音无疑代表了知、庄、章演变的另一个层面，在介音消失之后，舌叶音即将变成舌尖后音。

下面把知、庄、章由聊斋俚曲变为现代淄川方言的模式列出：

|  | 聊斋俚曲 | 淄川方言 |
|---|---|---|
| 知庄二等 | tʂ tʂʹ ʂ → | tʂ tʂʹ ʂ l |
| 知庄章三等 | tʃ tʃʹ ʃ ø ↗ | |

**注释：**

① 详见拙文《谈〈聊斋俚曲集〉"日"母的音值及演变》，《中国语文》2005 年第 4 期。

② 页数据盛伟编《蒲松龄全集》统编页数，下同。

③ 见徐明轩、朴炯春《威海方言志》，[韩国] 学古房发行，1997 年，第 21 页。

**参考书目：**

董绍克：《谈〈聊斋俚曲集〉"日"母的音值及演变》，《中国语文》2005 年。

李炎：《〈聊斋俚曲集〉和〈日用俗字〉语音研究》，硕士毕业论文（打印稿），2000 年。

徐明轩等：《威海方言志》，[韩国] 学古房 1997 年。

殷焕先主编：《山东方言志》，山东人民出版社 1993 年版。

孟庆泰等：《淄川方言志》，语文出版社 1994 年版。

张树铮：《清代山东方言语音研究》，山东大学出版社 2005 年版。

原载《蒲松龄研究》2010 年第 3 期

# 为什么"乱七八糟"不说"乱七糟八"

　　用数字形容某种程度之深，是四字格成语中常见的现象。按照正常语义搭配关系，成语中数字的位置或者都在其他语素的前面（如"三番五次"），或者都在其他语素的后面（如"丢三落四"）。而"乱七八糟"这个成语中的数字却是一个在后（如"七"），一个在前（如"八"），这就违反了四字格成语语义搭配的正常格式。于是它的结构属于四字格成语结构的哪种类型就成了问题。至今尚未见到有人对此做出解释，有的甚至认为今天已无法分析它的结构。

　　诚然，"乱七八糟"的结构确实有些乱七八糟，一下子认识清楚并不那么容易，但还不至于无法分析。

　　要对这一成语的结构作出说明，必须从分析四字格成语的格律着手。由于汉语是有声调的语言，且又多为一字一音，因而讲求格律便成了汉语修辞的一个重要手段，以便造成抑扬顿挫的音乐美。这种手段不但表现在汉代的律赋、六朝的骈文、唐代的律诗中，也表现在四字格的成语中。在四字格成语中的表现可分两类八式：

　　仄收类。其中又分四种格式：

　　①平平仄仄式，如：

　　花天酒地　招降纳叛　丢三落四　光天化日

　　②仄平仄仄式，如：

　　手无寸铁　引狼入室　老当益壮　五花大绑

③平平平仄式，如：

听天由命　东张西望　心甘情愿　多才多艺

④仄平平仄式，如：

坐观成败　有天无日　自投罗网　百无聊赖

平收类。其中又分四种格式：

①仄仄平平式，如：

万水千山　一往情深　入地无门　马到成功

②平仄平平式，如：

天打雷轰　从善如流　才貌双全　三五成群

③仄仄仄平式，如：

气象万千　手到病除　不打自招　五内俱焚

④平仄仄平式，如：

年富力强　时不再来　坚定不移　身体力行

如果对以上格律的各个类型作进一步观察，就会发现，仄收类二四两字的声调一直是平仄两调，平收类二四两字的声调一直是仄平两调；而无论是仄收类或是平收类，一三两字的声调则平仄无定。可见四字格成语的格律也同律诗一样，即"一三不论，二四找齐"，也就是说，四字格成语一三两字的声调可平可仄，但二四两字的声调必须平仄相对。据此我们又可把以上的"两类八式"概括为如下两个类型：

A 型：平平仄仄

B 型：仄仄平平

从历史看，四字格成语从不定型到定型并且大量形成的时代是宋元以后。在它的形成过程中，格律的要求一直在发挥着重要作用。这可从两个方面看出：

# 一、从四字格成语初期使用情况看

有一些成语初形成时并无固定的说法与结构。一个成语有时同时存在几种说法。人们在使用它们时可以任意选用。不过我们惊奇地发现，尽管几种说法各不相同，但都遵守着一个共同的规则，那就是格律的规则。下面举出《水浒传》中部分四字格成语的使用情况：

先看"同心协力"这个成语。《水浒传》中"同心协力"有多种说法，如"协力同心""同心共意""同心协助""同心协意""齐心并力""竭力同心""同心合意""同心聚力"。

这九个同义成语尽管说法各异，但都符合格律的要求，除"竭力同心""协力同心"属 B 型外，其他七种说法都属 A 型。

再看"心惊胆战"这个成语，它的不同说法有"心惊胆裂""胆丧心寒""胆寒心碎""胆颤心寒"。同样，这五个同义成语尽管说法各异，但都符合格律要求。除"胆颤心寒""胆丧心寒"属 B 型外，其他都属 A 型。

还有"魂飞魄散"这个成语，它的不同说法有"魄散魂离""魄丧魂飞""魂消魄散""魂消魄丧"。同样，这五个同义成语尽管说法各异，但都符合格律要求。除"魄散魂离""魄丧魂飞"属 B 型外，其他都属 A 型。

这类现象还有很多，不再列举。

## 二、从四字格成语演变情况看

成语结构在使用过程中往往发生一些变化。这些变化很多是受了格律的影响。比如《水浒传》中也有些四字格成语并不符合格律要求。像"金子言语""天地诛灭"。但这些成语现在都改变了说法，"金子言语"变成了"金玉良言"，"天地诛灭"说成了"天诛地灭"。我们看到，变化以后的说法完全符合了格律的要求。这说明，这些成语的变化与格律的要求应该有密切的关系。

格律的要求对某些四字格成语结构产生了显著影响，这种影响有时甚至可使成语结构违反语义搭配的常规格式。这就涉及现实中成语使用的某些现象了。

我们看"披头散发"这个成语。它的意思是披散头发，用以形容头发散乱。从结构上看，它第一个层次是两个动宾结构，第二个层次是一个并列结构。这没什么问题。但要从语义搭配上看就有些问题了。"散发"的意思还比较清楚，"披头"是什么意思？这不能不是个问题。既然有问题，为什么不直接说成"披散头发"而非要说成"披头散发"呢？一个重要的原因就是为了适应格律的要求。因为"散"是个去声字,"发"是个入声字,二者都属于仄声。说成"披散头发"不符合格律要求,所以要说成"披头散发"以适应四字格成语格律的 A 型。

为了适应格律的要求而改变成语内部组合的现象,方言中也有。"亲戚"和"朋友"是经常在一起连用的两个词,在普通话中还没合在一起构成一个成语,但在广州方言中二者却联合构成了一个成语。不过它们的联合并不是二者的简单相加,而是经过一番改造,说成了"亲朋戚友"。为什么要进行改造呢?原因也很明显,那就是为了适应格律的需要。因为"戚"是入声字,"友"是上声字,二者都属于仄声,说成"亲戚朋友"不符合格律要求,所以要说成"亲朋戚友"以适应四字格成语格律的 A 型。

现在我们再回过头来看"乱七八糟"的结构。根据前面我们谈到的数字在成语中的常规位置,如果按照四字格成语语义搭配的正常格式,就应该说成"乱七糟八"。因为"七"在"乱"的后面搭配了"乱"字,那么"八"就应该在"糟"的后面搭配"糟"字。但是如果这样,这个成语就不符合格律的要求了,因为"七"和"八"都是入声字。为了适应格律的要求了,"八"和"糟"的位置就不能不来个调换。显然,调换后这个成语就能符合四字格成语格律的 B 型。所以,我们可以把"乱七八糟"看作是"乱七糟八"的变式。

四字格成语从开始形成,发展到现在,在结构上往往发生某些变化,其原因是多方面的,其中格律的影响是一个重要原因。

原载《语文建设》2000 年第 1 期

# 谈海峡两岸语音差异

海峡两岸由于长达几十年的分隔，虽然同种同文，虽然都在推行汉民族共同语，然而两岸的汉民族共同语不但名称不同（大陆称之为"普通话"，台湾称之为"国语"），而且语音也产生了一些差异。这些差异虽然还不至于影响两岸人民的交际，却也容易引起某种误解，不利于两岸日益发展的经济、文化等领域的交流。因而，研究两岸语音差异的诸种表现、形成原因及缩小乃至消除这种差异的措施就成了摆在我们面前的一个重要任务。

## 一、两岸语音差异的表现

### （一）从音节三分法来看

由于反切注音的影响，我们习惯把汉语的音节分成声、韵、调三部分。谈两岸语音差异问题也多从这三部分着眼分别进行观察。按照这种办法也确实能发现不少有意义的现象。比如两岸语音差异既表现在声母、韵母上，也表现在声调上。声母方面如"暴"的 b 之与 p（暴露），"吃"的 ch 之与 j（口吃），"堤"的 d 之与 t（河堤），"刽"的 g 之与 k（刽子手），"翮"的 h 之与 g（翎翮），"圾"的 j 之与 s（垃圾），"括"的 k 之与 g（括号），"蛲"的 n 之与 r（蛲虫），"慑"的 sh 之与 zh（慑怕）等。韵母方面如"腌"的 ā 之与 āng（腌臜），"钹"的 ó 之与 á（铜钹），"壑"的 è 之与 uò（沟壑），"柏"的

ǎi 之与 ó（松柏），"肋"的 èi 之与 è（肋骨），"烙"的 ào 之与 uò（烙印），"坯"的 ī 之与 ēi（土坯），"崖"的 yá 之与 yái（山崖），"唷"的 yāo 之与 yo（哼唷），"湮"的 yān 之与 yīn（湮灭），"聘"的 ìn 之与 ìng（聘任），"槟"的 īng 之与 īn（槟郎），"括"的 uò 之与 uā（包括），"会"的 uài 之与 uì（会稽郡），"刽"的 uì 之与 uài（刽子手），"癣"的 ǔǎn 之与 iǎn（皮癣），"栉"的 ̀i 之与 ié（栉比）等。声调方面如"播"的 bō 之与 bò（播音），"雌"的 cí 之与 cī（雌雄），"锏"的 jiǎn 之与 jiàn（杀手锏），"逮"的 dài 之与 dǎi（逮捕）。普通话能读轻声的字比国语多出许多倍。因而普通话词语中的轻声多数对应国语的四声。

但是，两岸声、韵、调之间的这种差异只是些少数的零散现象，并不具备系统性和普遍性，不能推演。比如"暴""吃"只有分别在"暴露""口吃"中其声母才具备这种差异，在"暴""吃"构成的大量的其他词汇如暴行、残暴、吃饭、吃香中就没有这种差异。韵母和声调方面的差异情况基本也是如此。

在一个字音中，两岸声、韵、调的差异交叉出现的现象相当普遍，有的声母韵母都不同，有的声母声调都不同，有的韵母声调都不同。但声韵调三者都不同的则数量不多。

利用音节的声、韵、调三分法虽然能观察到两岸的某些语音差异，但其大小的程度很难做出量化分析，声韵调三者各自表现出来的语音差异为何又各不相同也难做出准确解释。要解决这些问题，需要另想办法。

## （二）从音节九分法来看

音节九分法实际上就是音素分析法。一个音节可分成声母、韵头、韵腹、韵尾、阴平、阳平、上声、去声和轻声九个音素。每个音素都能构成语音差异。即使是零声母、零韵头、零韵尾也照样如此。如"浣"的 huàn 之与 wǎn、"粘"的 zhān 之与 nián、"崖"的 yá 之与 yái。如果我们能把语音差异在音节中占有的音素数量找出来，就能求出二者的比值，两岸语音差异的大小也就显而易见了。

为了解决这个问题，我们需要引进"词汇语音差异"这一范畴。其实，编纂"两岸词典"的学者们已经在编纂实践中运用了这一范畴。他们把语音有某种差异的词称作"读音不同的词"并在注音时另作技术处理。从应用的角度来看这样做当然有道理。因为音节只有构成词才有意义，才能进入交际。

"两岸词典"是研究两岸语音差异的重要依据材料，因而也就有人以词为单位对两岸语音差异进行考察。据廖新玲（2010）对《两岸现代汉语常用词典》的统计，存在读音差异的词条共 1952 个。其中声、韵、调完全不同的 55 字次（字数与次数），声韵不同的 50 字次，声和调不同的 73 字次，韵和调不同的 149 字次，声母不同的 91 字次，韵母不同的 199 字次，声调不同的 1421 字次。

由于廖氏把韵母中某一个音素的不同皆称作韵母差异，所以我们可以认为韵母的统计数字堪称音素的统计数字。这样，该词典 1952 个词条中有差异的音素的总数就可以计算出来。算式如下：

$$55 \times 3 + 50 \times 2 + 73 \times 2 + 149 \times 2 + 91 + 199 + 1421 = 2420$$

再用下面的算式求出每个词条中所含差异音素的数量：

$$2420 \div 1952 = 1.24$$

我们还需要求出每个词条所含音节的个数。据统计，具有语音差异的 1952 个词条中共有 4083 个音节，显然每个词条所含音节的个数是 2.1，那么每个音节所含差异音素的数量自然也就是 0.6 了。我们已经知道每个音节有九个音素。可以看出，在这 1952 个词条范围内，有差异的音素只占整个音素的 15 分之 1。

该词典共收字词 53000 条（按：廖氏对有语音差异词汇的统计包括字头），共有 111300 个音节。该词典每个音节所含差异音素的数量自然是 0.022。将此数与 9 相比就可以看出，有差异的音素只占整个音素的 409 分之 1。也就是说，两岸人民在进行交际时每用 409 个音素就有一个音素是有差异的。

至此，我们不但对两岸语音差异的大小程度做出了量化分析，而且也能对声、韵、调三者各自表现出来的语音差异为何各不一样做出准确解释。九分法告诉我们，声母只有一个因素，韵母有三个因素，声调有五个因素。可见声母只有一处能构成两岸语音差异，而韵母则有三处，声调则有五处。三者构成语音差异的几率声调最高，韵母次之，声母最弱。这就是三者分别构成两岸语音差异的数量声调最多，韵母次之，声母最少的音理依据。

### （三）从两岸语音差异的语义分布来看

两岸语音差异的语义分布可从词汇和义位两个层面考察。

从词汇层面进行考察我们仍以《两岸现代汉语常用词典》为依据。该词典共收字词 53000 条，有语音差异的仅有 1952 条，约占总词汇数的 27 分之 1。

从义位层面进行考察难度较大，因为语义系统是个开放系统，词典作者对义位的分合、取舍有一定伸缩性，所以对两岸语音差异的语义分布很难做出精确的量化分析，只能做出大概的比较。

在有语音差异的 1952 个词条中并不是所有的义位都有语音差异，而是有的有差异，有的就没差异。下面分两种情况介绍。

1.语音差异覆盖一个词的全部义位。如：

粘 zhān ㄓㄢ／ㄋㄧㄢ nián（1）有黏性的东西附着在别的物体上或者互相胶合。（2）粘上，牵连。（按：字后面的注音，斜线之前是普通话的读音，斜线之后是国语的读音，下同）。

这个"粘"有两个义位，全被覆盖。

2.语音差异覆盖一个词的部分义位。如：

挑 tiǎo ㄊㄧㄠˇ（1）引动；支起。[例]～眉｜～起窗帘。（2）用细长或尖形的器具拨动。[例]～刺｜～灯。（3）煽动；逗弄。[例]～战｜～拨是非。（4）刺绣针法。用针挑起经线或纬线，将针上的线从下穿过。[例]～花｜～锦字。（5）弹奏乐器的指法，手指向外反拨。（6）汉字的笔画"提"。

挑 tiǎo ㄊㄧㄠˇ/tiāo ㄊㄧㄠ担负；担任。[例]～大梁。

这个"挑"有七个义位，前六个两岸语音都相同，唯有最后一个不同。其覆盖率只有七分之一。

我们知道，像"粘"这样语音差异覆盖一个词的全部义位的现象为数很少，大部分是语音差异只覆盖一个词的部分义位。如果再把这种现象放在 53000 个词的全部义位的背景下去观察，可以看出语音差异对语义的覆盖率是何等的微小了。

以上我们从三个方面考察了两岸语音差异的表现特点，这些特点完全可以用两个字来描写——"微小"。这就是现有的语音差异不能妨碍两岸人民交际的主要原因。

## 二、两岸语音差异形成的原因

两岸审音原则与方法不尽相同是两岸语音差异形成的主要原因。总的看来，大陆审音比较注重口语音，反映了当代北京话的实际读音，而台湾审音则比较注重传统音，距离当代北京话的实际读音较远些。之所以出现这种现象，与我国的国语运动史不无关系。1926 年在北京举行了全国国语运动大会。《大会宣言》指出：汉民族共同语"是自然的语言中之一种……就是北京的方言。北京的方言就是标准的方言……就是用来统一全国的标准国语。"以北京方言作为统一全国语言的标准语音无疑是正确的。但是 1937 年开始陆续出版的《国语词典》，其字、词注音虽然遵照北京话语音系统，但在处理文白异读时，偏于传统音，保留了很多文读音，而对人民群众的白读音则照顾不够；另一方面对个别词语读音又疏于细审，甚至把一些通行面不广的土音也作为标准音加以推广。例如"和"读 hàn，"午"读 huo，这种注音竟在台湾推广了几十年。

1955 年在北京召开了汉语规范化学术会议，会议指出：标准语是经过规范和加工的民族共同语，它要以北京话作为自身存在和发展的基础，但并非采纳北京方言里的全部内容，而要舍弃其中的土语、土音，同时又要不断地从其他方言里汲取营养，逐渐把所有有活力的、为它的发展所不可缺少的东西都采用到民族共同语里。从 1956 年开始，国家组织了专门机构对普通话的异读词进行审订，对北京话的土音作了甄别和剔除，从而规定了普通话的标准读音。

随着时间的推移，台湾当局看到，国语多音字虽然"各有其形成原因及历史背景，但随语言环境的改变，为求语音的学习与使用更加方便与正确，有些音的分化是否仍然有必要，实需作一些检讨"。于是由国语推行委员会组织了审音小组来负责推动国语正音的工作。"主要目标即为，希望将多音字加以整理，达成国音应用的标准化与简单化，以利教学与社会各界的使用"。审音小组虽然以常用读音为重对多音字进行了一番整理，但是由于两岸长期阻隔，台湾地区的语言工作者对近几十年北京话口语读音的变化不很了解，他们在给异读字审音的时候，其取舍标准与大陆很难达到一致，一方面往往按照传统音来折合，另一方面又保留了一些半个世纪以前的北京口语音。这样一来，两岸的语音自然就会出现一些差异。这些差异集中表现在1994年台湾公布的《国语一字多音审订表》与1985年大陆公布的《普通话异读词审音表》的不同上。

# 三、积极消除两岸语音差异

两岸语音产生差异是我们不希望出现的。缩小乃至消除这些差异，过去的历史让我们无奈，而当前的现实则让我们鼓舞。消除两岸语音差异前景光明。其一，我们有了良好的社会背景。随着两岸关系不断的良好发展，两岸经济、文化等领域的交流日益频繁，消除两岸语音差异已经成为两岸人民的共同愿望。这个大背景是我们取得成功的重要保障。其二，两岸有着坚实的语音基础。两岸的语音系统和拼写规则是一致的。两岸语音共性是主要的，起着主导作用。而语音差异的比率则极其微小。这种坚实的语音基础为我们取得成功铺成了康庄大道。其三，我们有着良好的合作同道。我们与台湾学者充分开展学术交流，共商对策。不仅关注语音差异的现实状况，而且注意避免差异的继续扩大；不仅指出问题的所在，而且拿出解决问题的方案与办法。这是我们取得成功的有利条件。有着良好的社会背景，有着坚实的语音基础，有着两岸学者的积极面对，两岸语音差异一定会逐渐缩小乃至消失。

**参考文献**

廖新玲：《海峡两岸现代汉语词汇读音差异比较研究》，《华侨大学学报》（社科版）2010年第1期。

李行健主编：《两岸常用词典》，高等教育出版社2012年版。

原载《黄典诚教授百年诞辰纪念论文集》，厦门大学出版社2013年10月

# 词 汇 卷

# 避讳语源流论略

人们对不愿说出的词语往往换用另一种说法来表示，这另一种说法就被称作避讳语。

避讳语是人们语言生活中不可缺少的部分。它不但关系到人们语言生活的质量，也影响着语言的变化，因而避讳语的研究不但具有历史学和民俗学的意义，更具有语言学的意义。

避讳语的研究除了陈垣《史讳举例》一书对中国历代人名的避讳作了全面的论述外，其他的并不多见。其实，对避讳语来说需要研究的问题很多。本文试对避讳语的内容、产生和流变三个方面的问题作些探讨。

## 一、避讳语的内容

避讳语的内容可分三类。

一曰"讳凶"。

趋吉避凶是人们共有的心理。因而凡是人们认为能给自己带来凶祸的，不管是人、是物、还是某种现象，都要进行避讳。比如"死亡"属于大凶，人们就使用了许多关于"死亡"的避讳语，从春秋时期的"殪""殁""殒命"之类，直到现代的"老了""不在了""去世了"等都是。不但人的死亡要避讳，就是与人息息相关的生物之死也要避讳。比如蚕农对蚕的避讳，浙江杭嘉湖蚕乡人们把"爬"说成"行"，是因为他们的方言"爬"与"扒"同音，

"扒蚕"就是把蚕倒掉,只有蚕死以后才会倒掉;把"笋"说成"萝卜"是因为"笋"与"伸"同音,蚕只有死亡之后才会伸直。(顾希佳,1986)山东方言把"蚕屎"说成"蚕沙",是因为"屎"与"死"音近(平翘舌不分者则音同)。

血液不但直接关系到人的生命,而且由于血液对人更具有直观性,所以古人对血的认识就更具特殊意义,因而也就出现了一些关于血的避讳语。如《医宗金鉴·八脉交会·八穴歌七任脉·列缺学主治歌》:"痔疮肛肿泻痢缠,吐红尿血咳嗽痰。"《聊斋·日用俗字·疾病章第十九》:"咯(可)嗽(嗖)吐红为大病,怔忡(冲)惊悸不能眠。"《红楼梦》五十五回:"谁知服药调养,直到三月间,才渐渐地起复起来,下红也渐渐止了。"山东方言至今讳"血"曰"红"。古人不但有讳血之语,而且有"血忌"之风。如王充《论衡·讥日》:"如以杀生见血,避血忌,月杀,则生人食六畜亦宜避之。"至于山东日照渔民把"帆船"说成"风船"、把"船帆"说成"船篷",广州人把"舌"说成"脷"、把"干"说成"膶"、把"空屋"说成"吉屋"、把"丝瓜"说成"胜瓜"、把"苦瓜"说成"凉瓜"等也都是为了"避凶趋吉"才这么做的。(麦耘等,1997)

二曰"讳尊"。

"讳尊"指对所尊敬的人的名字进行避讳。中国历代的皇帝与皇亲是讳尊的主要对象。前者如秦讳"正"改"正月"为"瑞月",汉讳"邦"改"协和万邦"为"协和万国",唐讳"民"改"民部"为"户部",宋讳"义"改"义兴"为"宜兴",清讳"玄"改"玄武门"为"神武门"。后者如刘秀的叔父刘良,封赵王,故改"寿良县"为"寿张县";唐高祖外祖名独孤信,武德二年改"信州"为"夔州"。另外还有"家讳"。如司马迁父名"谈",《史记·赵世家》改"张孟谈"为"张孟同"。(陈桓,1962)不过,"家讳"具有"讳凶"和"讳尊"双重性质。在原始社会,它与一般对死亡的避讳一样,具有"避凶"的意义,但后来由于"讳尊"意识的影响,这种避讳也就逐渐有了尊敬意义。

三曰"讳俗"。

人们为了追求语言生活的高雅,对一些粗俗不雅的词语往往进行避讳,其对象主要为关于生殖器官与生理现象的词语。如男人的外生殖器官被说成

"势""男阴""阳物"等，女人的外生殖器官被说成"女阴""阴户""下身"等；大小便被说成"解手""净手""更衣"等。其次是生活中不雅的词语，如为避讳"吃醋"之不雅而把醋说成"忌讳"等。

## 二、避讳语的产生

考察避讳语的产生涉及社会学、历史学、神学、民俗学、语言学等多个学科。这些学科对避讳语的形成都有一定影响，只是对不同的避讳语各学科所产生的影响有大有小罢了。本文在这里只指明与产生避讳语有关的因素，并不把考察的问题逐一作学科归类。

### （一）"讳凶"类避讳语的产生

此类避讳语我们举"死亡"和"血液"两词为例加以说明。

在原始社会，人的生存对自然界的依赖比现在不知要大多少倍。它们"不能将自己从自然界分化出来，那么它就把所有的自然现象看成是与自己相类似的活生生的有意识的生物，将自然现象的变化看成是自觉的行为活动。"（诺维科夫主编，1990）"万物有灵"是原始人很重要的观念。他们认为语言也是有灵的，而且这个灵物可以作为武器来使用，用这个武器能够惩罚敌人（这应是"诅咒"产生的语言认知根源）。反过来，这个武器如果用之不当，也会给自己带来凶祸。这种观念在原始社会应当是很普遍的。亚里斯在其《原始人的宗教》一书中有这样的描写："没有一个原始人给自己以死者的名字。名字也被埋葬了。他不能被人呼唤，不然，死者的生命力（引者按：在此指灵魂）就会跑来惩罚过错者。如果死者的名字同时是指一个物品或一只动物，那么就需改变这物品或动物的名字，当人们要说到它的时候，例如传道师陀勃里曹佛（Dobrizhofer）说，当他在巴拉圭（Paraguay）亚皮蓬族（Abipones）中居留七年的时期中，人们把豹的名字换了三次。但是，人们若要向死者的灵魂求助或询问，那么，呼出他的名字必然完成若干仪式，以息他的愤怒。"（薛曼尔，1990：24-25）这反映出原始人语言灵物崇拜的普遍性。

我国语言灵物崇拜的现象也很普遍，秦国的《诅楚文》、唐僧的"紧箍咒"，乃至现代贴在路旁的"治小儿夜哭歌"① 和陕西农村治鼠害的"摇鼠歌"②，都是这种观念的反映。

人们既然认为语言是个灵物，当然就不会拿它给自己招来凶祸，凡是认为说出来会给自己带来凶祸的词语，自然就要避讳。

但也有遇到这种情况的时候，某些词语所指的事物虽然不敢说出，但又非说出不可。遇到这种情况，原始人有两种做法，一种是在道及者名字之前加上表敬的词语，另一种做法就是利用其他词语来代替。如"在萨咯拉夫（Sakalove）及卑乞米拉加（Betsimiraka）族，对于死人的禁忌，更守的非常严酷，连死者的姓名都须尊敬，不准乱呼。如须道及死者时，不得称死者之名，只准称为'汤巴可拉希'（Tompokolahy）。'汤巴可拉希'即'先生'之意。北'倍乞列阿'（Betsileo）人说道同族中的死者时，则于其性命之前加一'莱佛罗那'（Raivelona），意为'活着的父亲'。又说到某人已死时，总是说：'他走了，塔罗掉了，他长眠了。'"（倍松 1990：44）

关于"死亡"的避讳语大概就这样产生了，其时代大约在原始社会末期。

关于"死亡"避讳语之所以较早产生，这与原始人对死亡有着超乎寻常的恐惧有关。下面两段文字可说明这个问题。

　　然而澳洲与非洲的野蛮人现在却要求他们的术士或教士预防生命力的丧失或夺取敌人身内的这种力量。他们谨慎地避免，不使自己身上的最小部分，如他们的头发、他们的手指甲或脚指甲落在别人的手中。为着同样的理由，他们用心地保存他们的所有，它们的名字，甚至他们的影子。由此我们应该承认，在工具创造者的时代，人也有一种幼稚的恐惧，他怕自己的生命力突然为他人所夺。如果我们想准确地判断他为保护本身与其社会单位之生命或延长这生命至可能的限度时所用的方法的价值，那么，我们的精神中必须时常记着原始人对于意外的死是怎样的惧怕。（薛曼尔，1990：9）

　　人死是对于全部落的一种大灾祸，非流血不可的。全部族举丧直到把尸首送到坟墓中为止。到了墓前，死人的近亲重新毁坏肉身，割成伤痕，并演出种种姿势表现死者的图腾及部落的历史。于是又有一

次会餐，大家取食图腾动物的肉，甚或食死人的肉。（倍松，1990：24）

从文献资料来看，我国关于死亡的避讳语春秋时期已很普遍。假如说《礼记·曲礼》之"天子曰崩，诸侯曰薨，大夫曰卒，士曰不禄，庶人曰死"是奴隶等级制度的产物的话，那么《国语·晋语四》"管仲殁矣，多谗在侧"之"殁"、《左传·定公八年》"（颜高）偃，且射子狙，中颊，殪"之"殪"、《左传·成公十三年》"天诱其衷，成王殒命"之"殒命"、《庄子·刻意》"圣人之生也天行，其死也物化"之"物化"、《荀子·君道》"人生不能不有游观安燕之时，则不能不有疾病物故之变"之"物故"等词语就不能说不是避讳使然了。从春秋时期此类避讳语数量之多、使用之广来推测，在春秋以前相当长的一段历史时期，这类避讳语就已经产生了。

下面再看关于"血"的避讳语的产生。

"血"的避讳语的产生与人们对"血"的特殊观念有直接关系。

在原始人看来，血液与生命的联系是最紧密的。据薛曼尔的研究，原始人认为血液包着灵魂，血液是生者与灵魂的联系线，只要领有某个人的一点血，就能支配他的生命力；只要让许多人流若干点血在同一所在，他们的灵魂就会由召唤相遇于这个地方。古树或者杀过衰败首领的巨石是共同之血的聚合处。这就是古人的所谓"圣树""圣石"的由来。在进化的过程中，这种血的聚合器被人改成移动的。游群迁徙的时候，带着它们走。靠着搬动的聚合器，人们不论在任何时期与任何地点都祈求祖先灵魂的帮助。这些移动的聚合器是旗帜、国旗与种种"神与我们同在"之物的雏形。后来，木质或石制的祭台，即神的宝座、祖先灵魂的住所代替了这些圣树与圣石。祭台跟血的古聚合器一样，在原始时代也洒着血，他还引用了《圣经》上的两段话：

在《圣经·摩西第三书》（3e livre de moise）第十七章中有这样的话："某一人，不论他是以色列族的或外邦的，若吃血，就使我扭头不看他，我在他的人民中间杀死他。因为身体的生命是在血中。"（薛曼尔，1990：10）

《圣经》（摩西书下——即出埃及记第二十四章）描写犹太人的立法

者，以何种方式实现耶稣与其人们的缔约。摩西把牺牲动物的血拿出一部分洒在祭台上，把剩下的部分洒在人民的身上说：这是上帝与你们立约的血。（薛曼尔，1990：33）

我们看到，圣树、圣石、旗帜、国旗、祭台、宝座等这些神圣之物都与血有着密切关系。

血包着灵魂的概念在古代的中国社会也很普遍。其表现有两种行为，其一，体现"生者用血与神灵联系"的行为，主要表现在古人的祭祀活动上。古人有所谓的"血祭"，如《周礼·春官·宗伯》："以血祭社稷、五祀、五岳。"正因为古人祭祀杀牲以荐神明，与神明进行沟通，所以也就有了神明食血的说法。如《左传·庄公六年》："若不从三臣，抑社稷实不血食，而焉取余？"这种用血与神灵联系的行为直至清末某些地区仍然存在，如玲子《自梳女：一个神秘的女人部落》一文就有这样的叙述："自梳女就是已属婚龄的女子，自己把发辫盘在头上梳成髻子，表示终身不嫁的意思，又称'梳起'。此风俗曾流行于清末民初蚕桑业比较发达的南海、顺德、三水等地区。自梳女不结婚也得择个良辰吉日，在亲友面前自己把辫子改梳为新妇发型，然后在神灵面前喝鸡血酒，立下终身不嫁的重誓。'梳起'之后终生不得反悔，父母也不能强其出嫁。日后如有不轨行为，就会被乡党所不容，遭受酷刑毒打后，捆入猪笼投河溺死。"（载《齐鲁周刊》42 期，39 页）其二，体现"只要领有某人的一点血，就能支配他的生命力"的行为主要表现在古人的结盟仪式上。古人有所谓的"歃血之盟"。如《穀梁传·庄公二十七年》："衣裳之会十有一，未尝有歃血之盟也，信厚也。"近代结盟饮血酒是古代"歃血之盟"的延续，如《说唐》二十四回："祝罢，众人举刀，在臂上刺出血来，滴入酒中，大家各吃一杯。"这种结盟仪式现代有些地方仍然存在，如范长江《陕北之行》："刘伯承对于西南情形很熟悉，还是他出来办交涉，和黑彝首领吃血酒，相约各不相犯。"不管是古代的"歃血之盟"，还是近代的"饮血酒之盟"，也不管喝的是牲血，或是人血，其目的都是一样的，那就是为了能支配对方的生命力，达到相互约束的目的。

对"血"的作用看得如此重大，如此奇特，应是人们对"血"实行避讳的认知根源。

随着社会的不断发展,"讳凶"类的其他词语,诸如上文所举"舌""干""帆"等的避讳语相继出现,本文不再逐一论述。

### (二)"讳尊"类避讳语的产生

由恐惧过渡到尊敬,是人们心理变化的模式之一,所以"讳尊"应是"讳凶"的直接延伸,尽管这种延伸同时也改变了它们的伦理关系。下面我们就来看这种延伸过程是怎样的。

原始人认为,死者的所有一切包括他的名字都属于忌禁。生者如果占据死者的遗产,就会激起他的灵魂的报复。原始人惧怕灵魂的例子可以举出很多。如"昆士兰(Queensland)的土人每年在他们茅舍周围鞭挞空气一次,借以驱逐死者的精灵;北美的红肤人在他们的住屋之前张布线网,不使漂游的灵魂走进他们的房子。……叔斯瓦族(Shuswass)的鳏夫和寡妇必须过一时期的躲避生活而且使他们的睡床绕着多刺荆棘。至于在北美的印第安人中,寡妇则需穿着草编的厚裤,借以脱免已死丈夫灵魂的性欲。"(薛曼尔,1990:20)语言拜物教的观念使原始人不敢随便呼喊死者的名字,这死者不管是首领还是一般成员。尽管这种避讳是处于对灵魂的惧怕,其主要意义还是"讳凶",但是,它同时也孕育了"讳尊"的胚芽。从发生学的角度说,这应是顾炎武在《日知录》中所说的"生曰名,死曰讳"的历史源头。

但是这种对首领和所有成员通用的避讳,随着社会的发展逐渐失去了它的一致性,进入图腾社会时期后,就出现了显著的分化。假如说在原始社会的早期,这类避讳还普遍地属于个体行为的话,那么到了图腾社会末期,避讳中的部分内容,比如图腾的名字,已开始由个体行为变为整个群体一致的行为了。这种变化的形成,应当归因于早期游群首领的特殊地位。

据薛曼尔的研究,原始社会的早期,由于食物的极度缺乏,遇到不好的季节偶尔食人的习惯大概是存在的。原始人认为牺牲者的生命力能够过给残存者。衰弱的首领是初民的首选对象,因为他们既做过首领,一定具有特别强大的生命力。(笔者按:在特殊季节分食其他衰弱成员的现象也是存在的。)他们还认为,牺牲者的生命力不应该由一个人单独占有,应该由全体成员共同占有,牺牲者的血肉应该由全体成员共同食用。

薛曼尔的这种说法应该是可信的,有很多证据能支持他的说法的正确性。请看下面的例子：

> 在马力纳西（Polynesie）（今译作"玻利尼西亚"——引者）群岛中，
> 尤其是在马凯斯群岛（Marquises）……在欧洲人未到以前，用人作牺
> 牲用以献给神明的事实很多，那种神明大概用木偶来代表。初发现群
> 岛的欧洲航海家称为"太平洋的海神"。但到了晚近，用人作牺牲的事
> 已渐渐少了。此种风俗据土人的解释，说是食了人肉，或者饮了敌人
> 或友人的血，就可以把被杀者的能耐、德性都占有了。此种说法与图
> 腾化身很近似。（倍松，1990：54）

这个例子印证了原始初民杀死衰败首领、占有他们生命力的观念是存在
的。而这种生命力应由全体成员共同占据的观念，可用下面的事实来印证：

薛曼尔把基督教一年一度的圣餐礼看成是继共同食人的牺牲和宗族成
员共分图腾动物之肉的遗风的文明表现。而在中国，畲族至今延续着祭祀图
腾的习俗。每年的正月初八，同宗的男女老幼同到宗祠祭祀本民族最古老的
祖先——盘瓠，并到主持者处吃中饭。（蓝荣清、钟发品，1981）清代皇帝
祭天之后，给诸位参祭的大臣分食不加作料的猪肉。（这是否说明满族的远
祖以猪为图腾，还待进一步考证。）

野蛮的礼节就这样变成了神圣的传习。

进入图腾社会以后，图腾动物就代表图腾与祖先。这样，遇着献祭与
聚餐的机会就可以不再杀戮衰败的首领而改用图腾的动物了。图腾社会的确
立对社会诸茅盾的解决无疑起到了巨大作用，得到了全体成员的拥护，因而
图腾动物也受到了全体成员的尊敬，图腾的名字成为人们的禁忌也就成为可
能。下面举出澳洲的一个例子：

在许多地方——例如澳洲——的部族中，发现所崇奉的兽类的尸体时，
往往为之服表，更有特为此种兽类举行非常隆重的葬仪的。又有别的部族则
对于直呼图腾的名称视为一种忌讳。在一切图腾社会中，如触犯上述的禁忌
时，都认为将有非常重大的灾祸，如死亡、瘟疫、天灾等，因为这是不可避
免的"报应"。（倍松，1990：5）

可以看出，由个体行为的避讳变为全体一致行为的避讳，应始于对图

腾动物名称的避讳。

　　既然这种避讳包含了尊敬的意义，那么部落的酋长、邦国的国王也就用强制的办法让自己的名字成为全体成员一致的避讳。如："在马来半岛有一种文字的禁忌，如对于国王——无论已死的或活着的——的名字，应加以忌讳。在马达喇斯加亦然，不但酋长之名不许称呼，连同一拼音的字亦在禁忌之列。如鳄鱼的名称'mamba'不许称呼，因为有一位酋长的名儿叫'Andiramamba'。说到国王时，必用许多别的话来替代，因此成了一种'切头'。但此种'切头'是短期地应用的，酋长死后或过了许多日子以后，就不通行。"（倍松，1990：46）

　　作为全体成员必须遵守的"讳尊"类避讳语就这样产生了。这种避讳与我国春秋时期对国王的避讳已十分相似。

　　我国史前的这种避讳已无法知道。但从文献记载我们可以看到，我国春秋时期这类避讳就已经十分普遍，而且成了一种固定的礼数。如《礼记·曲礼上》："礼不讳嫌名，二名不偏讳。逮事父母，则讳王父母；不逮事父母，则不讳王父母。"郑玄注："嫌名谓音声相近，若禹与雨，丘与区也。"《周礼·春官·小史》："若有事，则昭王之忌讳。"郑玄注引郑司农曰："先王死日为忌，名为讳。"不但春秋三《礼》中多有记载，就是先秦诸子也有论述。如《孟子·尽心下》："讳名不讳姓，姓所同也，名所独也。"据此，我们可以推知，春秋以前相当长的一段历史时期，这类避讳语就已经产生了。

　　先秦时期"家讳"的具体例子我们虽然一直没有看到，但《礼记·曲礼》有"入境而问禁，入国而问俗，入家而问讳"的记载，可见当时"家讳"已经产生。到了汉代才有了淮南王刘安在《淮南子·齐俗训》中为讳其父名"长"而将《老子》"长短相形"改作"短修相形"的记载。

### （三）"讳俗"类避讳语的产生

　　"讳俗"类避讳语的产生是社会文明发展到相当高的阶段之后的事，大致始于两汉。该类词语很多，本文只举人们经常遇到的几个加以说明。

　　"屎""尿"在春秋时期还未加避讳。如《庄子·知北游》："（东郭子）曰：'何其愈甚邪？'（庄子）曰：'在屎尿。'"到了东汉就不再言"屎""尿"，而只言"便"了。如赵晔《吴越春秋·勾践入臣外传》："越王因拜：'请尝大王之溲以决吉凶.'即以手取其便与恶而尝之。"又《汉书·张安世传》:"部有醉小便殿上,主事曰行法。"

排泄大小便,春秋时期谓"溲"。如《国语·晋语四》:"臣闻昔者大任娠文王不变,少溲于豕牢而得文王不加疾焉。"到了东汉就出现了"更衣"之说,如王充《论衡·四讳》:"夫更衣之室可谓臭矣,鲍鱼之肉,可谓腐矣。"逮至赵宋又被"解手"取代。如《京本通俗小说·错斩崔宁》:"叙了些寒温,魏生起身去解手。"到了元代又被"净手"取代。如《金元散曲·红绣鞋》:"这场事怎干休,唬得我摸盆儿推净手。"

与大小便有直接关系的当然就是"厕所"了。"厕所"春秋时期称"厕",如《左传·成公十年》:"(晋侯)将食,张,如厕,陷而卒。"如果说其后欧阳修《归田录》里称作"厕溷"、《水浒传》里称作"东厕"以及现代称作"厕所"是由于汉语词汇双音化趋势使然,那么《后汉书·党锢传·李膺》"郡舍溷轩有奇巧"之"溷轩"就应该看作"厕"的避讳语了。

男性外生殖器春秋时期称"朘",如《老子》:"未知牝牡之合,朘作,精之至也。"到了东汉便讳而称"势",如《太平御览》卷六四八引郑玄《尚书纬·邢德放》:"割者,丈夫淫,割其势也已。"女性外生殖器也是到了东汉才产生,如《说文》:"也,女阴也。"不过"也"用作"女阴"的用例,文献中还未见到。

# 三、避讳语的流变

随着社会的发展,避讳语在内容、形式等多方面都发生了变化,比较显著的变化有以下三个方面。

## (一)内容的扩展

避讳语的内容无论从义类的总体来看,还是从各个义类的具体情况来看,都有了很大的扩展。从义类的总体来看,由"讳凶"扩展到"讳尊",又扩展到"讳俗",通过上面的论述,基本上已经显示出来。下面只对各类的扩展情况作些探讨。

"讳凶"类避讳语的扩展大概沿着这样一条轨迹进行,即由关系到生命、死亡词语的避讳向非吉祥词语的避讳延伸。关于生命、死亡的避讳语上文已经作了分析，不再赘述，下面对一般非吉祥词语的避讳作些探讨。一般非吉祥词语的避讳语内容丰富，数量也多。如渔民驾船打鱼最怕翻船，所以凡是与"翻"同音的字皆予避讳，因而也就有了渔民把"帆船"说成"风船"，把"船帆"说成"船篷"的现象。广州人经商意识强，希求获利，担心蚀本，所以就把与"蚀"同音的"舌"说成与"利"同音的"脷"，称"猪舌"为"猪脷"，称"绕舌"为"绕脷"，称"舌苔"为"脷苔"，就连与猪舌形似的猪胰脏也被说成了"猪横脷"。广州人习以水喻财，有水则润，无水则干，所以往往将"干"字改成与"润"字同音的"膶"，称"豆腐干"为"豆腐膶"，称"担竿"（扁担）为"担膶"。又该方言"丝""输"同音、"空""凶"同音，所以称"丝瓜"为"胜瓜"，称"空屋"为"吉屋"。"苦"字不吉，就干脆把"苦瓜"说成"凉瓜"。山东齐河方言把"大蒜"说成"义和菜"，是因为该方言"蒜"与"散"同音，"散"字不吉。水饺煮破了，胶东人不说"破了"，而说"挣了"，是因为"破"字不吉。包子蒸裂了，日照人不说"裂了"，而说"笑了"，是因"裂"字不吉。尤其值得一提的是山东人岁数忌百，年龄至百或过百，仍要说成九十九岁，因而"九十九岁"便成了一百岁或更大 岁数的避讳语。究其来源，老百姓的解释固然多种多样，如阳谷说一百岁是河里的老鼋，临清说一百岁是老刺猬，黄县说一百岁是老驴等。但细考虑这种避讳，恐怕还是与社会的发展水平有关。旧社会，人民生活水平很低，求得温饱都不容易，人若老而不死，必然会给家庭、社会造成巨大负担，这对家庭、社会未必是件好事。这种意识从人们对活百岁的解释中也能显示出来，所谓"老鼋""刺猬""老驴"者，无一上品，足以使人避讳。当然，随着物质生活与社会文明的提高，这种避讳会逐渐消失，现在许多百岁老人不都上了电视吗？

　　"讳尊"类词语的扩展有两条轨迹可寻：其一，由国王避讳到一般势要避讳。前者上文已举多例，不再赘述，这里只对后者举出两例。如《儒林外史》三回："捷报贵府老爷范讳进高中广东乡试第七名亚元。"《儿女英雄传》十一回："请问有位安老太爷，讳叫做学海的，同尊客可是一家？"范进、安学海都有一定的社会地位，因而也进入了避讳的行列。其二，由死者避讳到生者避讳。死者避讳如《礼记·曲礼上》："卒哭乃讳。"郑玄注："讳，避也。

生者不相避名。"生者避讳如《魏书·高祐传》:"高祐,字子集,小名次奴,勃海人也。本名禧,以与咸阳王同名,高祖赐祐。"咸阳王是高祖之子,与高祐是同时代人。

"讳俗"类词语的扩展主要是从人的生殖器官和生理现象的避讳向生活类避讳延伸。前者上文已举不少例证,下面只举些关于生活类避讳的例子。山东方言把"醋"说成"忌讳"是为了避开"吃醋"一词的不雅,其实这种避讳早在明代就有了。如《恨海》四回:"五姐儿又端了一个碗进来道:'小姐胃口不好,加上点忌讳吧。'"又,俗称翁媳关系暧昧为"扒灰"。灶内时间长了,积灰多了,需要扒出,为了避开"扒灰"一词的不雅,阳谷把"扒灰"说成"掏灰"。"臭"也是个欠雅的词,尤其对食物而言。食品因一时吃不完而变得酸臭,阳谷说成"老味儿",临沂、平邑说成"熏",新泰说成"哄味儿",滨州、寿光说成"桑根",都是为了避讳。

### (二)形式的嬗变

避讳语形式的嬗变表现在以下三个方面:

1. 从词汇方面看,最早的形式是以"讳""谋"代名。如《礼记·王制》:"大史典礼,执简记,奉讳恶。"郑玄注:"讳,先王名。"《尚书·金縢》:"惟尔元孙某。"孔传:"元孙,武王。某,名。臣讳君,故曰某。"其后便出现了"同义代换"的形式。如《史记·秦始皇本纪》:"二十三年,亲王复召王翦使将击荆。"《正义》曰:"秦号楚为荆者,以庄襄王为子楚,讳之,故言荆也。"再其后又出现了"讳名同书"的形式,如《三国志·蜀书·先主传》:"先主姓刘,讳备,字玄德,涿郡涿县人,汉景帝子中山靖王胜之后也。"这种形式一直延续到清末。

2. 从词汇避讳与语音避讳的先后顺序来看,是先出现词语避讳,后出现语音避讳。词语避讳,以上举例皆属此类。语音避讳可从《广韵》音到现代音的演变中找出一些例子,如"玺",《广韵》斯氏切,按音变规律,北京音应读 $[s\eta^{214}]$,与"死"同音,为了避开"死"的读音,就变读成了 $[\varphi i^{214}]$。又如"入"字,《广韵》人执切,按音变规律北京音应读 $[z\underline{s}^{51}]$,与"日"同音。但该读音又常被作为骂人用语,为了避开这个读音,就变读成了 $[z\underline{u}^{51}]$。

　　这些语音的变读并不是被避讳名称本身的语音变读，而是其他词语为避讳该名称的语音而发生的语音变化。

　　3. 从词汇避讳与字形避讳的先后顺序来看，先出现词汇避讳，后出现字形避讳。字形避讳主要采用缺笔法③。此法，陈垣《史讳举例》卷一论之甚详，兹转引二例如下："避讳缺笔例始于唐。""乾封元年赠泰师孔宣碑……'愚智济民'，泯作泯。此为唐碑避讳缺笔之始见。以后缺笔之字渐多。"又《万岁登封祀坛碑》"葉作菜。……'葉'字之中'世'字犯讳，故改葉从云"。这种用缺笔法进行避讳的例子，文艺作品中也有，如《红楼梦》二回："雨村拍案笑道：'怪道女学生读至凡书中有"敏"字，他皆念作"密"字，每每如是；写的字遇着"敏"字，又减一二笔，我心中就有些疑惑。'"

### （三）自身的更新

　　时代的前进不断向避讳语提出新的要求，因而避讳语自身也在不断进行自我更新，特别是"讳俗"类词语更为显著，因为这类避讳语一经普及便顿生庸俗，人们很快就会用新的避讳语取代它。如大小便的处所，由春秋时期的"厕"到后来的"厕屋""厕溷""溷轩"，直到现在的"厕所"，更换得不可谓不多，但人们还是觉得欠雅，近来又改称"卫生间"。谁知这个雅号寿命更短，现在"洗手间"不是又开始取代"卫生间"了吗？与"厕所"有密切关系的"解手"一词，跟在"厕所"后面也不断变换自己的名称，先由"解手"换成"去厕所"，接着又换成"去卫生间"；现在"卫生间"变成"洗手间"了，它也只好时髦地又换成"去洗手间"了。由此可以推知，我们今天所谓的一些不吉不雅的词语，很久以前也许是很吉、很雅的避讳语；反过来，我们今天使用的认为很吉、很雅的避讳语，经过一段时间之后，也许又会被更吉、更雅的词语所代替。

　　避讳语的研究，取材历史跨度大，涉及学科多，只凭一篇文章很难论述得全面、细致。本文对此问题只能论其梗概，明其轮廓，不当之处还请同志们批评、指正。

注释：
　①歌词为"天皇皇，地皇皇，我家有个夜哭郎，行路君子念一遍，一觉睡到大天亮。"

② 歌词为"七粒粒，哗啦啦，老鼠养的瞎娃娃，十个出来九个瞎，剩下一个叫猫拉，猫不拉，双眼瞎。东堡子西堡子，老鼠养的没（么）肚子。东房子，西房子，老鼠养娃没肠子。东陵坎，西陵坎，老鼠养娃没屁眼。十个出来九个瞎，剩下一个叫猫拉，猫不拉，双眼瞎。"（刘乔华，1983）

③ 严格说来，所谓"缺笔法"的字形避讳并不属于避讳语的范畴，因为缺笔后的字，音义未变，没有造成避讳语的产生。之所以把它放在这里论述，只是因为它是实行避讳的一种方法。

## 参考文献：

倍松：《图腾主义》，上海文艺出版社（影印）1990 年。

陈垣：《史讳举例》，中华书局 1962 年版。

董绍克：《谈〈聊斋俚曲集〉"日"母的音值及演变》，《中国语文》2005 年第 4 期。

董绍克等主编：《山东方言词典》，语文出版社 1997 年版。

恩格斯：《私有制、家庭和国家的起源》，人民出版社 2003 年版。

顾希佳：《杭嘉湖蚕乡风俗初探》，《浙江民俗报》1986 年第 2—3 期。

蓝荣清、钟法晶：《畲族祭图腾风俗》，《浙江民俗报》1981 年第 3 期。

刘乔华：《摇鼠歌》，《浙江民俗报》1983 年第 4 期。

罗常培、王均：《普通语音学纲要》，商务印书馆 1981 年版。

麦耘等：《实用广州话分类词典》，广东人民出版社 1997 年版。

摩尔根：《古代社会》，商务印书馆 1977 年版。

诺维科夫主编：《宗教学教程》，中国人民大学出版社 1990 年版。

山曼等：《山东民俗》，山东友谊出版社 1988 年版。

孙淼：《夏商史稿》，文物出版社 1987 年版。

王聚贤：《古史研究》，上海文艺出版社 1990 年版。

薛曼尔：《神的由来》，上海文艺出版社 1990 年版。

顾之推：《颜氏家训》，燕山出版社 1995 年版。

殷焕先、董绍克：《实用音韵学》，齐鲁书社 1990 年版。

浙江民俗协会：《浙江民俗》，上海文艺出版社 1991 年版。

原载《中国语言学报》2008 年第 13 期

# 元曲词语释义九则商补

对元曲词义的诠释，或文章，或专书，都已不少。其释义之细密精当，多能青出于蓝。然而我们看到，有些词语，其诠释虽能旁征博引，但仍有未能曲尽其意之处。此类词语，本文略举数例，谈些粗浅看法，以就正于读者。

## 尧婆

《宋元语言词典》（龙潜庵编著，上海辞书出版社 1985 年版）释作"后母，多指恶毒的后母"。

按：把"尧婆"释作"后母"，与文意不尽相符。因为后母可以被称作"尧婆"，"前母"也可以被称作"尧婆"。《酷寒亭》三折 [红芍药]："道偷了米面把瓮封合，掬的些冷饭儿又被尧婆劈手把碗来夺。"此例的"尧婆"是个后母。《灰阑记》四折 [挂玉钩]："孩儿也这臂膊似麻秸细，他是个无情分尧婆管甚的。"此例的"尧婆"是马员外的"大浑家"，则是个"前母"了。可见"尧婆"与"后母""前母"没什么关系。其实，"尧婆"是鲁西方言词，泛指轻窈浮浪、品行不端的女人。征之元曲，无论是《酷寒亭》中的"尧婆"，还是《灰阑记》中的"尧婆"，无不属于此类人物。由于"尧婆"是个贬义词，而元曲中的后母又多被写成反面人物，所以"尧婆"的称谓就往往落在她们头上。注释家利用归纳法，自然也就容易把"尧婆"释作"后母"，乃至"恶毒的后母"之类。

## 妨杀

《宋元语言词典》释作"累死,亦指害死"。

按:"妨"虽有"害"义,但用"累死""害死"去解释"妨杀",揆诸文意,似尚欠确切。如《荐福碑》二折〔倘秀才〕云:"我的哥范学士来访小生……保举我为官,与我三封书,两封书妨杀两个人。"是说范仲淹为张浩写了三封举荐信,一封给洛阳黄员外,一封给黄州团练使刘士林。张浩持书投访,还没见面,两人就被"妨杀"了。这"妨杀"一词显然不是一般意义上的"累死""害死"。阴阳家拿人的命相比附五行,认为五行有生克关系,人的命相也就有生克关系。如果一个人的命相特别不好,就会对别人(当然是与他有一定关系的人,而不是任何人)产生相克的作用。这种相克的作用就叫作"妨",相克至死,就叫作"妨死"。"两封书妨杀两个人",是说张浩的命相特别不好,还没见面就把两个人妨克死了。不从宿命论这方面进行说明,对"妨杀"一词就很难作出确切的解释。①

## 毒

《宋元语言词典》释作"苦"。

按:以"苦"释"毒",征诸元曲,多有不合。元曲中"毒"有三义:(一)凶狠、残忍。如《任风子》二折〔倘秀才〕:"那先生坏衣饭如杀父母,自古无毒不丈夫。"(二)命相不好,主克人至祸或致死,此义又称作"命毒"。如《老生儿》一折〔天下乐〕云:"你觑这早晚多早晚也,莫不是小厮儿生得毒么?"同戏楔子〔正末云〕:"这孙儿好生命毒也。我那兄弟早年亡化过了……随后不想兄弟媳妇儿可也亡化了,单留下这孩儿。"这是说孩子命相不好,把父母都妨克死了,不是指孩子命苦。②(三)仇恨。如《老生儿》三折〔卜儿云〕:"孩儿,想我也曾打你,也曾骂你。从今日为始,则在我家里住,吃的穿的我尽照管你,休记我的毒哩。"以上三个义项都不是用"苦"所能解得通的。

## 眼扎毛(眼札毛)

《宋元语言词典》释作"眼眶的毛"。陆澹安《戏曲词语汇释》释作

"眼毛"。

按：这两种解都不免含混。人的眼眶，上有眉毛，内有睫毛，把"眼扎毛"释作"眼眶的毛"或"眼毛"，到底指的何种毛，实未说清。其实，"眼扎毛"就是"睫毛"，鲁西方言普遍如此说。③《单鞭夺槊》二折："是我把右手带住马，左手揪着他眼扎毛，顺手牵羊一般牵他回来了。"《金线池》三折"那时节眼札毛和他厮拴定，矮房里相扑着闷怀萦。"两例中的"眼扎毛"（或"眼札毛"）都是指的睫毛。《金生阁》三折［张千做打小二科云］："你若着人偷了鞍子，剪了马尾去，我儿也，你眼睫毛我都持掉了你的。"此处作"眼睫毛"是其确证。

### 回和（回豁）

《宋元语言词典》释作"糊涂、迷乱"。

按：把"回和（回豁）"释作"糊涂、迷乱"，揆诸文意，似难尽符。《黄粱梦》四折："我我我没端的猿臂绰，斡斡斡禁声的休回和。"是"境头"中邦老要杀吕洞宾时说的话，既然在"境头"中，就不可能再责其"糊涂、迷乱"。《对玉梳》二折："不晓事的颓人认些回和，没见识的杓俫知甚死活。"是写商人柳茂英要以二十载棉花为聘礼娶顾玉香为妻，遭到顾的拒绝。柳不知趣，仍死乞白赖地纠缠，于盛怒之下，顾才斥以此语的。如果以"糊涂、迷乱"释"回和"，就成了柳茂英"认些糊涂、迷乱"了，显然不妥。《西厢记》第二本三折："荆棘刺怎动那！死没腾无回豁。"是写崔小姐听见崔夫人叫她和张生以兄妹相称而大为吃惊的情形，如以"糊涂、迷乱"释"回豁"，就成了崔小姐"没有糊涂、迷乱"了，显然亦属不妥。④其实，"回合"是个方言词，含有"变通、周旋、办法"等意思。鲁西方言，"能变通、善周旋、有办法"谓之"有回合"。以上所举例证，"休回和"就是"不要再周旋、不要在挣扎"的意思，"认些回和"就是"知写变通，识些进退"的意思，"无回豁"就是"没有办法、无计可施"的意思。这样解释，显然通顺得多。

### 剪

《宋元语言词典》释作"戳"。

按：以"戳"释"剪"，揆诸文意，难以相符。如《独角牛》四折："（独角牛）出虚影到他胸前，刘千使脚去手腕上剪。"两人交锋时，用脚怎么能作出戳的动作来呢？再如《水浒传》二十三回："把这些铁棒也似虎尾倒竖起来，只一剪。武松却又闪在一边。"老虎既然已经把尾巴倒竖起来，又怎么能去戳人呢？可见，"剪"不是"戳"的意思。《广韵》"翦，截也，俗作剪。"在鲁西方言中，"剪"的这一基本义还保留着，只是被限制在某种具体的动作上了，即，凡是能够缠绕或弯曲的东西，通过甩动，用其末端猛击，这种动作就叫作"剪"。如打鞭时，通过鞭的甩动，用鞭梢猛击，就叫"剪"，利用这种打法，能够把细软的树枝截断。踢东西时，通过腿的甩动，用脚尖猛击，也叫"剪"。"刘千使脚去手腕上剪"就是指这动作。老虎用尾巴剪人，就更是通过甩动来击人了。

## 扯叶儿

《元曲释词》（顾学颉、王学奇编著，中国社会科学出版社1983年版）释作"是讥讽唱者在歌前作态之词，尤云妆乔，妆腔"。

按："扯叶儿"不是"妆乔、妆腔"的意思，而是"寻找借口"的意思。鲁西方言仍有此语。《单战卢布》一折 [天下乐] 云："你休扯叶儿，喝了吧！"是孙坚见刘备不喝第一杯酒而进一步劝饮的话，意为叫刘备不要找借口推辞不喝。《南极登仙》一折 [道童云]："上门请着你，扯叶儿不去干，不去走一遭去。"是道童见师父借口"年力衰迈"，不与尉迟恭去"同见圣人"，因而埋怨师父的话。所言"扯叶儿"也是寻找借口的意思。如果把"扯叶儿"释作"妆乔、妆腔"，一些道理就讲不通顺。先从刘备、孙思邈的角度说，因刘备兄弟战吕布有功，在庆功会上，袁绍让刘备饮第一杯酒。当时刘备不过是个县令，在众多诸侯面前，当然不敢，所以忙说："刘备不敢，先从诸侯们来。"这是刘备的真实思想，很难说是在"妆乔、妆腔"。尉迟恭劝孙思邈"同见圣人，必有重用"，孙回答说："贫道年力衰迈，去不的了。"孙的话也是出于真心实意，这从后来他终于"拂袖归山"可以得到证实，也说不上是在"妆乔、妆腔"。再从孙坚、道童的角度说。最高统帅前面已说过"您兄弟有功，敬意与您庆功，您不先饮，推谁"的话，已指明刘备是在"推辞"了，孙坚怎么能再说刘备"妆乔、妆腔"呢？同样，孙思邈已以"年力衰迈"谢绝了皇上召见，作为徒弟的道童怎么能再去说师傅"妆乔、妆腔"呢？

### 稍瓜

林昭德《诗词曲词语杂释》（《西南师范学院学报》1980 年第 1 期）释作"即今之丝瓜。四川威远，綦县等处，把'丝瓜'叫作'稍瓜'。元人作品中所说之'稍瓜'，可能即今之丝瓜"。

按：把"稍瓜"释作"丝瓜"，有两点与文意不符。一是稍瓜能生着吃，而丝瓜却不能。《伊尹耕莘》一折〔王留云〕："新捞的水饭镇心凉，半截稍瓜蘸酱。"周文质《时新乐》："铺下板踏，萝卜两把，盐酱蘸稍瓜。"这些都是写稍瓜生着吃的情形。二是稍瓜要剐去子再吃，而丝瓜则是带着子吃的。《五侯宴》三折："秋收已罢，赛社迎神。……茄子连皮咽，稍瓜带子吞。"本是形容赛社时吃饭之粗糙的，却从另一方面说明了茄子一般是要削去皮再吃的，稍瓜一般是要剐去子再吃的，而丝瓜则是带着子烹调的。可见，稍瓜并不是丝瓜。稍瓜在山东种植很普遍。鲁西一带叫"菜瓜"。（董遵章同志告诉笔者，淄博一带叫脆瓜，部分老年人仍叫稍瓜。）这种瓜，瓜秧属匍匐茎，蔓生；果实形状与黄瓜相似，但没刺儿，产量很高，但味道不怎么鲜美，既可以生着吃，也可以烹调后吃，也可以用来腌渍咸菜。

### 筛酒

《宋元语言词典》释作"（一）滤酒。（二）斟酒"。

按：元曲中，"筛酒"还有一个常用义，就是把酒盛在器皿里，放在火上烧，使酒变热。如《黄花峪》一折〔蔡净云〕："筛酒来我吃。"〔店小二云〕："不是热酒来了？大人请自在饮酒。"《酷寒亭》三折〔正末云〕："打二百钱的酒，筛的热，着孔目自己吃。"《渔樵记》二折〔旦儿云〕："相公来家也，接待相公，打上炭火，酾上那热酒，着相公烫寒。"《举案齐眉》四折〔做念科诗云〕："我作秀才，冷酒热酾，一气一碗，烫的嘴歪。"皆其例。

**注释：**

①②参《海浮山堂词稿·朝天子·自遣》："海浮，命毒，方（笔者按：即'妨'）的

俺无钱物，半床图画半床书，这便是安身处。"

　　③鲁西方言把睫毛说成"眼脂毛"。由于当中一字读轻声，读音与"扎"稍有不同。

　　④《汇释》把"无回豁"释作"没有反应"，亦属不妥。听到母亲叫她与张生兄妹相称，被吓得"荆棘刺""死没腾"，这就是莺莺的反应。

原载《中国语文》1990年第4期

# 《宋元语言词典》释义商补

龙潜庵《宋元语言词典》（以下简称《词典》）是一部断代辞书，对宋元时期流行的一些词语作了很好的解释，是一部学习和研究宋元语言的好书。然而其中个别词条也不无可商之处。笔者不揣愚陋，略举数例于下。

## 无根水

井水。《农桑衣食撮要》上："合酱法：约量用盐四十斤，～二担。"按：方以智《物理小识》卷一："井水反酌而倾曰倒流；出甃未放曰无根。"又《幽闺记》二十五出："如今可牵海马到常山下吃些莽草，薄荷边饮些～。"可参证。

按：释"无根水"为井水，不够确切。因为并非一般井水都可称作无根水，只有从井内取出尚未着地的井水才可称无根水。方以智《物理小识》"出甃未放曰无根"的"未放"就是"未使着地"的意思。现在鲁西农村作酱仍用此水。又《西游记》中写到河水、雨水也可做无根水。如69回"多官道：'我这里人家俗论，若用无根水，将个盏到井边或河下，舀了水，急转步，更不落地亦不回头，到家与病人吃药便是。'……行者道：'井中河内之水具是有根的。我这无根水非此之论，乃是天上落下者，不沾地就吃，才叫做无根水。'"可见不管是井水、河水，还是雨水，它们被称作无根水都有一个共同的条件，那就是取出后不能着地。《词典》不明"未放"一词之含义，反引《幽闺记》"薄荷边饮些无根水"之句为证，结果还是未中肯綮。

## 光景

> 约计之词，如言"上下"、"左右"。
>
> 《渔樵记》二折："穷弟子孩儿，你去了一日～，打的柴在那里？"《金钱记》三折："我上学读了八年～，一本《蒙求》还有五板不曾记得。"《圯桥进履》二折："自离了师父，可早五日～也。"

按：把"光景"释作约计之词，与文意不符。朱买臣外出打柴，遇雪饮酒，至晚回家，正好用了一天的时间，不存在"上下""左右"的问题。其实，"光景"就是时间（时段）。"一日光景"就是"一天时间"、"八年光景"就是"八年时间"、"五日光景"也就是"五天时间"。《快嘴李翠莲》有一段叙述是很好的证明："（李妈）对翠莲道：'你在家中我怎生分付你来？交你到人家休要多言多语，全不听我。今朝方才三日光景，适间婆婆说你许多不是，使我惶恐千万，无言可答。'"在这段叙述之前有"三朝点茶请姨娘"之句，而李妈说李翠莲的这段话正是"三朝点茶"时说的，足证"三日光景"即"三天时间"。阳谷方言现在仍把时间（时段）说成"光景"，也是很好的参证。

## 占场儿（占排场）

> 一味儿、专门。《货郎旦》四折："那李秀才不离了花街柳陌，～贪杯好色。"《两世姻缘》一折："我不比等闲行院，煞教我～住老丽春园。"邓玉宾《村里迓古·仕女圆社》套："随圆社常将蹴鞠抱抛，～陪伴了些英豪。"亦作"占排场"。关汉卿《一枝花·不伏老》："占排场风月功名首，更玲珑，更剔透。"

按：此解与文意不能尽符。除所举《货郎旦》一例之外，其他三例皆难以讲通。因为从语义上看，"住老丽春园""陪伴了些英豪""风月功名首"三句前面都不能与"一味儿""专门"搭配。"占场儿（占排场）"并非"一味儿""专门"，乃泛指嫖客与妓女之间的风月之事。具体说来有两个义项。

第一个义项指嫖妓。这可以从《曲江池》两个版本不同内容的对比中得到证明。元曲《曲江池》二折写郑元和〔商调·尚京马〕一段唱，头两句是"也则俺一时间错被鬼昏迷，是赡表子平生落得的"。而出于明季诚斋之手的《曲江池》在〔商调·尚京马〕这段唱之前又增加了〔商调·集贤宾〕一段唱，头两句是"我当初占排场也曾夺第一，串了些花胡同，锦屏围"。这里"赡表子"和"占排场"是同义词，都是嫖妓的意思。第二个义项指"卖笑接客"。如《两世姻缘》一折："我不比等闲行院，煞教我占场住老丽春园。"这是韩玉箫埋怨她妈不让她从良嫁人，只让她卖笑觅钱、老死姻花的两句唱词。"占场儿"即指"卖笑接客"。《灰阑记》一折："毕罢了浅斟低唱，撇下了数行莺燕占排场……再不去卖笑追欢风月馆，再不去迎新送旧翠红香。"这是张海棠从良以后表达自己喜悦心情的一段唱。后两句"卖笑追欢风月馆""迎新送旧翠红香"实在就是对前句"占排场"的注释。拿这种解释去验证《词典》所举各例，都文通字顺。

## 快

　　（一）喝采声，如言"好啊！"……（二）"回"的同音假借，意同回。《曲江池》二折："要我直赶到这里，你这贱人还不～家去！"《虎头牌》一折："是叔叔婶婶，且收了断场，～家去来！"《伍员吹箫》三折："旦儿云：'你与我～家去。'鳟诸云：'是，我便还家去。'"（三）叮嘱之词。《萧湘雨》一折："我儿，这是个喜事，怎么倒哭起来？～不要这等。"

　　按：《词典》所列"快"的（二）（三）两个义项难以成立。第二义项，"快"在《中原音韵》入"皆来"韵，属〔k'〕声母去声；"回"入"齐微"韵，属〔x〕声母阳平。两字声韵调都不相同，不能假借。所举"快家去"各例实际是"快回家去"的省略。因为"回家去"这个句子可以省去"回"说成"家去"。（同样结构而属于其他内容的句子，如"回北京去"就不能省去"回"而说成"北京去"。）这是近代汉语（乃至现代汉语）语法的一个特点。有趣的是《词典》所举《伍员吹箫》一列却恰恰是支持这个观点的。《词典》在举此例时，还特意把鳟诸的回答"我便还家去"一语也列出来。但是《词典》忽略了"还"字前边那个"便"字的作用。"便"在这里是"立即"的意思,"便还家去"就是"立即还家去"。显然,"便"字在这里是对应上句之"快"字的。这正好从另一个角度说明了"快家去"就是"快回家去"的意思。第三个义项实际上没说出"快"的词汇义来,而且"快"也并非叮嘱之词。所举《萧湘雨》一例,其"快"的用法与"快家去"之"快"完全相同。"快不要这等"的叮嘱之义是通过整个句子表达出来的。

## 大王

小说戏曲中称独霸一方的绿林头领或妖魔头领。

按:这种解释不够全面。除了"独霸一方的绿林头领或妖魔头领"被称作"大王"以外,元曲中官员也可以被称作"大王"。如关汉卿撰《关大王独赴单刀会》之杂剧,堂堂汉寿亭侯关云长也被称作了"大王"。又,吴越王钱俶的后代在宋朝为官,也被称作"大王"。如《宋四公大闹禁魂张》:"马翰和王遵领了榜文,径到了钱大王府中,禀了钱大王,求他也添上钱,钱大王也注了一千贯。"

原载《古汉语研究》1992 年第 4 期

# 元曲释义商补五则

本文将对元曲中五个词的释义进行讨论。笔者认为一些工具书或文章对这五个词的解释仍有可商之处，今将个人一点看法表述如下，以就教于诸位同志。

**拔剌** 新版《辞源》"拔"字条："拔剌，鱼跳水声。"引杜甫《漫城》诗句"沙头宿鹭联拳静，船尾跳鱼拔剌鸣"为例。林绍德先生认为《辞源》对该词的解释"是不够妥当的"，于是又进行了补释，论证该词除表示鱼在水里的跳跃声之外，还表示鱼在水外的跳跃声。引（五代）花蕊夫人《宫词》："内人急捧金盘接，拔剌红磷跃未休。"（唐）徐夤《谢主人惠绿酒白鱼》："馨香乍揭春风瓮，拔剌初辞夜雨津。"（宋）朱敦儒《好事近·渔父词》："锦鳞拔剌满蓝鱼，取酒价相敌。"为例①，认为释作"鱼跳跃声"才"比较妥帖"。

笔者认为《辞源》与林先生的解释都还不够全面。

"拔剌"一词固然是个象声词，表示一种声音，但它还是个自动词，表示一种动作。如：（唐）白居易《泛太湖书事寄微之》："避其白鹭翻翻白，惊鼓跳鱼拔剌红。"很明显，第二句是说鱼跳出水面现出红色。鱼跳出水面当然要靠尾巴的摆动。而言"白鹭"之"白"，"跳鱼"之"红"，则是"目治"的结果。又（元）李好古《张生煮海》三折 [滚绣球]："则见锦鳞鱼活拔剌波心跳，银脚蟹乱扒沙在岸上藏。"由"见"字可知"拔拉"非指声音而指动作无疑，因为声音是看不见的；而"拔剌"与"扒沙"对举也说明了两词表示的都是动作。可见,"拔剌"还有个"摆动尾巴"的义项。

在什么情况下释作"鱼跳水声",在什么情况下释作"摆动尾巴",当然要看上下文意。《辞源》释作"鱼跳水声"有一"鸣"字为据,不误,而林先生的几个例子能否说明是"鱼跳跃声"就令人怀疑了。鱼刚被打捞上来放在容器里是要乱摆动尾巴的,这是谁都知道的常识。当然在摆动尾巴时也会碰响容器发出声音。如果说,林先生所举1、3两例的解释还存在两种可能的话,那么所举第2例就只有解释成"摆动尾巴"这一种可能了。因为这两句诗是徐夤赞美主人的"酒香""鱼鲜"的。甕是初打开的("乍揭"二字可证),馨香非常;鱼是刚捞上来的("初辞"二字可证),还活着,尾巴还在摆动。这样解释似与文意更符合些。如果解释成"鱼跳跃声",便觉得不好理解,因为正像林先生所说的"鱼……已经离开水面了……是在水外跳跃"②,既然如此,这跳跃之声又从何而来呢?

这样看来,林先生的补释不但没有跳出"鱼跳水声"的圈子,还出现了举例欠妥的现象。

"拔剌"还有个义项,就是"拨动"。如:(元)汤式《一枝花·赠会稽吕周晨》套:"张玩着辋川图四避烟云驰骤,拔剌着峄阳琴一帘风雨飕飕。"龙潜庵《宋元语言词典》于此条下只收此一个义项,亦属欠妥。"摆动尾巴"一义元代既有用例,作为宋元断代词典就应收录③。

**买卖** 《宋元语言词典》于此条下释作"指用不正当的手段去取得钱财。"

"买卖"一词本指一种商业行为。后被土匪借作"抢劫"的黑话。如《绯衣梦》二折:"一生好打家劫舍,这两日无买卖。"《宋元语言词典》对该词的释义只能符合这种行为,而对其他许多"买卖"的用例则不符合。如《降桑椹》一折〔王半哥云〕"……平日之间别无什么买卖,全凭着舌剑唇枪,说嘴儿哄人的钱使。"《青衫泪》一折〔赚煞〕:"稍似间有些钱,抵死里无多债,权作这场折本买卖。"第一例是说王伴哥别的没有事干,才凭着"说嘴儿哄人的钱使"。显然,他所说的"买卖"是指"哄人的钱使"之外的事情,与"哄人的钱使"不是一回事。第二例是名妓裴兴奴的唱词。她所要做的"买卖"就是指接待白乐天这件事,非但不"用不正当的手段去取得钱财",反而还甘愿"折本"。由这两例看来,元曲中的"买卖"一词并不都是指"用不正当的手段去取得钱财",有的还泛指一般事情。

**孤拐** 新版《辞源》"孤"字条"孤拐,脚孤拐,即踝骨"。《宋元语言词典》"孤拐"条下释作"脚踝骨"。顾学颉等《元曲释词》"孤拐"条下释作"指踝骨,即脚脖子两旁凸起的骨头"。

几部词典都认为是指踝骨。但这种解释有两个困难,一是与有些用例不相符合。如《范张鸡黍》一折:"你每说到几时?早不是腊月里,不冻下我孤拐来?"踝骨是胫骨和腓骨下端的膨大部分形成的,天再冷也冻不下来。二是"孤拐"元曲中又称"脚古枴",如《燕青博鱼》三折〔滚绣球〕:"我若负了你的心呵,灯草打折脚古枴,现报在你眼里。""脚古枴"即"脚孤拐"。这个词现代汉语及许多官话方言还在使用。《现代汉语词典》"脚"字条下:"脚孤拐,〈方〉大趾和脚掌相连向外突出的地方。"所释极是。又,《降桑椹》二折〔太医云〕:"我会医胸膛上生着孤拐。"〔糊突虫云〕:"我会医肩膀上害着脚疗。"其中"孤拐"与"脚疗"对举,可知都在脚部,亦可参证。

**脚头妻** 《宋元语言词典》"脚头妻"条下释作"原配的结发妻室"。

这种解释缺乏有力的证据。因为元曲中"脚头妻"与"妇人、妻室、媳妇"是同义词。妓女从良后既可被称作"妇人",如《金钱池》一折:"改家门,做的个五花诰妇人。"也可被称作"妻室",如《两世姻缘》三折:"我已有亡过的妻室,乃络阳角妓。"也可被称作"媳妇",如《灰阑记》楔子:"孩儿也,不是我做娘的割舍得你,你可也做人家媳妇去,再不当行首了也。"也可被称作"脚头妻",如刘时中《红绣鞋·劝收心》曲:"虽然没花下子,也须是脚头妻,立下个妇名儿少甚的。""脚头妻"同时又与"浑家"是同义词。如《铁拐李》三折:"我只怕慌人贼营勾了我那脚头妻……我这里得便宜,俺浑家那里落便宜。"而"妇人、妻室、媳妇、浑家"这些词都是"妻子"的泛称,都不特指"原配的结发妻室"。

元曲使用的是当时的北方方言。北方习俗,夫妻睡眠都是睡在床炕的两端,现在如此,宋元时期亦复如此。《燕青博鱼》三折〔茶旦云〕:"我那亲哥哥,如今天气热,你便杀了我,到那寒冬腊月里害脚冷,谁与你捂脚?"灌上热水用于暖脚的器具称作"脚婆"。《金瓶梅》73回:"这秋菊不依,走在那边屋里,见春梅歪在西门庆脚头睡得正好,被他摇醒了。"山东阳谷方言把妻子称作"暖脚的"，皆可证。"脚头妻"这一名称实由妻子睡在丈夫脚端而来。这一名称正反映了元曲所用北方方言的特点。

**努嘴** 《宋元语言词典》"努嘴"条下释作"把嘴扭动在一边，暗中示义。"

"把嘴扭动在一边"是一般人做不出的动作，可知所释有误。"努嘴"又作"决嘴"（《清平山堂话本·杨温拦路虎传》："那杨员外吃饭了，过茶房闲坐，茶博士便努嘴。……那官人是个好人，好举止，待开口则声，说不出话来。那茶博士又决嘴道：'你说。'"文中"努嘴""决嘴"互用，可证）。而"决嘴"即今日之"撅嘴"，就是把嘴唇翘起。这从"努嘴"的引申义为"草木发芽"也可得到证明。草木发芽是由里向外突出，不是扭到一边④。

**注释：**

①② 林绍德：《词典翻检札记》，载《中国语文》1989 年第 2 期。

③ "拔剌"的这些用法官话方言普遍存在，也是很好的旁证。

④ 两词现代汉语仍然使用。参见《现代汉语词典》"努"字条和"撅"字条。

原载《古汉语研究》1997 年第 4 期

# 谈"理舛扩展"造词

　　词汇学的造词法已被研究得相当深透，各式各样的造词法相继被介绍出来。如葛本仪《汉语词汇研究》之造词"八法"，任学良《汉语造词法》之"四学一式"，刘叔新《汉语描写词汇学》之"三式十二法"等。尽管如此，但仍有一种造词法至今未被人们注意，那就是"理舛扩展"法。

　　所谓"理舛扩展"法，就是先使对原有某个词素义的理解偏离原义（有意地或无意地），然后再利用仿造的手法造出一个新的语素，让它和原来的词（这时它已经成了语素）结合成一个新词。如"家长里短"一词实由"家常"一词扩展而成。其过程是先将"家常"之"常"理解成"长短"之"长"，使成为"家长（cháng）"（这时它已成为语素），然后再由此仿造出"里短"，从而与"家长"结合成为"家长里短"一词。这个词（现代汉语词典）在释义时特别指明是个方言词。其实方言中用这种方法造出的词是不少的。如山东省阳谷方言有"争里道表儿"一词（义为"争理"），实由"争理"扩展而成。其造词过程也是先将"争理"之"理"理解成"表里"之"里"，使成为"争里"，然后再由此仿造出"道表儿"，与"争里"结合成为"争里道表儿"一词。

　　这种造词法至少可追溯到元明时期。如"胡枝扯叶"一词（义为胡扯、胡诌）就是根据"胡支对"一词扩展而来。近代汉语有"胡支对"一词。如《窦娥冤》二折［牧羊关］："他推道尝滋味，吃下去便昏迷，不是妾讼庭上胡支对。"造词时先将"胡支对"之"支"理解成"树枝"之"枝"（为了四字格的需要，略去了"对"字），使成为"胡枝"，然后再由此仿造出"扯叶"从而与"胡枝"结合成"胡枝扯叶"一词。如《金瓶梅词话》第21回："西门庆就看着潘金莲说道：'你这小淫妇，单管胡枝扯叶的'。"

用这种造词法造出的词有三个特点：

1. 数量较少，形式四字格，很有些像成语的样子，成并列结构，语义多有对应关系。

2. 意义与原词语相同或相近，如"家长里短"与"家常"义同，"胡枝扯叶"与"胡支对"义近。

3. 造词时通过同音语素的替换实现"理舛"，通过并列语素的增加实现"扩展"。如"胡枝扯叶"一词，因"枝"与"支"同音，故以"枝"易"支"，并增加"扯叶"与"胡枝"并列，从而使双音节词变成了四音节词。

这类词一般不能拆开使用，但个别的可以。如"胡枝扯叶"也可说成"扯叶"。元曲《单战吕布》一折［天下乐］云："你休扯叶，喝了吧！"《南极登仙》一折［道童云］："上门请着你，扯叶儿不去，不走一遭去。"皆其例。山东省阳谷方言也是"胡枝扯叶"与"扯叶儿"并用，只是"胡支对"一词已不用了。

原载《语文建设通讯》第 54 期

# 是歇后语，还是歇脚语

汉语中有些特殊的词语是我们应该特别注意分辨的，歇后语和歇脚语就是其中的两类。歇后语人们经常使用，比较熟悉，一般不会弄错；但歇脚语由于人们不太熟悉，有时就难免弄错，甚至把歇脚语当成了歇后语。

《汉语大词典》收了"驴马畜"一词，对该词的解释是：

> "生"字歇后语。骂人过生日。《金瓶梅词话》第十四回："今日你是个驴马畜，把客人丢在这里，你躲房里去了。"

我们认为该词是歇脚语，不是歇后语。

歇后语和歇脚语都是汉语词汇的组成成分，但两者有明显不同。歇后语为前语和后语两部分，前语打比方或叙述一件事物，后语点出前语的内在意义。而歇脚语则是取三字格或四字格的现成话，只说前面的两三个字；真正的意思在没说出来的一两字（有的还包括同音字）上。如柳州方言的"杀狗劝"是个歇脚语，真正的意思是"夫"，来自桂剧《杀狗劝夫》。歇脚语多存在于方言之中，有的来自古典戏剧故事，如柳州方言的"王婆骂"指的是"鸡"，来自桂剧《王婆骂鸡》；有的来自民间习用熟语，如柳州方言的"高抬贵"指的是"手"，来自熟语"高抬贵手"；"老鼠偷"指的是"油"，来自熟语"老鼠偷油"。歇后语有后语，而歇脚语无后语；歇后语的前语是个完整的短语或句子，而歇脚语则是从现成话中截取下来的语言碎片。

　　通过歇后语和歇脚语两种形式的比较，反观"驴马畜"一词的特点，不难看出，"驴马畜"一词当是"生"的歇脚语，其来源当是"驴马畜生"这个短语。

原载《语文建设》2004 年第 4 期

# "彼茁者葭""正义"匡谬

"彼茁者葭"是《诗·召南·驺虞》中的一句诗。对该诗中"茁"字的解释,其"传""笺"与"正义"并不一致,下面分别列出:

传:"茁,出也;葭,芦也。"

笺云:"记芦始出者,著春田之早晚也。"

正义曰:"言彼茁茁然而始生者,葭草也。""谓草生茁茁然出放,云茁茁也,非训为出。"

于是其后注《诗》者遇到此句便或从"传""笺",如王质《诗总闻》:"草始生,兽未有深芷。"或从"正义",如朱熹《诗集传》:"茁,生出壮盛之貌。"这两种不同说法到底谁是谁非呢?笔者认为"传""笺"是,"正义"非。

1.这首诗的主题是歌颂"蒐田以时"的①。诗的第一句便开宗明义地点名了田猎时间是在芦草出生之时。结合《诗小序》与郑笺"著春田之早晚也"句完全可以说明这个问题,训"茁"为"出"与文意并无不符。如果按"正义"那样训作"茁茁",便有两点不通:其一,既然此句是表明春田时间的,说明芦草出生之时就足够了,没必要在"始生"之前再附上个"茁茁然"这样的成分,附上这样的成分显然属于"蛇足"。其二,如果把"茁"训作"茁茁",那么"始生"二字便无着落。

2.其后的文献与方言有不少这方面的用例。如韩愈文"兰茁其芽"句，就是一例。方言当中的例子就更多了。如阳谷方言把由里向外生出叫做"茁"（音［tʂa¹³］），如"这孩子又茁出来一个牙"②。

3."毛传"分明地写着"茁，出也。""郑笺"又进一步阐发了这句诗的作用是在说明春猎的时间，文通字顺。孔氏的"正义"硬说"非训为出"而训为"茁茁"，实在没什么有力的证据。所以同时代的陆德明在他的《经典释文》中对"茁"字的训释仍一从"毛传"，训作"出也"，不训作"茁茁"。

**注释：**

①据《诗·小序》。

②《广韵》黠韵："茁，草初生，邹滑切。"又"滑，户八切。""滑""八"韵母相同。从《广韵》庄组声母字和黠韵字与阳谷音系的对应情况，可知"茁"是这一音义的本字。

原载《山东师大学报》1996年第1期

# 《金瓶梅词话》二十词释义质疑

《金瓶梅词话》一书难懂词语很多。这些难懂词语严重地影响着人们对该书的阅读。为此，许多注释家都在努力为该书作注。这些注释大多数是正确的、可信的。不过，少数词语也有解释得不太妥帖的地方。下面举出二十条加以说明。

## 1. 点茶

> 王婆让座，连忙点茶来吃了。（第4回）

姚灵犀《金瓶梅小札》[①]（以下简称《小札》）释作："用木犀芝麻薰笋泡茶，或用胡桃松子、或胡桃夹盐笋、或为瓜仁香茶，名曰点茶。唐宋烹茶之法，与后世异，见于茶经。又有漏影春一种，法用镂纸贴盏，糁茶而去纸，伪为花身，别以荔肉为叶，松实鸭脚之类珍物为蕊，沸汤点搅，见清异录。"

按：《小札》把"点茶"释作"烹茶"（或"泡茶"）并没完全说对。《金瓶梅》中"点茶"还有"倒茶"一义。如：第50回"王六儿一面替西门庆脱了衣裳，请入房中坐的，亲自洗手剔甲，剥果仁儿，交丫头汤好茶，拿上来西门庆吃。……说毕，丫头点茶来漱了口。"既然茶已烫好，用来吃或漱口时就不需再烹，故知此处之"点茶"绝非"烹茶"，而应是"倒茶"。再如第57回"叫春梅：'你有茶，倒瓯子我吃。'那春梅真个点了茶来，金莲吃了。"此处"点茶"也应是倒茶。

另外，鲁西方言把凉水倒入沸水内以止沸，谓之"点水"。厨师向蒸碗（如蒸鸡、蒸鱼）内烧汤谓之"点汤"。②并可参酌。

## 2. 韶刀

> 谢希大道："可是来，自吃应花子这等韶刀。哥刚才已是讨了老脚来，咱去的也放心。"（第 13 回）

张远芬《金瓶梅词话词语选释》③（以下简称《选释》）释作："酒。有时引申为说话疯疯癫癫。"

按："韶刀"一词，释者甚多，然都不准确。"韶刀"是个多义词，在上面例句里是"说话办事，有违事理"的意思。此句前边是这么两句：伯爵道："真个嫂子有此话？休哄我。你再去问声嫂子来，咱好起身。"子虚道："房下刚才已是说了，教我明日来家。"花子虚既然已讨了李瓶儿的话"明日来家"，应伯爵再要花子虚"问声嫂子来"，显然多此一举，所以谢希大才说伯爵"韶刀"。这种用法还见于《醒世姻缘传》中。如："韶道呀！④人为你报不平，惹得这们等的，还有什么喜处？"（第 97 回）"韶刀"另外还有两个义项：（1）朝三暮四，反复无常；（2）言行失度，有失大雅。（1）义第 32 回有例可征。如"桂姐道：'娘，你看爹韶刀，头里我说不出去，又来叫我。'"桂姐说不出去，西门庆已经答应，今复令其出去，朝三暮四，故曰"韶刀"。（2）义第 35 回有例可征。如："伯爵见盆内放着六个骰儿，即用手掂着一个，说：'我掷着点儿，各人要骨牌名一句，见合着点数儿。如说不过来，罚一大杯酒，下家唱曲儿；不会唱曲儿，说笑话儿。两桩儿不会，定罚一大杯。'西门庆道：'怪狗材，忒韶刀了。'"唱曲儿本是歌妓、丫环等下层人物的事情，阔人因酒令而行此事，实为不雅，所以西门庆才骂应伯爵"韶刀"。

阳谷方言尚有此语，其义与《金瓶梅》同。只是语音稍变，说"朝（chàodao·）刀"。

## 3. 欢翅

> 那大虫又饥又渴，把两支爪在地下跑了一跑，打了个欢翅，将那条尾剪了又剪，半空中猛如一个焦霹雳，满山满岭，尽皆振响。（第 1 回）

《小札》释作"即呵欠也，尤人之欠申"。

按："欢翅"本是公鸡在撒欢儿、鸣叫、斗架之前，为振作精神而扇动两翅的动作。⑤ 扇动时，常两翅相搏，啪啪有声。这里借指老虎壮捕食前抖擞精神的动作。与"呵欠"义恰恰相反。打呵欠是没有精神时的动作。第39回有例可征。如："念到此处，月娘见大姐也睡去了，大妗子歪在月娘里间床上睡着了，杨姑娘也打起欠呵来。"⑥

阳谷方言或叫"欢翅"，或叫"亮翅"，义同。

### 4. 胡枝扯叶

西门庆听了，便问："谁教他唱这一套词来？"玉箫道："是五娘分付唱来。"西门庆就看着潘金莲说道："你这小淫妇，单管胡枝扯叶的。"（第21回）

《选释》释作"胡说八道"。

按："胡说八道"是骂人之词，用以解释"胡枝扯叶"与文意多有不合。"胡枝扯叶"虽然也是个贬义词，但正像"小淫妇""小油嘴"一样，往往用来表达一种亲昵的感情，而"胡说八道"则无此用法。另一方面，"胡枝扯叶"除说话之外，还包括办事。上例中，潘金莲并没有什么具体的话语，西门庆骂潘"胡枝扯叶"主要指潘唱"佳期重会"的那种做法。这种用法第37回也有例子，如："婆子道：'你收拾下浆，我明日早来罢。后响时分，还要往一个熟主顾人家，干些勾当儿。'李瓶儿道：'你这老货，偏有这些胡枝扯叶的。得，你明日不来，我与你答话。'"婆子的话说得有理有据，很难说是胡说八道。李瓶儿说她所谓"胡枝扯叶的"，实指"往一个熟主顾人家，干些勾当儿"这件事。可见"胡枝扯叶"并不是"胡说八道"的意思。细考"胡枝扯叶"就是"胡扯、没正事"的意思。

阳谷方言尚有此语，叫"胡枝苟叶"。

### 5. 喃

这伯爵把汗巾儿掠与西门庆，将瓜仁两把喃在口里都吃了。（第67回）

魏子云《金瓶梅词话注释》(以下简称《注释》)释作"中原人习称大口的贪婪之吃相谓之喃 (nǎn),通常指吃食粉碎之物。把这类粉类或碎类的食物放在掌心,急匆匆的一次放入口中吞咀谓之喃。"

按:用双唇取物谓之"喃"。阳谷方言,没长牙的羊羔学吃草,谓"喃草",驴、马用双唇夹人谓"喃人"。"喃"是嘴的动作,不是手的动作。故不可释"喃"为"放""塞"之类。书中"罨"才是"放""塞"的意思。第53回"先将符药一把罨在口内,急把酒来大呷半碗,几乎呕将出来"可征。

**6. 三梭布**

手里现银子,他也有上千两。好三梭布也有三二百筒。(第7回)

《小札》释作:"平机布也。"

按:农村织布,纬线有几种颜色就用几把梭。三梭布就是用三把梭交替穿插使用而织成的花布。北方农村妇女会纺织者皆晓此布。不是什么"平机布也"。

**7. 刁刁的**

金莲道:"教他等着去,我偏教你吃这一大钟。那小钟子刁刁的不耐烦。"(第33回)

《选释》释作"撮起嘴唇,一点一点地喝,象鸟儿饮水一样,所以称为'刁刁的'"。

按:"刁刁的"指"零零碎碎、断断续续",在这里则是形容用小钟喝酒,一下一下太慢,而不是指喝酒时嘴唇的具体动作。而且鸟儿喝水姿势也各式各样,未可为比。

阳谷方言尚有此语,说"刁刁的",也说"刁拉刁拉的"。

**8. 烧纸**

薛内相、刘内相早辰差了人,抬三牲桌面来,祭奠烧纸……(第64回)

《小札》释作："谓焚化楮帛，祈神求福也。"

按：除此之外，"烧纸"还有一个意思就是"祭奠"。第64回有例可征。如："刘内相道：'咱们去烧了纸罢。'西门庆道：'老公不消多礼，头里已是见过礼了。'刘内相道：'此来为何？还当亲祭祭。'当下左右接过香来，两个内相上了香，递了三钟酒，拜下去。"这里所谓"烧纸"并没焚化任何东西，只是行了祭奠之礼而已。

阳谷方言尚有此语。

**9. 张主**

我破着老脸，和张四那老狗做臭毛鼠，替你两个硬张主。（第7回）

《选择》释作"作主"。

按：把"张主"释作"作主"只解对了一半，它除了作动词（如上面例句的用法）之外，还可以作名词。第10回有例可征。如："内中县丞左贰官也有和武二好的，念他是个义烈汉子，有心要周旋他，争奈多受了西门庆贿赂，粘住了口，做不的张主。"如果这里把"张主"释作"作主"，就成了"做不的作主"，显然不通。第46回亦有例证，如："月娘道：'问他好有张主的货。'"这里把"张主"释作"作主"同样不通。"张主"就是"主张"⑦，第7回有例可征。如："见一日常有二三十染的吃饭，都是这位娘子主张整理。"以"主张"释"张主"，无不文通字顺。

**10. 嘴抹儿**

恰是那一个儿，就没些嘴抹儿。（第21回）

《小札》释作"善于语言也。"

按："抹儿"就是"本事""本领"，⑧"嘴抹儿"就是"说话、争辩的本事"。"没些嘴抹儿"就是："没些说话、争辩的本事"（犹现在所谓"口才不好"），若解释成"没些善于语言"则语意不通。

阳谷方言尚有此语，既说"嘴抹儿"，也说"嘴抹子"。

### 11. 害热

那时正值三伏天道，十分炎热，妇人在房中害热，分付迎儿热下水，伺候澡盆，要洗澡。（第 8 回）

《小札》释作："因热如病也。"

按：鲁西方言"嫌"的白读音与"害"同。"害热"就是"嫌热"。第 74 回有例可征。如："那是大妗子害夜深困的慌，也没等的郁大姐唱，吃了茶，各散归各房内睡去了。""害夜深困的慌"就是"嫌夜深困的慌"。第 8 回亦有例可征。如："娘休打，是我害饿的慌，偷吃了一个。""害饿的慌"，就是"嫌饿的慌"。《小札》"因热如病"之说，纯属附会。

### 12. 傍影儿

妇人叫进门来问他："你爹家中有甚事？如何一向不来傍个影儿，看我一看？"（第 8 回）

《小札》释作："如影随形，又俗语多个影儿，言本身尚无着落也。"

按：《小札》这种解释与文意不沾边儿。"傍影儿"就是"见面"。第 75 回有同样用法。如："本等一个汉子，从东京来了，成日只把拦在你那前头，通不来后边傍个影儿。"

阳谷方言有此用语，既说"傍影儿"，也说"傍边儿"。

### 13. 倒坐

薛嫂推开朱红隔扇，三间倒坐，客位正面供养着一轴水月观音，善才童子。（第 8 回）

《选释》释作"屋山墙开门的房子，峄县人称倒坐。"

按：这种解释其疑有三，其一，《选释》没说明"隔扇"与"三间倒坐"的关系，就不能不使人要问："薛嫂请西门庆正面椅子上坐了，一面走入里边。"这"里边"是指哪里？其二，如果认为"里边"是指"里间"，那么，从屋山门进去，怎么能看出此房是"三间倒坐"来？其三，屋山墙开门的房子，状若山西窑洞，北方富有之家会不会住这种房子？可见，"峄县人称倒坐"的房子，未必是《金瓶梅》称"倒坐"的房子。细考鲁西方言，房子套间，建于房侧者谓之"挎耳"，建于房后者，谓之"倒坐"。《金瓶梅》中之"倒坐"实指这种套间。薛嫂推开的朱红隔扇，是客厅的隔扇，先进入的是客厅而不是倒坐。于客厅内能够看见三间倒坐。从"帘栊潇洒"，知门开于客厅之内。薛嫂"走入倒坐里边"即走入套间里边。从"掀开帘子，妇人出来"，知倒坐乃妇人卧室，从卧室到于客厅，是由内至外，故言"出来"而不言"进来"。如此释之，则三疑可解。

### 14. 漫地里栽桑人不上

　　那雪娥鼻子里冷笑道："俺们是没时运的人儿，漫地里栽桑，人不上；他行骑着快马，也不上赶他。"（第 23 回）

　　《注释》释作："桑"读如"搡"（sǎng），"栽桑人"意即使人上当，硬派之谓。"漫地里"指随时随地，任何地方。此语在此则意谓"随时随地都来栽给我难题作，栽不上也硬栽。"这话笔者儿时习听之，通常，如果我们感觉到谁在硬拉我们参加什么，往往说："干啥！你栽搡我！"或不愿参加，便是"他想栽搡我，也栽搡不上。"此语即此意。

　　按："注释"所释非是。"漫地里"就是田野里，"栽桑"就是栽种桑树。全句是个歇后语，将它断开即"漫地里栽桑——人不上"。这里"人"谐"认"音，"人不上"谐"认不上"，即"不认那一套"。玉箫让他"往那里吃酒"，孙雪娥自认是"没时运的人儿"，不买那些"有时运的人"的账，故有此语。与下句"他骑着快马，也不上赶他"是一个意思。这种歇后语，鲁西方言还在使用。

### 15. 一碌子绳子

　　里边插着一双一碌子绳子打不到、黄丝转香马橙袜子。（第 35 回）

　　《注释》释作："'碌子绳'应该写作'辘轳绳'。辘轳是深井汲水用的工具，通常北方人家田园上的深井，大都架有汲水的辘轳绳。这里说的是绕满了一辘轳的井绳，全部松到井中去，也倒不了底。"

按："辘轳"和"碌子"是完全不同的两种工具。"辘轳"是汲水用具，"碌子"则是农村妇女纺织用具。其形状很像四条腿脸盆架。线子绕在四根架上。把线子洗浆之后绕在碌子上，是织布整个过程中的一道工序。一碌子线子要比一根辘轳绳子长得多。《注释》把"碌子"释作"辘轳"失之。

### 16. 只是五娘快出尖儿

玳安道："俺大娘倒也罢了，只是五娘快出尖儿。"（第 78 回）

《注释》释作："意为只有五娘（潘金莲）的嘴头子快，而且出尖儿刺人。"

按：《注释》释"快"为"嘴头子快"，失之。此处之"快"，非快慢之"快"，应作喜好之"好"解。"快出尖儿"就是"好出尖儿"。其他例证如第 34 回：书童道："小的不敢吃，吃了快脸红，只怕爹来看见。"此处"快脸红"即"好脸红"。第 32 回：桂姐道："刘公公还好，那薛公公快顽，把人掐拧的魂也没了。"此处"快顽"就是"好顽"。

### 17. 大摔瓜长淫妇

一个大摔瓜长淫妇，乔眉乔样，描的那水鬓长长的，搽的那嘴唇鲜红的……

《注释》释作："'大摔瓜'，即前注之'打瓜''大子瓜'。此种瓜通常都是圆形，不大，看去圆实实的，在此是形容王六儿的脸。'长淫妇'，似为说'长就的淫妇相'……"

按：《注释》之释非是。"大摔瓜"非是"打瓜"，更不是在"形容王六儿的脸"。第 37 回已说明王六儿"紫膛色瓜子脸"，这么一个漂亮的"瓜子脸"型，怎么一下子变得像"打瓜"形了呢？再者，"长就的淫妇相"之说也不能不使人要问：淫妇的长相莫非还有一个特殊的标志，让人一看便能识别出来。其实，"大"不是修饰"摔瓜"的，而是修饰"淫妇"的。"长"是

"长短"之"长"，不是"生长"之"长"。"长"是指王六儿身个儿长（37回有"生的长跳身材"一语），"大"也是指身个儿而言的。"摔瓜"不是"打瓜"，而是一个形容词，指身个儿长得高大，而动作、姿态松松垮垮、不紧凑、不美观。而二者往往又易联系在一起，也就是说，身个儿高大的，动作往往松松垮垮，不够紧凑。所以书中这几个词往往合在一起连用。第78回也有用例，但作"长大摔瓜淫妇"。"摔瓜"一词阳谷方言仍然用着，既可说成"摔瓜"，也可说成"摔而瓜唧"。

**18. 你浓着些儿罢了**

金莲点着头儿，向西门庆道："哥儿，你浓着些儿罢了。你的小见识儿，只说人不知道。"（第73回）

《注释》释作："你还是把疖子的脓留住别挤出来吧！意为你别剖白——别解释。"

按："浓"乃是个方言词，义为"将就""凑合"。此处指潘金莲劝西门庆不要过于思念死去的李瓶儿，守着活着的几房妻室将就着过日子吧。第91回有同样用例可征。如："你来在俺家，你识我见，大家脓着些罢了（'脓''浓'都属借字）。"

**19. 旋簸箕的说你会咂的好舌头**

嗔道五娘使你门首看旋簸箕的，说你会咂的好舌头。（第23回）

《注释》释作："双关语。用以喻接吻时的吮咂舌头声态。簸箕，是一种用以旋检粮食的砂石或稗子，作起事来，要左右旋转，上下颠簸，因以双关喻接吻时的热烈行为。"

按：《注释》所释，其误有三，（一）断句有误。"说你会咂的好舌头"的，不是"旋簸箕的"，而是"五娘"。故于第一个"的"字后应断。（二）即使真如《注释》所说，以用簸箕旋检粮食来比喻接吻，那么这种比喻也用得太不像样。（三）把"旋"释作"旋转"之"旋"是错误的。实际上，"旋"是"栓"的借字。"旋簸箕"就是"栓簸箕"，就是把簸箕的边沿付上竹篾子，用粗皮线（鲁西叫作"弓弦"）扎紧，以使其耐用。因为用的是皮线，而皮线一干就变硬，一湿就变软，所以使用时要现在水里浸泡一下。虽然如此，因为一根线要用好大一会儿，往往还没用完就变得干硬了，所以，工匠为了一直保持其湿润、软活儿的状态，干活儿时就不住地把皮线放在嘴里咂着往返抽动，用唾液保持皮线的湿润、软活儿。书中所说的"咂的好舌头"实际就是指的栓簸箕的用唾液浸润皮线的动作。至于"旋"和"栓"同音代替的问题，山东方言有不少这方面的例证。阳谷方言小运河片的语音就是如此。北京音读 zh、ch、sh 的合口呼的字，在阳谷方言小运河片声母都分别变成了 j、q、x，⑨ 韵母也随之变成了撮口呼（极个别的字除外），因而："砖"和"捐"都读 juān，⑩ "穿"和"圈"都读 quán，"栓"和"旋"都读 xuán。该书"旋"能借作"栓"，说明该书使用的方音也具备这一特点。

**20. 唐胖子吊在醋缸里，把你撅酸了**

　　韩玉钏道："唐胖子吊在醋缸里，把你撅酸了。"（第 42 回）

　　《注释》释作："唐胖子"是个假设人名。唐与糖同音，"糖胖子"亦似为是食品名。"吊在醋缸里"，因为唐胖子人大，不能全身立着吊起，手脚难免要"撅"（juē）起。"撅"与（jué）音谐近。读 jué，则为詈骂之意。北方人骂人称为"嚼人"，亦作"撅人"，此语前已注说。这里是妓女韩玉钏儿骂俏应伯爵的话，意为我把你骂酸臭了。遂用"糖胖子吊在醋缸里，把你撅酸了"的歇后语，代俏他要臭骂应伯爵。……

　　按：《注释》对这一歇后语只说对了后一半"把你撅酸了"。北方方言骂人谓之"撅人"，在这里指"我把你骂酸臭了"，皆不误。但"唐胖子吊在醋缸里"应作何解？"撅"字在这里是谐的哪个字音？所释就欠妥了。阳谷方言，把一些物料放在水或其他液体里，使其发酵、变质，谓之"作"（音 zuó）（大致符合"酿造"的含义）。"唐胖子吊在醋缸里"自然也要出现这"作"的现象。因为醋是酸的，"作"的结果当然就要"酸了"。书中之"撅酸了"，实际就是"作酸了"。"撅"所谐的字音就是"作"的字音。在阳谷方言小运河片里，北京音声母是 z、c、s 的合口呼的字，其声母都读成了 [tɕ tɕʻ ɕ]，韵母也变成了撮口呼。如"作""撅"同音（都读 tɕyə[13]），"搓"

和"缺"同音（都读 tɕ′ yə¹³），"梭"和"靴"同音（都读 ɕ yə¹³）。所以"作""撅"可以构成谐音双关的歇后语。该书此二字也能构成谐音双关的关系，说明该书使用的方音也具备这一特点。

**注释：**

① 载《瓶外卮言》，1940 年 8 月天津书局出版。

② 这种汤是加了各种材料用以调味的。

③ 载《中国语文通讯》1982 年第 1 期。

④ "韶道"即"韶刀"。

⑤ 母鸡有时也有此动作，但不如公鸡多见。

⑥ "欠呵"即"呵欠"。

⑦《金瓶梅》中，语素的顺序和现在相反而意义相同的词，常见。如"呵欠"作"欠呵"，"报告"作"告报"。

⑧ "抹儿"，元曲作"母儿"，见《玉壶春》二折。

⑨ zh、ch 变 j、q 不分文白读，sh 变 x 只限文读。

⑩ 韵母后面的数字表示调值。

原载《金瓶梅的作者》，宁夏人民出版社 1988 年 5 月

# 《金瓶梅词话》内部的语言差异

  《金瓶梅词话》是十六世纪用北方官话写成的一部白话小说。但它内部使用的方言并不一致。据沈德符《万历野获篇》说，五十三至五十七回属"陋儒补以入刻……肤浅鄙俚，时作吴语。"本文试将补入五回与原九十五回的语言作些比较，为该书语言的研究作些打基础的工作，不当之处，请大家指正。

## 一、词汇差异

  补入五回既然是补入的，为了风格上的连贯，在用语上对原九十五回进行一些模仿则是可能的，因而也就出现了这样一种现象：同一个意思在原九十五回里用甲词，而在补入五回里则有时用乙词，有时用甲词。这种现象的出现可能还有其他原因，本文不去探讨，我们只将两者的不同之处列出。如"下棋"，原九十五回作"下棋"，而补入五回则既作"下棋"，又作"着棋"，我们于补入五回则只列"着棋"，不再列"下棋"。列词语时，补入五回在前，原九十五回在后，每个词语后面都举出例句。

  **婢子——丫头、使女**

  （53 回）金莲道："碜短命，不怕婢子瞧科。"（21 回）月娘看不上，说道："你真个涎脸涎皮的，我叫丫头进来。"（1 回）妈妈余氏，主家严厉，房中并无清秀使女。

**店——铺子**

（53 回）那陈经济从雪洞里跑出来，睡在店中。（33 回）单表那日韩道国铺子里上宿，来家早。

**盛——多**

（53 回）前日中人钱盛么？你可该请我一请。（14 回）千也说使多了，万也说使多了。

**人种——根绊儿**

（53 回）我又不得养，我家的人种便是这点点儿。（62 回）他身上不方便，早晚替你生下个根绊儿，庶不散了你家的事。

**额子——额头**

（53 回）额子上有些热剩剩的①。（63 回）月娘道："这边额头略低了些儿。"

**拐儿——弯儿**

（53 回）金莲独自后边出来，只见转一拐儿，蓦见了陈经济。（34 回）绕个弯儿替他说，才了他此事。

**一滚烟——一溜烟、一道烟**

（53 回）两个慌得一滚烟走开了。（22 回）（宋惠莲）说着一溜烟走了。（42 回）玳安便一道烟去了。

**施灼龟、灼龟——补龟卦**

（53 回）哭也没用，不如请施灼龟来与他灼一个龟板。（53 回）方才灼龟的说大象牵延，还防止反覆。（46 回）刚打发卜龟卦婆子去了。

**打抹——观看**

西门庆——跪在神前又不好发话，只顾把眼睛来打抹。（7 回）西门庆眼观看那妇人。

**话——说**

（54 回）玳安进到房里去话了一声，就掌灯出来回报。（9 回）郓哥道："我便官府面前，也只是这般说。"

**有睡——睡着**

（54 回）说也奇怪，吃了这药就有睡了。（39 回）不一时，那孩子就磕伏在李瓶儿怀里睡着了。

**过——压**

（54 回）（伯爵道）"不好了，呕出来了，拿些小菜我过过便好。"（72 回）金莲道："略有些咸味儿，你有香茶与我些压压。"

**昨的——昨日**

（54 回）（李瓶儿道）"学了昨的下半晚，真要疼死人了。"（23 回）"倒只怕昨日晚夕娘听错了。"

**着（棋）——下（棋）**

（54 回）正着时，只见白来创一块棋子渐渐的输了。（11 回）两个放桌儿，摆下棋子下棋。

**猜拳——猜枚**

（54 回）猜拳赛色，吃的怎地热闹。（12 回）猜枚行令，玩耍饮酒，把桂姐窝盘住了。

**后边——后来、落后**

（54 回）官哥只管要哭起来，如意儿恐怕哭醒了李瓶儿，把奶子放他吃，后边也寂寂的睡了。（82 回）后来孟玉楼嫁了李衙内，往严州府去。（12 回）落后天下雨，积的满院子都是水。

**干子、干生子——干儿子**

（55 回）（太师）见说请到了新干子西门庆，忙走出轩下相迎，（55 回）（西门庆道）"但拜太师门下做个干生子，也不枉了一生一世。"（32 回）你到明日与大爹作个干儿子罢。

**牲口——头口**

（55 回）翟管家赏了随从酒食，分付叫把牲口牵到后槽去，（62 回）"明日我教来宝骑头口再请去。"

**下午——后晌、午后**

（55 回）太师道："既如此，下午早早来吧！"（62 回）那陈经济少倾取了五锭元宝出来，同贲地传去了。直到后晌才来回话。（70 回）今日圣上奉艮岳……该老爷主祭，直到午后才散。

**完——干、尽**

（55 回）蔡太师满面欢喜道："孩儿起来。"接过便饮个完。（51 回）拿起酒来，与妇人对饮，一吸而同干。（52 回）那李铭接过银把钟来，跪着一饮而尽。

**心下——心上、心中**

（55回）蔡太师看了礼目，又瞧了台上二十来杠，心下十分欢喜。（12回）听了，怒从心上起，恶向胆边生。（11回）这西门庆听了，心中大怒。

**礼目——礼贴、揭贴**

（55回）二十来杠礼物，解开了凉箱盖，呈上了一个礼目。（70回）夏提刑先递上礼贴；两匹云鹤金段，两匹色段，翟管家的是十两银子。（18回）因向怀中取出揭贴递上。

**款待——管待**

（55回）便教翟管家："收进库房去罢。"一面分付摆酒款待。（15回）怎么的，姐夫就笑话我家大节下拿不出酒菜儿管待列为老爹？

**姊夫——姐夫**

（55回）（金莲）叫春梅："径送与陈姊夫。"（33回）（金莲道）陈姐夫寻衣服，叫他进来吃一杯。

**日头——日**

（55回）不多几个日头，就到东平府清河县地面。（37回）婆子道："他连今才去了八日，也得尽头才得来家。"

**月日——月**

（55回）算来日期已近，自山东来到东京也有半个月日路程。（59回）时八月二十三日申时也，只活了一年零两个月。

**筵燕——筵席**

（55回）（苗员外）就留西门庆筵燕。西门庆却不过，只得便住了。（12回）有一真人，摆着筵席请人。

**弟郎——兄弟**

（56回）如今哥在那里？咱做弟郎的早晚间走去，抓着哥儿。（15回）西门庆道："祝兄弟，你错怪了他两个，刚才是路上相遇。"

**催进——催逼**

（56回）房主又催进了不的。（14回）冯妈妈在后边雪娥房里管待，酒吃得脸红红的出来，催逼李瓶儿起身。

**带——所**

（56回）家里也还有一百亩田，三四带房子，整的洁净住着。（33回）他在东大街上使了一千二百两银子，买了所好不大的房子。

**田——地**

（56回）家里也还有一百亩田，三四带房子，整的洁净住着。（30回）赵寡妇家庄子儿，连地要卖，价钱三百两银子。

**十市街坊——街上**

（57回）当下就叫了玳安，拿了篮儿，到十市街坊，买下些时仙果品。（6回）且说婆子提着篮子，拿着一条十八两秤，走到街上打酒买肉。

**缝纫——缝**

（57回）又取出一件汗衫，带回浆洗的，也是那个婆婆亲手缝纫的。（51回）王六儿正在屋里替他缝小衣儿哩。

**咱——甚么**

（57回）养婆儿，吃烧酒，咱事儿不弄出来？打哄了烧苦葱，咱勾当儿不作。（12回）师尼僧医、乳母牙婆，切记休招惹他，背地甚么事不干出来？

**家府——府上、家、宅**

（57回）带上个头蓬笠子，一壁厢直奔到西门庆家府里来。（49回）蒙他远接，学生正要到他府上拜他拜。……如今现在外面伺候要央学生奉陪年兄到他家一饭。（21回）记挂着爹宅内，姐儿每还有几段唱未合拍，来伺候。

**当时间——当下**

（57回）当时间唤起法子徒孙，打起钟、敲起鼓。（19回）当下吴月娘领着众妇人，或携手游径芳之中，或斗草坐香菌之上。

**拜揖——作揖**

（57回）望着婆儿拜个揖，一溜烟去了。（31回）西门庆大喜，作揖谢了他二人重礼。

**卸——脱**

（57回）（西门庆）转到后厅，直到卷棚下卸了衣服。（11回）（西门庆）一面脱了衣服，坐下。

**堂——厅**

（55回）堂上虎皮太师交椅上坐一个大猩红莽衣的，是太师了。（58回）

西门庆叫胡秀到厅上，磕头见了。

**狗子——狗**

（53 回）忽听得外面狗子都嗥嗥的叫起来，却认是西门吃酒回来了。（58 回）你老人家趁早休进去，后边有狗哩，好不利害，只咬大腿。

**气子——气**

（53 回）后见王姑子制就头胎衣胞，虽则是做成束子，然觉有些注凝②，有些焦刺的气子，难吃下口。（73 回）（金莲道）我不吃这陈茶，熬的怪乏汤气。

**壶子——壶**

（54 回）怎的把壶子都放在碗内了？（31 回）月娘问："这壶端的在那里来？"

**心子——心**

（57 回）不曾来看得老人家，心子里吊不下，今日同这薛姑子来看你。（62 回）娘可是好性儿。好也在心里，歹也在心里。

**学生子——学生**

（56 回）应二学生子和水学生子一般的聪明伶俐，后来长进。（49 回）宋御史道："学生初到此处，不好去得。"

除此之外还有一种情况，补入五回使用的某些词，原九十五回没有和它们相对应的。如"肝腑"（55 回："这病都只为火炎肝腑，土虚木旺。"）"黄梅"（57 回："也不曾经过三个黄梅、四个夏至，又不曾长成十五六岁。）两词原九十五回都没有相对的词。出现这种现象的原因，"肝腑"属于词语错讹。肝属五脏之一，不能和腑并列构词；"黄梅"属于地方性物产。像这类词语，书内还是不少的，本文不再列举。

# 二、语法差异

汉语各方言语法之间的差异比起语音、词汇来，本来就小，况且补入五回语料不多，很难把它的方言在语法方面的特点全部反映出来。尽管如此，但是我们仍然看到，补入五回与原九十五回在语法上还是存有一些不同之处的。下面分项说明。

（一）补入五回有词缀"阿"。如：（1）常时节道："我胜那白阿弟的扇子，倒是骨板的，倒也好打板。"（2）白来创道："九阿哥，完了罢，只管思量怎的？（3）太医下了马，对他两个道："阿叔们，且坐着吃茶，我去拿药来。"③

常时节、白来创、太医都不是南人，在原九十五回里，他们说话从不带"阿"这个词缀，而在补入五回里突然出现，显然是作者方言的流露。

需要说明的是，在原九十五回里有三处出现了词缀"阿"。这三处是"（4回）那郓哥得了这话，谢了阿叔指教。"（59回）一个年老的阿婆出来，望俺拜了一拜。"（100回）晚来闷倚妆台立，巧画娥眉的阿谁。"但这三处并不能说明原九十五回作者的方言里就有词缀"阿"，因为这三处出现词缀"阿"都有其他原因。从第1回到第6回基本上是抄《水浒》情节写成的，有些地方则是直接从《水浒》抄来。这样，这六回就不能不受到《水浒》语言的影响。而《水浒》的语言与《金瓶梅》的语言所反映出来的显然不是同一个方言的词汇现象，所以我们认为第4回的"阿"很可能是《水浒》语言影响的结果。59回的"阿"是出于蛮小厮春鸿之口，作者为了刻画人物形象而故意让这个人物说些他的方言词语并不为奇。所以59回的"阿"与其说是作者方言的词语，不如说是"蛮小厮"方言的词语。④第100回的"阿"出于诗歌，"阿谁"是从古诗上照抄下来的，不能作为研究当时口语特点的材料。

（二）补入五回有"兀"。如（1）56回：到了带网子尚兀是相厚的。（2）西门庆道："兀那东西是好动不喜静的，曾肯埋没在一处？"

例（1）是出自应伯爵之口，倒（2）是出自西门庆之口，这两人都是北人，在原九十五回里说话都不带"兀"，而在补入五回里突然出现，显然也是作者方言的流露⑤。

（三）补入五回"子"尾比较多。同一个词，原九十五回不带"子"尾，而补入五回往往带"子"尾。如学生子（学生）、心子（心）、壶子（壶）、气子（气）、狗子（狗）等⑥。反过来，补入五回不带"子"尾，而原九十五回带"子"尾的，则几乎不见。

（四）动词重叠方式不尽相同。补入五回动词不带宾语时，其重叠方式同源九十五回一样，都是将两个动词叠用即可。如"（56回）我一心要寻个先生们在屋里，好教他写写。""（12 回）怎的陈姐夫连日不进来走走？"如果动词待了宾语，其重叠方式就有差别了。单音节动词带宾语的重叠方式，原九十五回有"动宾＋动"式。如"（49 回）蒙他远接，学生正要到他府上拜他拜。""（15 回）只当大节间往他拜拜年去，混他混。""（12 回）他今在房中不好哩，你不看他看去？"有些句子重叠后，第二个动词读成儿化音节。如"（12 回）春梅，我的好姐姐，你救我救儿。""（15 回）说他从腊月里不好到如今，大官人通影儿不进里面看他看儿？"而补入五回则没这种重叠方式。但补入五回有"动宾＋动宾"式，如"（54 回）西门庆道：'我可惜不曾带得好川扇儿来，也卖富卖富。'"而原九十五回则没有这种重叠方式。

（五）原九十五回状语与中心语之间几乎见不着"地"或"的"。如"（20 回）贼囚根子，拿送到前头就是了，平白拿进我屋里来做甚么？""（22 回）春梅气狠狠直进后边来。"而补入五回则经常加"地"或"的"，如"（53 回）不长进的小油嘴，常时把做亲娘的平白地提在水缸里。""（54 回）（白来创）满面涎唾的嚷道：'我也不曾下，他又扑的一着了。'"

**注释：**

① "热剩剩"疑为"热刺刺"之形误。因为一则"热剩剩"欠通顺，二则 53 回有"焦刺刺气子"之语，"刺"与"剩"形近。

② "注疑"疑"生疑"之形误，因为一则"注疑"欠通顺，二则下文有"待吃它，又只管生疑"之语。"生"与"注"形近。

③ 三例均见第 54 回。

④《金瓶梅词话》中，北人称南人为"蛮"，如"蛮子""蛮小厮"等。

⑤ "兀"在第 1 回里出现了一次（"使的这汉子口里兀自气喘不息"）。这显系《水浒》的影响。

⑥ 例见前面"词汇差异"部分。

* 本文资料据人民文学出版社 1985 年版《金瓶梅词话》删节本。

原载《庆祝殷焕先先生执教五十周年论文集》，
山东大学出版社 1994 年 7 月

# 《金瓶梅》的语言

## ——关于其中的分布

0.0 关于《金瓶梅》的作者，有各种各样的说法。(个人创作说、集体创作说、北方人说、南方人说、李开先说、王世贞说、屠隆说、冯梦龙说等) 好像还没有定论。我想其中的一个原因就是语言的复杂性。事实上，很多的研究人员根据语言对作者和作者原籍的考定做了尝试。但要是各家之说达到统一的认识，还有相当大的距离。①

本文根据以前的研究成果，透过《金瓶梅》的语言和几个词汇、语法的分布进行了考察，以期为今后搞清有关作者的问题提供点线索。

0.1 以下两点，作为《金瓶梅》语言内部的不同之处，曾多次被指出过。

一、从第 1 回到第 6 回是根据《水浒传》第 23 回到第 27 回大致照样抄写的 (以下称 A 组)。

二、从第 53 回到 57 回是由别人 (南方人) 补写的 (以下称 B 组)。②

虽然 A 组的语言多少有点出入，但基本上与《水浒传》的语言 (非原著部分) 没有大的差别。但 B 组语言就不那么单纯。在下一节，首先以 B 组的语言为重点进行考察。使用的本子是两种"词话本"(北京图书馆藏影印"古佚小说刊印会本"和日光山轮王寺慈眼堂藏影印"大安本")。

1.0　B 组语言的研究

1.1　朱 1985 年从语法上指出 B 组语言的不同性质，成为南方人所补充这一旧说（明·沈德符之说 2）有力的旁证。③

然而，韩南 1962 年认为 B 组由某人作了补充，并从小说的矛盾和人称代词用法上的差异推定是由多个作者所致。④ 以下比较 B 组和其他几章的语言特点，再验证 B 组语言的不同性质。同时就韩南说法的可能性再进行研究。

1.1.1　A 组的语言可以认为像刚才说的那样，几乎是《水浒传》的语言。这组讲的相当于现代汉语"时量词"的"一会儿"，有时使用"一歇""一会""一回"。使用"一会"和"一回"被认为是表记法的不同，但在"一歇"中就存在别的问题了。

香坂 1983 年（178—179 页），"一歇"在《金瓶梅词话》《西游记》《拍案惊奇》《三言》《醒世姻缘传》中经常使用，但在《红楼梦》《儿女英雄传》《语言自迩集》中不大使用。叶圣陶解放后在补充原来的作品时，毫无例外地进行了改写，没有把它定为北方话。⑤

本书中的"一歇"仅分布于 A 组中，不能说在《金瓶梅》中经常使用。或许这与《水浒传》的基础方言有关。

①吃了一歇，酒阑了，便起身。（1.5a.8）

②再缝了一歇，看看晚来，千恩万谢归去了。（3.7b.2）

③老身直去东街，那里有好酒买一瓶来，有好一歇儿耽阁。（4.1a.10）

④等了一歇，那两脚慢了些，大步飞来家。（6.6a.11）

⑤武松走了一会，酒力发作，远远望见乱树林子……（1.4b.9）

⑥西门庆也笑了一会，便问……（2.10a.3）

⑦初时西门庆恐邻舍瞧被（译者按："被"当作"破"之形误），先到王婆那边坐一回……（6.4a.1）

"一会"在 A、B 两组以外的几章中几乎看不到。如果 A 组除外，则集中在 B 组中（53 回 2 例、54 回 1 例、55 回 2 例、57 回 3 例、计 8 例）。

⑧西门庆呆瞪想了一会，说道……（53.8b.4）

⑨停一会时，伯爵正在迟疑，只见玳安慌不迭的奔将来……（54.7a.8）

⑩那西门庆举个手……就把苗员外别来的行径、寒暄的套语，问了一

会。（55.13a.3）

⑪不想遇着这个长老，鬼混了一会儿。（57.8b.7）

在A、B组以外，使用"一会"的仅有以下几例（有关这些用例后述）。

⑫才郎情动嘱奴知，慢慢多哂一会。（10.8b。7）

⑬一会家书，书不尽心事；一会家诉，诉不尽熬煎。（46.2b.3）

⑭你惹（译者按："惹"当为"若"之形误）多人口，往后还要过日子，倒把我伤心了这一会。（62.9a.9）

⑮我切不吃，你吃了，停会我吃粥罢。（67.3a.7）

用例⑮的"停会"以其实际含义纳入用例。但这种讲法也作为其他用例，则只用于B组的53回、54回。

如上所述，"一会"的分布，可以说能够说明B组的不同性。

1.1.2　表示某种程度异乎寻常时，常用的词语有"～de 很""～de 慌""～de 紧"等。其中"～de 紧"可以认为属南方话。⑥

宫田1976年谈到《金瓶梅》的语言，"～de 紧"的用例比"～de 很"多。的确，本书在53回中仅仅使用1例"～de 很"。

⑯这里来这样热闹得很。（53.15b.1）

另一方面，"～de 紧"见13例，但有10例集中在B组（53回2例、54回3例、55回1例、56回1例、57回3例）。⑦

⑰便是凶得紧，请你来商议。（53.13b.1）

⑱到一木香棚下，荫凉的紧。（54.6a.8）

⑲这两个小伙子，不但喝的好，就他容貌也标志的紧。（55.15b.3）

⑳这是说他家没事故了，后来一发好的紧了。（56.9b.6）

㉑那个功德真是大的紧。（57.12a.10）

B组以外的用例（后述）：

㉒妇人盼他急的紧，之间婆子回了妇人……（8.1b.2）

㉓少倾，渐渐李瓶儿疼的紧了。（79.22b.3）

㉔那玉楼也不徐顾……见月娘看看疼的紧了。（79.7b.3）

"～de 紧"的分布也和"一会"一样表示了B组语言的不同性。

1.1.3　在"一会""～de 紧"以外，仅出现在B组的某些词语，也可以认为属于南方话，例如：53回的"夜饭""呵卵脬"，53回、54回的"泡茶"、

56回的"学生子"等。⑧

1.1.4　"里"的特殊表现只举出如下两例：

㉕ 悄悄里说道，哥正不知道哩。（45.7a.7）

㉖ 琴童就对玳安暗暗里做了一个鬼脸，走到后边烧茶了。（54.3a.10）

在单音节形容词的重叠式中，"里"（li）作为后置成分被放在"AA里"。关于其修饰动词句的用法，胡1981年、香坂1983年、石1991年a都认作吴语的特点。⑨ 本书的用例大概也属吴语。（45回的用例后述）。

以上可以看出，B组的语言明显地与其他章回有不同的特点。

1.2　本节将从B组内部语言的不一致着眼，对韩南说的可能性进行考察。

1.2.1　先看本书"刚刚"一词的5个用例。

㉗ 连夜收拾行李进发，刚刚正好，再迟不的了。（55.1b.11）

㉘ 又行了十来日，算前途路已不够，趱到刚刚凑巧。（55.1b.6）

㉙ 刚刚进门，只见那浑家闹炒炒嚷将出来……（56.5a.7）

㉚ 走到卷棚底下，刚刚凑巧，遇着了潘金莲凭阑独咲。（57.12b.6）

㉛ 刚刚打发丧事儿出去了，教我手忙脚乱。（65.10b.9）

除去最后的用例31外，其他4例仅在55回到57回看到。

1.2.2　本书表示"微差"的副词，有"急些儿"（1例）、"差些儿"（5例）、"拉些儿"（1例）、"险不"（5例）、"险些儿"（18例）、"几乎"（2例），其中"几乎"仅在53回、54回看到。

㉜ 先将符药一把揞在口内……几乎呕将出来，眼忍红了。（53.7b.7）

㉝ 我几乎忘了，又是说起扇子来。（54.9b.3）

B组在55回中可以看到一例"险些儿"。

1.2.3　"有V"不是普通话的说法。据陈1984年（26页）对于"有没V？""有V吗？"答："有V"的表现，在现代方言福建话、广东话中都能见到。本书能见到3例"有V"，但仅分布在53回（2例）和54回（1例）中。

㉞ 只差小玉问官哥，下半夜有睡否？（53.12b.2）

㉟ 说也奇怪，那时孩子就放下眼，磕伏着有睡起来了。（53.12b.2）

㊱ 说也奇怪，吃了这药，就有睡了。（54.14b.6）

一个动词"睡"难说是普遍的用法这里是一种破格的用法。

从以上三点，能够同意B组由53～54回和55～57回两个层次构成这一韩南之说。

2.0 根据“可VP”型疑问句的分布来研究本书的语言。

2.1 朱1985年（17页）列举了19例“可VP”型疑问句，指出其中有12例分布于B组。同时还能够看出，从67回到69回（以下称C组）有3例“可VP?”型和“VP不VP?”型的混合形式。但是，这里有个疑问，的确，“可VP”型疑问句集中在B组中，但如果这种用法为南方人所写，那么其他用例（包含C组用例）是否也是南方人所写呢?

2.1.1 下面从朱1985年所举的用例以外选出9例。

㊲不知那边可有人觉道么?（16.12a.11）

㊳真个他和爹这媳妇可有?（25.8a.11）

㊴我已差人下书与你巡抚侯爷说了，可见了分上不曾?

㊵你主人身上可有甚官役?（30.4a.11）

㊶法官，可解得么?（62.15a.8）

㊷前者五月初一曾在岳庙里烧香，亲见一面，可是否?（63.3a.1）

㊸要请六黄太尉一饭，未审尊意可允否?（65.2b.10）

㊹大娘，你昨日吃了药儿，可好些?（76.10b.4）

㊺不知老翁可有知否?（77.1a.11）

2.1.2 时态助词“子”（=仔）[相当于普通话的“了”和“着”] 也是吴语用法代表之一。朱1985年谈到B组中，“可VP”型疑问句唯一没有分布于57回中，此章回被推定为南方人所写的根据就是这个“子”的分布。

本书中除57回（2例）外，还有11个“子”的例子[⑪]。这一点也和“可VP”型疑问句的分布留下了同样的疑问。

㊻吴大妗子跳起来说道:“姐夫来子。”（23.1b.8）

㊼我不去，你与子我，我才叫去。（27.4b.9）

㊽且饶你这一遭，若犯子我手里，都活监死。（35.14b.9）

㊾你休亏子这孩子，凡事衣类儿上，另着个眼儿看他。（35.14b.9）

㊿等韩伙计来家，你和他计较，等子狮子街那里……（38.3b.10）

(51)到了午朝拜毕，吴大官预备子一张大插桌……（39.10b.7）

(52)那马见子只一惊躲，西门庆在马上打了个冷战。（79.8a.3）

(53) 六姐，快梳子头，后边坐。（83.4b.3）

在“子”的 11 个用例中，除了适当地方的两例外，《新刻绣像批评金瓶梅》（北京图书馆藏本——《崇祯本》）全部改成了“了”或“着”。

2.1.3 “可 VP”型疑问句和时态助词“子”，除 35 回外，在同一章中没有同时出现，像这样的分布情况，就违背了笔者的愿望（如果两种用法重复出现，南方人执笔的可能性更高）。从另一方面来考虑，也不是没有由数名南方人执笔的可能性。

2.2 宫田 1977 年（488 页）指出，关于动词重叠型中用于人称代词之目的语时的语言顺序，《金瓶梅》反映了和早期白话文以来的“VOV”型并行的“VVO”型的过渡现象，并列举了几个用例。

此书列举的人称代词作为目的语之动词的重叠型，总数为 72 例——“VOV（儿）”50 例，“VOV-V（儿）”12 例，“V-VO”例，“VVO”10 例。下面是“VVO”型的用例。

(54) 你买分礼儿知谢知谢他，方不失了人情。（13.4b.4）

(55) 你只在俺家，俺倒买些什么看看你……（32.5b.4）

(56) 你卜卜俺们。（46.16a.3）

(57) 俺娘了不得，俺爹快看看他。（54.11a.6）

(58) 学生还到尚柳塘老先生那里拜拜他。（65.3b.6）

(59) 他孟二舅来辞辞你，一两日起身往川广去也。（67.21b.11）

(60) 你怎的这两日不来走走，看看我？（69.3a.1）

(61) 你何不请他来看看你？（79.15b.7）

“VVO”型的用例 10 例中（以上例子之外，在 69 回、79 回中还各有 1 例），有 7 例可以看到有“可 VP”型疑问句或者时态助词“子”的章回（两种用法，100 回分布于 27 回）。

在“VVO”型分布的章回中，54 回属 B 组，65 回属“可 VP”型疑问句（参见 2.1.1）。除此之外，还可以看到“刚刚”的章回（参见 1.2.1）。在 67 回中，还可以看到“可 VP”型疑问句外的“停会”。69 回、67 回同样为 C 组，在 79 回分布两例“子”（参见 2.1.2）。46 回中两种用法都没出现，但出现了“一会”。

2.3 使用“来”“去”的连动句，从《官话指南》（九江书会著本）（1893

年九江印书局刻印），如北方用"VP+来/去"，南方用"来/去+VP"，可以看出南北两地方言语序的不同。

2.3.1 作为《官话指南》吴语译本的《土话指南》和《沪语指南》，其连动句当然遵循南方的语序，可看下面的用例。

《官话》（卷二 15 章）"打围去"、《土话》"去打猎去"

《官话》（卷二 18 章）"找去"、《沪语》"去找去"

《官话》（卷二 25 章）"瞧去"、《土语》"去看去"

《官话》（卷二 32 章）"找马去"、《沪语》"去寻马去"

《官话》（卷二 16 章）"通去"、《沪语》"去通去"

2.3.2 "来/去+VP+来/去"型连动句称南北方言的混合形式

14. 本书中，这种语序的连动句也不少。

㉒ 大小官儿来寻俺妈来了。（32.11a.2）

㉓ 小的来接娘来了。（34.15a.9）

㉔ 我去请六娘和大姑娘去。（35.10a.6）

㉕ 他来望爹来了。（35.10b.6）

㉖ 迎春，你再去请你五娘去。（38.7a.6）

㉗ 小道士儿自己来请你来了。（40.3a.11）

㉘ 爹使小的来接娘们来了。（46.7a.2）

㉙ 又使我来取五娘的皮袄来。（46.11a.9）

㉚ 二姐，你去瞧瞧去。（78.22a.9）

㉛ 姥姥还没睡哩，我来瞧瞧来了。（78.22b.3）

㉜ 请奶奶去瞧去。（83.3b.12）

㉝ 房钱到了，来取房钱来了？（93.6a.7）

㉞ 前日你老人家好的日子，说那头他大娘来作生日来。（97.9a.2）

这种句型，35 回（"可 VP"型疑问句、"子"）、38 回（"子"）、83 回（"子"）、93 回（"可 VP"型疑问句）及已谈过的 46 回等，集中分布在《金瓶梅》不同性质部分的章回中。本书的用例是否和已谈过的清代吴方言用法有直接联系，还不太清楚，只是将在本书的分布作以提示。

2.4 禁止副词"别要"除本书外，见于《醒世姻缘传》《绿野仙踪》《红楼梦》《品花宝鉴》，但是，在《绿野仙踪》和《红楼梦》中出现的用例不能说是一种普遍的用法，还有待于研究。

这种语言在南方的作品里看不到，只见于前面谈的所谓北方的作品。一般可以称之为华北方言。

2.4.1　本书所用近 40 例中，出现于被认为不同性质部分的例子也不少。在 B 组中看到 6 例，但只分布在 53、54 回。

⑦⑤ 小奴才，你晓得甚的，别要吊嘴说。（53.12b.8）

⑦⑥ 别要讲闲话，就与你收拾起来。（54.1b.7）

⑦⑦ 别要慌，我见了那奴才，和他答话。（67.23a.1）

⑦⑧ 爹也别要恼，我说与爹个门路儿……（68.13a.9）

在"可 VP"型疑问句分布的 63 回（10a.7）、76 回（24b.1）、时态动词"子"分布的 14 回（13b.1）、23 回（9b.5）、83 回（11a.2）中，也可看到这种用语。

2.5　朱 1985 年（20 页）指出，B 组中表示复数的接尾词"们"用得很多。与此相关联，42 回至 46 回（以下称 D 组）也连续使用很多"们"。本书"们""每"并用，但使用次数"每"是"们"的 2 倍。关于"每"和"们"，从太田 1958 年、香坂 1987 年等一直到元代的研究可以看出，在南方有使用"们"（北方使用"每"）的倾向。

本书"们"的用例有 300 以上，但分布不平衡，而且在连续的章回中出现。如：在 B 组 52 例，D 组 59 例。仅这两个组（总计十回）就占了全部用例的三分之一，并且，C 组也见到 10 例，这决不是小数。

2.6　本书语言的特征之一是"都"和"多"的混用。这种混用在本书以外，《拍案惊奇》《缀白裘》《乾隆朝本百廿回红楼梦稿》中也有，现代方言苏州话有混同的用法。可以考虑这是南方的用法。

本书的"多"有可能是南方人所为，从其分布可以清楚地看到比"们"更加不平衡。用例仅举一部分。

⑦⑨ 人多不敢惹他。（2.6b.11）

⑧⓪ 各人多散了。（7.12b.4）

⑧① 其余多是待从人，也有坐的，也有立的，守着一库金银财宝。（46.16a.8）

请的各位客人多到了。（57.13a.6）

A组里有4条。7回到10回（以下称E组）比较集中（有18例）。E组不仅"们"比"每"使用得更多，并且也有"一会"和"～de 紧"的用例的分布（参见1.1.1至1.1.2），B组也有12例。57回稀稀拉拉地有8例。但是其前后从47回到52回，从59回到66回（58回仅见1例）却找不出一例来。在"多"＝"都"的混用方面，可以被认为形成了一个组。C组中有近30例，使用频率最高；D组也多使用"多"，其倾向已从39回中显示出来（实际上，"们"也是从39回开始使用得多起来）。

3.0　如以上所见，A组另当别论，本书中有原作者以外的语言复杂地混入的痕迹，但，这具有一定的规则性，可以认为连续的几个章回形成了不同的组（B、C、D、E）。甚至，像在1.2.1～1.2.3中讲过的，B组的语言也有可能是有几个不同层次形成的。《金瓶梅》如果还存有"原作"，其语言大概与今天我们能看到的"词话本"不仅B组，连其他章回都有很大不同吧。

**注释：**

①白1986年（228～229）就中国学者的研究，总结了至今为止的主要论述。

②对于B组中心点的论述，韩南1962年、朱1985年、植田1988年、伊原1989年等均有论述。

③朱1985年认为"可VP"型疑问句是反复疑问句，但诸家的意见不一致。例如：宫田1983年（91页）认为它兼有然否疑问句的语法机能与本文无直接关系，应作为吴语特有的疑问句。石1991年（3页），刘1991年都认为它是然否疑问句，此疑问句的语法机能与本文无直接关系，所以在此不多论述。但，这个问题最近游汝杰《吴语里的反复问句》（《中国语文》1993年第2期）论述得较为详细。

④参见53～54页。

⑤宫田他1984年（124页）现在上海、苏州用"一歇儿"。

⑥参见太田1964年（7页）以及宫田1976年（258～260页）。

⑦"拘管得紧"（45.7b.10）与"雨得紧"（83.2a.5）等用例，考虑到与动词结合得较紧，可以以"形容词+de+紧"为对象。

⑧关于"夜饭"，参见尾奇1965年（16～17页）、宫田他1984年（109页），"呵卵脬"参见石1991年b（63页），"泡茶"参见宫田1976年（252页）、地藏堂1989年（204页），"学生子"参见宫田他1984年（65页）、《越谚》中卷"人类"。

⑨ 胡 1981 年的论述笔者未见，依照佐藤 1988 年（36～37 页）。香坂 1983 年（195 页）引证《醒世恒言》的例子，《缀白裘》中也没有更多地见到吴语的影响。石 1991 年 a（26 页）解释《九尾龟》中的"慢慢里"认为"里"是词尾，与单音节形容词的重叠形式结合在一起构成的形式，用来修饰动词。

⑩ 宫田 1983 年（95 页）认为苏州话的《阿》有时用于反复疑问句型的谓语部分，本文"可 VP"型疑问句中也包含这种形式。

⑪ 所引例证 4851 的"子"，"大安本"作"了"。

⑫ 参见太田 1965 年（49～50 页）。

⑬ 所用《官话指南》为上海美华书馆 1900 年版（1882 年初版本的再版），《土话指南》为上海美华书馆 1897 年版。

⑭ 太田 1965 年（50 页），河北省的一部分地区特别多地使用这种句型。"普通话"中的"去 +VP"由来于南方方言"VP+ 去"。

⑮ 参见拙文 1990 年及 1992 年。

⑯ 参见太田 1958 年（111 页）、香坂 1987 年（118～119 页）、刘 1992 年（290 页）。

⑰ 参见香坂 1983 年（9～10 页）。

## 引用文献：

白维国（1986 年）《〈金瓶梅〉所用方言讨论综述》（《中国语文》第三期）。

韩南（1962）《〈金瓶梅〉的版本》《〈金瓶梅〉及其他》（包振南编选，吉林文史出版社所收）。

伊原大策（1989）《关于明代白话"正在 V"的成立》（大塚汉文学会大会公布）。

地藏堂贞二（1989）《清代北京语考（Ⅱ）一和南京方言、吴方言的比较研究》（《北陆大学纪要》第 13 号）。

地藏堂贞二（1990）《〈绿野仙踪〉的语言》（《北陆大学纪要》第 14 号）。

地藏堂贞二（1992）《关于〈品花宝鉴〉的语言》（《北陆大学外国语学部纪要》第 1 号）。

香坂顺一（1983）《白话语汇的研究》（光生馆）。

香坂顺一（1987）《〈水浒〉语汇的研究》（光生馆）。

刘丹青（1991）《苏州方言的发问词与"可 VP"句式》（《中国语文》第 1 期）。

刘坚（1992）《〈训世评话〉所见明代前期的一些特点》（《中国语文》第 4 期）。

陆俭明（1985 年）《关于"去 +VP"和"VP+ 去"句式》（《中国教学与研究》第 4 期）。

宫田一郎（1976）《〈儒林外史〉的语言》（《人文研究》28～4）。

宫田一郎（1977）《〈金瓶梅〉的语言（Ⅰ）》（《人文研究》29～7）。

宫田一郎（1983）《苏州话的语法（Ⅱ）》（《东洋研究》65 号）。

宫田他（1984）《普通话对照 上海话·苏州话学习与研究》（光生馆）。

太田辰夫（1985）《中国话历史语法》（江南书院）。

太田辰夫（1964）《关于〈红楼梦〉的语言（稿）》（《明清文学语言研究会会报》第 5 号）。

太田辰夫（1965）《北京话的语法特点》（《中国研究—经济·文学·语学》）。

佐藤晴宴（1988）《〈醒世恒言〉中冯梦龙的创作（Ⅰ）——从语言的特点来研究》（《神户外大论丛》39～6）。

尾崎实（1965）《旗人教北京官话（2）》（《中国语学》147 号）。

石汝杰（1991a）《吴语读本》（未出版）。

石汝杰（1991b）《〈笑府〉中所见的明末吴语》（《中文研究集刊》第 3 号）。

植田均（1988）《〈金瓶梅词话〉语汇研究——关于表示"对象"、"目的"介词》（《中国语学》235 号）。

朱德熙（1985）《汉语方言里的两种反复问句》（《中国语文》第 1 期）。

原载《中国人民警官大学学报》1995 年第 1 期

原作：［日］ 北陆大学地藏堂贞二

董绍克、阎俊杰合译，在翻译过程中得到高华老师很多帮助

# 谈《聊斋俚曲集》的语言学价值

蒲松龄《聊斋俚曲集》（以下简称《俚曲集》）共收《墙头记》、《姑妇记》、《慈悲曲》等 14 曲，全用方言俗语写成，约 50 万字，收入路大荒整理《蒲松龄集》下册。

汉语史的资料之所以是宝贵的，是因为它的数量太少；方言史的资料之所以更宝贵，是因为它的数量更少。蒲松龄生于明末，长于清初，所处时代正是近代汉语转变为现代汉语的过渡时代，他的俚曲不但在汉语史上有着重要的学术价值，而且在山东方言史上也占有重要地位。它的这种重要性可从语音、词汇、语法、文字四个方面表现出来。

## 一、语音学方面

《中原音韵》是元·周德清集北曲用韵作成的一部曲韵书，它反映了元代北方话的实际读音。《十三辙》则是清代曲艺工作者用韵的总结，反映了清代官话的实际读音。而蒲松龄所处的时代正是北方语音由《中原音韵》向《十三辙》过渡的时代，因而他的俚曲的用韵自然就会显示出由《中原音韵》向《十三辙》过渡的一些特点。如《中原音韵》"鱼模"韵的见组字、来母字和零声母字在《十三辙》里已经归入"一期"韵，而在《俚曲集》里这种变化则还没出现（如《墙头记》第三回押"吁处住驴去猪"），但《中原音韵》的"支思"韵和"齐微"韵在《俚曲集》里已经通押（如《墙头记》第一回"妻西气吃地级"通押,"鸡西济席日势"通押),这一点又和《十三辙》相同了。不过,《十三辙》"一七"韵和"灰堆"不相押,而《俚曲集》这两韵却是相押的(如《慈悲曲》第四段"嘻席被弟你睡谁背灰罪"通押)。如果我们把《俚曲集》的押韵系统全面整理出来,将它与淄川现在的韵母系统加以比较,便可以看出淄川韵母系统 300 年来演变的大致情况。这就是《俚曲集》在音韵学方面显示的重要学术价值。

《俚曲集》对我们考察 300 年前淄川语音特点还提供了其他一些重要材料。通过这些材料,我们至少可以了解到当时淄川话有如下一些特点:

### (一)平卷舌声母不分

从兰茂的《早梅诗》来看,明代官话的声母就有了平卷舌的对立。而《俚曲集》的某些材料则说明当时淄川方言的声母平卷舌是不分的。如:

　　① 张讷从新给他哥们磕头。(《慈悲曲》第四段)
　　② 珊瑚搭着泪,和他两姨嫂子拜了拜,才一五一十的细说。(《姑妇曲》第二段)
　　③ 张炳之笑了笑说:"多少打他几下子罢,你就打他真么一些?"(《慈悲曲》第一段)

例①"从新"即"重新"。例②"搭着"即"擦着"。例③"真么"即"怎么"。"怎么"之"怎"的声母在山东有两种读法,有的地方读 [n],如曹县等地;有的地方度 [ts],如阳谷等地。[n] 是鼻辅音,"真"是章母字,读塞擦音,不可能读成 [n] 声母。[ts] 是塞擦音,"真"的声母只能是读成 [ts]。

### (二)部分音节丢失合口

舌尖声母拼合口呼的音节,有不少变成了开口呼,这在方言中是常见的现象。如山东威海方言 [uən] 这个韵母拼 [ts] 声母,[uei] 这个韵母拼 [l] 声母,都变成了开口呼的音节。《俚曲集》的某些材料说明当时淄川方言也有这种现象。如:

④蠢的蠢，夯的夯，空有臭钱不帮寸。(《穷汉词》)

⑤诗曰：后娘折掇前窝子，异母兄弟反痛哥。(《慈悲曲》第四段)

例④"帮寸"即"帮衬"。由于当时平卷舌声母不分，"衬"的声母为[ts′]无疑。"衬"是臻摄开口震韵字，在山东方言中仍读开口呼。《俚曲集》将"衬"写作"寸"，可知"寸"也是读开口呼的。

例⑤"痛哥"似属不词，应为"疼哥"。同曲同段之"小小学生，小小学生，怎么就知把哥疼"一句可为确证。故知"痛"为"疼"的同音字。"痛"为通摄合口东韵字，在山东不少地区丢掉了合口呼变成了开口呼的字，从而与"疼"同音。《俚曲集》的这一用法正反映了当时淄川方言的这一语音特点。

**（三）日母开口呼的字读零声母**

山东东部不少地区，日母开口呼的字读成了零声母。这种现象《俚曲集》也有反映。如：

⑥银匠哈哈大笑说："二位待要银子？甚么银子？桃仁子？杏仁子？"(《墙头记》第四回)

这里王银匠用"仁子"打浑"银子"，从而捉弄大怪、二怪两人，说明"仁""银"同音，都读零声母。"仁"是日母开口呼的字，这批字在当时应是读零声母的。

这些都说明了《俚曲集》在方言学方面的重要价值。

# 二、词汇学方面

《俚曲集》里的大量的方言俗语不但是训诂学的珍贵资料，也是词义学和词汇史的珍贵资料。

《俚曲集》有"变窑"一词。如：

> 谁想并不见银钱，满院里都是一些瓦合砖，（我的天）变了窰，才把窰来变。(《姑妇曲》第三段)

"变窰"就是"变卦"，本曲本段之"好您潮达，一堆砖头拿到家。若不是倒了包，怎么就变了卦"可征。"变窰"是怎么来的呢？由"变卦"一词可以推知此词来自《周易》。《周易》的"乾卦"和"坤卦"六爻之外，都还有个"变爻"，原来是指卦象的，这里则泛指一切事物的改变。因"爻"字太生僻，蒲氏借用了"窰"字。

词义是不断发展变化的。《俚曲集》里某些词的用法明显地显示了这种趋势。如"倾销"一词现代指用低于市场价格的价格大量抛售商品，而在《俚曲集》里则指"熔化银子"，如：

> 令尊那二年，三十两、二十两，一年十数回，去敞铺倾销。(《墙头记》第二回)

又如"认真"一词，现代指严肃对待、不马虎，而在《俚曲集》里则是"认为"的意思。如：

> 却说那仇福别了秋桂来家，那嫖的一道，冷淡的许多。只是认真魏明合他相厚。(《翻魇殃》第三回)

又如"口号"一词，现代指供口头呼喊的有纲领性和鼓动作用的简短的句子，而《俚曲集》里则指表示自己同意的话语。如：

> 李氏见他不吐口号，就拿极红了脸。(《慈悲曲》第三段)

词汇史的研究要建立在断代词汇研究的基础之上。现代常说的"狗腿""倒包"这样的词，在《俚曲集》里就已经出现了。如：

> 狗腿常来给俺没体面，嘴儿翻边又卷沿，眼儿恶钉珠儿转，把他

娘的好难看! (《穷汉词》)

闲开包,都不是银子,依旧是砖头,挣极了。藏姑说:"你着他倒了包。"(《姑妇曲》第三段)

现在淄川人把水饺说成"包子",而《俚曲集》则称作"扁食"。如:

银匠说:"是卖扁食的王二。"(《墙头记》第二回)

诸如这些材料对我们研究汉语词汇,特别是淄川方言词汇的发展变化都是很有用处的。

# 三、语法学方面

从近代汉语语法发展到现代汉语语法,各方面都发生了较明显的变化,其中,补语的转移和缩小就表现得非常显著。

近代汉语的补语与现代汉语比起来,内容要丰富得多。比如现代汉语的某些表示行为的状语(如方位状语)在近代汉语中往往是作补语的。如:

①我只当没汉子,守寡在这里。(《金瓶梅词话》第 20 回)

其中,"守寡在这里"现代汉语要说成"在这里守寡"。"在这里"由动词后的补语变成了动词前的状语。

另外,补语和宾语的分布位置,近代汉语和现代汉语也不尽相同。如:

②守寡了一年多,身边又没子女,只有个小叔儿,还小,才十岁。(《金瓶梅词话》第 7 回)

③两个一齐走到轩内,慌的西门庆凑手脚不迭。(《金瓶梅词话》第 27 回)

④似这等合气起来,又不依个劝,却怎样儿的?(《金瓶梅词话》第 27 回)

其中，例②的"守寡了一年多"现代汉语说成"守了一年多寡"。"守寡"变成离合词，"一年多"虽然还是补语，但移入了这个离合词的中间。例③的"凑手脚不迭"，现代汉语说成"凑不迭手脚"。补语和宾语前后完全调换了位置。例④的"合气起来"现代汉语说成"合起气来"。"合气"变成离合词，宾语成分的"气"插入了补语"气来"的中间。

《俚曲集》产生于近代汉语的末期，近代汉语的语法特点虽然已不再完全保留，但还残留着某些痕迹。从这些痕迹中，我们正好可以看出由近代汉语语法向现代汉语语法过渡的情形。下面从《俚曲集》里举出几例：

⑤又倒了，还魂了半日，才爬起来。(《姑妇曲》第三回)

⑥着咱娘知道了，敢说是我唠着你，偷面赶饼我吃哩。(《慈悲曲》第四段)

⑦大家失色，摸弄了许多时，才还魂过来，恸哭不止。(《慈悲曲》第六段)

例⑤的"还魂了半日"现代汉语说成"还了半日魂"；例⑥的"偷面赶饼我吃"现代汉语说成"给我偷面赶饼吃"，或"偷面赶饼给我吃"；例⑦的"还魂过来"现代汉语说成"还过魂来"。

# 四、文字学方面

语言是不断发展变化的。新的语音、新的词语出现了，就要有新的符号记录它。唐宋以来，汉字有了进一步的发展，除了字体的演变外，数量也有了不少的增加。对这一批汉字进行整理研究，不但可以进一步发现汉字演变的规律和各个汉字产生的时代，还可以从中窥视汉语演变的某些现象。《俚曲集》的用字就颇具这方面的意义。《俚曲集》既然是用当时的实际口语写成的，它的用字便必然能反映当时的实际语音。下面举出几例：

捯

珊瑚捯眼泪撒撒，说娘方才怒气加，(亲娘呀)，我还不知是为嘎。

（《姑妇曲》第一段）

这个字现在的规范写法是"俩"。"俩"本来是用于"技俩"的，音 liǎ ŋ（所记读音为普通话读音，下同）。《集韵》收此字，里养切。表"两个"义的 liǎ 这个词产生以后，有关部门没有再给它另造新字，就借用"俩"来表示了，让"俩"这个字身兼二职，既表示"技俩"之俩，又表示"两个"义的"俩"。但蒲氏没这样做。他干脆为表示"两个"义的 liǎ 这个词另造一字"㑚"，他这样做有个好处，就是我们既可以通过这个字来判断 liǎ 这个词出现的下限至少是明末清初。又可以从文字上看出"㑚"是 [lia²¹⁴] 这个词最早的书写形式。

**㑊**

　　赌场里玩，嫖场里耍，丢了㑊，撂了㑚，穷杀狗还该打。（《穷汉词》）

表"三个"义的 [sa⁵⁵] 现代的规范写法是"仨"，蒲氏写成了"㑊"。

**嘎**

　　家里一个老头子，饥饱与他嘎相干？（《墙头记》第四回）

表"什么"义的 shà 现在的规范写法是"啥"，蒲氏写成了"嘎"。
这两个字与"㑚"具有同样的价值。
《俚曲集》的语言学价值除以上所举之外，还表现在某些词语的特殊结构上。如称谓词中就有一种表敬的"并加称谓词"，诸如"您大娘""您大妗子""您大叔"之类。下面举出几例：

　　您大娘您休要放在心上，那时节打一顿也是应当的。（《姑妇曲》第三段）
　　那赵大姑一眼看见，流水迎来说："您大妗子，那阵风刮了你来了？"（《慈悲曲》第三段）

现以"您大娘"为例对这类称谓词加以分析。"您"是一般表敬称谓词；"大娘"本是一般亲属称谓词，但在这里使用的是"从幼"用法。两词分开后虽然都能独立使用，但意义有所不同，因为"您大娘"并不简单地等于"您＋大娘"，所以"您大娘"还应看作一个词。这类词的一般结构是"您＋从幼称谓词"。这不能不说是《俚曲集》所用方言词在结构上的一种特点。

《俚曲集》的语言学价值是多方面的，应引起我们足够的重视。我们在对它进行文艺学、民俗学等方面的研究时，更应加强对它的语言学方面的研究。

原载《蒲松龄研究》1997 年第 4 期

# 聊斋俚曲补正《辞源》八则

为了进行国家"十五"社科基金项目"《聊斋俚曲集》俗字研究"的撰写，笔者近来经常翻阅《辞源》一书，发现聊斋俚曲对《辞源》一书某些词语的释义与书证具有重要的补正作用，在不少地方能补其未备，正其错误。下面举出八则进行说明。

## 京腔

《辞源》㈠（略）。㈡旧时称北京话为京腔。

按：第二义项缺少书证。"旧时"究竟"旧"到何"时"，非常模糊。其实聊斋俚曲里就已经把北京话称作"官腔"了。如："王舍道：'张大哥，这长官说话有些京腔，风里言风里语的，都说万岁爷待来看风景呀，咱两个福分浅薄，也会不着那皇帝，只怕是出来私行的官员……'"（《增补幸云曲》六）此例可补第二义项之书证。①

## 俩

《辞源》：㈠（略）。㈡双数，两个。

按：第二义项亦缺书证。该词聊斋俚曲里已有用例。如："万岁说：'子弟风流都使尽了，可玩什么？'大姐道：'您俩投投壶摆！'"（《增补幸云曲》二十二）②此例可补第二义项之书证。

## 客家

《辞源》：汉末建安至西晋永嘉间，中原战乱频繁，居民南徙，北宋末又大批南移，定居于粤、湘、赣、闽等省交界地区，尤以粤省为多。本地居民称之为客家。（以下略）

按：该词除上述义项之外，还有个义项，就是指租赁他人房屋居住的人。如："徐氏说：'咱分开了，你去做你的去罢，我外头叫个客家媳妇子来，给我支使。'"（《翻魇殃》三）又如："您老达，您老达，曾在俺家当客家。你买了两间屋，就估着天那大。"（《磨难曲》十九［呀呀油］）这一义项应予补入。

## 展样

《辞源》：气度恢宏。《红楼梦》六七："难为宝姑娘这么年轻的人，想的这么周到，真是大户人家的姑娘，又展样，又大方，怎么叫人不敬奉呢？"

按：聊斋俚曲已有"展样"一词，如："反转星星人四个，按上一张镢头床，破矮桌安上也不展样。"（《翻魇殃》十一［耍孩儿］）既称"辞源"，用此书证更为合适。

## 打尖

《辞源》：旅途中休息或进饮食。红楼梦十五："那时秦钟正骑着马随他父亲的轿，忽见宝玉的小厮跑来请他去打尖。"

按："打尖"一词聊斋俚曲中已经出现。如："晌午打了一回尖，登程行到日衔山。"（《富贵神仙》三［银纽丝］）从时间上计，用此书证更为合适。

## 家火

《辞源》：指日用器物。同"傢伙"。水浒二八："武松把那璇酒来一饮而尽，把肉和面都吃尽了。那人收拾家火回去了。"也作"家伙"。清·李玉人兽关·豪逐："家中一些家伙也没有，倒也干净得紧。"

按：尽管"家火""家伙""傢伙"三者实为一词，但《辞源》还是分别举出了书证。从"家火"二字举《水浒》、"家伙"二字举李玉《人兽关·豪逐）、"傢伙"二字举《儒林外史》③来看，其书证似有按字源排先后的意思。即使如此，"家伙"二字的书证仍有可商之处。聊斋俚曲中"家伙"的写法已经出现。如："子正说：'这是套言了。小弟还有几件家伙不曾收拾，就此告别。'"（《禳妒咒》三）同样从源上考虑，"家伙"二字用此书证更为合适。

## 嘎

《辞源》：㊀（略）。㊁语尾助词。红楼梦一〇四回："宝玉道：'就是他死，也该教我见见，说个明白，他死了也不抱怨我嘎！'"

按："嘎"就是"什么"，是个疑问代词，在这里表示任指，而不是"语尾助词"。该词在聊斋俚曲中经常使用，意义与此例相同。如："他师傅令着范栝到了那里，也没说嘎，就出来了。"（《翻魇殃》七）又如："万岁呼嘎就是嘎，两贴赢了六钱银。"（《增补幸云曲》六 [耍孩儿]）另外，从书证的时间来看，也以选用聊斋俚曲为宜④。

## 杂碎

《辞源》：㊀（略）。㊁以牛羊猪肠胃肝肺等杂肉煮成的杂脍。清·李斗杨州面舫录九小秦淮录："先以羊杂碎饲客，谓之小吃。"

按："杂碎"泛指牲畜内脏，不管是生的还是熟的，也不管是整个儿的还是切碎的。如《西游记》七五回："老孙保唐僧取经，从广里过，带了个折叠锅儿，进来煮杂碎吃。将你这里边的肝、肠、肚、肺，细细儿受用。"此例说明"杂碎"应该是生的，要是熟的，何需再煮？就像我们现在说的"煮肉吃""煮水饺吃"一样。也许有人用"煮稀饭喝"来反驳这一结论。不错，"稀饭"确实是煮熟以后才叫作"稀饭"的，但当我们看了下面聊斋俚曲的例证，把这两个例证结合起来进行分析，这种反驳就变得没有意义了。"把那肚皮又夹起，两个又把肠子填，当中又使一条线。收拾上头蹄杂碎，到家中好去殓棺。"（《寒森曲》四 [耍孩儿]）"头蹄杂碎"本是对牲畜而言的，但因赵恶虎是个恶霸，作恶多端，作者显然是把他当作牲畜来写了。赵恶虎被开膛以后，肠子是整个淌出来的，收尸时又是被整个填入肚子的，更谈不上"煮熟"一说，但仍被称作"杂碎"。

**注释：**

① 聊斋俚曲主要参照路大荒《蒲松龄集》，中华书局 1962 年出版；盛伟《蒲松龄全集》，上海学林出版社 1998 年出版；蒲先明整理、邹宗良较注《聊斋俚曲集》，国际文化出版公司 1999 年出版。

② 路大荒《蒲松龄集》"㑇""俩"并用，以用"㑇"为多。

③ 参见《辞源》"傢伙"条。

④ 该词现在普遍写作"啥"。

原载《蒲松龄研究》2004 年第 3 期

# 《红楼梦》词语音义琐谈

随着《红楼梦》词语研究的深入，《红楼梦》专著词典相继问世。毫无疑问，既是《红楼梦》专著词典，那么它就应当吸收历代《红楼梦》词语研究的一切成果，成为《红楼梦》词语研究成果的集大成。

《红楼梦》是用 18 世纪北方官话写成的，所用词汇非常丰富，除了一些文言词语、早期的白话小说词语和戏曲词语外，还用了很多方言词语。这些词语经学者多年潜心研究，虽然多数得到了较合理的解释，但也不可否认，有些词语的解释仍有未妥之处。下面以周汝昌主编《红楼梦词典》（广东人民出版社 1987 年 12 月版，以下简称《词典》）为例，举出几条予以讨论。

**1. 好意**

《词典》释作"hǎo yì 愿意。[例一] 人家的病，谁是好意的，你也形容着取笑儿。（五十八 /821）[例二] 大家也就混着不问了。难道我们好意兜揽这事不成！（六十一 /859）"

按：将"好意"解作"愿意"于文意不能尽符。六十三回有这样一个用例，"这里晴雯等忙命关了门，进来笑说：'这位奶奶那里吃了一杯来了，唠三叨四的，又排场了我们一顿去了。'麝月笑道：'他也不是好意的，少不得也要常提着些儿。也提防着怕走了大褶儿的意思。'"（六十三 /888）把此处的"好意"释作"愿意"显然不通。林之孝家的是个老管家，在查夜的时候，以长辈身份对宝玉和丫头们说教几句是她分内的事。看不出她不愿意的迹象。实际上"好意"不是"愿意"的意思，而是"故意"的意思，多用于对某种行为的解释与辩白。例一是贾宝玉为自己所说林黛玉要回苏州去而得病的辩白。例二是平儿对自己破"失露"案的剖白。六十三回中的例子是麝月就林之孝家的一段说教向晴雯进行解释。与《红楼梦》同时代的，同样用北方官话写成的《醒世姻缘传》①也有如此用例，"人没得和他有仇，好意打他么？那银子其实不干狄大哥事，但只为甚么妆这腔儿？"（六十四/837）这是白姑子为骗取素姐钱财，故意为素姐殴打丈夫狄西陈开脱之词，意在说明素姐殴打狄西陈只是因为狄西陈"妆这腔儿"，并不是素姐有意虐待丈夫。另外，"好意"的注音也有问题。在这里"好"字应该去声，不读上声。"好意"是个方言词。北京方言没有，鲁西方言使用比较普遍。又，殷焕先先生告诉笔者，他的家乡——南京六合县方言也有此语，用法与此相同。

**2. 叠暴**

《词典》释作："dié bào 人激动时筋一根一根地鼓起来。[例] 我原说错了，这有什么要紧，筋都叠暴起来，急得一脸汗。（三十二/389）"

按："叠暴"一词《红楼梦》只一见。虽然对于此例来讲，这种解释也还说得过去，但是，这种解释是缺乏概括性的。因为除青筋向外鼓出被称作叠暴以外，其他部位向外鼓出也被称作叠暴。如《醒世姻缘传》中有这样一个用例，"狄周媳妇说：'倒不脓包哩，迭暴着两个眼，黑杀神似的，好不凶恶哩。'"（四十一/531）这是狄周媳妇描述的一个怕老婆的汉子的形象。"迭暴着两个眼"就是两眼向外鼓出，而且这汉子也没处在激动之时。"叠暴"一词，鲁西方言有之。凡是某一部位不寻常地向外突出，都叫叠暴，与此处所引两例用法完全相符。《词典》对"叠暴"做的是随文释义，只说出了这个概念的外延的一部分。当然，一部专著词典在概括一个词的词义时，应当以归纳该专著用例为主，我们不应当要求它把这个词的所有义项（包括该专著没有的义项）都收进去。如：我们不应当要求《词典》在收"当 dāng"的"用物作抵押到当铺去换钱"这一义项的同时，（[例] 前儿我听见凤姑娘和鸳鸯悄悄商议，要偷出老太太的东西去当银子呢。[五十三/742]）也要把"以实物作抵押，放高利贷"这一义项收进去，（[例] 平安儿说道："小的偷得假当铺的人家一副金头面、一柄镀金钩子。"《金瓶梅》②九十五/1413）因为这个义项在《红楼梦》中没被使用。但是，当遇到像"叠暴"这样在一部书里用例过少，只靠这极少的用例不能概括该词的全部外延时，就不能只依靠专著材料，而必须参考同时代的其他有关材料进行归纳、概括了。这样才能作出较恰当的解释。

**3. 杀人不过头点地**

《词典》释作"shārén bú guò tóu diǎn dì 俗语。用来劝人不过于固执，该服软时就得服软。[例] 俗语说得好：'杀人不过头点地'。你既惹出事来，少不得下点气儿，磕个头就完事了。（九 /144）"

按：此语的解释也属于随文释义，缺乏概括性。"头点地"本指行礼时以头着地，《周礼》九拜之一，属大礼。"杀人不过头点地"是说即使把人杀死也无非使头着地而已。引申指犯了过错，只要认了错，赔了礼，道了歉，就应受到宽恕。这句话不但适用于犯了过错，也适用于进行处罚，接受赔礼道歉的人。前者，《词典》已举出用例；后者，《醒世姻缘传》有一用例。如："两家媳妇劝道：奶奶罢呀，杀人不过头点地，爷这们认了不是，也就该将就。"（八十七 /1141）这是两家媳妇劝素姐因狄西陈已认了不是而不要再予惩罚的话，并不是在劝素姐服软，而是劝素姐对狄西陈予以宽恕。而早已服软的狄西陈则并未用人劝说。此语山东阳谷方言常用。

**4. 交节**

《词典》释作"jiāo jié 临近某个节气，民间认为病人在节气变化的时候病情会有突然变化。第十一回里'交节'指的是临近冬至。[例] 到交节的那几日，贾母，王夫人，凤姐儿日日差人去看秦氏。（十一 /163）"

按："交节"一词的解释，主要是怎样解释"交"字。这个词不参考其他材料同样说不清楚。与此类相似的"交"的用法，《金瓶梅》有用例，一是"交生"如："春梅道：'他二娘的，叫玉姐，今年交生四岁。俺这个叫金哥。'"（九十六 /1427）一是"交新年"，如："不想天使其便，眼跟前一个人家女儿，就想不起来。十分人材，属马儿的，交新年十五岁。"（三十七 /457）《醒世姻缘传》也有用例，如："交过清明，麦苗长得有一尺有余，甚是茂盛。"（九十 /1175）如果把"交节"释作"临近某个节气"，那么"交生"就成了"临近生日"，"交新年"就成了"临近新年"，"交过清明"就成了"临近过清明"。这些解释，显然都不符合文意。因为人增长一岁不能是在生日或新年以前的时间，北方农村麦苗长得一尺多高也不会在清明以前。细考，这些词语的"交"都是"到"的意思。"交节"即"到某个节气"。至于"交节"后面有"那几日"一语，实为口语中的习惯说法。就像我们常说"春节这几天可忙得不轻"一样，并不就是说这几天都是春节。山东、苏北方言都有此语。

**5. 孽障**

《词典》释作"niè zhàng 旧时长辈骂不肖子弟的话。也作'业障'。[例一]贾母急的搂了宝玉道:'孽障! 你生气，要打骂人容易，何苦摔那命根子!'(三 /52)[例二]我这老冤家是那世里孽障，偏生遇见了这两个不省事的小冤家，没有一天不叫我操心。(二十九 /417)"

按:用于长辈骂不肖子弟，只是"孽障"的一种修辞用法，并不就是它的词义。而且即使从修辞用法来说，也不只是用于长辈骂不肖子弟，平辈之间也可以使用。如:"平儿又笑道:'也须得把彩云和玉钏儿两个业障叫了来，问准了他方好。'"(六十一 /860)平儿也不是彩云和玉钏儿的长辈，她们三人都是奴婢。再者，《词典》所举 [例二] 之"孽障"显然不是指的宝黛，"两个不省事的小冤家"才是指的宝黛，而"我这老冤家"是贾母自称。其中"孽障"则无人可指。"孽障"一词本是佛家用语。《阿毗达磨俱舍论》十七曰:"一者害父，二者害母，三者害阿罗汉，四者破和合僧，五者恶心出佛身血，如是五种名为业障。"孽障原特指这五种罪孽，后泛指一切罪孽，《词典》所列 [例二] 之"孽障"实属于此义。"那世里的孽障"是说那世里做下的罪孽。这种用法《红楼梦》里还有一例。如:"雨村听了亦叹道:'这也是他们的孽障遭遇，亦非偶然。不然冯渊何偏只看准了这英莲?'"(四 /62)《醒世姻缘传》里也有用例。如:"况尊嫂如此悍戾，不近人情，这断不是今生业账。(按:'业账'即'业障')必定是前世冤仇，今世寻将来报复。"(九十八 /1289)

**6. 清钱**

《词典》释作"qīng qián 没有杂质，清一色的钱。[例] 外表礼二十四端，清钱一百串是赐予贾母、王夫人及诸姊妹房中奶娘众丫鬟的。(十七至十八 /258)"

按:"没有杂质"指钱质地纯净，"清一色"指除钱以外没有他物。这两层意思都与文意不相符合。钱与银子不同。银子要讲成色，而钱不讲什么成色，也就无所谓有没有杂质，这是其一。其二，"清钱一百串"说得很清楚，当中没有任何夹带，因而这"清一色"之语实为多余。实际上，"清钱"就是"铜钱"，也单说"钱"，三者书中通用。如："说着将筒内的钱倒在盘内，说：'有灵的头一爻就是交。'那毛半仙收了卦筒和铜钱，便坐下问道。"（一〇二 /1426）"清"为"青"之借字，"清钱"即"青钱"。如：唐·杜甫诗："青钱买野物，白帻岸江皋。"宋·陆游诗："青钱三百幸可办，且盼烂醉酤郫筒。"铜钱之所以叫青钱，是因为此钱为青铜所铸，外呈青色。《唐书》："员半千称张鷟文犹青铜钱，万选万就。"杜甫诗："朅来相就饮一斗，恰有三斗青铜钱。"二例可征。

### 7. 浪

《词典》释作"làng 破烂（诅咒的话）。[例一] 不知什么事弄了这个浪帖子来，惹得这么傻了的似的，哭一会子，笑一会子。（八十五 /1223）[例二] 这府里希罕你的那朽了的浪东西。（九十六 /1351）"

按：将"浪"释作"破烂"（诅咒的话）。与文意不能尽符。综合《红楼梦》所有"浪"的用例，可归纳为三个义项。（1）波浪。如："醉金刚小鳅生大浪，痴公子余痛触前情。"（一〇四 /1446）。（2）女人诱惑男人，淫荡不羁。如："急的贾琏弯着腰狠道：'死促狭小淫妇，一定浪上人的火来，他又跑了。'平儿在窗外笑道：'我浪我的，谁叫你动火了？难道图你受用一回，叫他知道了又不待见我？'"③（二十一 /297）（3）诅咒之词，用于不满意的人和事物或某种行为。如："小娼妇，你能上去了几年？你也跟那起轻狂浪小妇学，怎么就管不得你？"（五十九 /835）此例指人。"你们家把好好儿的人弄了来，关在这牢坑里，学这个还不算，你这会子又弄个雀儿来，也干这个浪事。"（三十六 /440）此例和《词典》所举例一例二指事物。"这样的好饭菜，浪着不吃。"（六十九 /979）此例指行为。从三个义项的内容来看，《词典》对浪的解释只能包括在第三个义项之中。

### 8. 好不好

《词典》释作"hǎo bù hǎo 可以不可以，表示商量的意思。上对下是含有要挟意。[例一] 仔细回去我好不好先捶了你，然后再回老爷太太，就说宝玉全是你调唆的。（九 /144）[例二] 好不好拉出去配一个小子，看你还妖精似的哄宝玉不哄？（二十 /278）[例三] 我也说与你嫂子了，好不好叫他各自去罢。（七十八 /1117）"

按：这些句子里的"好不好"都不表示商量的意思。[例一] 是李贵数说茗烟，[例二] 是李嬷嬷数说袭人，[例三] 是王夫人数说兰小子的妈妈，口气都是强硬的，没有商量的意思。细考"好不好"一语乃是表示"对某种事情能够酌情处理"的意思，在句子里用作状语。李贵比茗烟地位高，在闹学堂的风波中，茗烟给宝玉火上加油，李贵先捶他一顿再回老爷太太，未尝使不得。李嬷嬷认为自己是宝玉的奶妈，又是她把袭人抬举起来，在袭人得罪她时，她能够把袭人"拉出去配一个小子"。至于王夫人看不惯兰小子的妈妈，因而"叫他各自去罢"就更能说到做到了。"好不好"一语，《金瓶梅》中也有用例。如："你量我不敢进去，左右花园中熟径，好不好我走进去，连你那几位娘都拉了出来。"（二十 /237）这是应伯爵向玳安吹嘘，他仗着是西门庆好友，而且花园中路熟，能够走进去把"那几位娘都拉出来"。"好不好"一语是个缩略语。它来源于"好就好，不好就……"这种句式。如："平儿拿了头发笑道：'这是一生的把柄了。好就好，不好就抖露出这事来。'"（二十一 /297）这种句式，《醒世姻缘传》中也有用例。如："素姐道：'我希罕你去！我那个口角叫你去来？好便好，不好时，我连小脓袋还不叫去哩！'"（九十四 /1237）"好不好"这一用语，实际就是这种句式的简缩用法，把这两例里的"好就好，不好就"换成"好不好"这一用语，意思基本不变。鲁西方言也有这一用语。比如"娶了儿媳妇，好就好，不好就跟她分家"这句话，也可以说成"娶了儿媳妇，好不好跟她分家"，意思基本一样。

### 9. 答对

《词典》释作"dá duì 回答别人的问话。[例] 别人便说宝蟾为什么药死他奶奶，也是没答对的。（一○三 /1436）"

按："答对"不是"回答别人的问话"的意思，而是"应对，辩解"的意思。这可从以下三个方面说明，（1）《红楼梦》中，表示"回答"义的用语有三：或曰"回道"，如："贾琏见问……回道"（十七至十八 /230），或曰"答道"，如："宝玉见问，答道：'似都不妥。'"（十七至十八 /238）或曰"道"，如："贾政笑问：'那四个字？'一个道：'淇水遗风。'"（十七至十八 /238）没有一处用"答对"的。（2）根据书中用例，上文有问，下文才有答。而此处上文用的是"说"字（一"说"字见《红楼梦》用字之用心良苦），并没有"问话"，所以把下文的"答对"释作"回答别人的问话"就与文意不符了。从上下文意看，此举是贾琏在商量和夏家打官司的事说的一句话，意思是如果别人说起宝蟾为什么药死他奶奶，该怎么应对、辩解。这样理解，才与文意相符。（3）北京方言、山东方言都有此语。意义用法都与此同。

**10. 血分**

《词典》释作"xuè fèn 指经血。［例］皆由血分中有病，是以并无胎孕。（八十/1157）"

按：把"血分"释作"经血"，那么所举例句中"血分中有病"就成了"经血中有病"，这种说法，就像说"粪便中有病""汗水中有病"一样不通，不但不见于中、西医经传，而且也不见于民间验方，杂病俗称。"血分"是中医专科术语，也称"阴血"，实际就是指的血液。"血分""阴血""血液"中医书中可以通用。如："总之，衄血是血液不循常道，上溢于口鼻诸窍，渗出于体外。……肝肾素亏，虚火上浮，或肝肾阴亏，阴不敛阳，扰动阴血，浮游于上，可引起齿衄。"④"尿血之症，多因热扰血分所致。"⑤我们知道，尿血之症，男女皆可有之，若释"血分"为"经血"岂不成了大笑话儿。大凡人之生理，赖以气血充盈畅和，而又有男子重气，女子重血之别。血分若有病，女子则不孕，这是中医的理论之一。

**11. 歪剌**

《词典》释作"wāilà 对妇女的贱称，指作风不正的女人。也说'歪剌骨'，'歪剌货'。徐渭《四声猿·狂鼓吏》剧眉注谓'歪剌'是牛角中臭肉，故娼家以比无用之妓。《通俗编》引洪迈《俗考》谓瓦剌国人最丑恶，故俗诋妇女之不正者为'瓦剌国'，又转其音为'瓦剌货'，元曲中已有这个词，如《救风尘》：'这瓦剌骨好歹嘴也！我已成了事，不索央你。'［例］你是什么时候来的？你师父那秃歪剌往哪里去了？（七/110）"

按："歪剌（骨）"一词作为对女人的贱称，指作风不正的女人，这一点，《词典》的解释没有错。但在对该词语源的解释上就未必妥当了，所引徐渭"牛角肉"之说，洪迈"瓦剌国"之说，都证据不足，失于穿凿。细考，"歪剌（骨）"一词实源于"脚不正"，其书证甚多。如：《金瓶梅》"几句说的西门庆急了，走向前把金莲按在月娘炕上，提起拳头来骂道：'狠杀我罢了！不看世界面上，把你这小歪剌骨儿就一顿拳头打死了。'……金莲道：'你怎的叫我歪剌骨来？'因跷起一只脚来，'你看老娘这脚，那些儿放着歪？'"（四十三/540）西门庆骂潘金莲"歪剌骨"，潘金莲跷起脚让他看歪不歪，足证"歪剌（骨）"就是指的脚歪。又如：《醒世姻缘传》"我见那姓龙的歪拉着两只蹄膀⑥，倒是没后跟的哩。"（四十八/628）"床横边立着三个丫头，歪拉着三只脚，唧唧哝哝。"（二/21）这两例则直接说明脚是歪剌的了。再如：《醒世姻缘传》"家丁庄客，那管老的，少的，长的，矮的，肥胖的，瘦怯的，尽出来胁肩谄笑，争前簇拥大官人；仆妇养娘，无论黑的，白的，俊的，丑的，小脚的，歪剌的，都插入争妍取怜，向上逢迎小阿妈。"（一/11）此例对"仆妇养娘"的描写都是对比着写的，一美一丑。"白的"对"黑的"、"俊的"对"丑的"，"小脚的"对"歪剌的"。毫无疑问，"歪剌的"也是指脚而言，以上数例都是"歪剌（骨）"指"脚不正"的确证。阳谷方言，脚不正，穿上鞋走路时鞋帮歪在一边，叫做"歪骨"或"歪拉"，也是很好的证明。

### 12. 攘

《词典》释作"cào nǎng 村俗的话，指吃。[例] 这里鸡儿也俊，下的这蛋也小巧，怪俊的。我且奀攘一个。（四十/551）[例二] 再奀攘下黄汤去，还不知嗳出些什么来呢。（七十五/1073）"

按："奀"是个方言字，读 rì，不读 cào。"奀攘"是个方言词，按普通话应读 rìnǎng，若读成 cào nǎng，人们就听不懂。"奀"也可以单独使用，用于骂人。如"李贵断喝不止，说：'偏你这小狗奀的知道，有这些蛆嚼！'"（九/143）cào 虽然也是骂人之词，但另有来源，书中常借用"臊"字表示。"臊"名为借字，其实读音并不相符。臊，《广韵》苏遭切，心母豪韵；在现代汉语中，有 sāo、sào 两个读音，没有 cào 这个读音。可见，现在还没有给 cào 造出个专门用字来。这两个词的分别，早在《金瓶梅》里就已存在了。只是 rì 用形声字"奀"（也是个方言词）来表示，cào 则同样用"臊"字表示，这两个词现代也还使用，文艺作品中仍不断出现。但是，这种词，现代字书却没有一部收录的。

### 注释：

① 《醒世姻缘传》据齐鲁书社 1980 年出版亚东图书馆本。

②《金瓶梅》据人民文学出版社 1985 年出版词话本。

③此文还可参考《金瓶梅》用例（十一 /110）。

⑤上海中医学院编《中医内科学》，上海人民出版社 1964 年版。

⑥"蹄膀"即脚。见董遵章《元明清白话著作中山东方言例句》，山东教育出版社 1985 年版。

⑦鲁西方言有此用语。

原载《山东师大学报》1990 年第 5 期

# 漫谈数字应用的文化色彩

　　生活中，数字的应用与社会方言、民俗等有着密切关系，加之数字本身又有序数与基数、实指与虚指等的不同，因而数字在应用方面的文化色彩是一个十分复杂的问题。本文试就汉语部分数字的应用与文化的关系谈点粗浅看法，不妥之处请大家批评指正。

　　"一"是个人们喜爱的数字，如用"一"起名的人不计其数，据说在香港用"一"组成的汽车牌照号码也能卖很多钱。是什么原因促使人们对"一"如此喜爱呢？主要是"一"的"初始"义的影响。许多事物一经与"初始"义有了联系，马上就提高了地位，受到人们的尊崇。如：泰山在五岳中并不是最大、最高的山，但却被称作"五岳之长"，享有"五岳独尊"的美誉，就是因为泰山所处的位置在东方，在方位序列中占了第一位的缘故。古人以四时配四方，春夏秋冬配东南西北。四时以春为首，那么四方也就以东为先了。周代尚文，"君子居则贵左"（《老子》）。而泰山亦居于左，因而也就变得尊贵起来。据说，周天子巡狩四岳是按四时的顺序进行的，春天出巡首先巡狩的就是泰山。这就更突出了泰山的地位。《尚书·虞书·舜典》："'正月上日受终于文祖，岁二月东巡狩，至于岱宗，柴。'传：'既班瑞之明月，乃顺春东巡岱宗。泰山为四岳所宗。燔柴祭天告至。'疏：'春位在东，故顺春也。《风俗通》曰：泰山，山之尊者，一曰岱宗。岱，始也；宗，长也。万物之始，阴阳交代，故为五岳之长。'"可见，泰山地位的尊贵完全是因为其位置在方位序数上占了个第一，并且又第一个受到天子巡狩的结果。又如，我国古代只有嫡生长子才可以称"宗主"，继皇帝位的一般也是嫡生长子。长子的这种特殊待遇并不是因为他有超人的德才，而是因为他在兄弟行中属第一个出生的缘故。又如，从我国农历记日上来看，"初一"这天备受重视，休说作为"三始"的正月初一，就是其他月份的初一也被看作很重要的一天，令人敬畏。在鲁西，这一天不出远门，不拆房、盖屋，不行婚嫁等。总之，这一天要赔许多小心，以免出现不吉利的事情。万一这一天出现了不吉利的事情，比如，死了人，也要把时间说成初二。

"二"是个人们不太喜爱的数字，原因有二：第一是语义上的原因。"二"有"次"义，如：《韩诗外传》："君行一，臣行二。"又有"副"义，如：《礼坊记》："故君子有君不谋仕，唯卜之日称二君。"由于这些含义的影响，对不好的事物或现象就往往加"二"来表示，如"二流子""二把刀""二百五""二五眼""二愣子""二乎"等①。阳谷方言还把技术不高的人称作"二马枪"。第二是语音上的原因。本来，作为序数用时表示"第二次"的意思，既可用"二"，也可用"再"的。前者如《南齐书·礼志》上："醮酒二辞。"后者如《左传·僖公五年》："一之谓甚，岂可再乎？"但由于"二"与"儿"音近，表示第二次动作行为时，特别是直接用在动词前面，听起来很不雅，于是"二"的这种用法便逐渐被"再"所取代，动词前面就只用"再"，不用"二"了。谁如果再把"再鞠躬"喊成"二鞠躬"，把"再念一篇"说成"二念一遍"，那么，他就不但会使人觉得难堪，而且会被人讥为语句不通。

不过对"二"的态度因地区不同也有例外。山东一些地方年轻人喜欢被陌生人称作"二哥"而不喜欢被称作"大哥"。如果您向一位陌生的年轻人打听什么消息，比如问路，您尊他一声"二哥"，他会很高兴地回答您的问话；您要喊他一声"大哥"，便有可能碰钉子。②这是因为山东快书原以说武松故事为主，当时从事这一行业的人曾被称作"说武老二的"，在鲁西、鲁北一带影响尤大。人们在称谓上的这种计较可能是受了武大郎和武二郎故事的影响。《水浒传》虽非史书，但这也算得上历史的影响了。

"六"是个象征顺利的数字。山东人外出或举行较大活动，如盖房、迁居等常选择逢六（初六、十六、二十六）的日子。妇女生了孩子，亲戚、朋友给她送去一些吃的东西，谓之"送粥米"，时间要选在第六天，或第十二天（意味着两个六天）。老人活到六十六岁，子女就要给老人祝寿，预祝老人诸事顺利、健康长寿，谓之"六六大顺"。"六"象征顺利源自《周易》。《周易》的坤卦全由被称作"六"的卦画"－－"组成。"六"属阴，所以坤卦就属纯阴之卦，或曰纯六之卦。《坤传》："坤道其顺乎。"《说卦传》："坤，顺也。"所以"六"变成了象征顺利的数字。划拳时一喊到"顺"便知是六了。

对"八"的态度，不同的行业、不同的地区有不同的表现。从行业看，商界喜爱"八"的逐渐多起来。他们把"八"同发财的"发"从语音上牵扯到一起，以取吉利。他们不但喜欢汽车牌照号码用"八"，连商店开业典礼时间也喜欢选择逢"八"（初八、十八、二十八）的日子了。但在一般人的生活中这个数字并不怎么受到喜爱。从"八"的虚指用法上看（不可否认，数字的虚指用法更能体现人们对它的感情色彩），用"八"构成的词语多数带有贬义色彩。如"打八杈""丑八怪"等。至于用"八"构成的成语就更是如此了。如"七大八小""七拼八凑""七零八落""乌七八糟"等，只有少数是中性的，如"四平八稳""八街九陌"等。③ 从地区看，有的地方（如徐州）喜爱"八"④，有的地方就不喜爱"八"。山东阳谷设宴忌用八个碗，因为"八"与"扒"同音，"扒碗"听起来很不雅。又，当地称树干上的干树枝为"把杈子"，"八"与"把"音近，因而一些重要活动都要尽量避开"八"这个数字，否则就要出"杈子"。女人生日逢"八"则凶，男人生日逢"八"则逢凶化吉。向有"女占三八（初八、十八、二十八）是祸害，男占三八是秀才"之谚语。

从以上情况可以看出，不管是对"八"的喜爱，还是对"八"的厌恶，都是从语音上进行附会而趋吉避凶的，并不是像有人所说的，这种爱恶，其深层的原因与"八卦"有关⑤。

"九"是个吉祥数字，不但人的名字喜欢用它，如南宋的陆九渊、明代的王九思等，有的商标也喜欢用它，如云南名烟"大重九"、治胃良药"三九胃泰"等。山东还把每月逢"九"的日子定为吉日，出远门或有重要活动往往选定此日。"九"所以受到人们的喜爱，首先是由于它处的地位十分特殊。我国计数普遍使用十进位制（其他进位制也有，如十六进位、十二进位等，但使用范围很小），九是十进位之前最后一个、也是最大的一个数，再累计一个就成了十，就要进到上一位去。在长期的生活实践中，古人逐渐形成这样一种观念，即为人处世、治国理家，诸般不用其极，以免过犹不及。古代帝王制礼以九为节，如"九命""九章""九刑"等便是这种观念的一种反映。《周易》六十四封最后一卦是"未济"卦也是取的这种意思。又山东人把一百岁作为寿命的终极之数，俗谓"百年之后"即指死亡之后，所以活得年纪再大也不说一百岁，只说九十九岁。达到极限是不好的，超过极限就更不好。"十一"超过了极限，在阳谷方言里"十一"变成了"别扭"的同义词。"弄别扭"也说成"弄十一"或"治十一"。

　　"九"受到人们喜爱的另一个原因就是它的虚指用法表示"极多"。清·汪中《述学·释三九》云："生人之措辞，凡一二之所不能尽者，则约之三，以见其多；三之所不能尽者，则约之九，以见其极多。此言语之虚数也。"汪中这段话对九的虚指用法作了很多的说明。如"九死""九仙""九愁"等都是表示"极多"的意思。这也是用数字表示"强调"的方法之一。当然，用数字表示强调的方法也在不断变化。当一种表示"强调"的方法被普遍使用之后，其强调的意味儿便逐渐淡化，于是便需要新的表示"强调"的方法出现。《春秋传》"三折肱"，《楚辞》作"九折臂"就是这种变化的表现之一。现在用数字表示强调已不再用"九"，而是用"十"、用"万"了。如"十分努力"、"万分高兴"。谁要再用"九"表达这种强调，就不会再达到强调的目的。鲁迅《阿Q正传》"九分得意的笑"显然不是表示强调，而是表示一种讽刺。又如：用"再三"表示强调觉得不够味儿就用"再四"，说"考虑再四"似乎比说"考虑再三"更慎重些。又如，随着十二进位的传入中国，用"十二"表示强调的现象也出现了。"十二分高兴"正和"十分高兴"在那里逐鹿高下呢。

　　"九"受到人们喜爱的第三个原因就是《周易》的影响。《周易》的六十四卦分别用"--"和"—"两种符号的不同组合来表示。"—"属阳，称作"九"。乾卦纯由"—"组成，故称"纯阳"之卦，或"纯九"之卦。乾卦卦辞为"元亨利贞"，乾卦主键，（《乾传》："；乾，健也。"）因而，"九"便不但成了"阳"的象征，也成了"吉利、兴旺"的象征。人们总是喜欢趋阳避阴、趋吉避凶的，所以，"九"便成了人们喜爱的数字。人们喜爱的春联横批"三阳开泰"、九月九日的"重阳节"以及"九阳""九五之尊"等词语都是直接源于《周易》的。

**注释：**

①引自《现代汉语词典》，商务印书馆 1979 年版。

②现在用"同志"这个称呼也可以。

③据向光忠、李行健、刘松筠主编《中华成语大辞典》，吉林文史出版社 1986 年版。

④⑤韩陈其等《数字的文化色彩》。

载《语言文字应用》1992 年第 4 期

# 普通话后缀还有"儿"吗

当前，我国现代汉语教材也好（如黄伯荣、廖序东主编《现代汉语》第 5 版，以下简称《黄廖本》），现代汉语工具书也好（如《现代汉语词典》第 6 版、《现代汉语规范词典》第 3 版），都认为普通话后缀还有"儿"。这种认识集中表现在这三部著作对"儿化"的论述上。下面将这三部著作对"儿化"的论述分别列出：

> "儿化"指的是一个音节中，韵母带上卷舌色彩的一种特殊音变现象，这种卷舌的韵母就叫做"儿化韵"①。例如普通话念"花儿"的时候，这个"儿"字不是一个独立的音节，也不是音素，而只是一个表示卷舌动作的符号。（《黄廖本》p.90）
>
> 【儿化】érhuà 团汉语普通话和某些方言中的一种语音现象，就是后缀"儿"字不自成音节，而和前头的音节合在一起，使前一音节的韵母成为卷舌韵母。例如"花儿"的发音是 huār，不是 huā'ér。（《现代汉语词典》）
>
> 【儿化】érhuà 团现代汉语中后缀"儿"字不自成音节，而是和前面的音节合读，使前面音节的韵母带上卷舌音色。这种语音现象叫做儿化。如"盆儿"不读 pénér，而读作 pénr。（《现代汉语规范词典》）

既然这三部著作都认为"儿"是后缀，这三部著作就要回答这样一个问题：后缀是个什么样的语言单位？具备什么条件才能成为后缀？对这个问题三部著作都有说法。下面分别列出：

> 另一类不成词语素同别的语素组合成词时，位置是固定的，只表示一些附加的意义，又叫词缀。……（例如）儿（花儿、鱼儿）。（《黄廖本》p.218）
>
> 【后缀】hòuzhuì图附加在词根后面表示语法意义的语素……也叫词尾。（《现代汉语词典》）
>
> 【后缀】hòuzhuì图附加在词根后面的词缀，是虚化了的构词成分。……（《现代汉语规范词典》）（笔者按：所说的"构词成分"在这里指语素。）

可以看出，这三部著作都把后缀看作是一种语素。这就是说，如果能证明这个"儿"符合语素的条件，那它也就符合了后缀的条件，就是个名副其实的后缀了。然而事实又是怎样的呢？下面把这三部著作对语素的论述分别列出以见分晓。

> 语素是最小的有音又有义的语言单位。（《黄廖本》p.206）
>
> 【语素】yǔsù图语言中最小的有意义的单位。汉语的语素绝大部分是单音节的，也有一些是多音节的……在分析词的内部结构时，有的语法书把语素叫作词素。（《现代汉语词典》）
>
> 【语素】yǔsù图语言中最小的语音、语义结合体。有单音节的、双音节的、多音节的……也说词素。（《现代汉语规范词典》）

可以看出，这三部著作都认为语素是"最小的有音又有义的语言单位"，"语言中最小的语音、语义结合体。有单音节的，双音节的，有多音节的……"也就是说，这三部著作都认为，音和义是构成语素的基本成分，不管这个音是单音节还是多音节，也不管这个义是词汇义还是语法义；同时也都认为语素是个独立的语言单位，它至少要有一个音节作为存在的形式，它的意义应由它自身的形式来显示。但是，所谓后缀的"儿"是否具备这些条件呢？我们回头再看看这三部著作对所谓后缀"儿"的说法：

> 例如普通话念"花儿"的时候，这个"儿"字不是一个独立的音节，也不是音素，而只是一个表示卷舌动作的符号。(《黄廖本》p.90)
>
> 后缀"儿"字不自成音节，而和前头的音节合在一起，使前一音节的韵母成为卷舌韵母。(《现代汉语词典》)
>
> 后缀"儿"字不自成音节，而是和前面的音节合读，使前面音节的韵母带上卷舌音色。(《现代汉语规范词典》)

可以看出，这三部著作在解释所谓后缀"儿"的时候，都在说它"不自成音节"，"不是一个独立的音节，也不是音素"。这就说明，这三部著作都否定了它是语素。一方面说后缀是语素，一方面又说后缀"儿"不是语素，于是矛盾就出来了：既然它不是语素，那它又有什么资格充当后缀呢？

下面再从汉字与语音关系方面谈谈这个所谓的后缀"儿"字。一个汉字至少要表示汉语的一个音节，这是汉字的一个重要特点。但这个所谓的后缀"儿"字只是一个表示卷舌动作的符号，已经不具备汉字的这一特点，因而也就不是一个合格的汉字。这三部著作对它的处理办法之一就是将其缩小一半放在前一字的右下角，已经说明了这个道理。不料这三部著作在谈论汉字与语音关系时却又是这样论述的：

> 一般来说，一个汉字的读音就是一个带调音节，有"儿"字的是例外，两个汉字读一个音节。……(《黄廖本》p.75)
>
> 【汉字】hànzì 图……除极个别的例外，都是一个汉字代表一个音节。(《现代汉语词典》)
>
> 【汉字】hànzì 图……一般一个汉字代表一个音节。(《现代汉语规范词典》)

明明这个"儿"已经不具备汉字的资格，却硬是把它看作一个汉字，致使在论述汉字普遍特点时不得不专门为它浓浓地着上一笔，诸如"有'儿'字的是例外""除极个别的例外""一般"等类的文字。这样做还有必要吗？

其实这三部著作的这种态度不光表现在对以上问题的论述上，也表现在对所谓的后缀"儿"字的不同写法上。下面将这三部著作的写法列出：

例如普通话念"花儿"的时候，这个"儿"字不是一个独立的音节……（《黄廖本》p.90）

"儿"字不自成音节……例如"花儿"……（《现代汉语词典》）

后缀"儿"字不自成音节……如"盆儿"……（《现代汉语规范词典》）

我们看到，在说"'儿'字不自成音节"时，就把"儿"写成个规范的汉字；而在举例"花儿""盆儿"时，却又把它写成一个矮小的卷舌符号。而实际上两处写的是一个东西，说的也是一回事。这种不一致的写法充分显示出了处理这种现象的无奈。

下面再谈对这个所谓的后缀"儿"字的标音问题。两部词典对字头"儿"的标音如下：

儿$^2$（▽兒）ér 后缀（注音作 r）。……（《现代汉语词典》）

儿（兒）ér……⑤词的后缀。……（《现代汉语规范词典》）

可以看出，两部词典有个共同的、明显的矛盾：在单对字头"儿"进行解释时两部词典的注音都是 ér，都释作"后缀"。这个 ér 显然是个独立的音节②。而当对"儿化"进行解释时，两部词典却又都说"后缀'儿'字不自成音节"。

下面再从语义方面看看这个所谓词缀"儿"字到底起了什么作用。以"盖儿"为例，该词由于韵母儿化而由动词变成了名词。这种变化显然是由"盖"的韵母 ɑi 变成卷舌韵母 ɑir 实现的，③所谓的"儿化"的作用，所谓的"儿"的作用，其实都是卷舌韵母起的作用。

以上我们从几个方面谈了认为后缀有"儿"存在而出现的问题。之所以出现这些问题，就是因为普通话后缀没"儿"了，却硬说还有"儿"。语言是在不断发展变化的。语言变化了，新的问题出现了，原来的认识和理论也得跟着变化。不跟着变化就会出现问题。

面对以上问题，笔者提出两点建议向大家请教。

第一，对"儿化"作如下解释。如：

> 【儿化】érhuà 团 现代汉语的韵母带上卷舌音色，说成卷舌韵母。如把"花"的韵母 uā 说成"花儿"的韵母 uār。

第二，因为所谓的后缀"儿"的作用实际上就是前一字卷舌韵母的作用。词典可增"卷舌韵母"这个词条。如：

> 【卷舌韵母】juǎn shé yùn mǔ 带卷舌音色的韵母。主要作用有
> a）……b）……

这个词条的功能相当于《现代汉语词典》字头"儿²"的功能，也相当于《现代汉语规范词典》字头"儿"之义项⑤的功能。这样，不但解决了这个所谓的后缀"儿"字在书写上不一致的问题，也解决了这个所谓的后缀"儿"字在汉字与语音关系方面存在的问题。

本文的观点和意见如有欠妥之处，欢迎大家批评指正。

**注释：**

①着重号是笔者加的。

②在书面语的诗歌散文中，"儿"也有用作后缀读作独立音节的，诸如"马儿奔跑""鸟儿飞翔""月儿弯弯"之类，这是文人的仿古读法，不能说普通话还保留着一个读独立音节的后缀。

③这里所说的"儿"的作用是针对语义说的，不是对卷舌韵母的形成原因说的。卷舌韵母的形成究竟是受了儿的影响，还是受了阿尔泰语的影响，本文不去讨论。

曾在第七届国际汉藏语言暨语言学会议上宣讲

# 文　字　卷

# 印刷魏体"连笔书写"不可取

　　建国以来，我国在汉字规范化方面做了大量工作，取得了显著成绩。比如异体字的整理、字形的简化等所取得的成绩都是有目共睹的。在《印刷通用汉字字形表》的基础上，1988 年国家语委又发布了《现代汉语通用字表》，对 7000 个汉字的印刷字形进行了规范，使汉字规范化工作更加深入。现在，为了适应印刷书体在排版印刷、屏幕显示等方面得到广泛运用这一形势，国家语委又把印刷字形的规范由宋楷等体扩大到隶魏二体。为使这一规范做得更加科学、合理，国家语委中文信息司标准处就这一规范草拟了研讨意见，并以《印刷隶体、印刷魏体字形规范原则探讨》（以下简称《探讨》）为题，在《语文建设》1997 年第 11 期全部刊出，以供各界人士发表意见，展开讨论。这一举措无疑是必要的，也是及时的。

　　拜读《探讨》一文，觉得许多意见都非常恰当、中肯，唯有印刷魏体"连笔书写"一条似需进一步斟酌。《探讨》认为"印刷魏体中有些笔画与笔画间因'顺笔有连、牵丝带笔'风格特点的需要而连笔书写。这种写法应该允许。但应只限于'与点连写'和'横与撇连写'"，并举出了一些允许连写的例子。笔者觉得，如果允许这种连写存在，即使是把范围只限制在"与点连写"和"横与撇连写"上面，也仍然会给我们的规范工作带来许多麻烦，原因有三：

## （一）所谓"顺笔有连、牵丝带笔"没有规律，缺乏可操作性

根据对 super-WPS 文字处理系统（UG-DOS6.0 版）和上海书画出版社 1994 年 4 月出版的《魏体字库》两个材料的调查结果来看，印刷魏体的"与点连写"和"横与撇连写"各字的写法很不一致。[①]其混乱情况大致如下：

### 1. 从同一字看

（1）单独为字时与作偏旁时，连与不连，不一致。如"雨""牛"二字，单独为字时，不连写；作偏旁时，连写，如"雾雪""特物"。又如"心""失"二字，单独为字时，连写；作偏旁时不连写，如"志忠""铁秩"。

（2）同一偏旁在不同的字中，连与不连，不一致。如"尧"作"绕"的偏旁时，连写；作"浇晓"的偏旁时，不连写。又如"佥"作"脸"的偏旁时，连写；作"俭剑"的偏旁时，不连写。

另外，同一偏旁，连与不连，还往往与其位置有关系。如"虫"在字的右边或下边作偏旁时连写，在左边作偏旁时，不连写。

### 2. 从同类笔画看

同类笔画，在不同的字中，连与不连，大不一致。如"失"字的第一、二笔分别是"撇"与"横"，是"顺笔有连"的，但同样是第一、二笔，又同样是"撇"与"横"的笔形，在诸如"牛告气午怎每复矢"等字中，则是"顺笔无连"的。又如"绕"的"横"与"撇"两笔也是"顺笔有连"的，但，同样的"横"与"撇"两笔，在诸如"元光先不"等字中，则是"顺笔无连"的。

## （二）连笔书写会造成笔画的混乱

连笔书写给笔画造成的混乱表现在两个方面：

### 1. 会造成笔画名称的混乱

汉字笔画的规范是我们规范汉字的重要内容之一。经过我们的努力，现在的笔画已经是"画有定形，形有定名"的了。如果允许连笔书写，势必会出现一些新笔画。对这些新笔画，我们既难为之定形，又难为之定名。

从印刷魏体连笔书写的整个情况来看，比较一致的只有两个偏旁，一个是三点水，一个是雨字旁。三点水是末两笔连写，雨字旁是左右两点分别连写。这种连写的审美价值如何，是否就体现了印刷魏体的风格，姑且放在

后文论述，只就它在笔画上造成了混乱来看，已是不可取的了。三点水的末两笔连写，其笔形既不像"竖提"，又不像"撇折"，成了一个介于二者之间的新笔形。雨字旁的左边两点连写，既不像"点"，又不像"撇"；右边两点连写，既不像"竖提"，又不像"竖折"，而且这些笔形还多有变化，很不固定。对这些新笔形我们实在很难给它们起个恰当的名称。上面已经说到，汉字经过规范已经是"画有定形、形有定名"的，作为规范的汉字不应该允许既无定形、又无定名的笔画存在。

**2. 会造成笔画数量的混乱**

《探讨》认为"印刷魏体的笔画数应与印刷楷体一致，不得随意增减"并把这个意见作为所定四项基本规则的首项。但是，如果允许连笔书写，首先违反的就是这一项。比如《探讨》所举"失"的第一、二两笔连写后，把楷体的一撇一横这两笔写成了印刷魏体的"竖折"一笔，从而使"失"的笔画由楷体的5笔变成了印刷魏体的4笔。又如"绕"字的第七、八两笔连写，把楷体的一横一撇这两笔写成了魏体的"横撇"一笔，从而使"绕"字的笔画由楷体的9笔变成了魏体的8笔。这只是举出了两种类型的连写，其他类型的连写还很多，也能造成印刷魏体笔画数量的减少。照这样"连"下去，印刷魏体的笔画数量与楷体的笔画数量势必会出现大的分歧，这显然是不可取的。

## （三）连笔书写会破坏印刷魏体的规整性

《探讨》在"基本规则"中还规定："字稿必须具有规整性。同一幅字稿中，同一部件在笔画数、笔画位置关系及笔形上的写法应一致。"但是，如果允许连笔书写，就会适得其反，就会违反这项基本规则。

按照汉字笔画的计算规则，尽管印刷魏体第一、二两笔连写的"失"字只能算作4笔，但人们仍然把它当作5笔字，排序时仍然把它排在5笔字的位置。这样，印刷魏体就出现了一个非常滑稽的现象：人们会看到，"失"字的第一、二两笔连写后，其笔形和"发"字的第一笔完全一样，都是一个"横折"。这时，完全一样的两个笔形，在计算笔画数量时，就得一个按两笔计算，一个按一笔计算。这显然是自相矛盾的。又如"绕"字的第七、八两笔连写，其笔形就和"又"字的第一笔完全一样，都是一个"横撇"，这照样是完全一样的两个笔形，在计算笔画时，却要一个按两笔计算，一个按一笔计算，照样是矛盾的。这些都违反了基本规则的规定。

　　既然我们要利用不同书体来丰富和美化我们的印刷、屏幕园地，那么在对这些书体进行规范时，首先考虑的就应当是如何照顾和保留不同书体的风格特点。如果某项措施一下子损害或抹掉了某种书体的风格特点，那就得对这项措施加以改进。但是，取消连笔书写是否损害或抹掉了印刷魏体的风格特点呢？笔者觉得好像不是这样。

　　新魏体是从魏碑体演化来的。魏碑体历来就被归入真书一类。新魏体尽管在笔形与结体上对魏碑体作了一些改造，但并未改变魏碑体的基本特征。这可从多个方面看得出来。1. 新魏体虽然"撇捺露角，八分相背"，但"捺脚平出较长"的特点未变。（参见《郑文公碑帖》）2. 新魏体虽然"提折有力，孤钩锋锐"，但这也正是魏碑体本来就有的特点。（参见《郑文公碑帖》、《马鸣寺碑帖》）3. 新魏体虽然"横竖折顿，外方内圆"，但"转角方折饱满"的特点未变。（参见《马鸣寺碑帖》）[②] 所以，新魏体应仍属真书的范畴，服从楷书的规范规则。至于新魏体"顺笔有连，牵丝带笔"的特点也不是没有需要讨论的地方。只要我们对新魏体连写的情形作个详细的调查，就不难发现这种所谓的"顺笔有连，牵丝带笔"的写法，并不完全是为了风格上的需要，还有不少其他方面的因素使然。粗略归纳有三个方面：

　　1. 提按轻重，尽在即兴；连与不连，随意为之。如"失"的第一、二两笔连写，而"牛"的第一、二两笔不连写；"脸"的第九、十两笔连写，而"俭"的第七、八两笔不连写。这些连与不连，并没有什么客观上的依据。

　　2. 笔画稠密，连成一笔，以求疏密均匀。如"雨"单独为字时，不连写；作偏旁时笔画稠密，于是连写。更有趣者，有的笔画拥挤反而不连，如"虫"单独为字时，末两笔连写；作左偏旁时，则不连写。

　　3. 为了避免单调、呆板，求得错落变化有致。这种情况在三点水的写法上表现得最为突出。将三点水的第二、三两点连写，可是三个点的写法明显不同。字的左边出现两点（如"冯冲决"左边的两点）则不连写，可证此说不谬。

　　以上三种连写，第一种与第二种明显地不属于字体风格的要求，理当取缔。第三种虽然与字体风格的要求有一定的关系，但从审美效果来看，这样的处理未必是最佳选择。

从审美角度来说，真书书法要求一点一画都需要呈现出活跃流贯的生命感来，通过笔画的取势体现出笔画间的照应，从而达到"笔不连而意连"的效果。三点水的三个点之间当然也要求有这种照应，只是新魏体不是通过笔画的取势实现这种照应，而是将这种照应彻底表象化，干脆将第二、三两点连在一起。这样，表面上看起来是笔画的一种变化，但实际上却减弱了这种照应关系的含蓄性。所以说，这种连写对新魏体的审美价值并无补益，取消后对新魏体的风格也并无损害。

但是，这只是问题的一个方面，另一方面我们还考虑到，新魏体的某些连写毕竟有了一百多年的历史，在人们的认知和书写习惯中毕竟有了一定的基础，所以在对新魏体进行规范时就不能不照顾这种情况。我们必须采取一种措施，既能在笔形、笔画方面使新魏体达到规范要求，又不能脱离这种习惯太远，使人们在心理上能够接受。这种措施就是"带而不连"。

所谓"带而不连"，就是让有些笔画只带笔，不连笔。如三点水的第二笔，"心"字的第三笔都可以带笔，但不可与下一笔连在一起。其实，新魏体的许多字，如"举"字的第二笔，"虑"字的第九笔等已经这样写了，并且取得了很好的审美效果③。这样处理，从字形上看，与传统的写法比较接近，人们容易接受，同时又不至于造成笔画的混乱和破坏字体的规整性。只有如此，庶乎能够达到"印刷魏体在不伤其字体风格的情况下，笔形和笔画位置关系应尽量规范"的要求。

**注释：**

① super-WPS 文字处理系统（UCDOS6.0 版）与《魏体字库》二者除所收字数略有不同外，字形的写法基本一致。在用计算机显示印刷魏体字形时，得到了姜静楠先生的帮助，特致谢忱。

② 魏碑体的风格不是指哪一个碑帖的风格，而是指从北朝 200 年间各种碑帖中概括出的既不同于秦汉篆隶、又不同于唐宋行楷的共同风格。在和新魏体比较时，只能拿这种共同风格与之比较，因而我们在举例时就可拿魏碑体的多种碑帖来说明问题。

③ 见《探讨》所举印刷魏体例字及上海书画出版社出版《魏体字库》。

原载《语文建设》1998 年第 6 期

# 方言字初探

方言字是记录方言词汇经常用到的汉字，从西汉扬雄的《辎轩使者绝代语释别国方言》里我们已经能够考证出某些方言字来。方言字的产生虽然十分久远，但它一直没有得到自己应有的名分与地位，一直被当作俗字看待。从颜之推的《颜氏家训》到蒲松龄的《日用俗字》，再从徐珂的《清稗类钞》到张涌泉的《汉语俗字研究》，无不如此。之所以会出现这种现象是因为我们对方言字属性的认识还不够十分明确。

## 一、方言字与俗字

方言字与俗字是性质完全不同的两类字，两者在许多方面都存有差异。

1. 俗字的界定不符合方言字的特征　国内有影响的大型语文工具书或俗字研究专著对俗字的解释，没有一部涉及方言的内容。

《汉语大辞典》对俗字的解释是：

① 即俗体字。旧时指通俗流行而字形不规范的汉字，别于正体字而言。北齐·颜之推《颜氏家训·杂艺》："晋宋以来，多能书者，故其时俗，递相染尚，所有部帙，楷正可观，不无俗字，非为大损。"② 习用而无新意之字或不高雅之字。宋·严羽《沧浪诗话·诗法》："学诗先除五俗：一曰俗体，二曰俗意，三曰俗句，四曰俗字，五曰俗韵。"郭

绍虞校释引陶明濬《诗说杂记》:“何谓俗字？风云月露，连类而反，毫无新意者是也。”《红楼梦》第七六回:“‘凹’字也不只放翁才用，古人中用者太多。如《青苔赋》……不可胜举。只是今日不知，误作俗字用了。”

《现代汉语词典》（修订本）的解释是：

> 俗体字，指通俗流行而字体不合规范的汉字，如“菓”（果)、“唸”（念)、“塟”（葬）等，也叫俗字。

《汉语俗字研究》的解释是：

> 所谓俗字，是区别于正字而言的一种通俗字体。俗字是一种不合法的、其造字方法未必合于六书标准的浅近字体，它适用于民间的通俗文书，适用于平民百姓使用[1] p.1。凡是区别于正字的异体字，都可认为是俗字[1] p.5。

拿这些解释与方言字一比较，我们发现方言字并不属于俗字的范畴。

首先，方言字不是区别于正字的“通俗字体”，不是“区别于正字的异体字”，而是为方言词的表达而创造的、与其他字形无关的汉字。如广东方言的“乪”、胶东方言的“夼”、苏州方言的“覅”，它们根本就没什么正字与之相对，因而它们也就不是什么正字的“通俗字体”或“异体字”，它们是为方言词表达的需要而创造的一批与正字分工不同的方言字，甚至可以说，在各自的方言里，它们本身就是“正字”。

其次，方言字一造出来就是合法的，不存在不合法的问题，因为它们有着在方言区为使用方言的人们进行交际而服务的特殊功能。这种特殊功能是那些被称作“合法”的正字所不具备的。

2. 两类字的产生不同　俗字的产生，不管是由于简化（如“惡”写作“悪”（《干禄字书》)，还是由于繁化（如“刺”写作“刾”（《集韵·寘韵》)，都是由于书写上的不一致造成的。尽管创造俗字的手法很多，诸如增加意符、省略意符、改换意符、改换声符、变换结构、全体创造等，但无一不是对原有的某个字进行书写时而发生的变换。即便抛开原来字形、另起炉灶的"全体创造"一法，如造"躬"以代"穷"字（《字汇补·身部》）、造"生"以代"嫩"字（《龙龛手镜·生部》），也还属于这种情况。而方言字的产生却不是某个字在书写上的变换，而是根据方言词表达的需要，另外特地创造的一些字。如山东方言的"剚"字，音迟，义为用刀把鱼腹剖开，剚去内脏与鱼鳞（见盛伟编《蒲松龄全集日用俗字·饮食章第四》），虽然其本字是"治"，但方言区的人并不知道，以为没有一个字能恰当地表达这个音义，于是"剚"字便应运而生，担当起了这个任务。

3. 两类字的性质不同　历代的正字都是作为当时通语的辅助性工具为人们的交际服务的[①]，相对于正字的俗字，不管字形怎么变化，也还是作为通语的辅助性工具为人们的交际服务的。如现在用的"蚕"字，曾由"蠶"简化成"蠺"（《字汇补·虫部》），又进一步简化成"蚕"（见敦煌写本伯2187《破魔变文》），最后简化成"蚕"。不管怎么简化，它还是作为通语的辅助性工具为人们的交际服务的。方言字是记录方言词的，是作为方言的辅助性工具为那些用方言进行交际的人们服务的。如"嬷"是个吴方言字，是为用吴方言进行交际的人们服务的；"夼"是个胶东方言字，是为用胶东方言进行交际的人们服务的。

由于两类字的性质不同，服务对象不同，因而两类字使用与流行的地域也就不同。俗字可以随着通语的传播流行到任何地方，不受地域限制，而方言字则只能在本方言区内使用和流行，要受到地域的限制。不同的方言字具有不同的地域特征，这种地域特征不是指地域面积的大小，而是指不同的方言区域。

谈到方言字的地域特征，有必要对下面一个问题作出说明，即有的方言字往往出现在两个以上的方言区。如"冇"字，广州、梅县、福州、南宁几个方言都用，而在各方言里的音义有的相同，有的并不完全相同。产生这种现象的原因有两个可能，一是因为造字时取法的巧合，几处方言都把"有"字里的两短横去掉拿来使用；二是因为方言字借用。由于该字所表示的词几个方言在音义上都有一定联系，几个方言便都借它来使用。但不管是哪种原因，都否定不了方言字的地域特征。

4.两类字对正字的关系不同　"俗字的产生和存在,对那些世代相传的'正字'来说无疑是一种威胁,一种反动。所以从文字产生的时候起,正字和俗字之间为争取'生存'权的斗争几乎从来就没停止过"[1] p.3,这段话把正字和俗字之间的关系说得再透彻不过了。俗字的产生就是来取代正字的。只是取代速度有快有慢、范围有大有小罢了。不管在什么时间(比如古代与现代),也不管在什么空间(比如碑刻、账本、文学作品),只要一经使用了俗字,立刻就说明了正字在此时此地已被取代。比如敦煌写本2553《王昭君变文》:"爱之欲求生,恶之欲求死。"在这句话里,俗字"恶"就取代了正字"惡"。又如某个小巷子里有个招牌,上写"烟汈糖茶小卖铺"。在这个招牌上,俗字"汈"就取代了正字"酒"。如果一个俗字最后取得了正字的地位,如"躬"和"蚕"分别由"躳"和"蠶"的俗字地位取得了正字地位,那么这个俗字对正字的取代过程就彻底完成了。这个字或许又有另外的一个俗字来取代它,那就会开始另一个新的取代过程。

但是,方言字对正字的关系则不是"取代"的关系,而是一种"补充"的关系。有些方言词没有恰当的正字能够表达,方言字是为了补充正字的这种不足才创造的。如魏晋以降北方人呼"父"的"爹"字(《广韵·哿韵》),现代吴语表示"不要"合音的"嫑"字。这些字的创造与使用没有取代任何一个正字。即使有的方言字随着它所表示的方言词的进入普通话而成了通用字(如"爹"字),它也只加入了正字的行列,增加了正字的数量,而没有取代任何一个原有正字的地位。

# 二、方言字与本字

所谓本字,指一个词最初的书写用字。本字当中,有的属于方言字,有的属于通用字。

第一类　崽　《方言》卷十:"崽者,子也,湘沅之会凡言是子者谓之崽,若齐言子矣。"长沙方言称"儿子"说 [tsai³¹],写作"崽"。搋《方言》卷十:"南楚凡相椎搏曰拯,或曰搋"。济南方言用手掌打说 [xu²¹³],写作"搋"。

第二类　爹　《广雅·释亲》:"翁公爸爹,父也。"《广韵·哿韵》徒可切："北方人呼父。"现在这个词已成了通用词，这个字也随之成了通用字。你《广韵·止韵》乃里切："秦人呼旁人之称。"现在这个词成了通用词，这个字也随之成了通用字。

　　第三类　睤　《方言》卷十："司视也。凡相窃视南楚谓之闟，或谓之睤。"奓《广韵·麻韵》正奢切："吴人呼父。"

　　第四类　曀　《广韵·霁韵》於计切："阴风，诗曰，终风且曀。"《集韵·霁韵》壹计切："说文，阴而风也。"广州方言称天音欲雨而闷热为[ŋai³³]，写作"曀"。槭《说文》："戈也，从木戠声。"《玉篇·森部》知识切："系牛杙也，又敌德切。"《广韵·德韵》徒德切："杙也。"广州方言称木橛子说[tek²²]，写作"槭"。

　　第一类不论古今都是方言字。第二类，古代是方言字，现在成了通用字。第三类，古代曾是方言字，但没有在方言里流传下来，也没有进入通用字，而是随着它们所表示的方言词的消失而消失了。第四类，当初是通用字，只是它们所记录的词还保留在方言里，所以记录该方言词时还用得着它们，这类字很容易被看成方言字，其实不是，它们从古到今一直都是通用字。这四类本字的古今变化情况可以用表格形式表示如下：

| 方言本字 | 古代 | | 现代 | | |
| --- | --- | --- | --- | --- | --- |
| | 通用字 | 方言字 | 通用字 | 方言字 | 消失 |
| 崀 揔 | | ✓ | | ✓ | |
| 爹 你 | | ✓ | ✓ | | |
| 睤 奓 | | ✓ | | | ✓ |
| 曀 槭 | ✓ | | ✓ | | |

　　这四类本字基本上能反映出方言本字的总体情况。本字并不一定都是方言字。哪些本字是方言字，哪些本字不是方言字，要作具体分析。方言字是个历史范畴。一个字在不同的历史时期，或是方言字或是通用字，其地位往往是变化的。

# 三、方言字与方俗字

所谓方俗字，是指既具有方言字特点，又具有俗字特点的一类字。

根据原来有无本字，方言字可以分成两类，一类为无本字的方言字，一类为有本字的方言字。

第一类　嬡，海口方言说 [mai$^{35}$]，义为"不要"。键，上海方言说 [dʑia$^{13}$]，义为"能干"。炾，宁波方言说 [mei$^{213}$]，义为"燃烧"。霜，南宁平话说 [ləi$^{33}$]，义为"瞟，斜视"，今写作嫋。

第二类　麩，山东牟平方言把大麦叫 [koŋ$^{213}$tə·]，写作"麩子"。李荣先生考证"麩"的本字是"穬"。鐦，广州方言把"锯开""割开"这种动作叫 [kai$^{33}$]，写作"鐦"，并认为本字是"刉"。覃远雄先生考证，本字是"解"[3]。磴，柳州方言把"硌"说成 [ʔŋen]，写作"磴"。覃远雄先生考证，本字是"隐"。

第一类，无本字，也就不是什么正字的异体，因而也就不具备俗字的特征。这类字是在方言区流行的记录方言词的前无异体的汉字。第二类，有本字"穬"而不用，又另造"麩"字，这个"麩"字就具备了双重特性。从方言字的角度来看，它确实是在方言区流行的、记录本地方言词的汉字，具有方言字的特征，应归入方言字；而从俗字的角度来看，它又确实是本字"穬"的异体，符合异体字的特征，应归入俗字。这两类字既有相同之处，也有不同之处。相同之处是两类字都是在方言区流行的记录本地方言词的汉字，不同之处是第一类为纯粹的方言字，不具备俗字的任何特征；第二类既有方言字的特征，又有俗字的特征。第一类为方言字，第二类在方言区流行的记录方言词的俗字，称作"方俗字"较妥。

方言字与方俗字的分立有助于对方言字做更深入、细致的研究。比如从文字学方面看，方俗字的创造与使用，给社会（具体说是给方言）增加了一批异体字；从词汇学方面看，方俗字的创造和使用又给社会（具体说是给方言）增加一批异形词。这些方俗字有的单独成词，可以单独构成异形词，如柳州方言的"磴"与"隐"：有的只表示语素，需要与其他语素结合构成异形词，如柳州方言的"鐦板"与"解板"。我们知道，这些异体字和异形词对人们的交际只起负面作用，没有任何积极意义。而方言字的创造与使用，如上海方言的“嫑”，长沙方言的“崽”，胶东方言的“夼”，对人们的交际不但没有负面作用，还能收到积极的效果。这种分析只有在两类字分立的基础上才能进行得深入。

**注释：**

① 这样说只是为了便于与方言字进行比较，并不是在否定正字也可作方言的辅助性交际工具。

**参考文献：**

[1] 张涌泉：《汉语俗字研究》，岳麓书社 1998 年版。

[2] 李荣：《考本字甘苦》，《方言》1997 年第 1 期。

[3] 覃远雄：《方言本字举例》，《方言》2002 年第 I 期。

原载《语言研究》2005 年第 2 期

# 谈方言词汇用字问题

我国方言词汇的研究源远流长。无论从方言词汇的历史文献看，还是从方言词汇的现代著述看，人们记录方言词汇主要是使用汉字，用汉字标识方言词汇的产生与差异。研究方言词汇首先遇到的就是方言词汇的用字问题。撇开方言词汇用字单独讨论方言词汇的产生与差异，会遇到许多困难。

## 一、当前方言词汇用字之方法

语音是不断变化的，语音的变化往往引起词汇的变化。如何用汉字标示因音变而引起的方言词汇的产生与差异，当前人们还是各行其是，没有一致的做法，但也不是五花八门，而是基本上可分为两种。一种是"音变字变"，一种是"音变字仍"。所谓"音变字变"，指语音变化了，方言词汇产生了，差异形成了，随之用区别字加以区分①；所谓"音变字仍"，指语音变化了，方言词汇产生了，差异形成了，却仍用原来的字书写。下面分别举些例证加以阐明。

"音变字变"这一方法的使用，比如"角落"分化出"旮旯"这一现象，柳州方言"角落""旮旯"都说，就分别写成"角落 [ko$^{31}$lo$^{31}_{13}$]""旮旯 [ka$^{31}$la$^{13}$]"。石家庄只说"旮旯"，就只写"[ka$^{31}$la$^{13}$]"。《现代汉语词典》（第五版）也把"旮旯"作为方言词收录。

单数第二人称"尔"分化出"你"也属于这类音变。

"尔"，《切三》："尔汝……儿氏反。"《广韵》："汝也……儿氏反。"

"你"，《广韵》："秦人呼旁人之称……乃里切。"《集韵》："乃里切，汝也，又乃倚切。"

陆法言《切韵》不收"你"字，到了《广韵》才收"你"字，你字后出，说明"你"是从"尔"分化出来的。

"燕子""粽子"河南林县方言分别说成"燕了 [ia⁴⁴ lɤ·] ""粽哦 [tsoŋ⁴⁴ɤ·]"。"子"在中古属精母字，读 [ts] 声母。由于作词尾读成轻声，林县方言的"子"便丢掉了 [ts] 声母，有的变成了 [l] 声母，如"燕了"的"了"；有的变成了零声母，如"粽哦"的"哦"。

"蜻蜓"，济南方言说成"蜓蜓 [t′iŋ²¹² t′iŋ·]"，"蜻"的声母受后一音节声母 [t′] 的影响，也变成了 [t′]。

"亲戚"，天津方言说成"亲亲 [tɕ′in²¹tɕ′iin²¹]"，"戚"受前一音节韵母的影响，韵母也变成了 [in]。

"恐怕"这个词在山东高密方言里出现了双重同化，说成"朋朋 [p′əŋ⁵⁵p′əŋ·]"。根据山东许多地方把"恐怕"说成"彭怕"的现象（按：山东方言"彭""朋"同音，可以互借），可以推知，第一重同化是"恐"的声母受后一音节声母 [p′] 的影响先变成 [p′]，然后，也就是第二重同化，"怕"的韵母受前一音节韵母 [əŋ] 的影响也变成 [əŋ]。

"脖颈儿"，山东不少地方也有两种说法。如新泰方言说成"脖拉颈 [pə⁵⁵ la·kəŋ⁵⁵]"，三个音节的声母依次是 [p-l-k]，而阳谷方言则说成"疙拉绷 [kə⁵⁵la·pəŋ⁵⁵]"，三个音节的声母依次是 [k-l-p]。这两种说法的不同只是一三两个音节的声母互相调换了位置。

从语音和语义两方面来看，[p-l-k] 的次序当是原来的形式，[k-p-l] 的次序当是换位后的形式。

"音变字仍"这一方法的使用情况更复杂。比如普通话的词尾"子"在各地方言的读音有很大差别，不少方言"子"尾的读音变了，却仍然写作"子"。如"粽子"，绥德方言说成 [tʂuŋ⁵²tə²³]，连云港方言说成 [tʂoŋ⁵²tsə·]，临河方言说成 [tɕɐyŋ⁵³tsɛ·]，三个方言都写作"粽子"。但从这三个方言的"字表"看，绥德方言"子"入 [ɻ] 韵，不入 [ə] 韵，其声母也不是 [t]；连云港方言"子"入 [ɻ] 韵，不入 [ə] 韵；临河方言"子"

人［ɻ］韵，音系无［ε］韵。

"蚂蚁"，连云港方言说［ma⁴¹iŋ²¹³］，涟水方言说［ma²¹¹iaʔ³⁴］，两地方言都写作"蚂蚁"。但从两地方言的"字表"看，连云港方言"蚁"入［i］韵去声，不入［iŋ］韵阴平；涟水方言"蚁"入［i］韵上声，不入［iaʔ］韵入声。

"棉花"，唐山方言说成［niaŋ²² xua·］，齐齐哈尔方言说成［niau²⁴ xua·］，都出现了语音同化现象，而两地方言都写作"棉花"。但从两地方言的"字表"看，唐山方言"棉"入［ian］韵，不入［iaŋ］韵；齐齐哈尔方言"棉"入［ian］韵，不入［iau］韵。而且两地声母也都与之不同。

在方言词汇用字问题上，当前国内正呈现出这种二法并行的局面。是坚持二法并行呢，还是二法取一呢？这是需要认真对待、认真解决的问题。

不难看出，"音变字变"的方法是从表音的需要上使用汉字的，让用字更符合方言的读音实际；而"音变字仍"的方法则是从表意的需要上使用汉字的，让用字更符合方言的语义实际，尽量使人们从用字上就能看出某个方言词的意义来。

不过我们也看到，尽管两种方法各有长处，但这种二法并行的局面毕竟会给我们的工作带来许多麻烦。因为我们编写区域性方言词典也好、全国性方言词典也好，一个重要目的就是为了摸清和对比方言词汇与普通话词汇之间、方言词汇与方言词汇之间的异同，以便为推普工作和进一步的研究工作打下良好基础。但是二法并行并不利于我们去摸清和对比方言词汇的这种"异同"。下面只举"刚"和"将"、"子"和"得"的不同就足以说明这个问题。普通话副词"刚"，乌鲁木齐与洛阳方言都说成细音的［tɕiaŋ］（按：声调略，下同），而乌鲁木齐方言则写作"将"（即所谓"音变字变"），洛阳方言则仍写作"刚"（即所谓"音变字仍"）。"粽子"的"子"尾，绥德方言与长治方言都说成［təʔ］，长治方言则写作"粽得"（即所谓"音变字变"），绥德方言则仍写作"粽子"（即所谓"音变字仍"）。如果拿普通话的"刚"与洛阳方言的"刚"相比，则同；与乌鲁木齐方言的"将"相比，则异。同样，拿普通话的"刚"与洛阳方言的"刚"相比，则同；与乌鲁木齐方言的"将"相比，则异。同样，如果拿普通话的"粽子"与绥德方言的"粽子"相比，则同；与长治方言的"粽得"相比，则异。这样比较得出来的结论与方言的实际情况显然是有出入的。用这样的比较数据作为我们推普或方言研究工作的依据，势必会影响我们的工作效果。

二法并行既不可取，就应考虑二法取一的问题，而解决这个问题的关键又是找出决定二法取舍的根据。

二法并行的局面主要是由在书面上用汉字显示因音变形成的方言词汇及其差异而出现的，那么二法的取舍也就应以有利于在书面上显示这种差异为依据。

从历史音变来看，比如"角落"与"旮旯"、"尔"与"你"等，这些由音变而形成的方言词汇及其差异，人们不但早就认识到了，而且书写时还使用了区别字加以区分，收到了良好的效果。

从语流音变来看，比如同化中的"蜓蜓"与"蜻蜓"、"朋朋"与"恐怕"，换位中的"脖拉颈"与"疙拉绷"等，这些由音变形成的方言词汇差异，人们同样不但认识到了，而且书写时还用了区别字加以区分，同样收到了良好的效果。

人们之所以采用这种做法，是因为这种做法有利于显示方言词汇差异。我们研究方言词汇主要依靠书面材料，依靠汉字的显示。一个方言词的形成只有用汉字把它标示出来、固定下来，才能进入方言词汇的行列被我们研究。这是我们的汉语、汉字的特点以及我们研究词汇的历史与现状所决定的。

音变引起词变，词变导致区别字的使用。音变、词变、字变，三者是不可分的，也是符合汉语发展的实际的。

反之，对音变形成的方言词汇及其差异如果采用"音变字仍"的做法，那么至今"旮旯"不出而写"角落"，"你"字不出而写"尔"字，这显然不利于反映汉语发展的实际。

## 二、当前方言词汇用字之种类

从名称上看，当前方言词汇用字有方言字、俗字、本字、方俗字、训读字五类。这些名称所指的内容各家或有不同，或有交叉，不够一致。下面分别讨论。

### （一）方言字存在及认知的简单回顾

方言字是从汉语方言这块土壤中生长出来的。方言字作为汉字的一个组成部分是古已有之的。春秋以前的方言字，由于方言资料的不足，我们不易识别。如甲骨文、金文中哪些是方言字，还很难判定。但战国时期的六国文字就很可能带有方言字的某些特征。到了汉代，方言的研究有了较大的进展，出现了我国第一部记录汉语各地方言词汇的词汇集——扬雄的《輶轩使者绝代语释别国方言》（简称《方言》）。这部书对我们考察当时的方言字大有帮助。从书中的记述我们大概能看出哪些是方言字。如《方言》卷十一："蟒（注：即蝗也）……南楚之外谓之蟅蟒，或谓之蟒，或谓之螣。"《说文》"蝗"称"蚱蜢"，不收"蟒"字。可知南楚之外"蝗"作"蟅蟒"或"蟒"是因为没有合适的字能反映"蝗"在南楚之外方言的说法才造"蟒"字的。把"蟒"看作南楚之外方言表示"蝗"的方言字应该是符合事实的②。该字后来又被用作"蟒蛇"之"蟒"。

六朝以降，方言字的资料逐渐丰富。方言字频繁地出现在俗文学作品及近代白话小说之中。进入20世纪初期，随着西方语言学理论的传入，方言的研究成了一门独立的学科，汉语方言的调查与研究有了长足的进展。特别是方言词汇的调查和方言词典的编纂，大大促进了方言字的挖掘，致使方言字的材料空前丰富。这就使我们不能不把方言字的研究提到日程上来。

方言字的产生虽然十分久远，但它一直没得到应有的名分与地位，从严真卿开始就一直被当作俗字看待。

《颜氏家训·书证篇》在辨别字的"正""俗"时就列举了许多方言字。如："简策字竹下施束，末代隶书，似杞宋之宋，亦有竹下遂为'夹'者，犹如刺字之傍应为束，今亦作夹。徐仙民《春秋》《礼·音》，遂以筴为正字……"这段话是谈正字、俗字的。再看下面这段话："张敞者，吴人，不甚稽古，随宜记注，逐乡俗讹谬，造作书字。吴人……呼绀为禁，故以丝旁作禁代绀字；呼盏为竹简反，故以木榜作展代盏字；呼镬字为霍字，故以金旁作霍带镬字……诸如此类，专辄不少。"这段话中提到的"缫""榗""镬"显然都是张敞根据吴方言的特点造出来的方言字，与前面说的"策"与"筴"的问题不是一回事，但也被颜之推当成俗字看待了。

清初蒲松龄《日用俗字》中也收了一些方言字。如"清水先劓鱼脏肚,汁汤浓煮鳖裙䐈"(饮食章第四)。其中"劓"音迟,义为用刀剖开鱼腹,剐去内脏,是个方言字。又如"煮了信石须谨慎,鸡䬺狗舔染黄泉"(庄农章第一)。"䬺"音参,指禽鸟啄食,也是个方言字。

清末徐珂《清稗类钞》经述类"俗字之训诂"条下所收俗字,其中不少也是方言字。如:"京师人用字者如下……您,音近凝,义似尔、汝,施于较为尊者也。""苏州人所用者如下……嬔,勿要也。""广东人所用者如下……凹,音囊,水之曲折也……冇,音磨,无也。"

张涌泉《汉语俗字研究》(以下简称《研究》)称方言字为"地区性的俗字"⑤,在论述"鞑鍪"的特点时指出:"鞑鍪即兜鍪的方言音变字"⑥,这种说法最多也不过是把方言字看成了别具特点的一类俗字。

即使是一些研究方言的作品,对方言字的说法也不一致。下面从覃远雄《方言本字举例》一文中列出部分材料:

> 柳州　鎙板 kæˀpã 把木材据成板子 | "鎙"是俗字⁵,本字当作"刉"。
>
> 南宁平话　刉 kai' ① 将圆木据成板:～木板……② 裁:亚张纸～做两张 ‖ 也作"剺"。
>
> 柳州　磇 ŋen 硌:鞋子里头进了个东西,～得好痛 | 牙齿挨沙子～到。

文章对这几例做了这样的阐述:

> 其实几处方言一比较,就明白本字当是'解'而不是'刉'。'解'古蟹摄二等,与以上各处读音皆合。'剺'、'鎙'是方言用字。"柳州'磇'是俗字。

方言字漫长的认知史使我们不能不提出如下疑问:为什么历史上乃至现代一些人总把方言字看作俗字?

一般认为,俗字是对正字而言的,非雅正之字即为俗字。方言字是记录方言词的字。方言者，乃一方之言，属于标准语的地方变体，因而方言字当然也就属于一方之字了。既是一方之字，当然也就无雅正可言，不是俗字是什么？

人们一直把方言字当作俗字看待是否出于这种认识？或许如此。

其实，方言字与俗字是性质完全不同的两类字，两者在许多方面都存有差异。（详见拙文《方言字初探》，载《语言研究》2005 年第 2 期）

## （二）方言字与方言本字

方言本字也简称"本字"，指方言词最初的书写用字。方言本字当中，有的属于方言字，有的属于通用字。请看下面这些本字的例子：

第一类：

崽　《方言》卷十："崽者，子也，湘沅之会凡言是子者谓之崽，若其言子矣。"长沙方言称"儿子"说 [tsai$^{31}$]，写作"崽"。

摤　《方言》卷十："南楚凡相椎博曰拯，或曰摤"。济南方言用手掌打说 [xu$^{213}$]，写作"摤"。

第二类：

爹　《广雅·释亲》："翁公爸爹，父也。"《广韵·哿韵》徒可切："北方人呼父。"现在这个字已成了通用词，这个字也随之成了通用字。

你　《广韵·止韵》乃里切："秦人呼旁人之称。"现在这个词成了通用词，这个词也随之成了通用字。

第三类：

瞷　《方言》卷十："司视也。凡相窃视南楚谓之闉，或谓之瞷。"

奢　《广韵·麻韵》正奢切："吴人呼父。"

第四类：

曀　《广韵·霁韵》於计切："阴风，诗曰，终风且曀。"《集韵·霁韵》壹计切："说文，阴而风也。"广州方言称天音欲雨而闷热为 [ŋei$^{33}$]，写作"曀"。

檄　《说文》："戈也，从木敁声。"《玉篇·森部》知识切："系牛杙也，又敌德切。"《广韵·德韵》徒德切："杙也。"广州方言称木橛子说 [tek$^{22}$]，写作"檄"。

以上共列出了四类本字。可以看出，第一类的"崽"古代是湘沅之会表"子"的方言字，现在仍是方言字。"揔"古代是南楚方言表"相椎博"的方言字，现在也仍是方言字。也就是说，第一类的本字，不论古今都是方言字。

再看第二类。"爹"古代是表"北方人呼父"的方言字，现在成了通用字。"你"古代是表"秦人呼旁人之称"的方言字，现在也成了通用字。

第三类的"瞜"古代曾是南楚表"相窃视"的方言字，"奢"古代曾是表"吴人呼父"的方言字。但这两个字既没有在方言里流传下来，也没有成为通用字，而是随着它们所表示的方言词的消失而消失了。

第四类。"暳"字既见于《诗经》，又见于《说文》，《广韵》也予收录。"槭"字《说文》《五篇》《广韵》都予收录。这些文献都反映出此二字当初就是通用字。只是它们所记录的词还保留在方言里，所以在记录该方言时还用得着它们。这类字很容易被看成方言字，其实不是。

从这四类本字的情况可以看出两个问题，其一，方言本字并不一定都是方言字。哪些本字是方言字，哪些本字不是方言字，要作具体分析。其二，方言字具有一定的历史属性。一个字在不同的历史时期，或是方言字，或是通用字，其类属与地位往往是变化的。

## （三）方言字与方俗字

社会科学的任何分类都是取其主要的典型特征进行的，但是，靠这些特征只能将不同的事物大体分开，总还有一些不具典型特征或两类特征兼而有之的事物存在。这些事物使人们的分类往往处于难办的境地。其实，这些事物客观上已经构成了另一类，只是这一类所处的地位有些特殊。

方言字与俗字的分类也是如此。前面我们虽然论述了方言字与俗字的不同，但也确实发现，有些字既有方言字的特征，又有俗字的特征。这类字又该怎样对待。

牟平方言记录"大麦"弃本字"穬"而另造"麮"字，这个"麮"字就具备了这种双重特征。从方言字的角度来看，它确实是在胶东方言区流行的、记录本地方言词的汉字，具有方言字的特征，应归入方言字；而从俗字的角度来看，它又确实是本字"穬"字的异体，符合俗字的特征，应归入俗字。

"鐅"字也是如此。广州方言记录"锯开""割开"这种动作弃本字"解"而另造"鐅"字,"鐅"字同样也就具备了双重特征。从方言字的角度来看,它确实是在广州方言流行的、记录本地方言词的汉字,具有方言字的特征,应归入方言字;而从俗字的角度来看,它又确实是本字"解"的异体,符合俗字的特征,应归入俗字。

不难看出,这类字是在方言区流行的记录方言词的俗字,称作"方俗字"较妥。

人们对汉字的分类研究已作出了许多成绩,特别是对古文字的分类研究成绩更为显著。这反映出人们对古文字的研究已经相当深入。俗字的研究也取得了新的进展。但人们对方言字的分类研究才刚刚开始。方言字与方俗字的分立就是为了便于对这两类字做更深入、细致的研究才实行的。其意义将在下面方言词汇用字之"得""失"部分得到显示。

### (四)训读字

#### 1. 训读字的名义和读音

训读字的突出特点是在读音上有其独特之处。

在某些方言里常借用某个字的读音去读另一个同义的字,被读的字称训读字,借读的音称训读音。如琼州方言"怕"常读成 [kia²³]。"怕",《广韵》去声祃韵普驾切:"怕惧。"琼州方言今应读 [fa³⁵],是"怕"字在琼州方言的本音。"惊"《广韵》平声庚韵举卿切:"惊,惧也。"琼州方言今应读 [kəŋ²³],而 [kia²³] 则是"惊"的白读音。可知"怕"读 [kia²³] 是借的同义字"惊"的白读音。"怕"是 [kia²³] 的训读字,[kia²³] 是"怕"的训读音。训读字与训读音的存在是互为条件的。

训读字的读音一般是借用同义字的白读音,被称作训读音。但在特殊情况下,也读成其他的音。

训读字与本字在一起时,一般不训读,要读本音。例如琼州方言"欢欣"中的"欣"不能训读为 [huaŋ²³]("欢"的读音),要读本音 [hin²³];"代替"中的"代"不能训读为 [hɔi²³]("替"的读音),必须读本音 [ʔdai³⁵]。

两个同义的训读字用在一起时，其中一个训读，另一个读本音，或两个都读本音。例如琼州方言"羞"和"耻"均可训读为"蠢"，是同义训读字。"羞耻"读 [siu²³sun²¹³]，"羞"读本音，"耻"读训读音；"继"和"嗣"均可训读为"续"，是同义训读字。"继嗣"读 [ki⁴⁵si⁴⁵]，都读本音。

**2.训读字与本字的对应**

这里所说的"本字"是指训读音的本字，如琼州方言"怕"的训读音是 [kia²³]，而 [kia²³] 的本字则是"惊"。训读字与本字的对应大致有三种情况：（1）一对零。指一个训读字找不到与之相对的本字，如琼州方言"枚"训读为 [mo³³]，"歪"训读为 [sua²¹³]，这些训读音都找不出它们的本字来。出现这种现象大概是因为本字隐晦，一时难以找出。（2）一对一。指一个训读字对应一个本字，如潮州方言"打"对"拍"，"夜"对"暝"，"返"对"转"等。（3）多对一。指两三个训读字对应一个本字，如琼州方言"耻""羞""丑"皆训读为"蠢"[sun²¹³]。

**3.训读字的产生**

当前对训读的产生有两种观点，一种是"字本位"说，一种是"音本位"说。"字本位"说认为训读字是根本的，训读音是借来的。"在词汇发展的过程中，意义上有关联的某些语词，其中有一个在口语中占据了主要的地位（这一个词往往是比较后起的），以至于最后把另一个词从口语中排挤出去。这时候实际上，在口头上已经只有一个词了，自然只有一种读音。可是另一方面，在书面语言中，这个在口头上被淘汰了的词却借着汉字非拼音的特点而保留了下来，继续在书面上使用。这样，在书面语言全国力求统一的情况下，当海南人在书面上遇见这些在他们口头上已经失去地位的语词时，就只好用那个在口头上占有地位的词的读音来读它了。结果就形成了上面所说的这种情况。"（詹伯慧，1957）。"音本位"说则认为训读音是根本的，训读字是借来的。"潮阳人嘴上说 [ãi²¹] 这个音表示想要、需要或将要等意义，笔下通常写作'欲'字，是使用的训读字。爱字和欲字意义相近，训读字就是借用的同义字和近义字。"（张盛裕，1984）

# 三、方言词汇用字之"得""失"

## （一）"得""失"之标准

口语中词汇是靠语音表达的。语音的变化往往引起词汇的变化。哪些音变能引起词汇的变化，哪些音变不能引起词汇的变化，有时很难识别。因而由音变引起的方言词汇之间的异同也就很难判定。在词汇异同尚难判定的情况下，如何选用汉字进行标识，自然也就成了难题。

书面语是用于目治的。人们对词汇异同的认识往往是以书写符号——汉字的异同来判定的。书写符号相同，则认为是一个词；书写符号不同，则认为是两个词。如"角落"和"旮旯"二者的读音不同，所以就用了不同的字来书写。《现代汉语词典》（第五版）和一些方言词典也就把它们看成两个词给予收录。可见记录方言词汇怎样选用汉字是显示方言词汇异同的关键。

这样，方言词汇用字"得""失"的基本标准就容易确定了。从词汇学方面讲，那就要看其是否有利于比较方言词汇的异同。有利于这种比较的，则谓之"得"；不利于这种比较的，则谓之"失"。

我们再从文字学方面进行考察。汉字从产生以来，其数量一直是与日俱增的，现在已经增至多少，谁也没有精确的统计。只知道继《汉语大字典》之后的《中华字海》，收字已达8万5千多个。虽然字数已如此惊人，但汉字是否已经尽收谁也不知道。照这样增长下去，年复一年，如何得了？所以，如何抑制汉字数量的增多也应该成为我们考虑的问题。这样，从文字学方面讲，其标准也就容易确定了。在不影响方言词汇表达的前提下，凡是有利于抑制汉字增长的，谓之"得"，反之，谓之"失"。

## （二）四类字"得""失"之考量

下面要考量的四类字是"方言字""方俗字""训读字"和"本字"，主要从词汇学和文字学两个方面进行。

### 1. 从词汇学方面考量

"方言字"的使用是为了表示方言词的，古代如此，现代也是如此。比如前文举过的南楚之外方言"蟷蠰"一词就准确地反映出了与"蚱蜢"的差别。现代长沙方言把儿子叫做 [tsai³¹]，写作"崽"，则准确地反映了与普通话"子"的差别。所以说，方言字的使用，庶可谓"得"。

"方俗字"的使用比较复杂。可分两种情况，一种是其本字标示的方言词与普通话没有差别，一种是其本字标示的方言词与普通话有差别。前者如广州方言记录"割开""锯开"这种动作说 [kia³³]，其本字是"解"。从词汇看，与普通话的"解"没有差别。后者如柳州方言把"硌"说成 [ˈŋen]，记作"碅"，其本字是"稳"。从词汇看，与普通话的"硌"有差别。可见，这种同异现象，方言本字（如广州方言的"解"和柳州方言的"稳"）都已准确地表示了出来。在这种情况下，再弃本字"解"而另造方俗字"鐷"，弃本字"稳"而另造方俗字"碅"，就没什么必要了。除了给汉语增加作为规范对象之一的"异形词"（如"解"与"鐷"，"稳"与"碅"）之外，实在看不出还有什么其他意义。所以，方俗字的使用，庶可谓"失"。

"训读字"的使用是书写与口语严重脱离的现象，给方言词汇异同的比较造成了极大的麻烦，在词汇学上没有任何意义。比如琼州方言"思"的本音是 [si²³]，"想"的本音文读音是 [siaŋ²¹³]，白读音 [tio³³]。"思"常训读成"想"的白读音 [tio³³]。从书面上看，普通话的"思"与琼州方言的"思"没有差异；但琼州人口里说的却是"想"这个词，这又成有差异了。又如琼州方言把"壶"训读为 [ʔbaŋ²¹]，[ʔbaŋ²¹] 是"瓶"的白读音。从书面上看，普通话的"壶"与琼州方言相同，但从说话上讲却是两个不同的词。所以，训读字的使用庶可谓"失"。

"本字"的使用有两类，一类是方俗字之本字的使用，一类是训读字之本字的使用。方俗字之本字的使用，上面已经谈到，它能准确地表现方言词汇之间的异同，庶可谓"得"。而训读字之本字的使用能够使说的和写的一致起来，也庶可谓"得"。这里仍以琼州方言的"壶"为例。"壶"的训读音是 [ʔbaŋ²¹]。[ʔbaŋ²¹] 的本字是"瓶"。如果琼州方言把 [ʔbaŋ²¹] 这个词不写成"壶"而写成"瓶"，说的与写的就完全一致了。这就能准确反映琼州方言与普通话或其他方言之间在词汇方面的真实关系。

### 2. 从文学学方面考量

"方言字"与"方俗字"的使用，都增加了汉字的数量，庶可谓"失"。

"训读字"与"本字"的使用都没增加汉字的数量,庶可谓"得"。

**3. 两方面"得""失"之权衡**

上面的论述显示出,方言字的使用得于词汇学而失于文字学;方俗字的使用既失于词汇学,又失于文字学;训读字的使用失于词汇学而得于文字学;方言本字的使用既得于词汇学,又得于文字学。

我们看到,同一类字两方面的"得""失"有的出现了冲突。怎么办?这就要求我们必须对各类字"得""失"的大小、轻重进行综合斟酌,然后决定取舍。汉字是交际的辅助性工具,表示词汇的功能是它的主要功能,也是人们考察汉字价值的主导方面。所以,考察某类字的价值,首先要看它表示词汇的功能如何。在这方面的"得""失"应成为决定对它取舍的主要依据。

"方言字"的使用既然得于词汇学,也就在主导方面具有价值。虽然增加了字数,但人们并不能因此而不再使用,因为这些字都是为适应汉语方言的变化而增加的,不宜摒弃。

"方俗字"的使用既然有失于词汇学,也就在主导方面失去了价值。而增加的汉字又都是些异体字,在文字学上也没有任何价值,应该摒弃。

"训读字"的使用既然有失于词汇学,也就在主导方面失去了价值,虽然没增加汉字数量,仍然应该摒弃。

"方言本字"的使用既得于词汇学,在主导方面具备了价值,又不增加汉字数量,不应摒弃。

方言词汇的用字问题是个新提出的问题,对此问题拙文只是做了些初步探讨,旨在抛砖引玉,引起同道对这一问题的关注,并对拙文的不足之处提出批评指正。

**参考文献:**

陈章太、李行健主编:《普通话基础方言基本词汇集》,语文出版社 1996 年版。

董绍克、张家芝主编:《山东方言词典》,语文出版社 1997 年版。

李荣主编:《现代汉语方言大词典》(分卷本),江苏教育出版社 1993—1999 年版。

裘锡圭:《文字学概要》,商务印书馆 1996 年版。

唐兰:《中国文字学》,上海古籍出版社 2005 年版。

殷焕先:《汉字三论》,齐鲁书社 1981 年版。

张涌泉:《汉语俗字研究》,岳麓书社 1998 年版。

李荣:《汉语方言中当"你"讲的"尔"》,《方言》1997 年第 2—3 期。

梁猷刚:《琼州方言的训读字》,《方言》1984 年第 2—3 期。

刘村汉:《柳州方言词典的用字》,《方言》1998 年第 2 期。

詹伯慧:《海南方言中同义字的训读现象》,《中国语文》1994 年。

**注释:**

①这里所说的"区别字"是指为了表示方言词差异,或造、或借、或考本溯源而用的字,与文学学上说的"区别字"有所不同。

②现在长沙方言说"蚱蜢",南昌方言说成"蚱蛨",也说"蚂蚱"。只有萍乡方言说"蚱蟒"。

③见该书 129 页,岳麓书社 1998 年版。

④见该书 335 页。

⑤着重号是笔者加的。

⑥ 这里所说的书写符号的异同,不包括异形词在内。因为异形词的不同不是由语音变化引起的,而是由异体字形成的。

原载《汉藏语学报》2015 年总第 8 期

# 《金瓶梅》误字举例

《金瓶梅》一书由于辗转传抄，在字形上出现了不少讹舛之处。人民文学出版社 1985 年 5 月以万历本《金瓶梅词话》为底本出版的校点本《金瓶梅词语》，经过校勘，讹舛之处多数得到勘正，大大便利了对该书的阅读。然而，书中仍有未能尽善的地方，还有作进一步考察的必要。

本文的取证以书中内证为主，兼及方言。书中内证又有不同。由于该书第 53 至 57 回这 5 回为"陋儒所补"（《野货篇》语），因而这 5 回与其他 95 回不互相取证。例如 54 回有句话"额子上热剩剩的"，其"剩"字似为"刺"字形误。正巧 51 回有"这咱晚，热刺刺的还纳鞋"一语可征，但我们仍不以此去证明"剩"就是"刺"的形误。

本文的排列不以误字为单位，而以词语为单位。一个词语里有时可能有两个甚至三个误字。误字下志以·号。一个误字有时不在一处出现，列条目时，只列一处，其他几处必要时只在注文中说明。

## 1. 没着

韩玉钏儿道："哥儿，你怎的？没着？大爹叫了俺们来答应，又不伏持你，哥你怎的闲出气？"（42 回）

按："没着"语义不通。"着"当为"羞"之形误，"没"字前不应断，"羞"字后应用问号，使其成为"你怎的没羞？"这是韩玉钏骂应伯爵的话，说伯爵多"闲出气",没有羞耻。52 回桂姐骂应伯爵也用过这样的词语:"没羞的孩儿,你看见来,汗邪了你哩!"尤其 12 回:"春梅道:'爹,你怎的没羞?'"与此句完全相同,是其确证。

**2. 办卖**

> 当日武松与两个公人出离东平府来到本县家中,将家活多办卖了,打发那两个公人路上盘费……(10 回)

校记:"办卖"原作"办买",崇本作"变卖",径改。按:"办卖"本书中常语,同"变卖",不须改字。

按:崇本作"变卖",是。校点本将"办买"改作"办卖",只改对了一半,"办"字也在应改之数。因为山东、河北两地的方言及当时的官话,均无"办卖"一词。这个词本来作"变卖",如 93 回:"家火桌椅都变卖了,只落得一贫如洗。"由于"变"与"辨"同音,书中又常写作"辨卖";如 90 回:"知县拘将官媒人来,当官辨卖。"又由于"辨"的书写形式同"办"的繁体书写形式极其相似,所以"辨卖"常误作"办卖",如 86 回"好不好把你这几间业房子都抄没了,老婆便当官办卖。"可见"办卖"乃是"变卖"一误再误的结果,不可以"常语"视之而不与勘正。

**3. 老妈**

> (西门庆)便令玳安毡包内取出棉帕二方,金戒指四个,白银二十两,教老妈安放在茶盘内,厨下老妈将嗄饭果菜一一送上。(37 回)

按:"妈"当为"冯"之形误。可从两方面去证明:(1)"老妈"是对鸨儿的称呼,李家鸨儿多次被称作"老妈",15 回"桂卿不肯接,递与老妈""老妈见他衣服蓝缕,不理他"皆可征。根据避忌的原则,对妓院中鸨儿用的称谓,对其他人不会再用。(2)从冯妈妈和薛嫂称谓的对比上看,冯妈妈全称是"老冯妈妈",44 回"(李瓶儿道)老冯妈妈急的那哭,只要寻死……"可征。简称有"冯妈",14 回"又叫过冯妈,附耳低言"可征;还有"老冯",37 回"玳安在厨房里,老冯陪他,自有坐处"可征。薛嫂有时被称作"薛妈"，85 回"经济道：'薛妈禁声，且休取笑。'"可征；有时又被称作"老薛"，95 回"月娘叫住便问：'老薛，你往哪里去?'"可征。薛嫂和冯妈妈都是媒婆、牵头之流，而薛嫂竟无一次被称作"老妈"，是什么原因呢？因为"薛"字和"妈"字形体相差很大，不易混淆，"老薛"写不成"老妈"；而"冯"字和"妈"字形体很相近，容易混淆，"老冯"就误写成了"老妈"。①

### 4. 脱脖倒坳过　了

月娘大怒，骂道："贼奴才，还要说嘴哩！我可不这里闲着，和你犯牙哩。你这奴才，脱脖倒坳过飐了。我使着不动，耍嘴儿"。(46 回)

按："脱脖倒坳过飐了"不成话。"胳膊"，该书写作"肐膊"，23 回"这金莲不听便罢，听了气的在外两只肐膊都软了"可征。"不顺"，该书说成"拗"，40 回"不论上短下长，那管襟扭领拗"可征。细考，"脱脖倒坳过飐了"当是"肐膊倒坳过腿了"之误。鲁西方言有一熟语，叫做"肐膊拗不过大腿"，比喻弱者拗不过强者。此处是月娘对这一熟语的反用。玳安竟然"使着不动""还要说嘴"，在月娘看来，这是奴才不怕主子了。所以才用"肐膊倒坳过腿了"这个熟语来比喻玳安对主子的不顺从。"脱脖"是"肐膊"之形误，"坳"是"拗"之形误，"飐"是"腿"之形误。

### 5. 告百备儿

(吴大妗子说)"明日请姑娘众位好歹往我那里大节坐坐，晚夕告百备儿来家。"(44 回)

按："告百备儿"不成话。山东河北两地方言及近代语料皆无"告百备儿"一说。细考，"告百备儿"乃"走百病儿"之误。"告"是"走"的形误，"备"是"病"的形误。因为行草之"告"与"走"形体相似，"备"的繁体与"病"形体相似。北方农村有正月十六日男女出外郊游以消病免灾的风俗，书中许多地方都能见到。24 回"正月十六日合家欢乐饮酒。""陈经济因走百病儿与金莲等众妇人潮戏一路。"可征。吴大妗子在西门家十四日看烟火,十五日要回家。这句话是吴大妗子要回家时邀月娘等人到她家去玩时说的,所谓"明日",正是正月十六日。所谓"晚夕告百备儿"就是"晚夕走百病儿"。这从"次日"(即正月十六日)吴月娘央留李桂姐的一段话可以得到进一步的印证:"俺们如今便都往吴大妗子家去,连你们也带了去,你越发晚了从他那里起身,也不用轿子,伴俺们走百病儿,就往家去便了。"所谓的"晚了""伴俺们走百病儿"之语,与"晚夕告百备儿"指的是同一回事。②

## 6. 奸要

(宗仁)说他女儿死的不明,口称西门庆因倚强奸要他。(26回)

按:"倚强奸要他"文义不通。"强"字配"倚",则"奸"字无着,"强"字配"奸",则"倚"字无着。细考,"要"当为"耍"字形误。将"奸"配"耍",则文通字顺。"奸耍"一词书中用例很多,80回"女人……双凫飞肩,交陈经济奸耍。"是其确证。

## 7. 可要作怪

可要作怪,模样倒好相陈姐夫一般,他如何却在这里? (97回)

按:"可要作怪"与下句的意思南辕北辙。细考,"要"当为"霎"字形误,在这里表示程度。26回"那时可霎作怪,不想月娘正送李妈妈、桂姐出来,打惠莲门首过……"是其确证。③

## 8. 三等九假 三等九做

金莲道:"他就恼,我也不怕他,看不上那三等九假的。"(73回)

金莲和孟玉楼站在一处,骂道:"恁不逢好死三等九做贼强盗,这两日作死怎的。"(31回)

按:"三等九假""三等九做",语义皆谬不可读。从结构上看,"假""做"与"等"对举,亦属不类。细考,"假""做"皆"般"之形误。

在表示类别义时，"般"与"等"是同义词，"三等九般"指行为不端、反复无常义，是潘金莲骂西门庆的。35回"金莲道：'若是这等的也罢了'。我说又是没廉耻的货，三等九般使了接去。"是其确证。

**9. 这段**

一日，祸便是这段起。（25回）

按："这段"用在这里不妥。该书表示时段义的词，只用"近日""几日""这几日"之类，不用"这段"。而且，"这段"表示时段，与前边表示时点的"一日"也有矛盾。细考，"段"当为"般"之形误，92回"也是合当有事，祸便是这般起。"99回"一者也是冤家相凑，二者合当这般起来。"两例皆作"般"，是其确证。

**10. 娼的**

娼的冯金宝躲在床下，采出来也打了个臭死。（92回）

按："娼的"不成话。"娼"当为"唱"之形误。妓院中供唱的妓女，书中称作"唱的"，即使从良嫁了人，也还如此称呼，如李娇儿虽被西门庆娶作二房，仍被称作"唱的"，11回"出入银钱都在唱的李娇儿手里。"可征。冯金宝原系妓女，后虽被陈经济娶作二房，也一直被称作"唱的"，92回"（陈经济）每日只和唱的睡，把大姐丢着不瞅采。"93回"唱的冯金宝又归院中去了。"皆可证。④

**11. 掐个先儿**

那西门庆笑道："贼小淫妇儿，这上头也掐个先儿。"（27回）

按："掐个先儿"在这里语义乖谬。"先"当为"尖"之形误。这里是写潘金莲因为西门庆叫她喊孟玉楼来弹月琴，要西门庆多给她一支瑞香花，不先给了花儿，她便不去喊，所以西门庆才骂了她这么一句，从上下文意来看，潘金莲只是想占小便宜儿，并没有抢先的意思，而对潘金莲的爱占小便宜儿西门庆并不称作"掐个先儿",而是称作"掐个尖儿",27 回"西门庆骂道:'你这个小淫妇儿,单管爱小便益儿,这上头也掐个尖儿。'"40 回"西门庆道:'贼小油嘴儿,去处掐个尖儿。'"皆可证。

### 12. 梳子头

(月娘说):"六姐。快梳子头,后边坐。"(83 回)

按:平卷舌声母不分,是该书语音的特点之一。故"着"字,书中常写作"子"字。"梳子头"就是"梳着头"。但,"梳着头"与下文"后边坐"语义不吻合。作为官宦人家的夫人,再当紧也不会叫她"梳着头"到后边去坐的。细考,"子"字乃"了"字之误。同回"这月娘梳了头,轻移莲步。蓦然来到前边金莲房门首。"可证。月娘"到前边"是"梳了头"的,叫金莲"后边坐",也是要他"梳了头"再去。

### 13. 礼去

这任医官听了,越发心中骇然尊敬西门庆,在门前揖让上马,礼去比寻日不同,倍加敬重。(76 回)

按:"礼去"一词语义不明。硬解作"送过礼去",与该词的语境也不相符。细考,"去"当为"法"之形误,12 回"待要不请你见,又说俺院中没礼法。"可征。

### 14. 看我

我一个小帽儿怎陪得他坐,不知把我当什么人儿看我,惹他不笑话?(62 回)

按:此句之"把我"与"看我"并用,显然不顺。因为宾语"我"已被提到前边和"把"组合成介词短语作了状语,后边就不能再用"我"作宾语。细考,"我"当为"成"之形误。26 回"你放在家里不荤不素,当作甚么人儿看成?"75 回"郁大姐道:'大姑娘,你休怪他,他原知道咱家深浅?

他还不知把你当谁人看成，好容易！'"两例皆为确证。

### 15. 月姐

　　且说潘金莲，自西门庆与月姐尚气之后，见汉子偏听已，于是以为得志。（18回）

按："月姐"所指何人不明，遍查该书人物，没月姐其人。细考，"姐"当为"娘"之形误。18回"自是以后，西门庆与月娘尚气，彼此见面都不说话。"是其确证。同回还有一个例证，"月姐便道：'五姐你来看，小雏儿倒把老雅子来赢了。'这金莲近前一手扶着床护炕儿，一只手拈着白纱团扇儿，在旁替月娘指点。"要五姐（金莲）来看的是月姐，而金莲为之指点的却是月娘，可见月姐就是月娘。

### 16. 恶没没的

　　（月娘道）"我这回好头疼，心口内有些恶没没的上来。"（75回）

按："恶没没"语义不明。细考，"没"当为"泛"之形误，52回"伯爵道：'……头里吃了些蒜，这回子倒反涨了，恶泛泛的起来了。'"可征。"恶泛泛的"是一种恶心欲吐的感觉，从"倒反涨了"一语亦可看出，今鲁西方言仍有此语。

### 17. 异难

　　王姑子道："……不想亏我这师父，好不异难。寻了这件物儿出来。"（50回）

按："异难"语义不明。如果理解成"异常之难"，则与前边"好不"重复。细考，"异"当为"费"之形误。12回"西门庆道：'你看了还与我，他昨日为剪头发，好不费难……'"可征。

### 18. 使喝

（潘金莲说）孙雪娥怎的后边骂你，"是蔡家使喝了的奴才，积年转主子养汉。"（26 回）

按："使喝"在这里不成话。细考，"喝"当为"唤"之形误。22 回"（宋惠莲）娘家姓宋，乃是卖棺材宋仁的女儿，当先卖在蔡通判家，房里使唤。"是其确证。

### 19. 大小五分

他背地又压服兰香、小鸾，说："你休赶着我叫姐，只叫姨娘。我和你娘系大小五分。"（91 回）

按："大小五分"，究竟系如何分法，实难琢磨。细考，"五"当为"之"字形误。玉簪要兰香、小鸾叫姨，那么她认为她和孟玉楼的辈分当然也就是"大小之分"了。76 回写金莲的一段话，"行动管着俺们，你是我婆婆？无故只是大小之分罢了。"这是金莲述说她和月娘的关系，用了"大小之分"，玉簪认为她和玉楼的关系也是如此。

### 20. 那移

西门庆道："也罢，到十月十二日发引，再没那移了。"（62 回）

按："那移"不成话。细考，"那"当为"挪"之形误。⑤ "挪"有"变动"义，68 回"他对着我说，咱家挪了日子，到初六念经。"可征。"挪"和"移"在这里构成复合词，表示"改变"义。今鲁西方言仍有"挪移"一词，其用法与此相同。

### 21. 他罢

问着孙雪娥，孙雪娥半日不言语。月娘道："他罢，你们不要缠他了，教李大姐挨着罢。"（23 回）

按："他罢"语义不通。细考"他"当为"也"之形误。月娘提议大节下大伙儿轮流出银子摆席治酒，孙雪娥不同意，问着她，"半日不言语"，月娘拿她只好作罢，这是符合"也罢"的语义的。"也罢"是书中表示"作罢"的常用语，23 回月娘见宋惠莲不再送她，叫她自己往前边去，于是说道："也罢，你前边睡去吧。"可征。

### 22. 外合里表

（月娘道）"你说你怎行动？两头戳舌，献勤出尖儿，外合里表。……背地瞒官作弊，干的那茧儿，我不知道？"（46 回）

按："外合里表"语义乖谬。"里表"本来就是内外之意，怎能再配"外合"？细考，"表"当为"差"之形误。"外合里差"表示里外挑拨、内外不一之义。58 回"（金莲道）'甚么紫荆树，驴扭棍，单管外合里差'。潘姥姥道：'贼作死的短寿命，我怎的外合里差？'"是其确证。

### 23. 失脱　滨冷

失脱人家逢五道，滨冷饿鬼撞钟馗。（79 回）

按：从语义上看，"失脱人家"之说语义不明："滨冷饿鬼"之说也不通顺。从语音上看，"脱"和"家"都是平声字，"冷"和"鬼"都是仄声字，也不符合对联的格律要求。细考，"脱"当为"晓"之形误，83 回"晚夕贪睡失晓，至茶时前后还未起来，颇露圭角。"可征。"滨"当为"溟"之形误。27 回亦有这两句诗，作"溟"可征。"冷"当为"泠"之形误，因为"溟冷"不词，"溟泠"乃词。从语义上看，"失晓"是天已明亮还没起床的意思。"五道"在这里是"五道将军"的简称。"五道将军"是传说中的盗神，在这里则借指盗贼。贼人多在夜间行盗，天亮还没起床，夜里盗贼来家偷东西便没发觉。"溟泠"乃阴湿、昏渺之貌，饿鬼于此，未得以食，反遇食鬼之钟馗，可谓倒霉之至。这两句都是比喻西门庆与王六儿狂淫之后，本已筋疲力尽，回家偏偏又遇到潘金莲的纠缠，系乎厄运已到，死之将至了。从语音上看，"晓"和"家"一仄一平，"泠"和"鬼"一平一仄，也符合对联的格律要求。

### 24. 没人耍了

伯爵道："哥，你今日忒多余了，有了李铭、吴惠在这里唱罢了，又要这两个小淫妇做什么？还不趁早打发他去？大节间还赶几个钱儿。等住回晚了，越发没人耍了。"

按：《金瓶梅词话》"耍"字单用，有两个含义，一为"玩耍"义，24回"这经济恐怕打搅了事，巴不得与了他两个元宵炮仗支的他外边耍去了。"可征；一为"奸耍"义，25回"那厮（按：指来旺）说，爹怎的打发他不在家，耍了他的老婆。"同回"我与他往日无怨，近日无仇，他主子耍了他的老婆他怎的缠我？"皆可征。然而这两个义项和这里说的"耍"字都对不上号。这段话是应伯爵对西门庆说的，其"耍"字，意之所指是两个粉头，故不能理解成"玩耍"义。然而，既然是对两个粉头而言，当然也就谈不上"奸耍"。细考，此"耍"字当为"要"字形误。从例句之"又要这两个小淫妇做什么"的"又要"二字已能看出。15回"大官人新近请了花二哥表子——后巷吴银儿了，不要你家桂姐了。"21回"刚才若他撅了不来，休说你哭瞎了你眼，唱门词儿，到明日诸人不要你，只我好说话儿，将就罢了。"两例中所用"要"字，也是很好的参证。

### 25. 好歹西明日都光降走走

（李瓶儿说）"我这里使老冯拿帖请去，好歹西明日都光降走走。"（15回）

按："西"字用在此处文理不通。细考，"西"字乃"要"字之误，以"要"字释之，文通字顺。这是李瓶儿要回请月娘等人时说的一句话，在此以前，有李瓶儿要到月娘家里"走走""说些话儿"的叙述。13回（月娘道）"若是他娘子的名子，今日写我的帖儿，请他娘子过来坐坐，他也只凭要来咱家走走哩。"14回"李瓶儿道：'奴可知也要和众位娘叙些话儿。'"这两处"要"的用法和该句基本一致，可以参证。

### 26. 杀鸡扯膝

急的那小伙儿只是杀鸡扯膝。（33 回）

按："杀鸡扯膝"语义乖谬。杀鸡时需要扯住鸡的脖子，哪有去扯鸡的膝盖的道理？细考"膝"实为"脖"字之误。"杀鸡扯脖"比喻人像杀鸡时，鸡被扯住脖子一样处境窘迫、无可奈何、甘当矮子的情形，21 回"那西门庆见月娘脸儿不瞧，一面折跌腿，装矮子，跪在地下，杀鸡扯脖，口里姐姐长，姐姐短。"可征。而陈经济丢了钥匙，潘金莲拿在手里不给他，叫他唱南曲儿。陈经济无可奈何，只得去唱，与此正同。

### 27. 便回画童儿来

如意儿道："……娘便回画童儿来跟着轿子，他还好好的，我按着他睡。"（48 回）

按："便回画童儿来"语义与下文衔接不上。细考，"便"乃"使"字之误，同回"月娘还不放心，又使回画童儿来，叫他跟定着奶子轿子，恐怕进城人乱。"此处作"使"，是其确证。

### 28. 饮酒快肉

（应伯爵道）"你只说成日图饮酒快肉，前架虫好容易吃的果子儿？"（52 回）

按，"饮酒快肉"不成话。"饮酒"虽然通能，"快肉"又怎么解释？释作"以肉为快"吗？与前面的"图"字岂不矛盾？细考，"饮酒快肉"实为"碗酒块肉"之误。38 回"金莲道："拿什么比的你！每月碗酒快肉，吃的胖胖的，专一个奈何人。"可征。

### 29. 接着

两个正接着亲嘴，也是天假其便，李瓶走到亭子上……（52 回）

按：所谓"接着"是指什么，极不确切。如果是指双唇，岂不成了废话？亲嘴时双唇还有不接着的？细考，"接着"实为"搂着"之误。46回"无人处两个就搂着咂舌亲嘴。"可征。

### 30. 大门道

西门庆青衣冠带远远迎接，两边鼓乐吹打。到大门道，下了轿，进去。(49)

按："大门道"不知指何道。如果指大门内的道，则客人没有等到轿子抬到此处才下轿的道理。细考，"大门道"乃为"大门首"之误。46回"不一时，月娘等从乔大户娘子家出来，到大门首，贲四娘子走出来厮见。"可征。

### 31. 正上席来

吃到日西时分，只见玳安拿马来接，正上席来，向西门庆耳边悄悄说道……（16回）

按："正上席来"是说玳安正在向席上走来，还没到席上。既然还没到席上，又怎么能"向西门庆耳边悄悄说道"？显然不符合情理。细考，"正"字乃"走"字之误。这是两个顺承性的分句，只有"走上席来"，才能"向西门庆耳边悄悄说道"。征之32回"西门庆笑骂道：'怪狗才东西，教他递酒，你斗他怎的？'走向席上打了他一下。"17回"玳安走到西门庆席前，说道……"其中"走向席上""走到……席前"，其句式和语义都和"走上席来"相同。足证"走上席来"不误。

### 32. 抠了一把

（陈经济）于是把李瓶儿裙子掀起，露着他大红底衣，抠了一把。(25回)

按："抠了一把"与上下文意及人物思想性格都不相符。从上下文意来看，25 回写陈经济走进花园，月娘就吩咐"姐夫来的正好，且来替你二位娘送送儿。"李瓶儿见秋千起去了，唬的上面怪叫道："不好了，姐夫你也来送我送儿。"既然月娘、李瓶儿都叫他送一送，那陈经济当然就只能去"送"。对打秋千来说，"送"与"推"是一回事。同回中所写月娘叫金莲、李瓶儿两个打秋千，"却教玉箫、春梅在旁推送。""这惠莲也不用人推送，那秋千飞起在半天云里"。两处"推送"皆可征。可知陈经济是去"推"，决不会是抠。从李瓶儿和陈经济相处的情况来看，二人从不戏谑，丈母和女婿的关系还是比较正常的。当着这么多人的面，陈经济决不敢动手动脚，去李瓶儿身上抠一把。所以"抠"字为"推"字之误无疑。

**注释：**

① 45 回"月娘才待使他叫老妈来，领夏花出去，画童便道……"其中"老妈"亦为"老冯"之误。

② 24 回"（宋惠莲）出来跟着众人走百媚儿。"其中，"走百媚儿"亦为"走百病儿"之误。

③ 94 回"可要作怪，张胜抱抱着小衙内，正在厅前月台上观看。"其中"要"字亦为"霎"字形误。

④ 书中另外还有两处冯金保被称作"娼的"，"娼"亦应作"唱"。

⑤《中原音韵》"那"入家麻韵，"挪"入歌戈韵，因而不可把"那"看作"挪"的借字。

原载　［日本］《中国语研究》2005 年第 47 号

# 蒲氏作品"字随音变"释例

　　蒲松龄的作品有许多是用当时的淄川话写成的。如俚曲、日用俗字、农桑经等。在记录方言词方面蒲氏所采用的一套办法，很值得我们注意。要想很好地认识蒲氏的这套办法，还要从当前方言词汇的记录谈起。

　　当前记录方言词汇遇到词汇发生了某种音变时，在用字上存在着两种方法，一种是"音变字变"，一种是"音变字仍"。所谓"音变字变"，是指方言词的语音发生了某种变化（这种音变只限于音质音变），与原来记录它的汉字的读音（指读书音）有了差别时，就不再使用原来的字记录，而是改用读书音与之相同的别的字来记录。比如在历史音变中"角落"一词，阳谷方言既读 [tɕyə¹³ lour⁴²]，又读 [kə¹³ lar⁴²]，后面这一读音是从前一读音分化出来的。由于后一读音与"角落"的读书音有了差别，于是就不再使用"角落"来记录，而是改用"旮旯"来记录。语流音变也是如此。比如"蜻蜓"一词济南方言说成 [tiŋ⁴² tiŋ·]，前一音节的声母原是 [tɕʻ]，因受后一音节声母 [tʻ] 的影响也变成了 [tʻ]，于是就不再记作"蜻"，而是改作"蜓"，成了"蜓蜓"。又如"恐怕"一词，高密方言说成 [pʻəŋ⁴²·pʻəŋ]。前一音节的声母本来是 [kʻ]，因受后一音节声母 [pʻ] 的影响，也变成了 [pʻ]；而后一音节的韵母本来是 [a]，因受前一音节韵母 [əŋ] 的影响，也变成了 [əŋ]，前后两个音节都与"恐怕"的读书音有了差别，于是就不再记作"恐怕"而是记作"朋朋"。（见董绍克、张家芝主编《山东方言词典》，语文出版社 1997 年版）所谓"音变字仍"，是指方言词的语音发生了某种变化，而记录它的汉字仍用原来的，并不根据变化了的语音改用其他的字。如普通话的词尾"子"在各地方言的读音有很大差别，有不少方言"子"尾的读音变了，却仍然写作"子"。如"粽子"一词，绥德方言说成 [tsuŋ⁵² tə⁷³]，连云港方言说成 [tʂoŋ⁵⁵tʂə·]，临河方言说成 [teyŋ⁵³ tsɛ·]，而三个方言都写作"粽子"。但从这三个方言的"字表"看，绥德方言"子"入 [ʅ] 韵，不入 [ə³] 韵，其声母也不是 [t]；连云港方言"子"入 [ʅ] 韵，不入 [ə] 韵；临河方言"子"入 [ʅ] 韵，音系无 [ɛ] 韵。又如"棉花"一词，唐山方言说成 [nian²²xua·]，齐齐哈尔方言说成 [niau²⁴xua·]，两地方言都写作"棉花"。但从两地方言的"字表"来看，唐山方言"棉"入 [ian] 韵，不入 [iaŋ] 韵，齐齐哈尔方言"棉"如 [ian] 韵，不入 [iau] 韵，而且声母也各不相同。（见陈章太、李行健主编《普通话基础方言基本词汇集》，语文出版社 1996 年版）我们看到，蒲氏在选用汉字时采用的就是"音变字变"这种方法。下面我们从历史音变和语流音变两方面举些例证。

# 一、历史音变方面

### 1. 嘼——羞

现在淄川方言"羞"的读书音为 [ɕiəu²¹⁴]，口语音为 [ɕiɔ²¹⁴]，与"嘼"同音（淄川方言据孟庆泰等《淄川方言志》，语文出版社 1994 年版）。"羞"在《中原音韵》入"尤侯"韵，可知 [ɕiɔ²¹⁴] 的读音是从 [ɕiəu²¹⁴] 分化出来的。这种分化在《金瓶梅》一书中已经完成，《金》书常把"害羞"写作"害嘼"。逮至俚曲，仍然如此，而且两种读音与现在应该基本相同，读书音为 [ɕiəu²¹⁴]，与"头"同韵（《磨难曲》第一回："不肯当王八头，作了贼又害羞"句可证）。口语音为 [ɕiɔ²¹⁴]，与"条"同韵（《磨难曲》第一回："瓢一扇，棍一条，拿起来先害嘼"句可证）。由于在书面上读书音总是占优势，常常会取代口语音，为了防止这种情况的发生，蒲氏干脆把"羞"的口语音改用"嘼"字来表示，使人们从文字上就能读出口语音来。

### 2. 哈——喝

淄川方言"喝"的读书音为 [xə²¹⁴]，口语音为 [xa²¹⁴]，与"哈"字同音。蒲氏鉴于书面上读书音的优势，为了避免人们把"喝"的口语音读成读书音，使人们能直接读出"喝"的口语音来，便将"喝"改成了与"喝"的口语音相同的"哈"字，其道理与上例用"嚣"基本相同。如："那地方去打水去了，俺哈些就走。"（《磨难曲》第 6 回）

**3. 瞒——埋**

淄川方言"埋"本来也有两个读音，用于"掩埋"义时，读 [mɛ⁵⁵]，用于"埋怨"义时，读 [mã⁵⁵]。不过这两种读音的不同并不是文白读的不同，而是常用音与罕用音的不同。很明显，用于"掩埋"的频率大大高于"埋怨"的频率，所以"埋"读 [mɛ⁵⁵] 的机会也就大大多于读 [mã⁵⁵] 的机会。人们对常用音容易记住，对罕用音则容易遗忘，而且常常会用常用音取代罕用音，所以遇到一个字的罕用音时，往往读错。比如，在"心系老区""解铃还须系铃人"这样的句子中，"系"字本应读成 [tɕi⁵¹]，但由于"系"字读 [ɕi⁵¹] 的机会比起读 [tɕi⁵¹] 的机会来实在是太多了，所以致使许多人，甚至某些播音员都错误地读成了 [ɕi⁵¹]，就足以说明这个道理。蒲氏深谙此理，于是干脆就把"埋"的这一罕用音用另一个同音字"瞒"来代替，以防读错。如："佛动心满心好恼，胡瞒怨恨骂先生。"（《增补幸云曲》第 9 回）这样一来，只要你认识"瞒"字，就不会把音读错了。

**4. 抯——撮嗍**

山东方言普遍有这么一个词，叫作 [tsuə] 上声，与"左"同音，义为把敞开的东西收拢，使变小，甚至闭合。但苦不知用哪个字才对。"撮"的量词用法，如"一撮头发"，音虽接近，但意义不符；"嗍"的"吮吸"用法，如"小儿嗍奶"，同样于义不和。没有办法，有人就借"嗍"字来表示。如桓台方言有一种小儿喉病，口痉挛，不能进食，写成了"嗍口子疯"。（见董绍克等主编《山东方言词典》）但蒲氏于此词既不借"撮"字，也不借"嗍"字，而是干脆另造一个"抯"字。如："那金墩上去楼台，把嘴儿抯了又抯，施展着上前说话。"（《增补幸云曲》第 12 回）显然这里在说妓女金墩把嘴唇收拢，使口形变小的意思。蒲氏造此俗字显然用的是形声法，淄川方言"左"读 [tsuə³¹]，与该词语音相符。

**5. 个、过、果**

《广韵》歌戈两韵的字在淄川方言基本合流，读音变得相同，如"哥""锅"同音，"河""和"同音，这种现象在俚曲里也有反映，如：

① 先生殿过试了，因甚么还不回家？（《磨难曲》第 10 回）

②（有个说）"俭年里我曾讨个饭。"（《磨难曲》第 1 回）

③ 接了营里兵，你就拿着当真果的敬。（《草木传》第 18 回）

其中，"讨个饭"即"讨过饭"，"真果的"即"真个的"，可见，"个""过""果"三字是作为同音字使用的。此例虽未像前几例那样因语音影响到用字之变，但亦可由此看出歌戈二韵的合流至少自蒲氏时代已经完成。

# 二、语流音变方面

### 1. 语气词哇（　　）、呀、哪

普通话语气词"啊"的读音是随着它所接前一字读音的不同而改变的，具体读音视前一字韵母与韵尾的特点而定，下面是《现代汉语》（黄伯荣、廖序东主编）就"啊"的读音与规范写法所列的一个表：

| 前字的韵母或韵尾 | 与"啊"连续后的读音 | 规范写法 |
|---|---|---|
| i　　　u　　　a | +a——ia | 呀 |
| a　　　e | +a——ia 或不变 | 呀或啊 |
| u　　　ou　　ao[au] | +a——ua | 哇或啊 |
| -n | +a——na | 哪或啊 |
| -ng | +a——nŋa | 啊 |
| zhi.chi.shi. n er | +a—— [ʐa] | 啊 |
| zi.ci.si | +a—— [za] | 啊 |

对语气词"啊"的这种音变与写法，蒲氏早就注意到了，并在实践上作了很好的尝试。下面分别将哇（呱）、呀、哪的用例列出：

① 好酒哇，醉倒西江月下。（《增补幸云曲》第 7 回）

② 咳，好苦呱。（《闹馆》）

③ 皇爷说："我哄你呀！"（《增补幸云曲》第 5 回）

④ 女子便使用衫袖拭去泪痕，又微微的笑了一笑说："官人哪！"（《磨难曲》第 8 回）

例②的"呱"与例①的"哇"同音，表同一个语气词。前边的字一个是"苦"，一个是"酒"。淄川方言"苦"读 [kʼu⁵⁵]，"酒"读 [tɕiəu⁵⁵]，韵母韵尾都与普通话读"哇"的条件相符。例③"呀"的前边是"你"字，淄川方言"你"读 [n̠i⁵⁵]，韵母与通话读"呀"的条件相符。（不过"呀"的使用比较宽泛，不太严格，有的超出了这些条件。）例④"哪"的前面是"人"读 [lə̃⁵⁵]，韵母 [ə̃] 是由 [ən] 鼻化而来，"哪"的声母是 [n]，正与 [ən] 的韵尾相同，与普通话读"哪"的条件相符。据张丽霞同志统计，凡是把语气词写作"哪"的，其所连前面的字都是收 [n] 尾的字。这就说明了一个很有意义的语音现象，即在蒲松龄时代，淄川方言前鼻音鼻化韵还没形成。因为如果鼻化韵已经形成，把语气词写作"哪"就失去了根据。

**2. 真——这**

先看下面的两个用例：

①有娘子真么一表人物，何等女婿找不出来。（《磨难曲》第 8 回）

②瞎眼丁就该真么治。（《磨难曲》第 28 回）

显然，两例中的"真"都作"这"解。为什么蒲氏不写作"这"而写作"真"呢？这也是由于音变造成的结果。

淄川方言"这"读 [tʂə³¹]，"么"读 [mə⁵⁵]，"这么"连读，其语音形式便是 [tʂə³¹mə·]。看得出来，[m] 的位置既是前一字的韵尾，又是后一字的声母。但由于当时整个北方方言（当然也包括淄川方言）作为韵尾的 [m] 已并入 [n] 尾，[m] 再作为前一字的韵尾已为淄川方言语音系统所不容，于是只能把 [m] 尾读成 [n] 尾。读成 [tʂən³¹mə·]。前文说过，淄川方言的前鼻化音当时还没形成，那么前一音节自然就与当时的"真"字同音（其声调的不同可能与当时的连读变调有关），而不再与"这"字同音，再写成"这"字不再符合实际读音，所以才写成"真"字。

**3. 霎嘎——时**

一个经常处于轻声位置的音节，其韵母最容易发生变化。变化趋势一般是变得比较省力、自然，听起来比较清楚。"时"处在动词之后表示既时时间，由于读成轻声，也会发生这种变化，韵母由 [ʅ] 变成 [a]。山东方言普遍有这种现象。蒲氏敏锐地捕捉了这一音变现象，并在用字上作了改动。如：

①休问我那好酒，你来霎就没见我那酒望上写那对子么？（《增补幸云曲》第 13 回）

②我儿，方才你没来嘎，漫楼都是佛动心。(《增补幸云曲》第 13 回)

其中，"嘎"是"啥"的早期用字，"嗖"与"嘎"同音，都是"时"的音变。

**4. 乍——怎么**

"怎么"一词由于使用频率极高，逐渐合成了一个音节，取"怎"的声母 [ts]，取"么"的韵母 [a]，读成 [tsa] 上声。这种合音的上限还需我们继续考察，但是它的下限我们却可以从蒲氏的俚曲中找到答案，在蒲氏的俚曲中已经有了这种合音的用例。如：

①二姐忙问你待嚕？一声不曾说了，乓的一声成了些木查。(《增补幸云曲》第 15 回)

②料想从今不敢乍。(《磨难曲》第 15 回)

两例中的"嚕"与"乍"都是"怎么"的合音，由于汉语的传统书写方法是一个音节只能用一个汉字书写，所以蒲氏分别写成了"嚕"与"乍"。这是用一个字记录"怎么"的合音的较早用例。现在普遍写作"咋"是后来的事。蒲氏作品中，同样的情形还有"什么"合音为"嘎"，"两个"合音为"俩"，"三个"合音为"叁"等。这些材料不但可以证明这些合音词形成的年代，还可以补充某些大型工具书（如《辞源》《现代汉语大字典》等）在释义、引例等方面的不足。

通过以上举的一些例子，我们可以看到，蒲氏用字是紧跟口语音的，某个字的口语音一旦发生了变化，便立即改用别的字，这被启用的别的字的读音正与音变后的读音相同。蒲氏这种"字随音变""音变字变"的用字观对我们今天解决记录方言词汇如何用字的问题有着重要的借鉴作用。研究蒲氏的用字问题不光对读懂蒲氏著作有重要意义，而且对蒲氏著作的整理，乃至淄川方言历史的研究也都有重要意义。

原载《聊斋学研究论集》，中国文联出版社 2001 年 3 月

# 《聊斋俚曲集》误字举例

　　蒲松龄的聊斋俚曲经后人递相传抄，出现了许多衍脱错讹之处。近些年来，一些人将蒲氏的俚曲编辑成书，称作《聊斋俚曲集》，或单独出版，或放在蒲氏其他作品中出版，颇有影响。其中影响较大的有路大荒编《蒲松龄集》（中华书局 1962 年版）、盛伟编《蒲松龄全集》（学林出版社 1998年版）、蒲先明整理、邹宗良校注《聊斋俚曲集》（香港国际文化出版公司1999 年版）三部。在编辑过程，这三部书的编者对其中的"错落乖讹"之处都做了校勘。路大荒称："这些俚曲递相传抄，错落乖讹的地方很多，遍假藏校订，但也有一些不能补正的。"（见该书"编订后记"）盛伟称："我这次辑校《全集》，依路氏编《聊斋俚曲集》为底本校勘，参考馆藏 50 年代在淄博组织的'聊斋遗著整理小组'所搜集、清抄的一套聊斋俚曲（共十四种）收录。"（见该书"编订后记"）邹宗良称："本书的校勘，参用了蒲先明先生提供的《墙头记》、《富贵神仙》等数种俚曲的旧抄本或原过录底本。"（见该书"前言"）经过这些校勘，里边的许多错误确实得到了纠正，但仍然还有不少错误存在，"误字"就是其中的一种。

　　本文所谓"误字"，指两种类型的字，一种指因形近而致误的字，如"包"字路、盛、蒲三本都误用了"色"字；一种指该用甲字而误用了乙字，如该用"象"字而路、盛、蒲三本都误用了"猜"字。尽管这两类误字与词汇学有着密切关系，但本文仍然按照用字问题来讨论，因为用字也牵扯到字义问题。据初步观察，这些误字似乎并不属于校勘上的偶然性的错误，而是属于认识上的带普遍性的错误，有必要提出来加以讨论。下面试举几例。

【阿】（张大）慌忙按帽迎进，作揖磕头，让了座，"阿爹好麽?"（《墙头记》一，p.2447①）

路、盛、蒲三本皆如字，蒲松龄纪念馆藏《聊斋新编墙头记》抄本作"问"。

按：淄川方言亲属称谓词之前不带前缀"阿"字，同一个"张大"于下文问"娘好"时，"娘"字前就不带"阿"字，而且其妻李氏在问"爹好""娘好"时，前面也不带"阿"字。疑"阿"为"问"字形误，且应断前。因为下文紧接就有"李氏也问"句，一个"也"字说明上面张大已先"问"过了，否则这个"也"字便无着落。

【吊】王银匠到这边，来找他要火钱，化锞儿欠下钱几吊。（《墙头记》二 [耍孩儿]，p.2461）

路、盛、蒲三本皆如字，蒲松龄纪念馆藏《聊斋新编墙头记》抄本作"串"。

按：此句是 [耍孩儿] 第三句，按律应该入韵。但此曲押的是"寒桓"韵，"吊"字不押韵，违律。"串"字押韵，合律。因为方孔铜钱是可以穿成串的，《穷汉词》（p.2738）之"进进包，上上串"句可征。所以"串"也就能够作铜钱的量词。可见"串"字在语义上也符合要求。疑"吊"为"串"的形误。

【斩】看我不出五日里，着你表里一斩新。（《墙头记》三 [耍孩儿]，p.2461）

路、盛、蒲三本皆如字，蒲松龄纪念馆藏《聊斋新编墙头记》抄本作"搀"。

按："一斩新"不成话，因为"崭新"前面不能再用"一"修饰。"搀"

当为"划"的借字，"一搀"即"一划"，是"全部""清一色"的意思。"一搀新"在这里指让张老汉穿的里里外外都是新的。"搀"借作"划"，在聊斋俚曲中有很多用例，如《增补幸云曲》二十六回"万岁说：'快给他送三十两银子去，着他拣着那上好的绸缎，多叫几个裁缝流水快做出来，扎挂的一搀新，可来见我。'"可征。

【嗓】就不吃啥，咱吧嗓子瞎话也好。(《慈悲曲》三，p.2518)

路、盛、蒲三本皆如字，日照叶春穉《慈悲曲》石印本作"会"。

按："吧"是"说"的意思，"嗓子"用在这里作"吧"的补语，语义乖谬，作"瞎话"的限制语更是不通。"会子"是个时间量词，在这里能够作"吧"的补语，与文意相符。

【儿】骂了声狗儿，骂了声狗儿，一日两个肚儿圆。(《慈悲曲》四[叠断桥]，p.2529)

路、盛、蒲三本皆如字，日照叶春穉《慈悲曲》石印本作"男"。

按：按律［叠断桥］前两句都入韵，但此曲押的是"寒桓"韵，"儿"字不入韵，违律。"男"字入韵，合律。从意义上看，"儿""男"同义，都与文义相符。

【屋】商赵二家紧邻屋，员外有一片好地，赵恶虎着人来对他说，待要他的。(《寒森曲》一，p.2627)

路、盛、蒲三本皆如字，蒲松龄纪念馆藏《全集寒森曲》抄本作"庄"。

按："庄"字是，"屋"字非。其证有二：其一，前文曾经写道："不说员外好处，却说邻庄麸子店有个举人，名是赵星，号是鄂湖。"这段叙述明明写着赵恶虎住在"邻庄麸子店"；其二，第八回有一段叙述："那歪子没甚么折蹬，不能惊天，只能动地，邻近人家不肯买，都让商宅。"这段叙述明明说出商员外与赵恶虎不是"临近人家"。既然不是临近人家，怎么会"邻屋"呢？可见商员外与赵恶虎是"邻庄"而不是"邻屋"。

【坨】难说司厅和抚院，都着横骨坨了心，敢仔遭着清官问？（《寒森曲》二［耍孩儿］p.2634）

路、盛、蒲三本皆如字，蒲松龄纪念馆藏《全集寒森曲》抄本作"垞"。

按："坨"，《集韵》余之切，《玉篇·土部》："坨，地名也。"《正字通·土部》："坨，俗陀字。"其字义与文皆不符。"垞"，《集韵》直加切，在这里借作"叉"（音 chā），义为阻挡。《日用俗字·庄农章第二》："柴道垞柒埕防作塌，坝霸堰还恐水冲坍贪。"其"垞"字的用法也是如此。可见"垞"字音义与文皆相符。疑"坨"为"垞"的形误。

【叨】两个贼叨讪讪的，便说："如今上司要人，他怎么解的呢？"（《寒森曲》二，p.3635）

路、盛、蒲三本皆如字，蒲松龄纪念馆藏《全集寒森曲》抄本作"灱"。

按："叨"，《广韵》土刀切，《说文·食部》："饕或从口，刀声。"其音义与文皆不符。"灱"，《广韵》许交切，《广雅·释诂二》："灱，干也。"《玉篇·火部》："灱，暴也。"又"热也。"其义虽与文无涉，其音却正与"羞"在淄川方言的口语音 xiāo 相同。所谓"灱讪讪"的就是"羞讪讪的"，义为因羞惭而难为情。在聊斋俚曲中，此字又常写作"嚣"，如抄本《寒森曲》四："不然移了妹子去，翻尸检骨咱害灱。"《寒森曲》六："那个话不好学，到而今还害灱。"两处"灱"字，路、盛、蒲三本皆作"嚣"，都反映了"羞"的口语音。疑"叨"为"灱"的形误。

【比】阳世不能皆圣朝，阴间那得尽神尧。吉凶颠倒真难比，只要油锅炸不焦。（《寒森曲》五［诗］，p.2660）

路、盛、蒲三本皆如字，蒲松龄纪念馆藏《全集寒森曲》抄本作"必"。

按："比"字与文意不符，因为这里不是在作阴间与阳间或吉与凶的对比。商二相公不能为父昭雪冤枉，满以为到阴间能够昭雪，不料阎王爷"是个贪昧之神"，反而使自己受了许多非刑，实在是吉凶难料。"必"字有"料定、断定"义，《韩非子·显学》："无参验而必之者，愚也。"马融《围棋赋》："深念远虑，胜乃可必。"皆可征。可见"必"字符合文义。

【衙】二相公下殿来，这个迷好难猜……两三步下了衙路，低着头着实徘徊。(《寒森曲》六［耍孩儿］，p.2662)

路、盛、蒲三本皆如字，蒲松龄纪念馆藏《全集寒森曲》抄本作"衕"。

按："衙路"不成话。"衙"，《广韵》助庚切。《玉篇·角部》："衙，牛角长貌。"《广韵·庚韵》："衙，角长貌。"《集韵·庚韵》："兽角长曰衙。"其音义与文皆不符。"衕"，《广韵》余陇切。《篇海类编·人事类·行部》："衕，衕道，正阶，亦作甬。"《字汇·行部》："衕，今官府中路曰衕道。"二相公从阎王殿上走下，走的当然是官府中路，其音义皆与文符。疑"衙"为"衕"的形误。

【罐】脊受棍子腚受鞭，肉被烹煮皮缝罐。(《寒森曲》七［耍孩儿］，p.2668)

路、盛、蒲三本皆如字，蒲松龄纪念馆藏《全集寒森曲》抄本作"鞯"。

按："罐"字与文意不符，因为淄川没有用牛皮缝罐子的做法。"鞯"在这里指"鞍鞯"。用牛皮做鞍鞯倒是淄川农村常见的现象。"鞯"字与文义相符。

【爬】少年英豪，少年英豪，埋着的功名只用爬。(《蓬莱宴》五［叠断桥］，p.2710)

路、盛、蒲三本皆如字，蒲松龄纪念馆藏《蓬莱宴》抄本作"爬"。

按：按律［叠断桥］每叠的前三句都入韵，但此曲押的是"萧豪"韵，"爬"字不押韵，违律。"爬"，《篇海类编》蒲交反，语音上符合要求。"爬"有"扒开"义，语义上也与文相符。疑"爬"为"爬"的形误。

【猜】今日你也怨不的，从今成人猜不的，再不成人劝不的。(《俊夜叉》［淄口令打叉］，p.2732)

路、盛、蒲三本皆如字，蒲松龄纪念馆藏《俊夜叉》抄本作"彖"。

按：这段［淄口令打叉］押的是"寒桓"韵去声，韵脚在每句的倒数第三字上，"猜"字既不读去声，也不是"寒桓"韵的字。"彖"，《广韵》通贯切，《集韵·换韵》："彖，《易》断卦辞。"《易·乾》："彖曰，大哉乾元。"孔颖达疏："夫子所作彖辞，统论一卦之义，所以名为彖也。"知"彖"有"断定"义。可见"彖"字音义皆与文符。

【幕】或是字，或是幕，进进包，上上串，合俺做上两日伴。(《穷汉词》，p.2738)

路、盛、蒲三本皆如字，蒲松龄纪念馆藏《穷汉词》抄本作"漫"。

按：从语音上看，该段词押的是"寒桓"韵，"幕"字不押韵，"漫"字押韵；从文义上看，此处说的是要看看铜钱的两面，这两面当然一面是"字"，一面是"漫"。"漫"字符合要求，而铜钱的任何一面都不称作"幕"。

【牵】鞭子手软不能牵，烂了棒槌折了拐，我就许下朝南海。(《禳妒咒》一［山坡羊］，p.2769)

盛如本字，路、蒲二本作"捧"，山东大学图书馆藏《禳妒咒》抄本作"捧"。

按：这三句押的是"皆来"韵，按律第一句应入韵，而"牵""捧"二字皆不入韵，违律。"捧"字入韵，合律。从文意上看，"鞭子"也是只能捧，不能牵的。

【你】俺家你儿郎没点汉子星，济这你吵骂自宿到天明。(《禳妒咒》十一 [闹五更]，p.2803)

路、盛、蒲三本皆如字，第一个"你"字山东大学图书馆藏《禳妒咒》抄本作"的"。

按：这两句话是高母对江成说的，所说的"儿郎"指的是高公子，这高公子当然是高母的儿郎。所以第一个"你"字用在这里便语义乖谬。"的"字作为结构助词在这里表示"儿郎"与"俺家"的领属关系，符合文义。

【寒】八月露寒，新月昏昏愁里生。(《禳妒咒》十一 [叠断桥]，p.2806)

路、盛、蒲三本皆如字，山东大学图书馆藏《禳妒咒》抄本作"零"。

按：按律 [叠断桥] 首句入韵，此曲押的是"东青"韵，"寒"字不押韵，违律，"零"字押韵，合律。而且八月之露，凉而未寒，从时令看，"寒"字也属不当。"零"有"落下"义，符合文义。疑"寒"为"零"的形误。

【讹】他就恼了脸儿，把我讹喇，说道李婆子放屁，说的是什麽？(《禳妒咒》十五 [西调]，p.2823)

路、盛、蒲三本皆如字，山东大学图书馆藏《禳妒咒》抄本作"讹"。

按："吡喇"不成话。"吡"，《广韵》批俾切，《玉篇·言部》："吡，具也，今作庀。"《集韵·纸韵》："吡，言具也。"其音义与文皆不符。"讹"，《广韵》将此切，《广雅·释诂二》："讹，毁也。"其音义与文皆相符。"讹喇"是个方言词，义为"指责、训斥"，符合文义。疑"吡"为"讹"的形误。

【人】叹杀人，想起当初泪撒撒。(《富贵神仙》三 [银纽丝]，p.2902)

路、盛、蒲三本皆如字，蒲松龄纪念馆藏《富贵神仙》抄本作"咱"。

按：此句是［银纽丝］的第三句，按律应该入韵。但此曲押的是"家麻"韵，"人"字不押韵，违律。"咱"，《改并四声篇海》引《俗字背篇》子葛切（音 zā），"俗称自己为咱。"《字汇·口部》："咱，我也。""咱"在聊斋俚曲中有多个读音，"zā"是其中的一个，属"家麻"韵，合律。以"咱"释"我"也符合文义。

【多】欢喜的店主笑哈也么哈，服事殷勤十倍多。（《富贵神仙》三［银纽丝］，p.2903）

路、盛、蒲三本皆如字，蒲松龄纪念馆藏《富贵神仙》抄本作"加"。

按：从意义上看，两字虽然都与文义相符，但此句是［银纽丝］第二句，按律应该入韵。此曲押的是"家麻"韵，"多"字不押韵，违律。"加"字押韵，合律。"加"字是。

【只】奉承了大半年，只用他只一句。（《富贵神仙》四［叠断桥］，p.2914）

路、盛、蒲三本皆如字，第二个"只"字蒲松龄纪念馆藏《富贵神仙》抄本作"这"。

按：第二句用两个"只"字不成话，第二个"只"字作"这"，则文通字顺。"这"字所指显然是前文阁公子说的"那奴才是该砍掉头的"这句话。

【骂】你只说你骂手好，我这骂手也不唻。（《富贵神仙》七［倒板浆］，p.2937）

路、盛、蒲三本皆如字，第二个"骂"字蒲松龄纪念馆藏《富贵神仙》抄本作"打"。

按：第二个"骂"字用在此处与文意不符。干某类事的能手往往被称作"某某手"。李鸭子之母跑到张鸿渐门口"骑门大骂"，所以称作"骂手"；张春打抱不平，对李母只是大打出手，并未还骂，所以就不能称作"骂手"而只能称作"打手"。

【马】打了打尖，翻身上马又飞颠。(《富贵神仙》九[呀呀油]，p.2942)

路、盛、蒲三本皆如字，蒲松龄纪念馆藏《富贵神仙》抄本作"骡"。

按：上文有两处文字值得注意，一处是"徐员外给张鸿渐雇了个长骡，东西洒泪而别。"另一处是"路途遥远，快骡顿辔又加鞭。"两处文字都明明写着张鸿渐骑的是骡子，怎么"打了打尖"之后就变成马了呢？还应该是骡子。

【牛】你说文昌爷爷不坐轿——这就骑了牛来了。(《富贵神仙》十，p.2954)

路、盛、蒲三本皆如字，蒲松龄纪念馆藏《富贵神仙》抄本作"特"。

按："牛"字用在这里有个问题不好解决，即文昌爷既然不愿坐轿，为什么不骑马来？不骑骡子来？不骑驴来？而偏偏骑个牛来？如果换成"特"字，这个问题就好解决了。《说文》："特，牛父也。"所谓"牛父"即现在所谓的公牛。这个歇后语的表面义是文昌爷骑公牛来了，实际是为了谐"奇特"之音，因为"骑公牛"就是"骑特"，"骑特"与"奇特"同音。而其深层意义则是"感到奇怪"。方娘子本来没想到儿子能中举，忽然得知儿子中了举人，自然感到惊奇，这是符合文义的。

【俊】莫学俊来莫学乖，相逢只要吃三杯。(《富贵神仙》十三[跌落金钱]，p.2972)

路、盛、蒲三本皆如字，蒲松龄纪念馆藏《富贵神仙》抄本作"傻"。

按："俊"字用在此处不妥有二：其一，"俊"与"丑"乃是先天生就，岂能学得？其二，"俊"与"乖"对举，在意义上属于不类。若为"傻"字，则有两妥：其一，"傻"与"乖"都能后天学得，古"学傻"之说成立；其二，"傻"与"乖"对举构成反义对比，表示周遍性，也文通字顺。疑"俊"为"傻"之形误。

【拖】一窝孩子吱吱叫，老婆拖采插粗糠。（《磨难曲》一〔莲花落〕，p.2984）

盛本如字，路、蒲二本作"扡"，上海鸿宝斋代印本《磨难曲》作"挖"。

按："拖菜"语义乖谬。《说文》："扡，曳也，从手，它声。"《广韵·歌韵》："扡，曳也，俗作拖。""拖"与"扡"为异体字，两字与文皆不符。换成"挖"字则文通字顺，凶年挨饿，挖菜充饥，符合文义。疑"拖"与"扡"皆为"挖"字的形误。

【地】种着有顷多地，还有个大觅汉。（《磨难曲》六〔耍孩儿〕，p.3004）

路、盛二本皆如字，蒲本作"亩"，上海鸿宝斋代印本《磨难曲》作"田"。

按：此句是〔耍孩儿〕的第一句，按律应该入韵。但此曲押的是"寒桓"韵，"地"和"亩"都不押韵，违律。"田"字押韵，合律。从词义来看，"地"和"田"都通，唯"亩"字不词。

【的】老马哭下来说："我只说天下就没有大的卢龙县的，谁想到了这等？"（《磨难曲》十四，p.3045）

路、盛、蒲三本皆如字，第一个"的"字上海鸿宝斋代印本《磨难曲》作"起"。

按：第一个"的"字用在这里不成话。改为"起"字才文通字顺。淄川方言比较句的一个特点就是不用"比"而用"起"，如"比某大"就说"大起某"。文中说的"大起卢龙县"就是"比卢龙县大"。这是淄川方言语法特点的一种反映。

【祸】一个年头八个月，从天上掉下来这么一个祸。(《磨难曲》二十二 [还乡韵]，p.3083)

路、盛、蒲三本皆如字，上海鸿宝斋代印本《磨难曲》作"说"。

按：这是 [还乡韵] 的第二句，按律应该入韵。但此曲押的是"车遮"韵，在聊斋俚曲中，"祸"入"歌戈"韵，不入"车遮"韵，用在此处违律。"说"在这里指关于张鸿渐凶讯的传说，而且是"车遮"韵的字，用在此次处押韵合律。

【尿】有口吃饭，没腚屙尿，实心子有汉怎么养？(《磨难曲》二十三，p.3086)

路、盛、蒲三本皆如字，上海鸿宝斋代印本《磨难曲》作"屎"。

按：前两句是对仗句，"饭"是"吃"的宾语，"尿"是"屙"的宾语。但"尿"字作"屙"的宾语显然荒谬。换成"屎"字便文通字顺了。

【问】近来心里懒学唱，旧唱忘的不在怀，不如婆子在煞有人问。(《磨难曲》二十三 [耍孩儿]，p.3087)

路、盛、蒲三本皆如字，上海鸿宝斋代印本《磨难曲》作"爱"。

按：此句是 [耍孩儿] 第六句，按律应该入韵。但此曲押的是"皆来"韵，"问"字不押韵，违律。"爱"字押韵，合律。从意义看，"问"与"爱"都通。

【欢】起一卦笑欢欢，他说是今年春，大爷才交临官运。(《磨难曲》二十四 [耍孩儿]，p.3093)

路、盛、蒲三本皆如字，上海鸿宝斋代印本《磨难曲》作"吟"。

按："欢"字用在这里有两不妥：其一，"笑欢欢"不成话；其二，此句是［耍孩儿］第一句，按律应该入韵，但此曲押的是"真文"韵，"欢"字不押韵，违律。而"吟"字用在这里则有两妥：其一，"笑吟吟"是微笑的意思，成话；其二，"吟"字押韵，合律。

【色】卷子展开色，磨墨声闻百步遥。(《磨难曲》二十五［叠断桥］，p.3098)

路、盛、蒲三本皆如字，上海鸿宝斋代印本《磨难曲》作"包"。

按："色"用在这里，一是不成话，二是不押韵。"色"怎么能展开呢？按律［叠断桥］此句入韵，此曲押的是"萧豪"韵，"色"字显然不是该韵的字。"包"字用在这里一方面符合文义，因为卷子在发下来之前肯定是包着的；另一方面"包"字属"萧豪"韵的字，押韵合律。

【弦】五更鼓儿天，满脸皆熏蜡烛烟，长拭眼角弦，只觉灯光暗。(《磨难曲》二十五［叠断桥］，p.3098)

路、盛、蒲三本皆如字，上海鸿宝斋代印本《磨难曲》作"睚"。

按："弦"用在这里不成话，因为淄川方言没有"眼角弦"一说。此字《富贵神仙》十二回作"眵"，与文义相符。因为蒲松龄用字的原则是"字随音变"(董绍克，2001)，"眵"的声旁"多"字已经不能表示该字的读音，所以就另造了个从"目""蚩"的"瞳"字来代替。但是"蚩"的上一部件"业"常被写作"厶"，如《墙头记》二："张大伦打着说：'好恨人，使的我喘吁吁的，他倒嗤嗤起来，嘲杀我了。'""嗤"字抄本作"睚"。而"厶"这个部件又常被写作"口"，如《蓬莱宴》七："吴彩鸾甚害器，娘娘叫他接文萧，一群仙女嗤嗤笑。""嗤"字乙卯抄本作"睚"，戊寅抄本作"喔"。可以看出，"虽"这个偏旁是经过了由"蚩"到"睚"，然后再到"虽"的变化过程才形成的。"瞳"是缘"眵"而造出的，而"睚"则是由"瞳"演变来的。

【谓】自别离了十年后，不谓人南北迁流，到如今侥幸才把功名就。(《磨难曲》二十七 [西调]，p.3107)

路、盛、蒲三本皆如字，上海鸿宝斋代印本《磨难曲》作"屑"。

按：这段唱词是张鸿渐为感谢方仲起而说的一些话，"谓"字用在这里与下句的意思甚不协调，换作"屑"字则文通字顺。称自己为"不屑"，正表达了张鸿渐对自己长年在外漂泊，没能很好照顾家庭的愧疚、自责的心情。

【瞧】睁龙眼仔细瞧，近来个老妈妈。(《增补幸云曲》九 [耍孩儿]，p.3192)

路、盛、蒲三本皆如字，蒲松龄纪念馆藏《行云曲》作"瞰"。

按：此句是 [耍孩儿] 第一句，按律应该入韵。但此曲押的是"家麻"韵，"瞧"字不押韵，违律。"瞰"音"sɑ"，是"观看"的意思，既押韵，也符合文义。

【乐】今晚若有客来到，就是叫化也留下嫖，无钱难说干欢乐。(《增补幸云曲》十 [耍孩儿]，p.3197)

路、盛、蒲三本皆如字，蒲松龄纪念馆藏《行云曲》作"笑"。

按：此句是 [耍孩儿] 第六句，按律应该入韵。但此曲押的是"萧豪"韵，"乐"字不押韵，违律。"笑"字押韵，合律。从意义上看，则两字都与文相符。

**附注：**

① 页码数据盛伟：《蒲松龄全集》统编页码。

**参考文献：**

董绍克、张家芝主编：《山东方言词典》，语文出版社 1997 年版。

孟庆泰等：《淄川方言志》，语文出版社 1993 年版。

殷焕先：《山东省志·方言志》，山东人民出版社 1993 年版。

张鸿魁：《聊斋俚曲曲牌的格律》，《语文研究》2002 年第 3 期。

原载《语言科学》2006 年第 3 期

（与赵春阳君合作）

# 谈聊斋俚曲的俗字

　　蒲松龄的聊斋俚曲是用方言写成，用了许多俗字，是继《金瓶梅》之后北方文艺作品中俗字最多的作品。明清以来产生的俗字不但数量相当多，而且有自身的特点，假如说《金瓶梅》一书的俗字反映了十六世纪中国北方文艺作品中俗字的大概面貌，那么聊斋俚曲的俗字则反映了十七世纪中国北方文艺作品中俗字的大概面貌。但对明清以来俗字的研究似乎还有些不够。本文对聊斋俚曲的俗字作些初步的介绍，也许对这方面的研究有所增益。

　　据初步观察，与《金瓶梅》相比，聊斋俚曲的俗字有"三个发展"：

## 一、简化字的增加

　　聊斋俚曲的简化字比起《金瓶梅》来又增加了许多，除继续使用《金瓶梅》中已经简化的字以外（如"咲庙灵虱灯弯献楼乱"等）对《金瓶梅》中未简化的许多字又作了简化①。如《金瓶梅》中的"劉刻與動對準議嘆園實盡孫戰濟門靈聲聽蟲罷婦"等字聊斋俚曲分别作"刘刻与欣对准议叹园实尽孙战济门灵声听虫罢妇"。

## 二、新偏旁的出现

　　由于字形简化的不断发展，聊斋俚曲出现了一批新的用于简化的偏旁，这批偏旁既有形旁，也有声旁。其形旁如：

　　门：闭闲间闯闷闱闹

　　讠：议证诌讪说

　　又：劝双对欢艰难观鸡

　　纟：纲总

　　文：孝齐斋斋

　　式：式圮弒辆

　　其声旁如：

　　呙：窝祸锅过

　　乔：桥娇轿

　　寿：筹踌捣

　　齐：挤济

# 三、简化偏旁类推范围进一步扩大

　　同一个简化偏旁在聊斋俚曲中的使用范围比在《金瓶梅》中的使用范围有所扩大。形旁与声旁都是如此。比如形旁"扌"在《金瓶梅》中只有"将""牀"两字使用，而在聊斋俚曲中就有"将""壮""妆""状"四字使用。声旁"单"在《金瓶梅》中只有"弹"字使用，而在聊斋俚曲中就有"弹""战""禅"三字使用。

　　这反映出十七世纪比十六世纪汉字的简化又向前迈进了一步。

　　从俗字的选用上看，聊斋俚曲有"两个特色"：

## （一）字随音变

　　语音是不停地变化的，用来记录语言的字音也在不停地变化，而且变化的步调要一致，才能做到口语音与读书音相同。但是，实际情况往往并不是如此，于是便出现了口语音与读书音不一致的现象。这个时候假如再用口语写文章，就会出现选字方面的困难；是按口语音选字呢，还是按读书音选字呢？蒲松龄采用了前一种办法，口语音变成什么样子，就选什么样子的字。

语音的变化大致分历史音变与语流音变。下面就从这两方面分别举些例字说明。

**1. 从历史音变看**

1）嚣——羞

现在淄川方言"羞"的读书音为 [ɕiəu²¹⁴]，口语音为 [ɕiɔ²¹⁴]，与"嚣"同音。"羞"在《中原音韵》入"尤侯"，不入"萧豪"，可知 [ɕiɔ²¹⁴] 的读音是一种方言读音。这种读音在《金瓶梅》一书中已有用例，《金瓶梅》常把"害羞"写作"害嚣"，逮至聊斋俚曲，仍然如此，而且两种读音与现在应该基本相同，读书音为 [ɕiəu²¹⁴]，与"头"同韵（《磨难曲》第一回："不肯当王八头，作了贼又害羞"句可证）。口语音为 [ɕiɔ²¹⁴]，与"条"同韵（《磨难曲》第一回："瓢一扇，棍一条，拿起来先害嚣"句可证）。由于在书面上读书音总是占优势，常常会取代口语音，为了防止这种情况的发生，蒲氏干脆把"羞"的口语音改用"嚣"字来表示，使人们从文字上就能读出口语音来。

2）哈——喝

淄川方言"喝"的读书音为 [xə²¹⁴]，而口语音为 [xa²¹⁴]，与"哈"字同音。蒲氏鉴于书面上读书音的优势，为了避免人们把"喝"的口语音读成读书音，使人们能直接读出"喝"的口语音来，便将"喝"改成了与"喝"的口语音相同的"哈"字。如："那地方去打水去了，俺哈些就走。"（《磨难曲》第6回）

3）瞒——埋

淄川方言"埋"本来也有两个读音，用于"掩埋"义时，读 [me⁵⁵]，用于"埋怨"义时，读 [mã⁵⁵]。不过这两种读音的不同并不是文白读的不同，而是常用音与罕用音的不同。很明显，用于"掩埋"的频率大大高于"埋怨"的频率，所以"埋"读 [me⁵⁵] 的机会也就大大多于读 [mã⁵⁵] 的机会。人们对常用音容易记住，对罕用音则容易遗忘，而且常常会用常用音取代罕用音。蒲氏深谙此理，于是干脆就把"埋"的这一罕用音用另一个同音字"瞒"来代替，以防读错。如："佛动心满心好恼，胡瞒怨恨骂先生。"（《增补幸云曲》第9回）这样一来，只要你认识"瞒"字，就不会把音读错了。

4）抾——撮嗋

山东方言普遍有这么一个词，与"左"同音，义为把敞开的东西收拢，使变小，甚至闭合。但苦不知写哪个字才对。"撮"的量词用法，如"一撮头发"，音虽接近，但意义不符；"嗋"的"吮吸"用法，如"小儿嗋奶"，同样于义不合。没有办法，有人就借"嗋"字来表示。如桓台方言有一种小儿喉病，口痉挛，不能进食，写成了"嗋口子疯"。蒲氏于此词既不借"撮"字，也不借"嗋"字，而是干脆另造一个"抾"字。如："那金墩上去楼台，把嘴儿抾了又抾，施展着上前说话。"（《增补幸云曲》第12回）显然这里在说妓女金墩把嘴唇收拢，使口形变小的意思。此字显然用的是形声法，淄川方言"左"读［tsuə³¹］，与该词语音相符。

5）个、过、果

《广韵》歌戈两韵的字在淄川方言基本合流，读音变得相同，如"哥""锅"同音，"河""和"同音，这种现象在俚曲里也有反映，如：

①（有个说）"俭年里我曾讨个饭。"（《磨难曲》第1回）

②真像黄莺啭柳梢，人人夸赞真果妙。（抄本《寒森曲》三）

其中，"讨个饭"即"讨过饭"，"真果妙"即"真个妙"，可见，"个""过""果"三个字是作为同音字使用的。

**2. 从语流音变看**

1）语气词哇（呱）、呀、哪

普通话语气词"啊"的读音是随着它所接前一字读音的不同而改变的，具体读音视前一字韵母与韵尾的特点而定。

对语气词"啊"的这种音变与写法，蒲氏早就注意到了，并在实践中作了很好的尝试。下面分别将哇（呱）、呀、哪的用例列出：

①好酒哇，醉倒西江月下。（《增补幸云曲》第7回）

②咳，好苦呱。（《闹馆》）

③皇爷说："我哄你呀！"（《增补幸云曲》第5回）

④女子便使用衫袖拭去泪痕，又微微的笑了一笑说："官人哪！"（《磨难曲》第8回）

例②的"呱"与例①的"哇"同音，表同一个语气词。前边的字一个是"苦"，一个是"酒"。淄川方言"苦"读［kʼu⁵⁵］，"酒"读［teiəu⁵⁵］，韵母韵尾都与普通话读"哇"的条件相符。例③"呀"的前边是"你"字，淄川方言"你"读 [ni⁵⁵]，韵母与普通话读"呀"的条件相符。（不过"呀"的使用比较宽泛，不太严格，有的超出了这些条件。）例④"哪"的前面是"人"读 [lə̃⁵⁵]，韵母 [ə̃] 是由 [ən] 鼻化而来，"哪"的声母是 [n]，正与 [ən] 的韵尾相同，与普通话读"哪"的条件相符。据张丽霞同志统计，凡是把语气词写作"哪"的，其所连前面的字都是收 [n] 尾的字。这就说明了一个很有意义的语音现象，即在蒲松龄时代，淄川方言前鼻音鼻化韵还没形成。因为如果鼻化韵已经形成，把语气词写作"哪"就失去了根据。

2）霎嘎——时

一个经常处于轻声位置的音节，其韵母最容易发生变化。变化趋势一般是变得比较省力、自然，听起来比较清楚。"时"处在动词之后表示既时时间，由于读成轻声，也会发生这种变化，韵母由 [ʅ] 变成 [a]。山东方言普遍有这种现象。蒲氏敏锐地捕捉了这一音变现象，并在用字上作了改动。如：

①休问我那好酒，你来霎就没见我那酒望上写那对子么？（《增补幸云曲》第 13 回）

②我儿，方才你没来嘎，漫楼都是佛动心。（《增补幸云曲》第 13 回）

其中，"嘎"是"啥"的早期用字，"霎"与"嘎"同音，都是"时"的音变。

3）囃乍——怎么

"怎么"一词由于使用频率极高，逐渐合成了一个音节，取"怎"的声母 [ts]，取"么"的韵母 [a]，读成 [tsa] 上声。这种合音的上限还需我们继续考察，但是它的下限我们却可以从蒲氏的俚曲中找到答案，在蒲氏的俚曲中已经有了这种合音的用例。如：

①二姐忙问你待囃？一声不曾说了，乒的一声成了些木查。（《增补幸云曲》第 15 回）

②料想从今不敢乍。（《磨难曲》第 15 回）

两例中的"囃"与"乍"都是"怎么"的合音，由于汉语的传统书写方法是一个音节只能用一个汉字书写，所以蒲氏分别写成了"囃"与"乍"。这是用一个字记录"怎么"的合音的最早用例。现在普遍写作"咋"，那是其后的事。

通过以上举的一些例子，我们可以看到，蒲氏用字是紧跟口语音的，某个字的口语音一旦发生了变化，便立即改用别的字，这被启用的别的字的读音正与音变后的读音相同。蒲氏这种"音变字变""字随音变"的用字观对我们今天解决记录方言词汇如何用字的问题有着重要的借鉴作用。

### （二）借形字分为两类

借形字指弃某字之音、义而不用，只用其形体以书写所要表达的词。在聊斋俚曲里，这类字可分两类，一类为纯粹借形的，一类为名为借形，实为借音的。下面分别说明：

**1. 纯粹借形的**

这类字本来是表示甲的音义的，却被作者拿来表示乙的音义。在使用过程中体现了作者对该字理性的独特的理解。如"屳"字本古之崴，《龙龛手鑑》："屳，音崴。"《字彙补》："屳，古崴字。"但在聊斋俚曲中却被借作"出"字使用。如："叫了一声：'大媳妇子屳来②，去做饭给你大妗子吃。'"（《慈悲曲》）使用者很可能把"出"字理解成由两个山字组成，为了书写简便，就用一个"山"和一个"二"来表示了。

**2. 名为借形，实为借音的**

此类借形字，从字的结构上看不出一点理性义能与词义联系得上。之所以仍被借来使用，实际上是因为该字的偏旁读音与所表达的词音相近或相同。

如"偘"字本同"侃"字（见《玉篇》），《汉语大字典》引《新唐书·薛廷诚传》："（薛廷老）在公卿间，偘偘不干虚誉，推为正人。"在聊斋俚曲中却借作"拼"字，"拼"是傻的意思（参见董绍克、张家芝主编《山东方言词典》428页）。《聊斋俚曲集》中也用于此义。如"宗大官实是偘，一个差净了身，算来真是活倒运。"（《俊夜叉》[耍孩儿]）"偘"的音义与方言的"拼"本无关系，却被用作"拼"字，显然只是借其形体。为什么要借"偘"字的形体，而不借其他字的形体，其原因就是"偘"字的偏旁"品"与方言的"拼"声母、韵母都相同。表面上是借其整个字的形体，实际上是借其偏旁的读音。

也有的是因该字的同谐字与该词读音相同或相近。如"餬"字指"米餬"，本与"团"通。《龙龛手鉴》徒端反。《字汇》："餬，米餬。"《正字通》："餬，通作团。"却被聊斋俚曲借作"䐆"字。"䐆"音揣，是使多吃以增肥的意思。如"冬里䐆猪五口，夏里养蚕十箔。"（《姑妇曲》[劈破玉]）"䐆"字《日用俗字》作"䐆"，注音"揣"。如"粑糊大粩把猪䐆揣，敁𣂕杀㧵净吃还酶。"（《日用俗字·庄农章第二》）"餬"之所以被借作"䐆"，就是因为受了同谐字"揣"的读音的影响，把"餬"也借过来读成"揣"了。

**注释：**

①《金瓶梅》的资料据文学古籍刊行社 1955 年影印万历丁巳年序刻本《金瓶梅词话》。

②亼抄本如字，其他版本皆作"出"。

原载《蒲松龄研究》2007 年第 4 期

（与赵春阳君合作）

# 聊斋俚曲俗字释例

聊斋俚曲是蒲松龄运用民间俗曲创作而成的文艺作品，其中用了不少俗字。这些俗字或为承用，或为新造，或为借形，都很有特点。今举出若干例子加以阐释，一则为了扫清阅读聊斋俚曲的文字障碍，二则为了显示聊斋俚曲俗字对文字学的意义。近些年来，一些人将聊斋俚曲编辑成书，称作《聊斋俚曲集》，或单独出书，或放在蒲氏其他作品中出版。如路大荒编《蒲松龄集》（中华书局 1962 年版），盛伟编《蒲松龄全集》（学林出版社 1998 年版），蒲先明整理、邹宗良校注《聊斋俚曲集》（香港国际文化出版公司 1999 年版）。另外，各篇还有石印本或抄本单独行世，如《磨难曲》之上海鸿宝斋代印石印本、《慈悲曲》日照叶春墀序石印本、《聊斋新编墙头记》抄本等。以上诸本在以下的行文中分别简称为路本、盛本、蒲本、鸿本、叶本、抄本等。本文选字即以这些版本为范本，指出各本异同，阐示各字形义。

 无　夜来还有支使的，今日出来当奴才。说起这事真奇怪。这冤屈对谁告诉？真正是～妄奇灾。①（《磨难曲》一［耍孩儿］P2982）

鸿本如字，路本作"無"，盛蒲二本作"无"。

按：～在这里应读 [ˌu]②，义为没有。然而，～《广韵》居豪切，《说文·～部》："～饮食气逆不得息曰～"。其音义与文皆不合。～当为"无"

字之形误。《说文·亡部》："無，亡也，无，奇字无。"徐锴系传："无者，虚无也。无者对有之称，自有而无，无谓万物之始。"《易·无妄》："六三，无妄之灾。"例中"～妄奇灾"当为"无妄之灾"之变用。"无"今为"無"的简化字。宋元以降，～与无有混用的现象，如《俗字谱》③之《古今杂剧》、《娇红记》《白袍记》《目连记》《金瓶梅》《岭南逸事》作～，而《烈女传》《通俗小说》、《三国志平话》《太平乐府》《东窗记》则作"无"。

　　歪　大相公没耐何，常在旁歪～着，夜间也在旁里卧。(《寒森曲》八 [耍孩儿] P2672)

抄本如字，路盛蒲三本皆作"堆"。

按：～音 [ₑtuei]，是个联绵字，和"歪"音 [ₑku] 组合成联绵词"歪歪"(路盛蒲三本皆作"估堆")，表示"蹲"义。"蹲"这种动作既不坐着，也不立着，将"不""坐"与"不""立"分别组合成字构成联绵词表示这种动作，其创意可谓别有特点。

　　歪　按～音 [ₑku]，参见"歪"。
　　乒　①又听的那雨儿，打的那芭蕉叶，～呀乓呀，点点的伤悲。我这等，不知你那里睡不睡。(《磨难曲》十九 [西调] P3065)
　　②听那喇叭嘻嘻哈哈，那唢呐滴滴答答，一片人声吱吱呀呀，门前花炮～～乓乓。(《禳妒咒》八 [西调] P2793)

鸿本、抄本与路盛蒲三本皆如字。
按：～音 [ₑp'iŋ]，象声字，形容声音，字书无载，应为当时的新造字。

　　乓　①又听的那雨儿，打的那芭蕉叶，乒呀～呀，点点的伤悲。我这等，不知你那里睡不睡。(《磨难曲》十九 [西调] P3065)
　　②听那喇叭嘻嘻哈哈，那唢呐滴滴答答，一片人声吱吱呀呀，门前花炮乒乒～～。(《禳妒咒》八 [西调] P2793)

鸿本、抄本与其他各本皆如字。

按：～音 [$_c$p′a]，象声字，形容声音，字书无载，应为当时的新造字。

厛　①他二舅自从报了仇，总不去奉承那严世蕃，正做着刑～，着他一笔勾销了。(《磨难曲》十三 P3037)

②府～州县，看俺的鼻梁，两司抚院，送礼百筐。(《蓬莱宴》[西调] P2705)

鸿本和抄本如字，路本作"廳"，盛蒲二本作"厅"。

按：～音 [$_c$t′iŋ] 指官阶。"廳"的俗体，字书无载，应为当时的新造字。在聊斋俚曲中，"听"已作为"聽"的俗体使用(参见"听")，同时又被作为类推偏旁(声旁)造出～字。鸿本与抄本用的是"廳"的俗体，盛蒲二本用的是"廳"的简化字。

㧀　①就该拿住赵恶虎，割了他那脑袋～了心，方才解解心头恨。(《寒森曲》一 [耍孩儿] P2629)

②当初辞别亲娘去，恨不将心～出来，死了撅了荒郊外。(《姑妇曲》[房四娘] P2494)

抄本与路盛蒲三本皆如字。

按：～音 [$_c$pa]，义为剖剥，应为当时的新造字，今通作"扒"。

刌　①世间若有不平事，表章不必到天门，许他立～全拿问。(《寒森曲》八 [耍孩儿] P2675)

②即将娘娘令旨也么传，相从即～驾云还，闷恹恹，九天仙女也思凡。(《蓬莱宴》二 [银纽丝] P2699)

抄本如字，路盛蒲三本皆作"刻"。

按：～音 [$_c$k′ei]，义为立即，"刻"的俗体，字书无载，应为当时的新造字。《俗字谱》之《东窗记》作～，《白袍记》《目连记》《岭南逸事》作

"剌"。～应由"剌"进一步简化而成。

刟　　奴家昏迷眼难开，自家的身子作不下主来。冤家呀，舍上奴家济着你胡～划。(《富贵神仙》[跌落金钱] P2908)

抄本如字，路本作"擺"，盛蒲二本作"摆"。

按：～音[ᶜpai]，常与"划"组合成"～划"一词，义为把玩，处置。今通作"摆"。此字明万历本《金瓶梅词话》中已有用例，如："教他任意端详，被他褪衣～划。"(三十三)

画　　忽见媒婆来提亲，喜的心中难刟 ～。仔求庚帖出门去，就是我的快运来。(《琴瑟乐》[淄口令打叉] P2682)

抄本如字，盛蒲二字作"划"。

按：～音[xuaiʔ]。常与"刟"组合成"刟～"一词，义为把玩、处置，"劃"的俗体，字书无载，应为当时的新造字。

吵　　①这个事儿真异样，不知那灵魂儿飞向前方。～冤家你说这是那里的帐?《禳妒咒》七 P2789

②屡屡显圣还不信，那有这样～东西? 还要把他尸灵治。(《寒森曲》三 [耍孩儿] P2653)

抄本如字，例①路盛蒲三本皆如字，例②路盛蒲三本皆作"潮"。

按：淄川方言憨傻曰[ᶜtʃʰau]，但是《广韵·效韵》："～，初教切，～～，小子。"《集韵·巧韵》："～，小也。"又《集韵》弭沼切。其音义与文皆不相合。《汉语大字典》释作"用同'眇'。瞎了一只眼睛。"举蒲松龄《穷汉词》："俺如今又不～，又不傻，又不聋，又不哑。"《日用俗字·身体章》："瞎聋～哑有前因。"所举两例，皆为憨傻义，与释义不合。聊斋俚曲使用此字应为借形。

伤　①老王说："奶奶也不要哀~，往后也未必常常如此，待二日再说。"（《禳妒咒》十三 P2815）

②羊落了半边，鱼落了中间，书房鸡也把胸脯儿按。好~天，杀佛吃血，心里怎么安？（《禳妒咒》二十四［黄莺儿］P2852）

抄本与盛蒲二本皆如字，路本作"傷"。

按：~音［ʃaŋ］，例①之~表示悲哀，例②之~表示损害，"傷"的俗体，《俗字谱》之《通俗小说》作~，今为"傷"的简化字。抄本用的是"傷"的俗体，盛蒲二本用的是"傷"的简化字。

倯　①这首［西江月］是说的不成人的憨蛋，劝化那不长俊的~种。（《俊夜叉》［开场］P2725）

②~强人，嘲畜生，割了肉来胡触送，终朝每日瞎作瞪。（《俊夜叉［淄口令打叉］P2727）

抄本与路盛蒲三本皆如字。

按：~音［ₒsuŋ］，义为愚呆。《方言》卷三："庸谓之倯，转语也。"但《汉语大词典》音 sōng，释作"愚蠢"，引蒲松龄《俊夜叉》："这首［西江月］是说的不成人的憨蛋，劝化那不长俊的~种。"又《日用俗字·赌博章》："赌博真实~呆秾，本人犹说胜如嫖。"其释义不误。《淄川方言志》作"尿"，标音［suŋ<sup>55</sup>］。

侊　①宗大官，实是~，一个差，净了身，算来真实活倒运。（《俊夜叉［耍孩儿］P2727）

②就相好，也只一霎，全然一点不中用，真正是个~忘八。（《禳妒咒》十六［劈破玉］P2826）

抄本与盛蒲二本如字，路本作"贫"。

按：~应读［ₒp'in］，义为憨傻。但《玉篇·人部》："~"同"侃"。《汉语大字典》引《新唐书·薛廷诚传》："（薛廷老）在公卿间，~~不干虚誉，推为正人。"其音义与文皆不相合。此处~字当属借形。路蒲二本作"贫"亦不通,例②之"~忘八"显然是骂的高公子小长命,而此人却是个富家子弟。

該 ①他是举人有势力,你也不~另眼看,如何就把烧埋断?(《寒森曲》二〔耍孩儿〕P2633)

②忽然间得横财,这才是命里~,好像在此久相待。(《寒森曲》八〔耍孩儿〕P2677)

抄本如字,路本作"該",盛蒲二本作"该"。

按:~音〔ₑkai〕,义为应当,"該"的俗体。《俗字谱》之《目连记》《金瓶梅》作"該",今简化为"该"。抄本用的是"該"的俗体。盛蒲二本用的是"該"的简化字。

本 ①这江彬急忙回府,把~做的停当,随即转身入朝,扣首丹墀。(《增补幸云曲》一 P3157)

②咱就同上历城县,只怕你爬到地下没了~。(《俊夜叉》〔淄口令打叉〕P2730)

抄本如字,路盛蒲三本皆作"本"。

按:~音〔ₑpən〕,例①之~为写给皇帝的奏折,例②之~为根基。"本"的俗体。汉魏碑刻已有此字,如"具载~末。"(汉《白石神君碑》"君孝友立身,仁信为~。"(北魏《韩震墓志》)《千禄字书》列作"本"的通字。《广韵·混韵》:"本,俗作夲。"

扔 一个说:"狗脂,如今不过是银钱世界,什么是公道良心,且~他五两银子,盘费不了,给老婆买点人事。"(《磨难曲》十四P3038)

鸿本入字,路盛蒲三本皆作"歹"。

按：～音［ʿtai］，义为捞取，字书无载，应为当时的新造字。～的“捞取”义应是“逮”引申而来。“逮”有捉拿义，如“猫逮老鼠”。由“捉拿”引申出“捞取”是比较自然的。但在聊斋俚曲中这一引申义并没由“逮”字来承担，而是另造～字。路盛蒲三本作“歹”，当为借字。

⿰扌左　①那金墩上去楼台，把嘴儿～了又～，施展着上前说话。(《增补幸云曲》十二 P3203)

②成～的菜蒸一抓儿，豆腐带水一洼儿，连皮的萝卜一掐儿，挺硬的鸡蛋俩仨儿。(《禳妒咒》［山坡羊］P2853)

抄本与路盛蒲三本皆如字。

按：～音［ʿtsuo］，例①之～义为收拢，例②之～表事物存在的状态。从文意看，～与普通话中的“撮”并无不同，但普通话中的“撮”音“错”，而当时淄川方言该词的读音同“左”，现在山东方言很多地方仍然如此。写作“撮”则与方言的实际读音不合，所以另造“⿰扌左”字。这符合蒲氏“字随音变”的用字原则。

押（揷）　四月里，小麦黄，稻～身，困人天气日初长。(《磨难曲》十二［玉娥郎］P3028)

鸿本如字，路盛蒲三本皆作“插”。

按：～音［꜀ʧʻa］，义为插入，“插”的俗体，字书无载，应为当时的新造字。

⿰扌寿　秦橱说：“怎么说说？”吴恒说：“……养汉老婆不生儿，奸～的没了种了。”(《禳妒咒》二十四 P2852)

抄本如字，路本作“擣”。盛蒲二本作“捣”。

按：～音［ʿtau］，义为用细长的物体戳。“擣”的俗体，字书无载，应为当时的新造字，今通作“捣”。

嘖（嘖）　①你只说你骂手好，我这骂手也不～。（《富贵神仙》七
[倒板浆] P2937）

②手段不～，手段不～，宫里人情能求来。那阁老合尚书，都和
他有一拜。（《禳妒咒》五 [呀呀油] P2782）

盛蒲二本如字，抄本与路本作"嘖"。

按：～音 [ˌlai]，义为逊色。此字在聊斋里曲中所在的位置都是押平声
韵的，淄川方言又无恰当的现成字可用，只得另早～字。此字有时又被写成
"嘞"或"赖"。如"他说的价虽不小，那木料委实不嘞。"（《翻魇殃》十一
P2612）。路本如字，盛本作"赖"。但是，"嘞""赖"《广韵》落盖切，皆
读去声，语音不合。

屵　①后娘只知有前窝，分～后窝就不公。（《慈悲曲》三 P2518）
②叫了一声："大媳妇子～来，去做饭给您大妗子吃。"（《慈悲曲》
三 P2518）

叶本如字，路盛蒲三本皆作"出"。

按：～应读 [ˌʧʻu]，指由内向外移动，"出"的俗体。然而《改并四声
篇海·山部》引《龙龛手鉴》："～，音岁。"《字汇补·二部》："～，古岁
字。"其音义与文皆不合。聊斋俚曲使用此字当属借形。其用字心理显然是
把"出"字看作由两个"山"字上下叠加而成。

屵　①你说这正德嫖院不大之紧，弄～了几件故事甚是～奇。（《增
补幸云曲》一 P3154）

②这万岁头次～京，到了临清州，收了江彬，现任威南道。（《增
补幸云曲》一 P3155）

抄本如字，路盛蒲三本皆作"出"。

按：～音 [ˌʧʻu]，例①之～指发生，例②之～指由内向外移动，"出"
的俗字，字书无载，应为当时的新造字。其造字心里显然是把"出"看成了

由两个山字上下叠加而成。《俗字谱》之《目连记》《金瓶梅》作～。参见"屾"。

　　餸　①一碗～子一壶茶，亲身送到灯儿下。(《富贵神仙》八 [皂罗袍] P2941)

　　②娘子出的房来，听了听，天交三鼓，便回房来，炖了一壶茶，盛了一碗～子。(《富贵神仙》八 P2941)

抄本如字，路盛蒲三本皆作"棋"。

按：～音 $[_{\underline{~}}tɕ'i]$，一种或炒食、或煮食的面制品，将面擀成薄片切碎而成，"棋"的俗体，字书无载，应为当时的新造字。《日用俗字·饮食章第四》作"棋"，如"包子冷上算子馏，棋子炒焦就水餐。"《集韵·之韵》："棋，饼属。""棋"当为"棋"的借字。

　　闸　①十分受煎熬，仔是强～挣。(《琴瑟乐》P2687)

　　②不觉明了天，不觉明了天，待要起去仔是怪懒耽。勉强下牙床。～挣了好几番。(《琴瑟乐》[陕西调] P2687)

抄本与蒲本如字，盛本作"扎"。

按：～音 $[_{\underline{~}}tʃa]$，与"挣"结合作"～挣"，义为挣扎。字书无载，应为当时的新造字，今通作"扎"。

　　忉　吴彩鸾甚害～，娘娘叫他接文箫(《蓬莱宴》七 [耍孩儿] P2721)

路盛蒲三本皆如字，抄本作"嚣"。

按：～应读 $[_{\underline{~}}ɕiau]$，义为羞。然而"～"《广韵》都牢切，《玉篇·心部》："都劳切，忧心皃。"其音义与文皆不合。"害～"就是"害羞"，山东方言许多地方把"羞"说成"嚣"，抄本作"嚣"，是个借字。～当为"忉"的形误。参见"忉"。

迊 ①丢丢羞羞往外走，婆婆～门拉住手。(《琴瑟乐》[淄口令打又] P2683)

②不一时，进了城，到了东街上，一座酒铺里，一个人～出来，却是伯兄，名叫商正。(《寒森曲》五 P2655)

抄本如字，路盛蒲三本作"迎"。

按：～应读 [ieŋ]，义为迎接。然而《广韵·合韵》："帀，遍也，周也。～，同帀。"《集韵·合韵》："帀，《说文》：'周也，从反之而帀也。'或作～。"其音义与文皆不合。聊斋俚曲使用此字，当属借形。《俗字谱》之《目连记》《金瓶梅》亦作～。

轻 ①妹妹打了，姐姐又捶了。一夜不能翻身，临明稍觉～些。(《禳妒咒》十八 P2831)

②罢罢，不如实说了，其罪还～。(《禳妒咒》十八 P2832)

抄本如字，路本作"輕"，盛蒲二本作"轻"。

按："輕"的俗体，字书无载，应为当时的新造字。《俗字谱》之《通俗小说》《目连记》作～。参见"轻"。

輕(轻) 龙离大海遭虾戏，虎离深山被犬～，天子离朝人不重。(《增补幸云曲》二 [耍孩儿] P3158)

抄本如字，路本作"輕"，盛蒲二本作"轻"。

按：～音 [tɕʻiŋ]，指看不起，"轻"的俗体。《康熙字典·车部》："～，《川篇》与轻同。"《俗字谱》：之《取经诗话》《古今杂剧》《太平乐府》《东窗记》《金瓶梅》《岭南逸事》作"輕"，今简化作"轻"。

凳 不曾给令堂去抗腿，也不曾～腰给令达。(《寒森曲》二 [耍孩儿] P2633)

路蒲二本如字，盛本作"哈"。

按：～音 [tianʼ]，～腰，是一种保健性的服侍，"薫"的俗体。"薫"，《广韵》徒念切，"薫，支也，出《通俗文》。"《字汇·瓦部》："薫，支物不平。"盛本《墙头记》三 [耍孩儿]："快打鸡子用油煎，吃点儿先把饥来垫。""垫"字抄本作"薫"。《日用俗字·庄农章第二》："蒲犁蓑衣防备雨，打扫苦括淖闹薫殿猪栏。"亦作"薫"，皆可证。俗体～是误将"坫"旁写成了"站"。今通作"垫"。


恶　① 当初二老爷父亲被～虎打死，山东的军门就是山西人，如今也是致仕在家，依旧横行作～。(《寒森曲》八 P2677)

② 光撒荒也无～意，不过为成就婚姻。(《禳妒咒》五 P2781)


抄本如字，路本作"恶"，盛蒲二本作"恶"。

按：～音 [ₒo]，义为凶恶，"恶"的俗体。《玉篇·心部》："～，同恶俗。"《干禄字书》列作俗字。北魏碑刻已有用例，如"解脱三涂，～道永绝。"(北魏《丘穆陵亮尉迟氏造像记》)。《俗字谱》之《取经诗话》《通俗小说》《古今杂剧》《三国志评话》《太平乐府》《娇红记》《白袍记》《东窗记》《目连记》《金瓶梅》《岭南逸事》作～，今为"恶"的简化字。抄本用的是"恶"的俗体，盛蒲二本用的是"恶"的简化字。


仨（䒢、𥤉、醋、毵）　①～俩攒穷还不可，骰子牌再也是不消。(《俊夜叉》[耍孩儿] P2733)

② 峡山有个呆瓜，呆瓜家中有个夜叉，夜叉若是开了赌打，我还打他俩～。(《禳妒咒》十七 P2829)


抄本与路本如字，盛蒲二本作"仨"。

按：～音 [ₒsa]，"三个"的合音字，指三个，字书无载，应为当时的新造字。今通作"仨"。


𥤉　仨～攒穷还不可，骰子牌再也是不消。(《俊夜叉》[耍孩儿]

P2733）

抄本如字，路本作"㑀"，盛蒲二本作"俩"。

按：～音［lia˚］，"两个"的合音字，字书无载，应为当时的新造字。

蚻（蛆）　休高了，看那臭虫勾不着，休光偏宜那芦～。（《磨难曲》二十 P3114）

鸿本与盛本皆如字，路蒲二本作"蛆"。

按：～音［ʨ⁽ʼ⁾ɕa］，一种小蝉。字书无载，当为"蚻"之形误。"蚻"从虫札声。"札"误作"扎"，则路蒲二本作"蛆"。而"扎"又误作"九"，故鸿本与盛本皆作"～"，皆形近致误。

跿　①贪玩耍懒进书房，离了师傅无蜂王，上山爬岭济着你～。（《磨难曲》十六［皂罗袍］P3049）

②你好似长嗓黄，把个尸丢在床，不知你上哪里～。（《墙头记》四［耍孩儿］P2469）

例①鸿本与路盛蒲三本皆如字，例②抄本如字，路盛蒲三本皆作"撞"。

按：～音［ʧʼuaŋˀ］，义为到处闯荡、游逛。《汉语大字典》："音义未详。"也常写作"创"，如"出汉中到凤翔，由西京到平凉，延安临洮济着创。"（《慈悲曲》六［耍孩儿］P2537）（路盛蒲三本皆作"闯"，违律。）又如："红了脸，气昂昂，叫村女休装腔，谁着你来这井边创？"（《增补幸云曲》四［耍孩儿］P3168）（路盛蒲三本皆作"撞"。）"创"是～的借字。而"撞"字音义与文不合，不知所据。

靿　这万岁是个马上皇帝，最好私行游玩，有江彬做就得行长：青布衫，黄罩甲，绑腿，～鞋，簷边毡帽。（《增补幸云曲》二 P3160）

抄本如字，路盛蒲三本皆作"鞲"。

按：～音［ʇuŋ］，义为高靿棉鞋，"鞲"的俗体，字书无载，应为当时的新造字。

**注释：**

①文中所引均出自盛伟编校《蒲松龄全集》，学林出版社 1998 年版。

②被释字的读音据《聊斋俚曲韵谱》拟音。该韵谱为国家社科基金项目《聊斋俚曲集俗字研究》（现已通过国家鉴定）语音部分内容之一。

③《俗字谱》指刘复、李家瑞《宋元以来俗字谱》。

**参考书目：**

董绍克、张家芝主编：《山东方言词典》，语文出版社 1997 年版。

刘中富：《干禄字书字类研究》，齐鲁书社 2004 年版。

刘复、李家瑞：《宋元以来俗字谱》，文字改革出版社 1957 年版。

孟庆泰、罗福腾：《淄川方言志》，语文出版社 1993 年版。

殷焕先：《山东省志·方言志》，山东人民出版社 1993 年版。

原载《蒲松龄研究》2007 年第 1 期

# 校　勘　卷

# 读《金瓶梅词话》校点本札记

## ——看方言与古籍整理

　　《金瓶梅词话》一书使用了大量的方言词语，是研究汉语方言史的重要资料。它的价值不但表现在文学、史学方面，也表现在语言学方面。所以说，《金瓶梅词话》一书的整理出版对我国文化事业的繁荣是很有益的一项工作。

　　人民文学社 1985 年 5 月出版新标点的《金瓶梅词话》（以下简称"校点本"）以 1957 年文学古籍刊行社重印的明万历丁巳刻本为底本，校核明崇祯《新刻绣像批评金瓶梅》（以下简称"崇祯本"）、清康熙刻张竹坡评第一奇书本《金瓶梅》以及其他资料，对"原书的衍夺讹舛、诸难以读通处，作了必要的校改"①，而且"凡改字皆作校记，借以交待原文，说明依据，免滋淆乱。"② 从选择底本来看，万历丁巳本比较接近原本的本来面目（郑振铎语），用万历丁巳本作底本是比较合适的；从校点的内容来看，其态度是审慎的，功力是深厚的。确实为人们提供了一个很好的《金瓶梅词话》的整理本。

　　但也不可否认，由于多方面的原因，"校点本"在校点中也有一些失误之处。造成这些失误的原因，大致可分如下七类（每类下各举若干例子）：

# 一、忽略了文字形近致误

①月娘道："嗔道恁王小的鼻儿乌，嘴儿黑的，成精鼓捣，来听什么经？"（第 39 回）

按："王小"所指不明，而且"恁王小的鼻儿乌、嘴儿黑的"也不符合语法。细按"王小"乃"弄"之形误。第 37 回有同样句式可征，如：自从他去了，弄的屋里空落落的，件件的都看了我。弄的我鼻儿乌、嘴儿黑，相个人模样！

②玉楼便问："姐姐，怎么上来尖了脚，不曾磕着哪里？"（第 33 回）

按："尖了脚"语意乖谬。细按"尖"乃"失"之形误。此字形误第 73 回亦有例可征。

如：你看恁惯的少条儿尖教的，又来打上辈。（此处"尖"字校点本已改作"失"。）

③如今施捏佛施烧香，急水里怎么下得浆？（第 36 回）

按："施捏佛施烧香"语意不通。细按"施"乃"旋"之形误。此字形误第 72 回亦有例可征。如：西门庆分付左右：把花草抬放藏春坞书房中摆放，施叫泥水匠隔山拘火，打了两座暖灶，恐怕煤烟熏触（此处"施"字校点本已改作"旋"）。

④或一时报："傅太郎，我拜你拜，替我门首看着买粉的。"（第 23 回）

按："买"乃"卖"之形误。下句之"那傅伙计老成，便惊心儿，替他门首看，过来，叫住，请他来买"一语可征。无卖粉的，就不可能请他来买。

⑤甘草、甘遂与硇砂，藜芦、巴豆与芫花。（第61回）

按：《本草》无硼砂。硼砂当为硇砂，硇砂又作碙砂。《本草》"硇砂"条下有云："〔气味〕：咸、苦、辛、温、有毒。"药方为庸医赵捣鬼所开，所用诸药多有毒（甘草无毒，却反甘遂；天麻无毒，又只为押韵而设）。硇砂有毒，正与处方宗旨相符。

## 二、忽略了词义之确审

①万历本：我分付叫你筛了来，如何拿冷酒与爹吃？（第29回）
校点本：我分付叫你烫了来，如何拿冷酒与爹吃？

按："筛酒"就是把酒壶放在火上烧，使酒变热。书中用例甚多。如第61回："上的床来，叫春梅筛热了烧酒，把金穿心盒儿内药拈了一粒，放在口里咽下去，仰卧在炕上。"便是一例。（从正句第二分句之"冷酒"二字亦可窥其"筛"有"使酒热"之意。）烫酒虽然也有"使酒热"的意思，但具体做法与筛酒不同。改之则本义失之。

②万历本：王婆道："你哥哥……病了八九日，求神问卜，什么药吃不到？医治不好，死了。"（第9回）
校点本：王婆道："你哥哥……病了八九日，求神问卜，什么药不吃到？医治不好，死了。"

按："吃不到"即"吃不上"，乃北方方言普遍用语，没有错，不必改。

*③万历本：这胡秀只见板壁缝儿透过灯亮儿来……打一往那边张看。④（第61回）
校点本：这胡秀只见板壁缝儿透过灯亮儿来，……往那里张看。

按："打一"是凝神贯注的意思。不应删去。第 63 回有同样用例可征：这韩先生揭起千秋幡，用五轮八宝玩着两点神水，打一观看，见李瓶儿勒着雅青手帕……

④万历本：不是面奖，说是东京卫主老爷，玉带金带空有，也没这条犀角带。(第 31 回)

校点本：不是面奖，就是东京卫主老爷，玉带金带空有，也没这条犀角带。

按："说是"是个插入语，是"据说"的意思，表示消息的来源和依据。把"说是"改成"就是"，句子的结构和意思就都变了。

⑤校点本：郑爱月急俐便，就叫郑春："你也跟了去，好歹缠了银姨来。"⑤ (第 68 回)

按："急俐便"文义不通，应将"便"字断入下句。"急俐"就是"机灵"。"便""就"是同义副词，常连用作状语，第 69 回有例可征。如：我俏俏领你从后门出去，干事回来，他就便也不知道。

# 三、忽略了句子结构之斟酌

①万历本：当日杨府尹升厅，监中提出花子虚来，等一干人上厅跪下，审问他家财下落。(第 14 回)

校点本：当日杨府尹升厅，监中提出花子虚来，一干人等上厅跪下，审问他家财下落。

按：此句是个复句，由四个分句组成，各分句之间都是顺承关系，主语都是杨府尹。第三个分句是个主谓作宾句，述语是"等"，"一干人上厅跪下"是"等"的宾语，文通字顺。把"等一干人"改作"一干人等"，那么，三四分句的主语就都变成了"一干人等"，这样，于第三分句尚通，于第四分句则绝不通。因为"审问他家财下落"的不是"一干人等"，而是杨府尹。可知底本不误，不必改字。

②校点本：我不才是他家女婿娇客，你无故只是他家行财，你也挤撮起我来。（第 68 回）

按："不才"是个独立的分句，不是"是"的状语，故于"才"后应断。第 7 回有类似句式可征。如：张四，你休胡言乱语，我虽不能不才，是杨家正头香主。

③万历本：无故只是个破纱帽、债壳子穷官罢了，能禁的几个人命耳？（第 43 回）

校点本：无故只是个破纱帽、债壳子穷官罢了，能禁的几个人命？

按："耳"和"儿"是同音字。用在"命"后，和"命"构成儿化韵。这是符合潘金莲说话习惯的。把它当作语气词的"耳"删去是不必要的。

④校点本：西门庆……说道："怎知你有如此一段聪慧少有。"（第 8 回）

按："慧"字后应断，不断就犯了语法学上"句式杂糅"的毛病。

⑤校点本：潘金莲便向玉楼道："我的姐姐，说好食果子，一心只要来，这里头儿没劲，下马威讨了这几下在身上。"（第 20 回）

按："这里"乃"来"的宾语，"头儿没劲"是下一分句的状语，故于"来"后不应断，"里"后应断。

第 40 回有同样句式可征。如：等我去拉，恁大胆的奴才，头儿没劲就扭主子，也是个不听指教的。

# 四、忽略了该书用语习惯

①太监在广南去，也带他道广南去。（第10回）

按："在……去"的格式，书中无此类用例。由下句"也带他道广南去"，可知"在"当是"到"字之误。

②有事不问青水皂白，得了钱在手里就放了，成什么道理。（第34回）

按："青水皂白"不类。细按"水"乃"红"字之误。第44回有例可征，如：落后不想是你二娘屋里丫头偷了，才显出个青红皂白来。

③（玳安）把谢希大拉了一把，慌的希大回身观着，却是他。（第42回）

按："着"用来表示"看视"这一动作正在进行时只用在"看"等字之后，不用在"观"字之后，此处之"着"字乃"看"字之形误，第42回有例可征。如：教王六儿陪两个粉头，和来昭妻一丈青，在楼下观看。

④万历本：那婆子瞧利，便应道："兀的谁叫老娘？"（第3回）
校点本：那婆子瞧科，便应道："兀的谁叫老娘？"

按：将"瞧利"改作"瞧科"，可商榷处有三：（一）王婆在屋里听见外边有人叫他，应是首先答应，然后再出来看是何人。在屋里"瞧科"是瞧不见外边是何人的。尤其下文"那婆子出来看了"一语，足证王婆在屋里没有"瞧科"。（二）该书中表示"看视"动作的字，诸如看、观、瞅、端详等非常之多，然无一字后加"科"字。今唯"瞧"后加"科"字，而且全书只有一例。除了偶然巧合外，这似乎不符合一部书的用词习惯。（三）"动词＋科"

的格式乃元曲中表示某种动作之术语，用在此处，实属不类⑥。细按，"瞧利"乃"急俐"之形误，其理由有二：（一）正因为王婆"急俐"，所以才能够一呼即应，而且随即"赶出来看了"，这是符合王婆性格的。（二）"××急俐，便……"的格式，书中有例可征。如：第68回之"郑爱月急俐，便就教郑春……"一例可征。

⑤西门庆道："日昨甚是简慢，恕罪恕罪！"（第43回）

按："日昨"当为"昨日"之误。这可从两个方面说明：（一）书中同一社会环境中的其他人物都说"昨日"，如：董娇儿道："昨日俺两个都在灯市里唱来。"（第43回）又如：乔五太太道："昨日老身听得舍侄女与府上作亲，心中甚喜。"（第43回）又如：伯爵道："昨日深扰哥。"（第43回）不可能唯独西门庆说"日昨"。（二）西门庆在其他地方都说"昨日"，如：西门庆道："我昨日来家已有三更天气。"（第43回）又如：西门庆道："昨日应二哥说，此是你虚极了。"（第62回）不可能唯独在这里说成"日昨"。这是语言的社会性所决定的。

⑥万历本：夏提刑见了，致谢昨房下厚扰之意。（第43回）
校点本：夏提刑见了，致谢日昨房下厚扰之意。

按：将"昨"改作"日昨"，实为受同一回下文之"日昨"一语影响所致，乃属以误勘误。之所以误，已见上文分析，兹不赘。应将"日"字置"昨"字后。

⑦韩玉钏、董娇……说道："银姐昨已来了，没家去？"（第43回）

按："已"当为"日"之形误，可从三个方面说明：（一）该书对话中表"昨天"义时，"昨"不单用，要和"日"连用，说成"昨日"。例证、分析已见上述。（二）"已"字万历本常刻作"巳"，与"日"字形近，容易致误。（三）如果按"已"把该句断成两个分句，则文意不顺，实际上该句是个连谓句，应作"银姐，昨日来了没家去？"

# 五、忽略了上下文意

①万历本：王婆子只是假推他大娘子不肯，不转口儿要一百两，"媒人钱要不要罢，天也不使空人。"（第 87 回）

校点本：王婆子只是假推他大娘子不肯，不转口儿要一百两，"媒人钱要不要便罢了，天也不使空人。"

按：从上下文意来看，"媒人钱"王婆子是一定要的，并没有"作罢"的意思，只是没有直说，是通过"天也不使空人"表达出来的，故知此句之"罢"乃语气词之"罢"。这种用法，书中例子很多。如 43 回：不与我瞧罢，贼跌折腿的三寸货强盗……。故知"便"不宜增。

②万历本：人言调着生半夏，用乌头、杏仁、天麻：这儿味齐加。（第 61 回）

校点本：姜汁调着生半夏，用乌头、杏仁、天麻：这儿味齐加。

按：人言即信石，剧毒之药。生半夏亦有毒，此处是描写赵捣鬼既于理法方药一窍不通，又到处行医骗钱的行径，当然写他所开药方越不经越有表现力，故有"人言调着生半夏"之语。若改作"姜汁调着生半夏"，则成"姜半夏"了，不但生半夏之毒可解，反成健胃化痰之良药。摇铃庸医，岂能处此良方？

③万历本：吴大妗子道："姑娘早些坐轿子去，晚夕同坐了来家就是了。"

校点本：吴大妗子道："姑娘早些坐轿子去，晚夕同走了来家就是了。"

按：底本"坐"字不误，因为前一分句已说明"坐轿子去"，后一分句省去宾语"轿子",只说"坐了来家",言简意明。这种省宾语的句子,其用例书中俯拾即是,故不赘举。如果把"坐"改作"走",则文意大谬。因为吴月娘、孟玉楼等这些阔人走亲戚,去时坐轿子去,而且有一个歌妓、三个奴仆、四个排军跟随,⑦回来时却"走了来家"⑧,岂不滑稽?

# 六、不熟悉方言词语⑨

不熟悉《金瓶梅词话》使用的方言,是校点本不断出现失误的主要原因。

现在我们把这方面的失误分作两类来谈,一类为万历本不误,而校点本误校误点,致使愿意改变或文义不通者,这一类称作甲类;一类为万历本不误,而校点本把里面的一些方言词语改成了通语,致使该书语言失真者,这一类称作乙类。下面对这两类各举些例证说明。

**甲类**

①万历本:(知县)听见杀人公事,即委差当该吏典,拘集两邻保甲,并两家苦主王潮、迎儿,眼同招出当街,如法检验。(第88回)

校点本:(知县)听见杀人公事,即委差当该吏典,拘集两邻保甲,并两家苦主王潮、迎儿,眼同当街,如法检验。

按:"眼同"指"一同""看着"。"眼同招出当街"即"一同招出街上"。("街上"阳谷说成"当街"。)改作"眼同当街",反而文义不通。"眼同"之用法,第33回有例可征。如:西门庆道:"这银子我兑了四百五十两,教来保取搭连眼同装了。"

*②万历本:今日是四月廿一日,是庚戌日,定娄金金狗。(第52回)

校点本:今日是四月廿一日,是庚戌日,金定娄金狗。

按:"定娄金金狗"即"定了金狗日","金狗日"即"庚戌日"。潘金莲在此以"金狗"代官哥儿，选用"金"字以表示亲昵。鲁西方言，动态助词"了"用在句中表示动作已经完成，读音同"娄"（轻声）。重叠人名的某一个字以表示亲昵，亦鲁西方言之习惯。若改作"金定娄金狗"，则语意难通。

③校点本：(谁想弄的我三不归，四捕儿着他)（第38回）

按："他"当为"地"之形误。"四捕儿着地"是个固定用语，意为整个身体着地，原指被摔倒的程度，这里比喻被抛闭得可怜，不可断开。第99回有同例可征。如：谁知天不从人愿，一旦他先死了，撇得奴四脯着地。

④万历本：将官儿的生月八字，另具一字文书，奏明于三宝面前，起名叫做吴应元。（第39回）
校点本：将官儿的生日八字，另具一文书，奏明于三宝面前，起名叫做吴应元。

按："生月"就是"八字"，阳谷方言有此用语。现在阳谷算命先生给人算命，或问"生月"，或问"八字"，义同。这里"生月"与"八字"连用构成并列关系，是为了表示强调。若改作"生日"，则不妥当。因为"八字"指人降生的年月日时，而"生日"则另有含义，与"八字"不能构成并列关系。⑩至于"一字"之字，乃"纸"之借字，不需删。

⑤校点本：伯爵道："那日不是我还坐，坐内中有两个人，还不合节，又是你大老爹相招，我就走了。"（第32回）

按：此句是应伯爵对韩玉钏的问话"那日二爹怎的不肯深坐坐，老早就去了"的回答。问话用"坐坐"，回答用"坐"，与问话口气显然不符。而且"坐内中"连用也十分生硬。将第二个"坐"字断入上句，只让"内中"连用方觉畅顺。第33回"内中"连用例可征。如：内中遇着他两个相熟的人；一个是开纸铺的张二哥，一个是开银铺的白四哥。

⑥校点本：薛嫂推开朱红隔扇，三间倒坐客位，正面上供养着一轴水月观音，善才童子。（第7回）

按：把"客位"断入上句，让"三间倒座"作"客位"的修饰语，就把三间倒座看成了客厅，于前后文意不符。实际上，三间倒坐是客厅里面的三间套间，这三间套间是孟玉楼的卧室，不是客厅。把"客位"（即"客厅"）断入下句，让他和"正面上"一同构成方位词组，方合文意。

⑦万历本：爱姐将来东京，在太师府中曾扶持过老太太……（第98回）

校点本：爱姐在东京蔡太师府中与翟管家做妾，曾扶持过老太太……

按："将来"就是"刚来"，"刚"在鲁西方言中白读音与"将"同。如"刚才"说"将才"。这种用法第46回有例可征。如：琴童道："娘们来了，又被乔亲家娘在门首让进去吃酒哩，也将好起身。"此句之"将好"就是"刚好"。故知底本不误。

*⑧万历本：（他兄弟韩二）旧与这妇人有奸，要使赶韩道国不在家，铺中上宿，他便时常来……（第33回）

校点本：（他兄弟韩二）旧与这妇人有奸，要便赶韩道国不在家，铺中上宿，他便时常来……

按："要使"即"要是"（鲁西方言，"是"和"要"连读，读成上声，与"使"同调）。此举是个假设复句，其格式是："要是……便……"。若改作"要便"，就成了"要便……便……"的格式，显然不够通顺。

## 乙类

①万历本：西门庆道："我的儿，你倒肯吃，此是你六娘亲手拣的。"（第58回）

校点本：西门庆道："我的儿，你倒会吃，此是你六娘亲手拣的。"

按："肯吃"指动物食欲旺盛、能吃。鲁西方言尚有此语。此处用于应伯爵，乃为西门庆对应伯爵的耍笑之词。改为"会吃"，一则失其耍笑意味，二则失其方言特色。

②万历本：妇人道："贼猴儿，不凿，只情端详的是些什么？"（第23回）

校点本：妇人道："贼猴儿，不凿，只管端详的是些什么？"

按："只情"就是"只管"的意思，鲁西方言尚有此语。第38回亦有用例可征。如：爹心里要处自情处，他在家和不在家一个样儿，也少不的打这条路来。"自情处"就是"只情处"。⑪

③万历本：（陈经济）在薛嫂儿房内正和春梅吃酒，不想月娘使了来安小厮来来，催薛嫂儿："怎的还不上主？"（第86回）

校点本：（陈经济）在薛嫂儿房内正和春梅吃酒，不想月娘使了来安小厮来催薛嫂儿，怎的还不上主。

按：第一个"来"是动词，第二个"来"是语气词，相当于现代的"啦"。阳谷方言南半部仍如此说。本书也多有用例。如：第76回"……当初也有个三媒六证，自恁就跟了你家来来"一语可征。故，第二个"来"字不可删，并应断前。

④万历本：刚走到西首那石桥儿跟前，忽然见一个黑影子从桥底下钻出来，向西门庆一拾，那马见子只一惊躲，西门庆在马上打了个冷战……（第79回）

校点本：刚走到西首那石桥儿跟前，忽然见一个黑影子从桥底下钻出来，向西门庆一扑，那马见子只一惊躲，西门庆在马上打了个冷战……

按："一拾"就是"一射"，阳谷方言"射"的白读音与"拾"同。"射箭"说成"拾箭"。这里用"拾"，极言其速度之快，使西门庆来不及提防，所以才"打了个冷战"。如果改成"扑"，反不如"拾"之形象。

⑤万历本：闲中我要他那里坐半日，看他意如何？（第37回）
校点本：闲中我要到他那里坐半日，看他意如何？

按：该书用语习惯常把介词结构中的介词省略，不管这个介词结构处在状语的位置，还是处在补语的位置。处在状语位置的如第27回：西门庆道："你教丫头拿水来，我这里梳头吧！"（"这里梳头"即"在这里梳头"，省略了介词"在"）处在补语位置的如第86回：这潘金莲……无事坐炕炕上，不是描眉画眼，就是弹琵琶。（"坐炕炕上"即"坐在炕炕上"，省略了介词"在"。）而且这种省略介词的用法，北方方言仍然保留着，如："请屋里坐"。故此处不需增字。

*⑥万历本：当日武松与两个公人出离东平府，来到本县家中……安抚左邻姚二郎看管迎儿……（第10回）
校点本：当日武松与两个公人出离东平府，来到本县家中……央托左邻姚二郎看管迎儿……

按："安抚"在鲁西方言中，就是"托付""嘱咐"的意思。此例属"托付"义。其"嘱咐"义，第37回"他娘王六儿安抚了女儿，晚餐回家去了"一例便是。故"安抚"不宜改。

*⑦万历本：西门庆道："你叫小厮把饼拿了前边，我和他两个吃罢。"（第21回）
校点本：西门庆道："你教小厮把饼拿到前边，我和他两个吃罢。"

按：鲁西方言，介词结构"到××"在作补语时，"到"往往读成"了"（音lao，轻声）。底本写作"了"，用的是方言，不误。

　　\*⑧ 万历本：那人说："安老爹书十月才到京……如今又奉勅条理河道，直到工完回家。"（第 66 回）

　　校点本：那人说："安老爹书十月才到京……如今奉勅修理河道，直到工完回家。"

　　按：鲁西方言，"条理"可作动词，后面带宾语，有"整理""治理"的意思。不需改。

　　以上我们对甲乙两类分别举了些例子。从校点本删改的整个情况来看，其删改所依从最多的是崇祯本，不过这两类失误的性质，对崇祯本和校点本来说，其意义并不完全一样。

　　先说甲类。由于甲类的删改（或标点），有的改变了原来的意思，有的甚至改得完全不通，无论对崇祯本来说还是对校点本来说，都是不利的。

　　对于乙类的情况，两个版本就不能一概而论。崇祯本是万历本的修订、整理本。修订的目的是为了便于阅读。为了这个目的，它可以在不违背故事情节和人物性格的前提下，把某些许多人（甚至包括修订者本人）不懂的方言土语改成通语，这对人们理解其中的故事情节和人物性格是十分必要的。所以乙类的做法对崇祯本来说是可以的。但对校点本来说，乙类的做法就不可以了。《金瓶梅词话》的校点是古籍整理的一项重要工作。从选择底本（选万历本为底本）和"校点说明"（在"校点说明"中批评了崇祯本"所改虽畅晓直白，却有失方言口语和人物口角风神之真"的做法）来看，校点本的目的是在搞出个"使人不至有失真之感"的整理本，但由于对该书所用方言不够熟悉，虽然有此愿望，在具体校点过程中，仍将不少方言词语改掉了。在删改处虽然都作了"校记"，但读起来，很多"方言口语和人物口角风神之真"却见不到了。

　　宋元以来的白话小说的整理是我国古籍整理的一项重要内容，而这些小说中的大量的方言词语往往是校点工作的一大难题。好在这些方言词语很多还保存在现代方言之中，这就足见搞好方言调查和方言研究对古籍整理的重要意义了。

**注释：**

②《金瓶梅词话》之"校点说明"。

③加·号者为错误处。

④带 * 号的书例为张鹤泉同志考定所得。

⑤校勘和标点放在一起举例，不再分列。

⑥第 3 回有"撒科"一语（为全书仅见），当另有解释，不属此种格式。

⑦第 45 回有如此一段描写：月娘一面同玉楼、金莲、李瓶儿、大姐并银儿，对西门庆说了……都穿戴收拾定当，共六顶轿子起身。派定玳安儿、棋童儿、来安儿三个小厮、四名排军跟轿往吴大妗子家来。

⑧此"走"字，我们不能理解为一般意义上的"离开"，只能理解为"步行"，因为前一分句有"坐轿子去"一语与之对应。同类的句子再如第 45 回：吴银儿道："……对妈妈说，休教轿子来，晚餐我走了家去。"此"走"字亦为"步行"义。

⑨以上七类只是大致分类，有些例子往往兼具两类乃至三类的特点，实不能兼顾。

⑩元曲中有单说"八字"的（见《陈博高卧》），也有说"生年八字""生年月日"的（见《桃花女》），并可参酌。

⑪该书所用方言声母平卷舌音不分，所以"自"可借作"只"。

原载《古籍研究》1988 年第 1 期

# 聊斋俚曲勘误举例

聊斋俚曲经过展转传抄和印刷，文本颇多，既有多种抄本，也有多种排印本。抄本以单篇形式流传者为多，排印本以文集形式流传者为多。对于篇数来说，文本情况也不一样，有的多些，有的少些。当前流行较广的算是路大荒整理《蒲松龄集》（中华书局和上海古籍出版社均曾出版）、盛伟编《蒲松龄全集》（学林出版社出版）、蒲先明整理、邹宗良校注《聊斋俚曲集》（国际文化出版公司出版）三种版本（三种版本以下分别称作路本、盛本、蒲本）。三种版本在编辑过程中，对各篇中的衍夺错讹之处都做了一定的校勘。另外近年来有些文章也指出了一些这方面的问题。尽管如此，我们看到，聊斋俚曲涉及校勘方面的问题仍然不少，而且具有普遍性，有必要指出加以讨论。本文对讨论的问题一般先列抄本内容，后列路盛蒲三本内容，最后加按语说明正误。下面分篇举出一些例子。

## 一、《墙头记》例

（此篇用蒲松龄纪念馆藏《聊斋新编墙头记》校路盛蒲三本）

1. 身卜疼时谁告诉？没人处自己声唤。（墙一［耍孩儿］P.2444）"声唤"路盛蒲三本均作"叫唤"。

按："声唤"是呻吟的意思，是说张老汉因身体疼痛，于无人处低声呻吟。《金瓶梅》："原来与那边卧房止隔着一层板壁儿，忽听妇人房里声唤起来。"（《金瓶梅词话》61 回 817 页）可征。而"叫唤"则指大声呼喊。这可用下面的一段话作证：

> （张老白：）我要地，只怕不肯也是有的。……斗斗胆就要一要。……不免叫他一声："大汉子，大汉子。"张大说："吃的饱饱的，叫唤什么？"（墙一·P.2450）

显然，这里的"叫唤"是指张老对张大的呼喊。两相对照可以看出，"声唤"更符合文义。因为张老于无人处只能低声呻吟，不可能大声呼喊。

　　2. 若是人说不必敬俺达，无论他极肯，我也就肯了；若是人说不必敬他达，无论他不依，我就不肯。（墙一·P.2446）

路盛蒲三本均作"若是人说敬俺达"。

按：这是张大在等待岳父光降时说的一段话。共有两层意思，第一层是同意不孝敬自己的父亲，第二层是同意孝敬自己的岳父（所谓的"他达"）。在语言表达上用了些否定句式，表面上看起来显得费解，实际上只是做了个小小的逻辑迷宫游戏。张大的这段话也确实符合他的思想和一贯行为，他确实不孝敬自己的父亲，而对其岳父却百般地殷勤、孝敬。对自己的这种行为还恬不知耻地自我吹捧说："世间有一等没良心的，看着自家的达漫是达，人家的达就不是达么？我可不是这样人。"但是，路盛蒲三本却都没走出这个小小迷宫，都删去了第一句的"不必"二字。这样，第一层的意思就变成了"同意孝敬自己的父亲"了。这与张大一贯虐待自己父亲的行为显然是不符的，进而张大置其父于墙头之上的精彩一幕也就成了无源之水，变成无法解释的现象了。

　　3. 李老说："何不请来？"张大说："发劳病来不的呢，爹。"（墙一·P.2447）

"劳"路盛蒲三本均作"老"。

按:"劳"当是"痨"的借字。"痨病"指肺结核。这种病在过去是不治之症,所以常被用作诅咒用语。这里张大说其父"发痨病"显然是对他父亲的诅咒。路盛蒲三本易"劳"为"老"则意义反而含混,因为"老病"既可指过去常得的疾病,也可指因年老而得的疾病。

4.寻常连茶叶没有,待笑话那里捞着?(墙一 [耍孩儿] P.2448)

"叶"字路盛蒲三本皆脱。

按:按律此曲第七句是七字"3—4"式,抄本不误。脱"叶"字则成六字,违律。

5.遇着刮风或下雪,锁在屋里不动身。(墙二 [耍孩儿] P.2453)

"雪"路盛蒲三本均作"雨"。

按:同一回第5段唱词的头三句是"这天是腊月天,刮北风阵阵寒,胡子成了冻冻片"。天气如此寒冷,怎么可能下雨?抄本是。

6.或是热面或冷淘,爹爹待吃就开口要。(墙三 [耍孩儿] P.2462)

"冷淘"路盛蒲三本均作"冷酒淘"。

按:"冷淘"是对"热面"说的。面条儿有热面、凉面之分,将热面用冷水一淘,就变成了凉面。"冷淘"在这里就是指的凉面。《聊斋赋集·煎饼赋》:"更有层层卷摺,断以厨刀,纵横历乱,绝以冷淘。"可征。"冷酒淘"不知所据。

7.他虽然大不通,到底是你的兄,怎使的按倒只管挺。(墙三 [耍孩儿] P.2463)

"挺"路盛蒲三均作"拼"。蒲本且注曰"音 pe⇐ng,方言音 hɑ⇐ng。"

《淄川方言志》对此字的注音则是 [xəŋ²¹⁴]。

按：按律此句押去声韵。山东方言"挺"读去声，表示"击打"，与"梃"通，合律。"捅"读平声，违律。

8. 腰也伸不像弯弯木。（墙三 [耍孩儿] P.2464）

盛本作"腰也伸不开极像弯弯木"，蒲本作"腰也伸不直像弯弯木"，路本如字。

按：人体热伸冷缩，这是常理。张老在未穿棉裤时，冻得弯着腰，像根弯曲的木头；穿上棉裤以后，觉得浑身热，像是入了伏。腰也伸直了，不再像弯曲的木头，文通理顺。说张老穿上了棉裤，浑身都热了，腰反而伸不开、伸不直了，则有悖于常理。

9. 张大赶上喘成一块："这十来、这十来里路，跑炸了肺也。"张二喘道："你什么、什么要紧？咱且定定，好去叫门。"（墙四·P.2468）

"这十来这十来里路""你什么你什么要紧"路盛蒲三本均作"这十来里路""你要什么紧"。

按：张大、张二去找王银匠都是拼命跑去的，跑到王银匠处已是气喘吁吁了，而且又急着说话。在这种情况下自然会口吃的。张大重复"这十来"三字，张二重复"什么"二字，都是因气喘口吃而造成的。抄本的两处重复正生动、准确地表现了张大、张二两人的狼狈相。三本未细审文意，把重复部分删去，使这段描写大为减色。（因着急而口吃重复的例子，俚曲中比比皆是，此不赘。）

10. 银匠说："这不骂起来了？"张二说："我骂你值什么？"（墙四·P.2472）

"我骂你值什么"路蒲二本作"你值么"，盛本如字。

按：张大、张二得知其父并无银子后，对王银匠破口大骂。什么"狗叔……"驴叔""杂毛材料""混账物囊",其恶毒字眼无所不用其极。两个逆子为什么敢于如此欺人呢?用张二的话说就是"骂你值什么""骂你没查"。既然骂了白骂,当然也就大骂特骂起来,文通理顺。路蒲二本作"你值么"于文意倒有些欠通。张大、张二前面已把王银匠骂了个狗血喷头,后面又唱道"骂你没查",而这里却说"你值么?"不但前后矛盾,而且于理牵强,既然王银匠不值你骂,你张二为什么还骂得如此厉害?

# 二、《慈悲曲》例

(此篇用蒲松龄纪念馆藏石印本较路盛蒲三本)

　　1. 一来积了阴德,二来也能转钱。(慈 [西江月] P.2506)

"也"路盛蒲三本皆作"出"。
按:"也"字表示"又"的意思,作状语,"出"字用在这里不成话。

　　2. 他姑一把拉过来,说:"我儿,怎么你就瘦的这么样了?"(慈二·P.2513)

路盛蒲三本皆脱"样"字。
按:"样"是"这么"的中心语,脱之则结构不完整,表意不明。

　　3. 就不吃啥,咱吧会子瞎话也好。(慈三·P.2518)

"会"路盛蒲三本皆作"嗓"。
按:"嗓子"既不可作"吧"的补语,也不可作"瞎话"的定语。"会"字是。

　　4. 我的天来咳,捱骂难来,可又难捱骂。(慈三 [银纽丝] P.2519)

路盛蒲三本皆脱第二个"难"字。

按：此曲按律末句为五字，脱"难"字则为四字句，违律。再者，末句结构与上一句结构其成分应是前后调换的，脱"难"字则显示不出这种结构上的特点。

5.吃碗饭也不计较，我虽穷也没到了拼瓢。（慈三［还乡韵］P.2520）

"拼"路盛蒲三本皆作"拼"。
按："拼"是个形声字，"拼"当是"拼"的形误。

6.张成就趴着他哥哥身上说："娘打我罢。"（慈四·P.2528）

"趴"路盛蒲三本皆作"爬"。
按："趴"是"趴"的古写。是胸腹朝下卧倒的动作。这里是张成为了保护哥哥才这么做的，改用"爬"字则有悖于情理。

7.张讷说："我既来了，再打听打听，若是没在阳间，再回来不难么？"（慈五·P.2534）

"来"路盛蒲三本皆作"去"。
按：这段话是张讷在阴间说的。因为一时没找到弟弟而怀疑弟弟不在阴间，但又不能断定就在阳间。如果就此便回阳间去，万一弟弟不在阳间，再回阴间来就难了。所以"来"字不误。改成"去"字，便与说话人的方位相矛盾了。

8.大官人听说苦告也么难，我好容易来这番。（慈五［银纽丝］P.2534）

"苦"路盛蒲三本皆作"若"。

按：大相公听吴妈妈叫他回阳间去，便苦苦地向吴妈妈诉说自己的难处，文通字顺。改成"若"字则文义不通。

# 三、《寒森曲》例

（此篇用蒲松龄纪念馆藏《全集寒森曲》抄本校路盛蒲三本）

1. 只说起老实员外，远处人也知姓商。（寒一 ［耍孩儿］ P.2627）

"处"路盛蒲三本均作"近"。

按：此曲第八句是说不光近处人知道员外姓商，远处人也知道员外姓商，只是省去了近处人的这一叙述，用一个"也"字把这层意思表示了出来。路盛蒲三本易"处"字为"近"字，则"也"字便无着落。如果三本非要用"近"字不可，那就得把"也"字改成"都"字。

2. 赵恶虎头一名，三个奴才都行凶。驴夫看见有干证。（寒一 ［耍孩儿］ P.2630）

"三个""有"路盛蒲三本分别作"俩""无"。

按：上文明明写道："两个管家，一个马夫，一齐上前，把员外扑通掀下来"，这两个管家加上一个马夫，正是三个，怎么会是"俩"？又，三个奴才行凶，员外的驴夫是亲眼看见的，驴夫就是干证。这"干证"明明是有，怎么又说成无？

3. 差人方才开口笑，什么大其个身不安？（寒一 ［耍孩儿］ P.2630）

第二句路盛二本作"什么大事身不安"，蒲本作"什么大事心不安"。

按：淄川方言"个""过"同音，都读成合口呼。此处的"个"字实是"过"的借字。这样的例子聊斋俚曲中俯拾即是。如抄本《琴瑟乐》中有一曲是"眼望巴巴，眼望巴巴，盼的行礼到了俺家，真果甚齐整，也值千金

价。"其中"果"字盛蒲二本均作"个"字。淄川方言"其"与"起"也是
同音字，"其"当是"起"的借字。"大起"是淄川方言比较句的特点。这句
话的意思是说身体最要紧，什么也大不过身体欠安这件事。这本是差人拿了
赵恶虎银子后为赵恶虎"告病"找的说辞。银子少时不许告病，银子多了，
不但允许告病，还说出这番话来，正勾画出差人的势利嘴脸。路盛二本作
"什么大事身不安"，成了差人对赵恶虎身体欠安的追问，与文意不合。蒲本
作"什么大事心不安"更是没有来由，因为前文只说赵恶虎告病，并没有提
到他心里不安。

　　4. 不惟说免了消到，还要他做个主张。（寒二［耍孩儿］P.2631）

　　"惟"路盛蒲三本均作"为"。

　　按：此曲第七八两句是在说明赵恶虎又给王知县八百两银子的两个目
的，一是为了免除消到，二是为了让王知县给他作个主张，想个办法。第七
句的"不惟"与第八句的"还要"正是这两个目的（也是这两个分句的）关
联词。如果易"惟"为"为"，不光与故事情节不符，第八句的"还要"也
没了着落。

　　5. 就没了耳朵也死不了，抬上堂来粧睚哼。打起来看他什么病。
　　　请如今当堂视验，就知道或重或轻。（寒二［耍孩儿］P.2636）

　　第二句、"病"、第四句，路盛蒲三本分别作"抬上来睚哼哼"、"病情"、
"如今当堂亲验"。

　　按：此曲第一二句是七字句，音调节奏是"4—3"式。第四句也是7字
句，音调节奏是"3—4"式，抄本不误。这两句路盛蒲三本均作六字句，既
不能构成"4—3"式，也不能构成"3—4"式。第三句押去声韵，抄本收
"病"字，不误。路盛蒲三本收"情"字，则成了平声韵，违律。

　　6. 两个哥哥犯猜疑，家前院后打巡栏。（寒三［耍孩儿］P.2639）

"栏"路盛蒲三本均作"来"。

按：此句按律入韵。抄本此句收"栏"字，与其他五个韵脚字"天眠半遍言"押韵，符合要求。路盛蒲三本均收"来"字，不押韵。《增补幸云曲》二十三"王龙恐怕还输了，手儿好似打巡栏"句可征。

7. 不看还好，拗开一看，都唬的目瞪口呆。只见那赵恶虎头在地下，肚子也开了，肠子淌了一炕。（寒三·P.2642）

"目瞪口呆""淌"路盛蒲三本均作"目瞪痴呆""满"。

按："目瞪口呆"是个成语，表示吃惊后愣住的样子。成语的结构是固定的，没有特殊需要，不能随便改换里边的成分。其他三本将其中的"口呆"换成"痴呆"，一则破坏了原来的成语结构，使之不再是个成语（因为"痴呆"单独是个词，"目瞪"在抄本里是成语的语素，在其他三本里则成了一个短语）；二则其意义也不再与文意相符，因为"痴呆"是一种病态，与被吓得发呆不是一回事。显然，抄本作"目瞪口呆"不误。另外，其他三本易"淌"为"满"应属形近至讹。赵恶虎肚子被剖开，肠子自然要淌出来，而且淌了一炕，文通字顺。说成"满了一炕"反而欠通。

8. 这种事是如何，不知仇人是什么？（寒三〔耍孩儿〕P.2643）

"如何"路盛蒲三本均作"何如"。

按：此句按律入韵。抄本此句收"何"字，与其他五个韵脚字"么破多个戈"押韵，符合要求。路盛蒲三本收"如"字，不押韵。

9. 打官司打半春，守父孝闭了门。（寒三〔耍孩儿〕P.2644）

"春"路盛蒲三本均作"年"。

按：此句按律入韵。抄本此句收"春"字，与其他五个韵脚字"门问心认人"押韵，符合要求。路盛蒲三本收"年"字，不押韵。

10. 相公观罢，回来禀官说："是生员的妹妹。"（寒三·P.2644）

"回"路盛蒲三本均作"面"。

按：这段文字之前，有一段叙述是这么写的："老五叫他（按：指大相公）去看，进门一看，果然是三官。"这说明此时王知县验尸之后已经离开尸体，走出房门。大相公进门看验之后向王知县回禀认尸的结果，当然就得先从尸体旁边回来才能回禀，抄本不误。其他三本易"回"为"面"疑属形近致误，因为"面"的用法有"面议""面授""面谈"等，向无"面来"之说。

11. 大相公说："梦中的话只怕也全信不的。"（寒四·P.2652）

"也全信不的"路盛蒲三本均作"也全没信不的"。

按：大相公的话是在说明梦中的话不可完全相信，语句通顺，意思清楚，并无不妥。三本于"信"字前增一"没"字，反而意思不明。

12. 那个鬼解下了一条带子，给他扎在腰里……扎上带子，果然就柱壮多了。（寒五·P.2659）

"柱"路盛蒲三本均作"住"。

按："柱"在这里是"支撑"的意思，应该读成上声，现在多写成"拄"。"柱壮"一词方言中早有用例。如小桔《打城隍》："屋里的不知柱壮不？许是嫁了。"其他三本易"柱"为"住"，音义皆失。（《禳》三［皂罗袍］"叫声妮，要立住壮"句，其"住"字抄本亦作"柱"，可征。）

13. 二相公大怒，咷叫了一声，听见人说："下来了。"（寒六·P.2663）

"咷"路盛蒲三本均作"跳"。

按："嗥"字抄本常写作"咷"。如："二相公把状掏出，跪马前痛器号咷"（寒六［耍孩儿］P.2664），三本均作"嚎嗨"。所以"咷叫"即是"嗨叫"，义为叫喊。

14. 即刻把员外父女，发监钥放出狱牢。（寒六［耍孩儿］P2665）

"父女"路盛蒲三本与抄本同，都作"父子"。

按："父子"当为"父女"之误。前面第五回有这样一段描写："飘飘渺渺，不一时到了阴城，解子投了文，把员外合三官都寄了监。"现在放出来的当是员外与三官。

15. 但能够把他亲近，一刀子杀在当堂。（寒六［耍孩儿］P.2665）

"堂"路盛蒲三本均作"场"。

按：此句按律押平声韵。抄本此句收"堂"字，符合要求。路盛蒲三本此句收"场"字，不是平声韵，违律。

16. 又说他该受宰杀，罚他去世世为牛。（寒七［耍孩儿］P.2668）

"该受宰杀"路盛蒲三本均作"宰杀生灵"。

按：抄本之"该受宰杀"，是让赵恶虎变牛的目的，让赵恶虎以牛的身份进入轮回，每次轮回的实现都是以被宰而终，其原因就是赵恶虎为人时恶迹太多。而以"宰杀生灵"作为让赵恶虎变牛的原因，实在难以成立。一是赵恶虎并没有这方面的行为，前文（第一回）只写他"倚势行凶，霸人家田产，夺人家妇女"，并没写他宰杀生灵；二是在蒲松龄看来，宰杀生灵未必就是恶迹。这可从下文对王知县的处理看出来。二郎爷爷叫王知县到新泰县变猪，让全县的人称他的肉吃。要想吃猪肉，就得先杀猪。如果宰杀生灵有罪，甚至就该世世变牛，那谁还敢去从事宰杀？那二郎爷爷叫王知县变猪的目的不就落空了吧？所以，宰杀生灵不应成为叫赵恶虎世世为牛的理由。

17. 忽遇着大风大浪，一条黑龙在水里盘旋，坐的那船眼看就翻。

（寒八·P.2674）

"眼看"路盛蒲三本均作"俨然"。

按："眼看就翻"就是马上就翻，有形势逐渐严重的意思，如不采取措施，将会船翻人亡。而"俨然就翻"则只是说明既时时间内的一种状况，没有逐渐严重的意思，只是有惊无险之状，与文意不符。

18. 于商宅永远为业，一任他耕种葬埋。（寒八［耍孩儿］P.2676）

第二句路盛蒲三本均于"耕"前衍"把"字。

按：耕种、葬埋都离不开土地。土地怎么使用，是用于耕种，还是用于葬埋，当然一任主人安排。土地既然归商员外永远为业了，那么土地的使用权自然也就归了商员外，用于耕种、用于葬埋，任凭商员外做主。其他三本于"耕"前增一"把"字反倒不通，"耕种"本是一种生产行为，怎么能被"葬埋"起来呢？

19. 却说那商老爷点了山西的按院，当初二老爷父亲被恶虎打死，山东军门就是山西人，如今已是致仕在家，依旧横行作恶。（寒八·P.2677）

"山西""已是"路盛蒲三本均作"江西""也是"。

按：抄本是。其证据是下面这段文字：

奉旨抄了军门以后，又待了三四年，那山东臬司升了山西布政，着一个科道（按：路本将"道"作"里"）参了三十款，奉旨拿问，追了赃，问了辽东充军。

这段叙述出现了两次"奉旨"，两次奉旨的都应是商老爷。先是奉旨抄了"军门"，三四年后又奉旨拿问布政，十分清楚。奉旨拿问山西布政的当然应该是巡察山西官吏的按院。如果商老爷点的是江西按院，他又怎么有权拿问山西的布政？他如没权拿问，那么这奉旨拿问山西布政的又是何人？再说，这一节文字主要是记述商老爷品行与政绩的，如果商老爷是在江西坐按院，这些对山东臬司升到山西布政并被拿问的叙述与商老爷又有何干？另外，商老爷点了山西的按院，随着时间的推移，山东军门已退修回到山西，所以用"已是"是对的。作"也是"，不妥。因为副词的"也"表示"同样"的意思，而前文并没有一个已是致仕在家的人与之对比。

　　20. 正遇着太爷偶然出庄闲走，看见歪子缕缡褡襒的不成个态状，便叫人送他袍一身、帽一顶、杂粮两石。（寒八·P.2679）

"缕缡褡襒"路盛蒲三本均作"褴褛褡襒"。

　　按："缕缡褡袱"是个方言成语，形容衣服破烂的样子。该词又写作"砌里搭撒"，如"砌里搭撒的精光腔，油嘴滑舌会嫖风，不想这花子能行令"（《增补幸云曲》十九），可征。三本将"缕缡"改成"褴褛"，这就破坏了原来的成语结构，因为"褴褛"是个独立的词，"褡襒"是个语素，既不能独立存在，又不能和"褴褛"结合成词，放在这里不成话。

　　（未完待续）

　　　　　　　　　　　　　　　　原载《蒲松龄研究》2008 年第 4 期

　　　　　　　　　　　　　　　　　　　　（赵春阳君合作）

# 聊斋俚曲勘误举例（续）

[续 2008 年第 4 期]

## 四、《蓬莱宴》例

（此篇用蒲松龄纪念馆藏抄本校路盛蒲三本）

1. 那藕就像一只小船一般，这原是仙家的至宝。（蓬一·P.2694）

"仙家"路盛蒲三本皆作"神仙家"。

按："仙家"就是神仙，是个方言词，不说"神仙家"。下文（P.2696）有"这都是仙家的宝物，吃一口就长生不老"之语，可证"仙家"一词不误。

2. 一颗夜明珠大如柳斗，做了宝瓶，照的大海通明。（蓬一·P.2695）

"夜明珠"路盛蒲三本皆作"月明珠"。

按："夜明珠"指夜里能发光的宝珠。"月明珠"不知何物，是否指在月光下才发光的珠子？似无此说。

3. 难按拿，一霎心里乱如麻。（蓬二〔银纽丝〕P.2698）

"拿"路盛蒲三本皆作"捺"。

按：此句按律应收平声韵，"拿"读阳平，合律。"捺"读去声，违律。

4. 牵挂人，好教人牵挂。（蓬二〔银纽丝〕P.2699）

"人牵挂"路盛蒲三本作"人心牵挂"。

按：按律此曲的末两句的结构成分要前后调换。前句是"ABC"，后句则是"CAB"，调换后的语意基本相同。此段末两句的前一句是"牵挂人"，后一句则应是"人牵挂"。说成"人心牵挂"就违反了格律的要求。

5. 娘子一霎抄了一罗，晌午错已是抄完了一部。（蓬四·P.2707）

"错"路盛蒲三本皆作"多"。

按："晌午错"又说"午错"是个方言词，指正午稍后一点的时间。改成"晌午多"则失去方言特色。

6. 沌茶用好水，煎来喷鼻香。（蓬四〔呀呀油〕P.2708）

路盛蒲三本作"烹茶来好用，水酌来喷鼻香"。

按："水"哪有"喷鼻香"的？而且前后两句字数不一，也不对仗。

7. 正是少年，有甚忧愁不自然？（蓬五〔叠断桥〕P.2711）

"甚"路盛蒲三本皆作"怎么"。

按："甚"是"什么"的意思，"忧愁"的定语，不误。换成"怎么"则语句欠通。

8. 不亏你殷勤劝省，着天上神仙全无。（蓬六〔耍孩儿〕P.2716）

路盛蒲三本"着"皆断前，且脱"劝"字。

按：此曲末句是七字"3—4"式。"着"断前则变成六字，违律。脱"劝"字句子不通。

9. 昨日送文萧到终南山上，回来撞着他。（蓬六·P.2717）

"他"路盛蒲三本皆作"我"。

按：这句话的几个动作"送文萧……""到终南山""回来"的施事者都是"我"。撞见桃树精的也是"我"。也就是说，是"我"撞见了桃树精，而不是桃树精撞见了"我"，或者说，是"我"撞见了"他"，而不是"他"撞见了"我"。"他"字不误。

10. 我要赏老柳仙一席，就教他同饮。（蓬七·P.27 22）

"饮"路盛蒲三本皆作"饭"。

按："同饮"指共同饮酒，"同饭"不词。"饭"显系"饮"之形误。

# 五、《禳妒咒》例

（此篇用山东省图书馆藏抄本校路盛蒲三本）

1. 本等是家小人家，千头百脑难招架。（禳一 ［山坡羊］P.2768）

"脑"路盛蒲三本皆作"穗"。

按："头"和"脑"并举都表示头绪。"千穗"则表意欠明。

2. 枣面蒸成窝窝头，嫩鸡鲜鱼剁成鲊。（禳二 ［山坡羊］P.2768）

这两句路本脱。"鲊"盛蒲二本作"炸"。

按："鲊"指碎肉，此句是说把鸡鱼剁成碎肉。"剁成炸"不成话。

3.鞭子手软不能摔，烂了棒槌折了拐。（禳一［山坡羊］P.2769）

"摔"路蒲二本作"捧"，盛本作"牵"。

按：此曲押"皆来"韵。"摔"押韵，合律。"捧""牵"不押韵，违律。

4.我那儿心志高，十三岁望进学，跟他叔叔去进道。（禳四［耍孩儿］P.2778）

"道"路盛蒲三本皆作"场"。

按：此曲押"萧豪"韵，按律此句押去声韵。"道"是去声字，押韵，合律。"场"一则不押韵，二则不读去声，违律。

5.有个闺女，有个闺女，模样手足远近没。（禳五［呀呀油］P.2782）

"远近没"路盛蒲三本作"一件无差"。

按：此曲押"虞模"韵，按律此句入韵。"没"字押韵，合律。"差"字不押韵，违律。

6.罢呀！爹娘面前也不害羞了，我就实说了罢。（禳六·P.2786）

"不害羞了"盛蒲二本作"害不羞的"，蒲本作"害不的羞"。

按："害不羞的"固然不成话，"害不的羞"亦与文意不合。爹娘面前是可以害羞的。

7.小小金莲只半揸，只半揸，活菩萨，真叫男儿要爱煞。（禳七［倒扳浆］P.2790）

路盛蒲三本脱"活菩萨"。

按：按律此曲这两句是"3平、7平"。脱"活菩萨"则违律。

8.江城怒将夫人推倒，又拉着太公衣领。（禳十·P.2803）

"倒"字路盛蒲三本皆脱。

按：此句作为叙述句，无"倒"字句意则不完整。而且下文有"公子忙将爹娘扶起"句，可知"倒"字缺少不得。

9.俺家的儿郎没点汉子星，济着你吵骂自宿到天明。（禳十一[闹五更]P.2803）

"的"路盛蒲三本皆作"你"。

按："儿郎"是"俺家的"，不属于"你"。

10.千伶俐百样娇，怎么性儿那样乔，这般凶恶谁能料？（禳十一[要孩儿]P.2804）

"乔""料"路盛蒲三本皆作"娇""招"。

按："乔"是形容江城性乖僻大的。"娇"是用来夸奖江城美貌的。"娇"用在"性子"后面便不妥当。按律此曲末句是押去声韵的，"料"读去声，合律；"招"读平声，违律。

11.替板的长了一腚疥疮，没人打就痒痒。（禳十三·P.2814）

"疥"路盛蒲三本皆脱。"长了"路本脱。

按：腚上长疮，走路也疼，坐着也疼。哪有还需要人打的道理？但如果长了疥疮，情况可就大不相同了。疥癣虫一进攻，长疥疮的人痒得受不了，抓之不及，真想用板子打几下。所以必须长了疥疮才有这种感觉。

12.是怎么这半年来，好像到了女人国里？（禳十四·P.2819）

"半"路盛蒲三本作"年"。

按:"这年年来"不成话。

13. 从来口念说风流,那过板话儿不曾诌。(禳十四[刮地风]P.2820)

"话"路盛蒲三本作"活"。
按:"过板话儿"指"过头的话儿"。"过板活儿"则不成话。疑"活"为"话"的形误。

14. 李婆子咬着指头,扯着长声说:"噫!夏里的皮袄不收拾。"(禳十六·P.2820)

"扯"路盛蒲三本皆作"扎"。
按:"长声"只能是扯出来的,不是扎出来的。

15. 任拘俺家里收拾着几个汉子,他也不敢哼着俺。(禳十六·P.2826)

前句路盛蒲三本作"枉勾家里梦见俩汉子",后句"哼"作"惊"。
按:"枉勾"不成话,疑为"任拘"形误。"哼""惊"皆通。

16. 我正寻思把这行头替给你罢。(禳十七·P.2829)

路盛蒲三本皆作"我正寻你,思把这行头替给罢"。
按:三本将"你"的位置由"给"后移至"寻"后,造成了句子不通。

17. 他可这么诮撇人,说的俺就不像个人了。(禳十七·P.2831)

"不"字路盛蒲三本皆脱。
按:脱"不"字则不合文意。

18. 骂一声强人胆就大起天，时时对我摔你那春元。（禳二十六 [虾蟆歌] P.2860）

"元"路本如字，盛蒲二本作"香"。

按：此曲收"寒桓"韵，按律此句入韵。"元"押韵，合律，"香"不押韵，违律。

19. 夜已是三更，俺且在檐下打个盹罢。（禳二十七·P.2863）

路盛蒲三本"打"后皆衍"了"字。

按："打个盹罢"表示将要去打盹，"盹"后衍"了"字则句子不通。

20. 娶了一个媳妇倒躲的远远的，好几日不见个影儿。（禳二十七·P.2864）

路盛蒲三本"好"前衍"整"。

按："好几日"是个约数，"整"后面不能用约数。

21. 爹娘听我诉一遍，俺如今懊悔从前。（禳二十七 [还乡愿] P.2865）

"诉"路盛蒲三本皆作"读"。

按：江城被点化觉悟之后，想把自己懊悔的心情告诉爹娘，"诉"字不误。换成"读"字则不通。

22. 我儿你怎么大变了？（禳二十七·P.2865）

路盛蒲三本皆作"我儿不，你就变化了"。

按："我儿不"不成话。

23. 还有破衣和旧鞋，我去和他拾成块。这到那路又不远，请奶奶就把人差。(禳二十九 [要孩儿] P.2872)

"破"路盛蒲三本皆作"旧"，"旧"路盛蒲三本皆作"破"，"这到那路又不远"路盛蒲三本皆作"这倒不甚远"。

按：抄本以"破"饰"衣"，以"旧"饰"鞋"，用心良苦；三本以"旧"饰"衣"，以"破"饰"鞋"，有违避忌。按律此曲末句为七字"3—4"式，三本改成"这倒不甚远"则为五字句，违律。

24. 千里来到，夫妻欢笑。(禳三十一 [桂枝香] P.2877)

"笑"路盛蒲三本作"喜"。

按：此曲押"萧豪"韵，按律此句应入韵，"笑"押韵，合律，"喜"不押韵，违律。

25. 你也玩，他也玩，怎么要钱？ (禳三十一 [鸳鸯锦] P.2878)

"玩"路盛蒲三本作"须"。

按：改"玩"为"须"一则语意不明，二则此曲押"寒桓"韵，"须"字不入韵。下文有"从来是两家子玩了还都得要钱"语，可证"玩"字不误，

26. 叫一声我的兰芳，你不止人物强。(禳三十三 [要孩儿] P.2885)

"强"路盛蒲三本皆作"在行"。
按："强"在这里指长相好。换成"在行"则不成话。

27. 怕他传我的笔迹，教他写下，再将原稿交回来。(禳三十三·P.2885)

"传""交"路盛蒲三本皆作"待""变"。

按："传"在这里是模仿的意思，换成"待"字则不成话。"变"疑系
"交"的形误。

28. 才到楼下，陈设才罢。（禳三十三 ［桂枝香］ P.2886）

路盛蒲三本皆脱"下"字，且中间不断。
按：按律此曲头一二句都是四字式，而且入韵。脱"下"字而且中间不
断，便成了一个七字句，违律。

29. 锦堂佳宴，寿酒献尊前，俺这里深深下拜，尽了这诚心一点。
（禳三十三 ［四朝元］ P.2888）

"尊""拜"路盛蒲三本皆作"高""身"。
按："尊前"要比"高前"通顺，"下拜"要比"下身"通顺。

30. 一碗几百千，小人家何曾捞着见。（禳三十三 ［黄莺儿］ P.2888）

"捞"路盛蒲三本皆作"来"。
按："捞着"比"来着"通顺。"来着"似乎不词。

31. 一齐上京华，团圆百事佳。（禳三十三 ［黄莺儿］ P.2888）

"京华"路盛蒲三本皆作"家室"。
按：此曲押"家麻"韵，按律此句应入韵，"华"字押韵，合律。"室"
字不押韵，违律。

# 六、《富贵神仙》例

（此篇用山东大学图书馆藏抄本校路盛蒲三本）

1.愿得那小茇茇山儿似的一堆元宝。（富一［山坡羊］P.2892）

"堆"路盛蒲三本均作"座"，
按：元宝可以论"堆"，不可以论"座"。

2.三更吃的醺醺醉，美人扶到象牙边。（富一［柳腔］P.2893）

"三更"路盛蒲三本均作"三杯酒"。
按：从下面的故事情节来看，方鸿渐三杯酒还不至于吃得醺醺醉。第十三回有如下的描写：

太爷说："吾兄就有此志向，小弟也可帮助。咱暂且吃酒罢"。吩咐：
"看酒来"。
太爷说："看酒来，咱作一个合家之乐。"
不一时，掌上灯来。
老太爷说："你看他舞艺虽然不多，果然舞的好。再看酒来。"
老太爷起来说："醉了。……"太太说："玉兰、瑞香，扶持您老太爷房中去罢。"

可以看出，这些场面都是连续发生的。方鸿渐连续三次吩咐"看酒来"，一直饮到深夜方醉，然后由丫鬟扶持休息。这些描写简直就是对前面那两句话的详细注解。可见"三更"不误。

3.但得他成人长大，好看守祖宗茔坟。（富二［耍孩儿］P.2897）

前句路盛蒲三本均作"只是成人长大"。
按：按律此句是七字"3—4"式。路盛蒲三本作六字句，不能构成"3—4"式。

4. 驴呀驴呀休迷胡。（富三 ［银纽丝］ P.2900）

"驴呀驴呀"路盛蒲三本均作"驴呀呀呀"。

按：一个语气词用在称谓名词之后，只能单用，不可连用三个。口语中没这种说法。

5. 又着俺在外染病疴。（富三 ［银纽丝］ P.2902）

"病"路盛蒲三本均作"沉"。

按："沉疴"指长久而又难治的病，而张鸿渐离家月余，只是偶感风寒，不可谓之"沉疴"。"病疴"不误。《磨难曲》与抄本同。

6. 亏了死去又重还，若是一命染黄泉，见何人，却有何人见。（富三 ［银纽丝］ P.2902）

"去""若是"路盛蒲三本均作"里""几乎"。

按："死去"与"死里"意义不同，"死去"指已经死了过去，"死里"指处在丧失生命的危险境遇之中，所以"死去"要与"重还"对举，"死里"常同"逃生"连用。此处既与"重还"对举，当以"死去"为是。"若是"与"却"是一对表假设关系的连词，在这里表示假若死去，就谁也见不着了。而"几乎"则不表示这种关系。《磨难曲》与抄本同。

7. 服事殷勤十倍加。（富三 ［银纽扣］ P.2903）

"加"路盛蒲三本均作"多"。

按：此曲押"家麻"韵，按律第二句入韵，分别与该曲之"哈抓花茶骂衙家架"相押。"加"字能押韵，合律；而"多"字不能押韵，违律。

8. 想着报仇，时时刻刻在心头。（富四 ［叠断桥］ P.2913）

"在"路盛蒲三本均作"事"：

按："在心头"是，"事心头"不通。《磨难曲》与抄本同。

9. 拴起来着实打，多和少不用论。（富四 [叠断桥] P.2916）

路盛二本均作"拴起来着棍，操多答少不要论。"蒲本将"操"字断前。

按：路盛二本易"打"为"操"，易"合"为"答"，又将"操"字断后，固然错得没法阅读，即使像蒲本将"操"字断后，由于"操"无"打"意义，"答"无"合"义，文意也不通顺。

10. 老马正伺候着迎接，刑厅已是进署来了。（富四·P.291 7）

"署"路盛蒲三本均作"城"。

按："署"字是，"城"字误。这可从下文的叙述得到说明："老马慌极，跑下堂来接，上去就待行礼。"如果刑厅只是进城，老马"跑下堂来接"，就接不着，更没法上去行礼。只有刑厅已进署衙，老马跑下堂来，才接得着，行得礼。

11. 家家闹元宵，走病又过桥。……可怜俺望乡关，万里遥。（富五 [玉娥郎] P.2918）

"病""望乡关"路盛蒲三本均作"冰""他乡人"。

按："走病"指元宵节后第二天（即正月十六日）早晨太阳未出来之前，人们向野外奔走，如果近处有桥，就一定要从桥上走过。据说，这样可以消灾免病。北方农村多有此俗，但名称各有不同，如有的叫"走病"，有的叫"走桥"，而山东阳谷方言则叫"跑百病"。"望乡关"与"万里遥"是一种具有说明关系的主谓句，表现了张鸿渐"乡关万里"的思乡之情。而"他乡人"与"万里遥"则不具备这种说明关系，在前后搭配上似乎不如抄本允当。

12. 像奴家这样没心的痴人，该着他死在监里不要睬。（富六 [劈破玉] P.2927）

"心"前各个版本皆衍"良"字。

按：由于舜华的恶作剧与方鸿渐的误会，使方娘子很恼火，赌气说自己是"无心人"，成了为方鸿渐而坐监的傻子，这是合乎情理的。"心"前衍"良"字，便成了方娘子骂自己"没良心"了，不合情理。《磨难曲》此处不衍"良"字。

13. 我撞祸怎叫你再去出官。（富六〔劈破玉〕P.2929）

"再去"路盛蒲三本均作"吊出"。

按：上一次张鸿渐因代写"呈词"，致使娘子出官，这次杀死李鸭子，张鸿渐不忍再让娘子出官，故言"再去"。路盛蒲三本易"再去"为"吊出"，反而欠通。

14. 听了听谯楼上的鼓声已是三更有余。（富七〔平西歌〕P.2933）

路盛蒲三本均作"听了听谯楼上的鼓声咚呀咚呀的，又是一声咚咚已是三更有余"。

按：路盛蒲三本多出的部分是模拟鼓声的，但模拟得实在太离谱。鼓声怎么会是"咚呀咚呀的"呢？"咚咚"是两声鼓响，怎么能说是"一声咚咚"呢？所以把这部分看作"赘文"并无不可。

15. 打靛的扒子吊了柄——是没把的个青头。（富七·P.2936）

"扒""青"路盛蒲三本均作"把""石"。

按：靛是作染料用的一种植物，从字形上就能够看出它是用来染青色的。"扒子"是用来打靛的工具。这种工具很像安有长柄的榔头。在打靛时，榔头自然被染成青色。这种工具掉了长柄自然就剩下一个没把的青头了。"青头"，山东方言喻指莽撞率直之人，具体叫法不太一致，但取义基本是一致的。"没把"明指这种工具没有了柄，喻指干事莽撞、没有把握。同一回中"倒扳浆"写到"却说用着张大青（按：指张春），一捶照样也骂一声"，可进一步证明"青"字不误。路盛蒲三本易"扒"为"把"，易"青"为"石"，则欠通顺。试想，"把子"掉了"把"怎么就是个石头了？这石头与靛又有什么关系？都说不清楚。

16.一女子撑持门面，请师傅着实艰难。（富八［皂罗袍］P.2938）

"面"路盛蒲三本均作"户"。

按：此曲押"寒桓"韵，按律首句入韵，分别与该曲之"难宽念眠看"相押。"面"字能押韵，合律；而"户"字不能押韵，违律。

17.古人十二耀皇都。（富八［皂罗袍］P2939）

"耀"路盛蒲三本均作"辉"。

按："耀"是个动词，可以带宾语"皇都"。而"辉"要带宾语"皇都"，就觉得非常别扭。

18.打了打尖，翻身上骡又加飞颠。（富九［呀呀油］P.2942）

"骡"路盛蒲三本均作"马"。
按：上文有两段文字是这样的：

徐员外给张鸿渐雇了一个长骡，东西洒泪而别。
路途遥远，路途遥远，快骡顿辔又加鞭。

两处都说张鸿渐骑的是骡子，怎"打了打尖"之后就变成马了呢？还应是骡子。

（未完待续）

原载《蒲松龄研究》2009年第1期
（与赵春阳君合作）

# 聊斋俚曲勘误举例（续）

[续 2009 年第 1 期]

19. 一个个绑起来，给他点小左道。（富九 ［呀呀油］ P.2947）

"小左道"路盛蒲三本均作"不公道"。

按："左道"指"偏的，不正常的"，常与"旁门"连用，说成"左道旁门"，与"不公道"不是一个意思。这里所谓"小左道"指张春等人对来犯的李家一帮人所采取的非正常的整治措施，不可以"不公道"论。《磨难曲》与抄本同。

20. 你说文昌爷爷不坐轿——这就骑了特来了。（富十·P.2954）

"特"路盛蒲三本均作"牛"。

按：《说文》："特，牛父也。"按现在的说法就是公牛。这个歇后语的表面义是文昌爷骑了一条公牛来了，实际是谐"奇特"之音，其深层义则是"感到奇怪"。路盛蒲三本易"特"为"牛"，则只有表面义：文昌爷骑了一头牛来了。没有深层意义。而且这表面意义也有叫人费解之处：文昌爷不坐轿，为什么不骑马来？而偏偏骑个牛来？可见"特"字不误。

21. 都说道，出门必得镖枪送。（富十一［跌落金钱］P.2956）

"都"路盛蒲三本均作"他"。

按：小举人向他母亲回报山西社会秩序混乱，只是根据谣传，既然是谣传，当然就不是一人所说，所以用"都"字是对的。"他"指的是具体的某个人，但故事中并没有这个具体的人。

22. 家门孤，小小功名总似无。（富十三［叠断桥］P.2969）

"总"路盛蒲三本均作"不"。

按：这句话是方娘子在不知殿试结果的情况下说出的。在方娘子看来，少爷进士及第这种小小功名对振兴衰孤的家门没有什么大作用，压不住仇人，虽有若无。必须做了翰林，才能压住仇人。这是符合方娘子的思想性格的。易"总"为"不"，不但文字拗口，而且也有违于方娘子的思想性格。《磨难曲》与抄本同。

23. 方太太泪涟涟，那几年把我眼望穿。（富十三［耍孩儿］P.2971）

"眼"路盛蒲三本均作"心眼"。

按：汉语有"望穿双眼"之说，没有"望穿心眼"之说。

24. 莫学傻来莫学乖，相逢只要吃三杯。（富十三［跌落金钱］P.2972）

"傻"路盛蒲三本均作"俊"。

按："乖""傻"皆人之心性，且皆可后天习得，故有学乖、学傻之说。而丑俊属于人之先天长相，岂能学而得之？

25. 舜华才称谢："劳动。"（富十四·P.2975）

"劳动"路盛蒲三本均作"劳驾动了。"

按："劳动"是个敬辞，用于感谢别人给予的帮助，而"劳驾动了"则不成话。

# 七、《磨难曲》例

（此篇用上海鸿宝斋代印本（简称"鸿本"）校路盛蒲三本）

1. 长来长去极茂盛，眼看就有尺多长。（磨一 ［莲花落］ P.2984）

"长"三本皆作"高"。

按：这段莲花落押的"江阳"韵，"高"字不入韵，违律，"长"字入韵，合律。

2. 一窝孩子吱吱叫，老婆挖菜插粗糠。（磨一 ［莲花落］ P.2984）

"挖"路蒲二本作"扲"，盛本作"拖"。

按：生活困苦，只好挖菜充饥。"扲""拖"皆为"挖"之形误。

3. 百姓跟着号啕痛，摇头怒喝脸郎当。（磨一 ［莲花落］ P.2984）

"头"路本作"哐"，盛本作"恬"，蒲本作"吰"。

按："摇哐""摇恬""摇吰"皆不词。唯"摇头"合乎文意。

4. 这一限若是不死，只得要远走高飞。（磨二 ［耍孩儿］ P.2986）

"要"路盛蒲三本皆脱。

按：按律此句为七字"3—4"式。脱"要"字则成六字，违律。

5. 欢欢喜喜过长街，不曾打死叫人抬。（磨二 ［倒板桨］ P.2988）

"过长街"路盛蒲三本皆作"出衙门"。

按：此曲押"皆来"韵，此句属入韵句。"街"押韵，合律，"门"不押韵，违律。

6. 咱且去伺候销到，也听听气色何如。（磨四 [耍孩儿] P.2933）

"何如"路盛蒲三本皆作"如何"。

按：此曲押"鱼模"韵，"如"字入韵，"何"字不入韵。"如"字是。

7. 说他贪使了你多少债？（磨四 [西调] P.2996）

"说"字路盛蒲三本皆作"谎"。

按："谎"放在这里不成话。

8. 您这些人结党害民，把持官衙，为首的该砍头，从党的该绞，别的充军。（磨四·P.2996）

"从"字路盛蒲三本皆作"纵"。

按："从党"在这里指"从犯"，故比"为首"的减罪一等，保留完尸。改为"纵"字则成了纵容犯，与文意不合。

10. 对众发下洪誓愿，要将海河尽填平。（磨五·P.2998）

"填"路盛蒲三本皆作"奠"。

按：按律此字应为平声，"奠"为去声，违律。古有"精卫填海"之说，无"奠海"之说。

11. 他原来是施家，大姑名叫舜华。（磨八 [耍孩儿] P.3015）

路盛蒲三本皆把"大姑"断前。

按：这是此曲的第一二两句，按律都要入韵，句式都是六字"3—3"式。将"大姑"断前，押韵、句式皆失。

12. 二哥赌气愤志青云，去年连登进士才把我送进家门。（磨十三 [劈破玉] P.3035）

"去"路盛蒲三本皆作"过"。

按："过年"淄川方言指明年，而方鸿渐登进士、救方氏是去年的事，显然与文意不合。

13. 按院看了看，那银子有二两，其余尽是白铜。（磨十四·P.3044）

"白"路盛蒲三本皆作"杂"。

按：户房深知，哑巴再傻也知道银子是白的，所以他才用白铜掺在银子里欺骗哑巴。试想，用杂铜（青铜？黄铜？红铜？）掺在银子里是不是只能欺骗瞎子？但，这个哑子并不瞎。

14. 不给钱你使大板桱。（磨十四 [跌落金钱] P.3041）

"桱"路盛蒲三本皆作"抗"。

按：按律此曲第二句应压平声韵，"桱"读平声，合律，"抗"读去声，违律。

15. 马知县哭告说："犯官如今懊悔不尽，都是错听了衙役的话，望大老爷留一线生路。"（磨十四·P.3044）

"错听"路盛蒲三本皆作"听错"。

按："错听"指不该听而听之，包含衙役的话都是坏话这层意思。而"听错"则指衙役的话并不坏，只是马知县没听准，与文意不符。

16. 老马哭下来说:"我只说天下就没有大起卢龙知县的,谁想到了这等?"(磨十四·P.3045)

"起"路盛蒲三本皆作"的"。

按:"大起××"就是"比××大",这是淄川方言比较句的特点。易"起"为"的"便不成话了。

17. 犯人解子一起颠,一个回信无人传。(磨十五〔倒板桨〕P3046)

"回"字路盛蒲三本皆脱。

按:按律此句应为七字,脱"回"字则变成六字,违律。

18. 军门带琐并解子上:"我北直门卜为人是也,曾八抬八撮,前呼后拥。"(磨十七·P.3051)

"带"字路盛蒲三本皆脱,"呼"皆作"护"。

按:"军门锁"不成话。"前呼后拥"是个成语,其成分不可随意改动。

19. 赵鬼子瞧见说:"不是他是谁?他不认识我,我却认识他。"(磨十九·P.3066)

"谁"路盛蒲三本皆作"什么"。

按:"谁"是指人的疑问代词,在这里指与方鸿渐相对的另外一个人,改用"什么"则谬甚,因为"人"不能用"什么"来指代。

20. 奴才们听,俺和您那小畜生,不但没冤仇,并不知他名和姓。(磨十九·P.3073)

"俺"各个版本皆作"你"。

按:此段是方娘子说明和李鸭子不但没冤仇,连人都不认识,故"俺"

字不误。改成"你"字则谬甚。"你"（指李大）还能和李鸭子有冤仇吗?

21.您老大，您老达，曾在俺家当客家，才买了两间屋，就估着天来大。（磨十九［呀呀油］P.3073）

"客家"路盛蒲三本皆作"家客"。

按:"客家"在这里指租赁房子居住的人。此句是说李大的父亲原来在方家租房子住，后来才买了两间屋就不知天高地厚了。易"客家"为"家客"，一则与文意不合，因为方家的地位还没达到纳养家客的高度;二则与韵律不合，因为按律［呀呀油］第二句是入韵的。此曲押"家麻"韵，"家"字入韵，而"客"字不入韵。

22.才作秀才三两日，哪里想到半悬空。（磨二十［耍孩儿］P.3076）

"作"路盛蒲三本皆脱。

按:按律此句应为七字，脱"才"字则为六字，违律，且语义不顺。

23.我每日看着你眉清目秀，举止端庄，倒像是个奶奶。（磨二十一·P.3078）

路盛蒲三本皆脱"每"字。

按:当时在口语中，表频率的时间副词已不单独用"日"，而是用"每日"，如第二十五回之"母亲每日啼哭，不敢远离"（P.3095）。

24.你爹听的你发达，他自然就来家。（磨二十［罗江怨］P.3079）

"你爹听的你"路盛蒲三本皆作"您爹您爹的样"。

按:这是方太太对儿子说的话，上两句是"你若能插上宫花，你若能带上乌纱"，可见所谓的"发达"是对儿子说的。只有儿子发达了，方鸿渐才能回家，文通字顺。"三本"说成方鸿渐的样子发达，欠通。

25. 不由人泪恓恓，这个事儿也跷蹊。（磨二十 ［罗江怨］ P.3080）

"跷蹊" 路盛蒲三本皆作 "蹊跷"。

按：按律 ［罗江怨］ 第二句入韵。本曲押的是 "支齐" 韵，"蹊" 字入韵，"跷" 字不入韵。

26. 正月里正惨悽，千里存亡未可知。（磨二十二 ［憨头郎］ P.3084）

路盛蒲三本皆脱 "正惨悽" 三字。

按：按律 ［憨头郎］ 第一句应是 6 字，脱 "正惨悽" 便成了三字，违律。

《富贵神仙》此句不脱，可征。

27. 有口吃饭，没腚屙屎。（磨二十三 .P.3086）

"屎" 路盛蒲三本皆作 "尿"。

按：此字三本错得违背生理常识，疑 "尿" 为 "屎" 之形误。

28. 淌里洋来尚里洋，撞着马虎好似狼，看不见蹄儿是几个，道是一根尾巴长在屁股上。（磨二十三三 · P.3087）

"撞" 字路盛两本断前，三本具脱 "着" "不" 二字。

按："撞" 字断前则与下一句文意不符，因为瞎子不会看着马虎像狼一样。脱 "着" 字可能是抄者故意为之，因为 "撞" 字断前，"着" 字在下一句里便没有着落。至于脱 "不" 字就太不应该了，试想瞎子怎么能看见马虎有几个蹄儿呢？

29. 王向说："大爷不知，我说个故事，有一伙计在路上走路，胡迷了。"（磨二十三 · P.3089）

路盛蒲三本"个"作"他那"，"计"作"瞎厮"。

按：根据故事内容，王向说的不是李二的故事，所以易"个"为"他那"于文意不符。这里说的是一个瞎子的故事，易"计"为"瞎厮"便成了一群瞎子，也不符合文意。

30. 唱的唱，弹的弹，站久了腿又酸。如我不瞎怎么能稳坐雕鞍？（磨二十三 [边关调] P.3090）

"怎么能"路盛蒲三本皆脱。

按：一个瞎子在达官贵人面前能够有个座位，主要因为他是个瞎子，脱"怎么能"就把意思弄反了。

31. 公子说："不必，没掉了什么。"（磨二十五·P.3099）

"没"路盛蒲三本皆作"莫"。

按：这句话是合庵回答其父"你再去看看（掉了什么没有）"这句话时说的，"没"是对"掉"的否定，而"莫"表示的是"制止、劝阻"的意思，显然与文意不符。

32. 太公说："自觉一个举人也震不住仇家。"（磨二十五·P.3100）

"仇"字路盛蒲三本皆脱。

按：从来没有为震住自己的家而坐官的，二十六回 [叠断桥]："还得个小翰林，才压的仇家住"句，可证"仇家"不误。

33. 报子到门前，不久爷儿到。（磨二十五 [叠断桥] P.3100）

"爷"路盛蒲三本皆作"爹"。

按："爷儿"连用是淄川方言的用语习惯，如《富贵神仙》十三："爷儿俩心满意足，好不得意的紧。"（P.2969）书中"爷"与"爹"虽是同义词，但却不能说成"爹儿",这是用语习惯所不允许的。

34．难得他乡把命全，不必宫花插帽檐。（磨二十六［银纽丝］P.3102）

"乡"路盛蒲三本皆作"他把"。

按："他乡"指家乡以外的地方，多指离乡较远的地方。说方鸿渐"他乡全命"并无不妥。三本把"他"当成了人称代词，而且，还用上两个"他"字，虽中间断开，也难免不顺。

35．那公子飞马跑来，才站下就喜的跳钻钻。（磨二十六［劈破玉］P.3102）

"就喜的跳钻钻"路盛蒲三本皆作"只瞅了两三眼"。

按："跳钻钻"是乱跳乱蹦的意思。公子见其父高中第四名，高兴至极，所以如此。三本作"只瞅了两三眼"实在莫名其妙。公子是瞅谁？为何只两三眼？都叫人不得其解。

36．不觉笑嚇嚇，不觉笑嚇嚇，既在世间为个人，却也不可不尝尝这奶奶味。（磨二十六［叠断桥］P.3104）

"嚇"路盛蒲三本皆作"嘻"。

按："嚇"在山东许多地方读同"黑"音。此曲压的是"灰堆"韵，按律首句入韵，"嚇"字押韵，合律。"嘻"字不押韵，违律。

37．我教他爷俩琐碎的闷，闷的头也晕。刷刮报子钱，净了粮食囤。（磨二十六［清江引］P.3105）

此段盛蒲三本皆作"我着他爷俩琐碎的，闷闷的这头也懒刷刮。报子钱净了粮食囤"。

按：三本如此断句，且易"晕"为"懒"，不但文义不通，而且也不押韵。

38. 我十年不在家了，你看，老的少的都不认的了。（磨二十七·P.3107）

"你看"路盛蒲三本皆作"看你"。

按："你看"是表惊讶的插入语，符合文义。而"看你"则表示对对方的指责。这句话是方鸿渐对来迎接他的村上老幼说的，岂有指责之理？显然与文意不符。

39. 割慈爱教儿童，陪读书到五更。（磨二十七〔要孩儿〕P.3107）

"割"路盛蒲三本皆作"刮"。

按：向来有"割爱"之说，无"刮爱"之语。"刮"疑为"割"之形误。

40. 自别离十年后，不屑人南北迁流。（磨二十七〔西调〕P.3107）

"屑"路盛蒲三本皆作"谓"。

按：称自己为"不屑"，这是张鸿渐的自责之辞。"不谓人"不成话。"谓"疑为"屑"之形误。

# 八、《增补幸云曲》例

（用蒲松龄纪念馆藏抄本校路盛蒲三本）

1. 浑身战走了三魂，号灵山点卯一遭。（增三〔要孩儿〕P.3163）

"战"路盛蒲三本皆脱，"号"字路盛二本断前。

按：按律此曲末两句都是七字"3—4"式，脱"战"字则变成六字，违律。"号"断前则不能构成"3—4"式。

2. 看了看是武宗，恹恹害的难扎挣。(增四［耍孩儿］P.3167)

"扎挣"路盛蒲三本作"挣扎"。

按：此曲押的是"东青"韵，按律此句入韵，"挣"押韵，合律，"扎"不押韵，违律。

3. 一个个鹰头鳖耳，酷像是做了朝廷。(增五［耍孩儿］P.3172)

"一个个"路盛蒲三本皆作"一个"。

按：按律此句当为七字，脱一个"个"字则成六字，违律。

4. 浑身扎点不上眼，谁知手里有钱财。(增九［耍孩儿］P.3191)

"扎点"路盛二本作"不上眼"，蒲本作"上下"。

按：作"不上眼"一则与后一个"不上眼"重复，二则句子读起来也别扭。作"上下"亦通。

5. 给了我一锭银子，我掂量着有十来两。银子不足为奇，还给了我一盒金豆。(增十·P.3194)

路盛蒲三本第二个"银子"断前。

按：将第二个"银子"断前不但在用词上与前面出现的"银子"重复，造成累赘，而且使下文的"不足为奇"所指不明。其实这句话的中心是拿银子与金子对比的，"不足为奇"指的是银子。

6. 我将好言哄他哄，他若信了，我上南楼上吊寻死，抹头服毒，都在于我。(增十·P.3 197)

"哄他哄"路盛蒲三本作"哄他哄他"。

按："哄他哄"是"哄他一哄"的省略说法，不能说成"哄他哄他"。

十二回："你自己看不见你自己，待我夸你夸。"其中"夸你夸"也属这类用法，可征。

7. 无钱难说干欢笑。（增十 ［耍孩儿］ P.3197）

"笑"所有版本皆作"乐"。
按：此曲押的是"萧豪"韵，按律此句应入韵，"乐"不押韵。

8. 大丫头说话口刍，摆着尾摇着头。（增十二 ［耍孩儿］ P.3205）

"口刍"路盛蒲三个版本皆作"摆"。
按：此曲押"尤侯"韵，按律此句入韵，"口刍"字押韵，合律，"摆"字不押韵，违律。

9. 万岁爷仔细观，压杨妃，赛貂蝉。（增十三 ［耍孩儿］ P.3207）

"压"路盛蒲三个版本皆作"亚"。
按：这两句是夸奖佛动心能和杨妃、貂蝉比美。"亚"是"次一等"的意思，显然不妥。

10. 小二姐面飞红，没奈何斟上盅。（增十三 ［耍孩儿］ P.3208）

"盅"路盛蒲三本皆作"杯"。
按：此曲押的是"东青"韵，按律此句入韵，"杯"字不押韵，"盅"字押韵。下文有"万岁说：'一盅酒也不用斟的。'"之句，可征。

11. 二姐接令即行道："两头一样是张弓。"（增十九·P.3234）

"即"路盛蒲三本皆作"到"。
按："到"字用在这里不成话。"即"与"到"的草体极为形近，疑

"到"为"即""字"形误。下文"有二姐接令即行道"之语，可征。

12.万岁爷笑嚇嚇，叫鸨子斟大杯。二姐喜的如酒醉。（增十九［耍孩儿］P3235）

"嚇嚇"路盛蒲三本皆作"哈哈"。

按：按此曲押的是"灰堆"韵，按律此句入韵。按山东方言的读法，"嚇"与"黑"同音，正好押韵，合律。"哈"字不押韵，违律。参见《磨难曲》之第88条。

13.万岁说这长脐粉头，王冲霄吃她大亏。（增十九［耍孩儿］P.3236）

"吃"路盛蒲三本皆作"扎"。

按："扎"字用在这里不成话。"吃"字是。疑"扎"为"吃"的形误。二十四回之［耍孩儿］："随邪听了贱人话，王龙吃了大姐亏。"句可征。

14.王龙那公子性，素常降人是惯了的，谁敢说个不字。（增二十三·P.3252）

"不"路盛蒲三本皆作"失"。

按："失"用在这里不成话。"不"表示否定，"失"无此义。

15.江彬说："有了我的命了，那不是万岁爷的坐骑？"（增二十七·P.3269）

"骑"路盛蒲三本皆作"马"。

按：汉语有"坐骑"一词，无"坐马"一说。

原载《蒲松龄研究》2009 年第 2 期

（与赵春阳君合作）

统　　筹:于　青

责任编辑:宫　共

封面设计:肖　辉

责任校对:吕　飞

**图书在版编目(CIP)数据**

云斋学术文集/董绍克 著. -北京:人民出版社,2015.8

ISBN 978-7-01-014781-9

Ⅰ.①云…　Ⅱ.①董…　Ⅲ.①汉语-语言学-文集　Ⅳ.①H1-53

中国版本图书馆 CIP 数据核字(2015)第 082384 号

云斋学术文集

YUNZHAI XUESHU WENJI

董绍克　著

人 民 出 版 社 出版发行

(100706　北京市东城区隆福寺街 99 号)

北京汇林印务有限公司印刷　新华书店经销

2015 年 8 月第 1 版　2015 年 8 月北京第 1 次印刷

开本:710 毫米×1000 毫米 1/16　印张:28.5

字数:460 千字

ISBN 978-7-01-014781-9　定价:72.00 元

邮购地址 100706　北京市东城区隆福寺街 99 号

人民东方图书销售中心　电话 (010)65250042　65289539